普通高等教育“十一五”国家级规划教材

抽 象 代 数

樊 恽　刘宏伟 编

科 学 出 版 社
北 京

内 容 简 介

抽象代数, 又称近世代数, 是综合院校、师范院校数学专业的基础课程, 也是电子类等专业的选修课程. 本书以操作性较强的方式组织编排了供一学期抽象代数课程使用的内容. 同时把因限于课时而不能在课堂内容展开的, 但却是基本的、有强烈背景的若干问题编排为选读选讲材料, 使得本书除可操作性外还具有一定的可塑性.

本书可作为师范院校、综合院校数学系的教材, 也可供其他相关专业选作教学用书.

图书在版编目(CIP)数据

抽象代数/樊恽, 刘宏伟编. —北京: 科学出版社, 2008

普通高等教育"十一五"国家级规划教材

ISBN 978-7-03-021548-2

I. 抽… II. ①樊… ②刘… III. 抽象代数-高等学校-教材 IV. O153

中国版本图书馆 CIP 数据核字(2008) 第 044467 号

责任编辑: 李鹏奇 王 静 杨 然 / 责任校对: 陈玉凤

责任印制: 徐晓晨 / 封面设计: 陈 敬

科学出版社出版

北京东黄城根北街 16 号

邮政编码: 100717

http://www.sciencep.com

北京虎彩文化传播有限公司印刷

科学出版社发行 各地新华书店经销

*

2008 年 6 月第 一 版 开本: B5(720×1000)

2019 年 11 月第十次印刷 印张: 12 1/2

字数: 234 000

定价: 39.00 元

(如有印装质量问题, 我社负责调换)

前　言

抽象代数, 也称近世代数, 是高等院校数学专业的基础课程之一. 它对师范院校数学专业也极具亲和力, 因为它包含了初等数学关心但无法一般性地予以解决的许多课题和问题. 通信、信息、计算机等专业把它作为选修课, 因为它是这些科学技术的基本数学工具.

本书是在作者多年从事高等院校数学系抽象代数教学的讲稿基础上编撰而成的, 主要目的是为一般师范院校提供一本一学期的抽象代数课程教材. 从教学实践来看, 一学期课时有限, 使得一些基本内容、一些初等数学关心的内容不能充分展开. 为此, 本书提供了一部分选读选讲材料, 这不但多少弥补了这个缺陷, 也使得本书具有更加广泛的适应性.

关于内容安排和编写体例. 前 4 章可作为一般院校一学期 72 学时课程的内容, 其中有少部分仿宋体排印内容是我们觉得学生应了解也可以自己阅读的内容. 当然教师可根据情况安排, 如某些例子、例题、说明, 甚至某些证明留给学生阅读. 每节后面有内容小结关键词, 帮助读者阅读该节后自己小结一下. 不把内容小结关键词放在每节的前面, 是因为考虑到读者在学习该节之前可能对其内容尚无印象.

选读选讲材料共 16 节, 分别标号 X1, X2, $\cdots$, X16. 选读选讲材料的前 10 节是前 4 章的补充材料, 它们与前 4 章各节的逻辑次序图示如下 (X9、X10 是与数系发展相关的两节, X9 也可在 §3.4 后阅读):

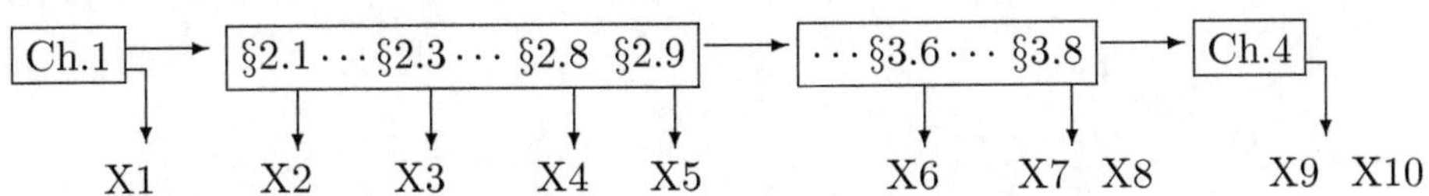

选读选讲材料的后 6 节是模论基础, 其中除了基本概念外, 主要是与线性代数密切相关的内容.

习题的编排顺序一般是按照正文内容, 而不是按照难易程度. 标记 $^+$ 的习题, 如习题标号为 1^+, 是在正文中提到了的习题. 有两种情形: 一种是正文中的某些证明过程省略留作习题; 另一种是该习题的结论在正文中被引用到.

书中附有符号说明和名词索引, 方便阅读查找.

不论是内容安排还是陈述方式, 无疑有待修订优化, 欢迎读者斧正.

编者

2008 年 4 月

符 号 说 明

对全书使用符号的惯例和在较多地方出现的符号做一简短说明.

$A := B$　表示用 A 记 B

$B =: A$　表示 B 记作 A

$\forall$　表示“对所有”

$\exists$　表示“存在”

$\square$　表示证明完毕, 或证明省略

$f : A \to B$　从集合 A 到集合 B 的映射

$a \mapsto b$　表示元素 a 映射为元素 b

id　表示恒等映射 (恒等变换)

$\mathrm{Im}(f)$　映射 $f : A \to B$ 的象

$\mathrm{Ker}(\sigma)$　群的同态映射 $\sigma : G \to H$ 的核 (见命题 2.6.1)

板书黑体 $\mathbb{F}$, 表示一个数域;　$\mathbb{Q}$、$\mathbb{R}$、$\mathbb{C}$, 分别表示有理数域、实数域、复数域

$\mathbb{Q}^\times$、$\mathbb{R}^\times$、$\mathbb{C}^\times$, 分别表示非零有理数集合、非零实数集合、非零复数集合

i　表示虚数单位, 即 $\mathrm{i} = \sqrt{-1}$ (i, j 等常用来表示跑动标号)

$\mathbb{Z}$　表示所有整数的集合;　$\mathbb{Z}^+$ 为所有非负整数的集合;　$\mathbb{Z}_m$ 为所有模 m 剩余类的集合

$\begin{pmatrix} n \\ k \end{pmatrix} = \dfrac{n!}{k!(n-k)!}$　表示从 n 个东西选取 k 个的组合数

$m|n$　表示整数 m 整除整数 n;　$f(x)|g(x)$ 表示多项式 $f(x)$ 整除多项式 $g(x)$

$\gcd(m, n)$　表示整数 m, n 的最大公因数

$\mathrm{lcm}(m, n)$　表示整数 m, n 的最小公倍数

$\exp(x)$　表示自然指数函数 (即 $\exp(x) = \mathrm{e}^x$);　$\ln(x)$ 表示自然对数函数

$\min\{a, b, \cdots\}$　表示 a, b, $\cdots$ 中最小的数

$\max\{a, b, \cdots\}$　表示 a, b, $\cdots$ 中最大的数

$\mathrm{M}_{m\times n}(R)$　表示环 R 上的所有 $m \times n$ 矩阵的集合 (在矩阵加法下它是一个加群)

$\mathrm{M}_n(R)$　表示环 R 上的所有 n 阶方阵的集合 (在矩阵加法和矩阵乘法下它是一个环)

$\mathrm{GL}_n(R)$　表示环 R 上的所有 n 阶可逆方阵的集合 (在矩阵乘法下它是一个群)

$\mathrm{SL}_n(R)$　表示环 R 上的所有 n 阶的行列式等于 1 的方阵的集合 (它是 $\mathrm{GL}_n(R)$ 的子群)

$\mathrm{diag}(d_1, \cdots, d_n)$　表示对角线元为 $d_1, \cdots, d_n$ 的对角矩阵

$\mathrm{tr}\,\boldsymbol{A}$　表示矩阵 $\boldsymbol{A}$ 的迹

$\det \boldsymbol{A}$　表示矩阵 $\boldsymbol{A}$ 的行列式

$\deg f(x)$　表示多项式 $f(x)$ 的次数

$Z(R)$　表示环 R 的中心

$R^\times$　表示幺环 R 的所有可逆元构成的乘法群

目　录

第 1 章　集　　合

§1.1　集　　合

集合, 简称 "集", 是数学中不予定义的原始对象. 数学的定义总是用一些已知的概念, 已知的条件给出一个新的概念. 因此总有一些概念是最原始的, 不予定义的. "集合" 就是这样一个原始概念.

对于原始概念 "集合" 虽然不予定义, 但是可以描述. 一个集合 A 是一些数学对象的群体使得人们可以明确识别一个对象是在 A 里面还是不在 A 里面.

对象 a 在 A 里面就记作 $a\in A$, 读作 "a 属于 A", 称 a 是 A 的元素, 或称 a 是 A 的成员. 否则 a 不在 A 里面, 记作 $a\notin A$, 读作 "a 不属于 A".

通常有两种方式表达一个集合.

列举式记法　在花括号中列举出集合的所有元素. 例如, 所有非负整数的集合用符号 $\mathbb{Z}^+$ 表示, 可列举式记为 $\mathbb{Z}^+=\{0,1,2,\cdots\}$.

描述性记法　在花括号中描述集合的元素. 例如, $\mathbb{R}=\{$ 实数 $\}$ 是所有实数的集合, 即实数轴上全体点的集合. 又如, 实数轴上 0 到 1 闭区间实数的集合 $[0,1]=\{r\in\mathbb{R}\mid 0\leqslant r\leqslant 1\}=\{r$ 是实数且 $0\leqslant r\leqslant 1\}$.

这里还采用以下记号: $\mathbb{Z}=\{$ 整数 $\}$, $\mathbb{Q}=\{$ 有理数 $\}$, $\mathbb{C}=\{$ 复数 $\}$.

没有元素的集合称为空集, 记作 $\varnothing$.

人们常说的 "组" 与 "集" 有不同之处: "组" 里的东西是可以重复的, 但 "集" 里的东西是不可重复的, 因为它们是被明确识别的. 例如, 我们说数组 $2,2,1,3,3,5$, 就是 6 个数构成的组, 但如果说 $2,2,1,3,3,5$ 构成的集合则是 $\{2,1,3,5\}$.

设 A, B 是两个集合. 如果对任 $a\in A$ 有 $a\in B$, 就说 A 是 B 的**子集**, 记作 $A\subseteq B$, 或 $B\supseteq A$. 也说成 A 包含于 B, 或说 B 包含 A. 空集是任何集合的子集.

如果 $A\subseteq B$ 且 $B\subseteq A$, 那么它们就是同一个集合, 记作 $A=B$. 如果 $A\subseteq B$ 但 $A\neq B$, 就说 A 是 B 的真子集, 记作 $A\subsetneq B$.

设 A, B 是两个集合. 定义:

- $A\cup B:=\{\,c\mid c\in A$ 或 $c\in B\,\}$, 称为 A 与 B 的**并集**;
- $A\cap B:=\{\,c\mid c\in A$ 且 $c\in B\,\}$, 称为 A 与 B 的**交集**;
- $A-B:=\{\,c\mid c\in A$ 但 $c\notin B\,\}$, 称为 A 与 B 的**差集**.

并集和交集可以对任意多个集合定义: 设 A_i, $i\in I$, 是用指标集 I 标号的一组集合, 那么:

- 并集定义为 $\bigcup_{i\in I} A_i := \{\, a \mid 存在\ i \in I\ 使得\ a \in A_i \,\}$;
- 交集定义为 $\bigcap_{i\in I} A_i := \{\, a \mid 对任\ i \in I\ 有\ a \in A_i \,\}$.

按定义马上有：

$$A\cap B \subseteq A\,, \qquad A\cup B \supseteq A\,, \qquad A-B\subseteq A\,, \qquad (A-B)\cap B=\varnothing\,.$$

而且易证明下列结论.

命题 1.1.1 设 A, B, C 是集合. 则以下成立：

$$A\cap B = B\cap A,\quad A\cup B = B\cup A; \qquad (交换律)$$

$$(A\cap B)\cap C = A\cap (B\cap C),\quad (A\cup B)\cup C = A\cup (B\cup C); \qquad (结合律)$$

$$A\cap A = A,\quad A\cup A = A; \qquad (幂等律)$$

$$A\cap (A\cup B) = A,\quad A\cup (A\cap B) = A; \qquad (吸收律)$$

$$A\cap (B\cup C) = (A\cap B)\cup (A\cap C),\quad A\cup (B\cap C) = (A\cup B)\cap (A\cup C); \qquad (分配律)$$

$$A-(B\cap C) = (A-B)\cup (A-C),\quad A-(B\cup C) = (A-B)\cap (A-C). \qquad (德摩根律)$$

证　仅证明最后一式, 其他各式的证明作为练习.

设 $a \in (A-B)\cap(A-C)$, 即 $a\in A-B$ 且 $a \in A-C$. 那么 a 在 A 中但不在 B 中, 且 a 在 A 中但不在 C 中. 也就是 a 在 A 中, 但 a 既不在 B 中也不在 C 中, 也就是不在 $B\cup C$ 中, 得 $a\in A-(B\cup C)$. 因此 $(A-B)\cap(A-C)\subseteq A-(B\cup C)$.

再设 $a\in A-(B\cup C)$, 即 a 在 A 中但 a 既不在 B 中也不在 C 中. 那么 a 在 A 中但不在 B 中, 即 $a\in A-B$. 且 a 在 A 中但不在 C 中, 即 $a\in A-C$. 得 $a\in(A-B)\cap(A-C)$. 故 $A-(B\cup C)\subseteq (A-B)\cap(A-C)$.

综上两段, 就得 $A-(B\cup C)=(A-B)\cap(A-C)$(图 1.1.1). □

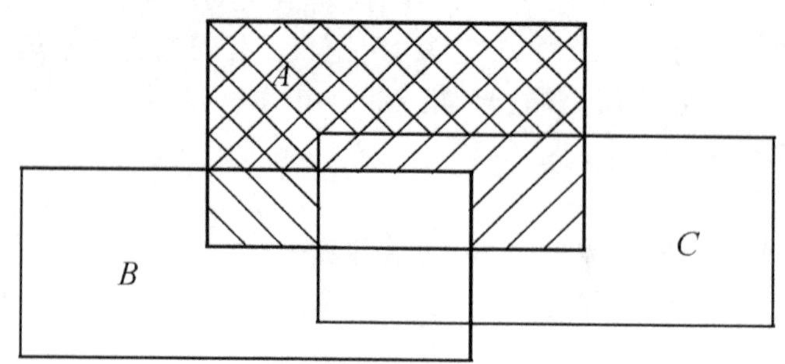

图 1.1.1　$A-(B\cup C)=(A-B)\cap(A-C)$

设 S 是一个集合. 以 S 的所有子集为成员的集合称为 S 的**幂集**, 记作 $\mathcal{P}(S)$:

$$\mathcal{P}(S)=\{A \mid A \text{ 是 } S \text{ 的子集}\}\ .$$

对 $A\in\mathcal{P}(S)$, 记 $\overline{A}=S-A$, 称为 A 在 S 中的**补集**, 则 $\overline{A}\in\mathcal{P}(S)$. 那么对任 $A,\ B\in\mathcal{P}(S)$, 这些集合 $\bar{A},\ A\cap B,\ A\cup B,\ A-B$ 都还是 $\mathcal{P}(S)$ 的元素. 通常把 “$\overline{\ }$”、“$\cap$”、“$\cup$”、“$-$” 称为集合 $\mathcal{P}(S)$ 上的运算. 命题 1.1.1 也描述了集合 $\mathcal{P}(S)$ 上的运算所满足的运算律.

特别地, 在命题 1.1.1 的德摩根律中, 取 A 为这里的 S, 则 $A-B=S-B=\overline{B}$, $A-C=S-C=\overline{C}$, $A-(B\cap C)=S-(B\cap C)=\overline{B\cap C}$, 所以命题 1.1.1 的德摩根律的第一式成为 $\overline{B\cap C}=\overline{B}\cup\overline{C}$. 类似地, 命题 1.1.1 的德摩根律的第二式成为 $\overline{B\cup C}=\overline{B}\cap\overline{C}$. 所以在给定集合 S 的幂集 $\mathcal{P}(S)$ 中的德摩根律表述为这个形式:

$$\overline{B\cap C}=\overline{B}\cup\overline{C}\ ,\qquad \overline{B\cup C}=\overline{B}\cap\overline{C}\ .$$

设 A 和 B 是两个集合. 定义集合

$$A\times B:=\{\ (a,b)\mid a\in A,\ b\in B\ \}\ ,$$

称为 A 与 B 的**卡氏积**, 也称为**集合积**, 简称**积**. 其中, (a,b) 表示有顺序的元素序列. 典型例子：取 $A=B=\mathbb{R}$, 实数集 $\mathbb{R}$ 与自己的卡氏积 $\mathbb{R}\times\mathbb{R}=\{\ (a,b)\mid a,b\in\mathbb{R}\ \}$, 简记为 $\mathbb{R}^2$, 解析几何中它与欧氏平面的点一一对应. 从这例子可见为什么说 (a,b) 是有顺序的元素序列：当 $a\neq b$ 时, $(a,b)\neq(b,a)$.

对三个或多个集合同样可以定义**卡氏积**. 如

$$A\times B\times C:=\{\ (a,b,c)\mid a\in A,\ b\in B,\ c\in C\ \}\ ,$$

其中, (a,b,c) 表示有顺序的元素序列. 典型例子：取 $A=B=C=\mathbb{R}$, 实数集 $\mathbb{R}$ 的三重卡氏积 $\mathbb{R}^3:=\mathbb{R}\times\mathbb{R}\times\mathbb{R}=\{\ (a,b,c)\mid a,b,c\in\mathbb{R}\ \}$, 立体解析几何中它与欧氏空间的点一一对应.

集合 A 中元素的个数称为集合 A 的**基数**, 记作 $|A|$. 如果 $|A|$ 是无限的, 记作 $|A|=\infty$, 称 A 是无限集. 如果 $|A|$ 是有限的, 则记作 $|A|<\infty$, 称 A 是有限集.

例如, $|\varnothing|=0<\infty$, $|\{2,1,3,5\}|=4<\infty$, 都是有限集.

例如, $|\mathbb{Z}^+|=\infty$, $\big|[0,1]\big|=\infty$, 都是无限集.

虽然 $\mathbb{Z}^+$ 与 $[0,1]$ 都是无限集, 但它们的基数大小却有本质区别.

$\mathbb{Z}^+$ 的元素可以列举出来, 就是可以像数数那样把它的元素一个一个数下去：从 0 数起; 数了 n 以后数 $n+1$; 按 “数学归纳法” 的意思就把它的元素数完了. 但 $[0,1]$ 的元素却数不完, 具体情形可参看选读选讲材料 X1.

因此 $\mathbb{Z}^+$ 称为**可数无限集**, 而 $[0,1]$ 称为**不可数无限集**. 这是数学家康托 (Cantor) 发现的事实, 由此出发康托创立了现代集合论, 参见选读选讲材料 X1.

集合 A 与 B 的卡氏积 $A\times B=\{(a,b)\mid a\in A,\ b\in B\}$ 中, 对每 $a\in A$, b 在 B 中跑动时, 得到的元素序列 (a,b) 共有 $|B|$ 个; 再让 a 在 A 中跑动, 共得到元素序列 (a,b) 有 $|A|\cdot|B|$ 个, 所以 $|A\times B|=|A|\cdot|B|$. 即使 A、B 中有空集, 这个公式也是正确的, 参看习题 1.1 中的第 4 题.

上述公式可推广到多个集合的卡氏积, 如 $|A\times B\times C|=|A|\cdot|B|\cdot|C|$.

设 A_i, $i\in I$, 是用指标集 I 标号的一组集合. 如果对任两个互异的标号 $i\neq j\in I$ 都有 $A_i\cap A_j=\varnothing$, 就称并集 $A:=\bigcup\limits_{i\in I}A_i$ 是不交并集. 此时, 只要把每个 A_i 的元素个数都计数一遍以后, 就正好是把 A 的所有元素都无重复地计数了. 所以, 对不交并集有简单的基数计算公式 $|\bigcup\limits_{i\in I}A_i|=\sum\limits_{i\in I}|A_i|$.

但对一般的并集的基数计算就要复杂得多, 习题 1.1 中的第 6 题是其中最简单的情况.

内容小结关键词: 集合, 集合运算和运算律, 基数.

习 题 1.1

1. 求 $\varnothing\cap A$, $\varnothing\cup A$.

2. 设 A_i, $i\in I$, 是指标集 I 标号的一组集合, B 是集合. 证明:

(1) $\left(\bigcap\limits_{i\in I}A_i\right)\bigcup B=\bigcap\limits_{i\in I}(A_i\bigcup B)$;

(2) $\left(\bigcup\limits_{i\in I}A_i\right)\bigcap B=\bigcup\limits_{i\in I}(A_i\bigcap B)$.

3. 如果 $A\cap B=\varnothing$, 则说 A 与 B 不相交, 称并集 $A\cup B$ 为不交并集. 证明以下等式并证明它们的右边都是不交并:

(1) $A=(A-B)\cup(A\cap B)$;

(2) $(A\cup B)-(A\cap B)=(A-B)\cup(B-A)$;

(3) $A\cup B=(A-B)\cup(A\cap B)\cup(B-A)$.

4.$^+$ 设 A, B 是集合. 证明:

(1) 如果 $A=\varnothing$, 则 $A\times B=\varnothing$;

(2) 如果 $A\times B=B\times A$, 则 $A=B$ 或者 A, B 之一是空集.

5. 设 A 是有限集, $|A|=n$. 求: $|A\cap A|$, $|A\cup A|$, $|A\times A|$, $|\mathcal{P}(A)|$.

6.$^+$ (容斥原理) 设 A, B 是有限集合. 证明 $|A\cup B|=|A|+|B|-|A\cap B|$.

§1.2 关 系

不论是在平常生活中还是在数学中都会考虑各种关系, 如一个学校的学生集合中的同班关系、实数集合 $\mathbb{R}$ 上的小于关系等.

一种关系的实质是：对任何两个被考虑的对象可以明确识别一个与另一个要么具有这种关系要么不具有这种关系.

使用集合语言来描述就是：集合 A 上的关系 $\sim$, 是说对任 $a, b \in A$ 可以明确识别 a 与 b 有关系即 $a \sim b$, 或没有关系即 $a \not\sim b$. 更准确的数学化的定义如下.

集合 A 上的关系 $\sim$ 是卡氏积 $A \times A$ 的一个子集 $\sim \subseteq A \times A$. 对 $a, b \in A$, 如果 $(a, b) \in \sim$ 就记作 $a \sim b$ 并称 a 与 b 具有关系 $\sim$. 否则记作 $a \not\sim b$ 并说 a 与 b 不具有关系 $\sim$.

例如, $[0,1]$ 上的 "等于" 关系 "$=$", 就是卡氏积 $[0,1] \times [0,1]$ 中连接点 $(0,0)$ 与点 $(1,1)$ 的对角线上的所有点构成的子集.

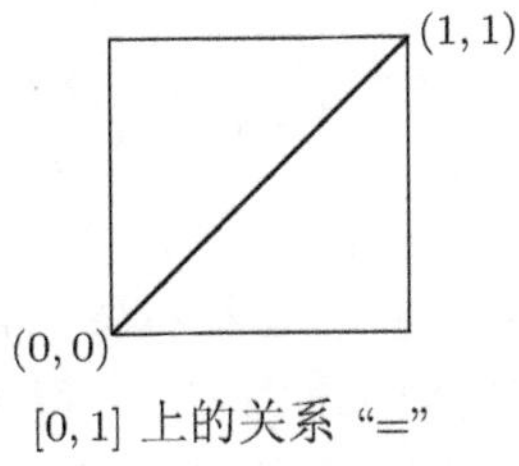

$[0,1]$ 上的关系 "$=$"

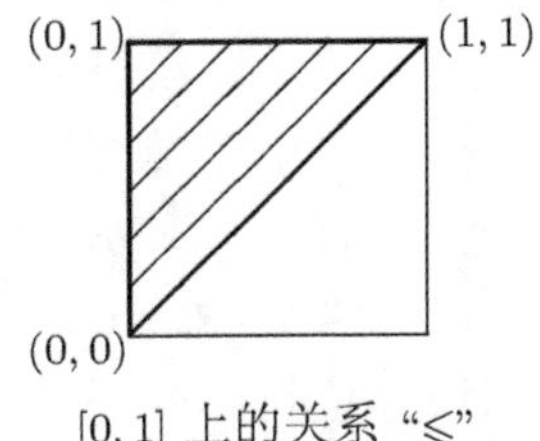

$[0,1]$ 上的关系 "$\leqslant$"

又例如, $[0,1]$ 上的 "小于等于" 关系 "$\leqslant$", 就是卡氏积 $[0,1] \times [0,1]$ 中以 $(0,0)$、$(0,1)$、$(1,1)$ 为三个顶点的三角形 (包括边界) 的所有点.

定义 1.2.1 如果以下三条满足, 集合 A 上的关系 $\preceq$ 称为一个**偏序关系**.

自反律 对任 $a \in A$, 有 $a \preceq a$;

传递律 对任 $a, b, c \in A$, 如果 $a \preceq b$ 且 $b \preceq c$, 则 $a \preceq c$;

反对称律 对任 $a, b \in A$, 如果 $a \preceq b$ 且 $b \preceq a$, 则 $a = b$.

例如, $\mathbb{R}$ 的关系 "$\leqslant$" 是偏序关系.

又如, 集合 S 的幂集 $\mathcal{P}(S)$ 上的包含关系 "$\subseteq$" 是偏序关系.

定义 1.2.2 (1) 如果以下三条满足, 集合 A 上的关系 $\sim$ 称为一个**等价关系**.

自反律 对任 $a \in A$, 有 $a \sim a$;

传递律 对任 $a, b, c \in A$, 如果 $a \sim b$ 且 $b \sim c$, 则 $a \sim c$;

对称律 对任 $a, b \in A$, 如果 $a \sim b$, 则 $b \sim a$.

(2) 设 $\sim$ 是集合 A 上的等价关系. $a \in A$. 称 A 的子集 $[a] = \{\, b \in A \mid b \sim a \,\}$ 是 A 的关于等价关系 $\sim$ 的一个**等价类**, 在默认等价关系的情况下简称为等价类. 以 A 的所有等价类为成员构成新的集合, 记作 $A/\sim$, 称为集合 A 关于等价关系 "$\sim$" 的**商集**.

例如, 在全体整数集合 $\mathbb{Z}$ 上, 模 2 同余关系 $a \equiv b \pmod 2$ 是等价关系, 参看习题 1.2 中的第 1 题. 等价类

$$[a] = \begin{cases} \text{偶数集合,} & \text{若 } a \text{ 是偶数;} \\ \text{奇数集合,} & \text{若 } a \text{ 是奇数.} \end{cases}$$

商集 $\mathbb{Z}/\equiv \pmod 2$ 由两个成员构成：偶数集合, 奇数集合. 对这个商集的习惯记号是 $\mathbb{Z}/2\mathbb{Z}$ 或者 $\mathbb{Z}_2$, 即商集 $\mathbb{Z}/2\mathbb{Z} = \{$偶数集合, 奇数集合$\}$.

一个生活例子. 一个学校的全体学生构成集合, "同班" 关系是等价关系. 学生张三的等价类 [张三], 按定义就是所有与张三同班的学生构成的子集, 也就是张三的班; 商集 "学生集合/同班" 就是该校的所有的班级构成的集合.

注 (等价关系性质)　设 $\sim$ 是集合 A 的等价关系. 对等价关系 $\sim$, 阐述几条性质, 对各条性质, 证明之后有简短说明.

(1) 对任 $a \in A$ 有 $a \in [a]$.

证　因为 $a \sim a$, 按定义就有 $a \in [a]$.　□

因此, 也常说 $[a]$ 是 a 所在的等价类.

(2) 对任 $a' \in [a]$ 有 $[a'] = [a]$.

证　按定义有 $a' \sim a$. 对任 $b \in [a']$ 有 $b \sim a'$, 按传递律得 $b \sim a$, 所以 $b \in [a]$, 得 $[a'] \subseteq [a]$. 按对称律还有 $a \sim a'$. 同样的推理得出 $[a] \subseteq [a']$, 即得 $[a'] = [a]$.　□

直观地解释这条性质就是：一个等价类中的任何元可以 "代表" 这个等价类. 例如, 学生集合上的同班关系, 如果张三在李四的班上, 那么 "张三的班" 也就是 "李四的班". 这条性质还可以进一步发挥为以下性质.

(3) $a \sim a'$ 当且仅当 $[a] = [a']$.

证　如果 $a \sim a'$, 按定义 $a \in [a']$. 从上述性质得 $[a] = [a']$. 反过来设 $[a] = [a']$, 那么 $a \in [a] = [a']$, 则 $a \in [a']$, 即 $a \sim a'$.　□

以学生集合上的同班关系为例来理解这条断言就是, 如果张三与李四同班, 那么日常语言说的 "张三的班"、"李四的班" 是同一个班. 反过来, 如果 "张三的班"、"李四的班" 是同一个班, 那么张三与李四同班.

下一条性质是关于商集的, 先做点说明. 按照定义, 商集 $A/\sim$ 是幂集 $\mathcal{P}(A)$ 的子集, 因为 $A/\sim$ 的成员是等价类 $[a]$, 是 A 的子集. 可以描述商集为 $A/\sim = \{\, [a] \mid a \in A \,\}$. 尽管这个描述中的 "$a \in A$" 是说 a 跑遍 A, 但可能对很多不同的元素 a 得的是同一个等价类, 从对集合概念的解释知道, 这同一个等价类尽管在描述过程中可能出现多次但作为集合 $A/\sim$ 的成员只是一个. 例如, 在前面例子 $\mathbb{Z}/\equiv \pmod 2$ 中, 所有的偶数 a 给出的是同一个等价类 "偶数集合", 所有的奇数 a 给出的是同一个等价类 "奇数集合", 商集 $\mathbb{Z}/\equiv \pmod 2$ 恰含这两个成员.

(4) 作为幂集 $\mathcal{P}(A)$ 的子集, 商集 $A/\sim$ 具有以下特点.

"非空"：对任 $[a] \in A/\sim$, 有 $[a] \neq \varnothing$;

"不交"：如果 $[a], [b] \in A/\sim$ 且 $[a] \neq [b]$, 则 $[a] \bigcap [b] = \varnothing$;

"覆盖"：$\bigcup_{[a]\in A/\sim}[a]=A$, 其中, $\bigcup$ 的脚标 $[a]\in A/\sim$ 表示 $[a]$ 取遍商集的成员.

证 性质 (1) 已证 $a\in[a]$, 所以 "非空" 成立.

若 $[a]\bigcap[b]\neq\varnothing$, 则取 $c\in[a]\bigcap[b]$. 那么 $c\in[a]$, 故由性质 (2) 知 $[a]=[c]$. 同样, 从 $c\in[b]$ 得 $[b]=[c]$, 故 $[a]=[b]$, 所以 "不交" 成立.

因为对任 $a\in A$ 有 $a\in[a]$, 故 $A\subseteq\bigcup_{[a]\in A/\sim}[a]$; 反过来, 显然 $\bigcup_{[a]\in A/\sim}[a]\subseteq A$. 所以第三条 "覆盖" 成立. □

以一个学校全体学生的集合上的同班关系为例, 比较容易理解关于商集的性质 (4) 中的三条: 商集 "学生集合/同班" 是所有班级的集合. 第一, 没有空班; 第二, 两个不同的班交集为空; 第三, 所有班的并集为全体学生的集合.

定义 1.2.3 (1) 如果集合 A 的幂集的子集 $\mathcal{T}\subseteq\mathcal{P}(A)$ 满足以下三条:

"非空": 对任 $T\in\mathcal{T}$ 有 $T\neq\varnothing$;

"不交": 如果 $T,T'\in\mathcal{T}$ 且 $T\neq T'$, 则 $T\bigcap T'=\varnothing$;

"覆盖": $\bigcup_{T\in\mathcal{T}}T=A$,

就称 A 的幂集 $\mathcal{P}(A)$ 的子集 $\mathcal{T}$ 是集合 A 的一个**划分**.

(2) 对集合 A 的划分 $\mathcal{T}$, 定义关系 "$\underset{\mathcal{T}}{\sim}$" 为: 如果存在 $T\in\mathcal{T}$ 使得 A 的元素 a 与 b 都在 T 中, 就说 $a\underset{\mathcal{T}}{\sim}b$.

例如, 某校 2008 级新生入学后构成集合 A, 分班以后得到班级集合 $\mathcal{T}$. 因为每个班有学生, 不同的班不交, 所有班的并集就是集合 A, 所以 $\mathcal{T}$ 是 A 的划分. 这个划分给出了集合 A 上的关系 "$\underset{\mathcal{T}}{\sim}$", 学生 a, b 具有关系 $a\underset{\mathcal{T}}{\sim}b$ 是说有一个班 $T\in\mathcal{T}$ 使得 $a,b\in T$, 也就是学生 a, b 都在班级 T 中, 所以 "$\underset{\mathcal{T}}{\sim}$" 就是学生集合 A 上的同班关系.

前面讨论集合上的等价关系, 这里讨论集合的划分, 都以学生和班级为典型例子予以阐述. 这是否启示等价关系与划分实质上是同一件事情的不同表现形式? 这里将从数学上严格论述确实如此. 先叙述关于划分的一个结论.

引理 1.2.1 对集合 A 的幂集的子集 $\mathcal{T}\subseteq\mathcal{P}(A)$, 定义 1.2.3(1) 中的 "不交" 与 "覆盖" 两条成立当且仅当对任 $a\in A$ 存在唯一一个 $T\in\mathcal{T}$ 使得 $a\in T$.

证 对任 $a\in A$, 从 "覆盖" 推出存在 $T\in\mathcal{T}$ 使得 $a\in T$; 从 "不交" 推出不能有两个不同的 $T,T'\in\mathcal{T}$ 都包含 a, 因为 T 与 T' 没有公共元.

反过来, 设对任 $a\in A$ 存在唯一一个 $T\in\mathcal{T}$ 使得 $a\in T$. 那么对任 $a\in A$ 有 $a\in\bigcup_{T\in\mathcal{T}}T$, 从而 $\bigcup_{T\in\mathcal{T}}T=A$, 即 "覆盖" 成立. 对 $T,T'\in\mathcal{T}$, 如果 $T\bigcap T'\neq\varnothing$ 则可取 $a\in T\bigcap T'$, 即 T 与 T' 都包含 a, 由唯一性得 $T=T'$, 所以 "不交" 成立. □

定理 1.2.1 (等价关系与划分的定理) 设 A 是集合.

(1) 如果 "$\sim$" 是 A 的等价关系, 那么商集 $\mathcal{T} := A/\sim$ 是 A 的一个划分, 而且这个划分给出的关系 $\underset{\mathcal{T}}{\sim}$ 就是原来的关系 $\sim$, 即 $\underset{\mathcal{T}}{\sim} = \sim$.

(2) 如果 $\mathcal{T}$ 是 A 的一个划分, 那么 "$\underset{\mathcal{T}}{\sim}$" 是 A 的等价关系, 而且作为幂集 $\mathcal{P}(A)$ 的子集, 商集 $A/\underset{\mathcal{T}}{\sim}$ 就是原来的划分 $\mathcal{T}$, 即 $A/\underset{\mathcal{T}}{\sim} = \mathcal{T}$.

证 (1) 上面等价关系性质 (4) 已经证明了商集 $A/\sim$ 是 A 的一个划分. 为书写简单, 记 $\mathcal{T} := A/\sim$. 剩下需要证明这个划分产生的关系 $\underset{\mathcal{T}}{\sim}$ 与原来的等价关系 $\sim$ 是同一个关系, 即要证: 对 $a, b \in A$, 如 $a \underset{\mathcal{T}}{\sim} b$ 则 $a \sim b$; 反过来, 如 $a \sim b$ 则 $a \underset{\mathcal{T}}{\sim} b$.

设 $a \underset{\mathcal{T}}{\sim} b$, 即存在 $T \in \mathcal{T}$ 使得 $a, b \in T$. 但 T 是一个等价类, 即 $T = [c] \in A/\sim$ 对某 $c \in A$, $a, b \in [c]$. 按等价类定义, $a \sim c$ 且 $b \sim c$, 从对称律得 $c \sim b$, 再从传递律得 $a \sim b$.

反过来, 设 $a \sim b$, 那么 $a \in [b]$. 由等价关系性质 (2), 得 $[a] = [b]$, 记这个等价类为 $T \in \mathcal{T}$. 而 $a \in [a]$, $b \in [b]$, 即 $a, b \in T$. 按定义, 得 $a \underset{\mathcal{T}}{\sim} b$.

(2) 先证 "$\underset{\mathcal{T}}{\sim}$" 是 A 的等价关系. 对任 $a \in A$, 由引理 1.2.1, 存在唯一 $T \in \mathcal{T}$ 使得 $a \in T$. 那么 $a, a \in T$, 所以 $a \underset{\mathcal{T}}{\sim} a$. 自反律成立.

如 $a \underset{\mathcal{T}}{\sim} b$, 按照关系 $\underset{\mathcal{T}}{\sim}$ 的定义, 存在 $T \in \mathcal{T}$ 使得 $a, b \in T$, 于是 $b, a \in T$, 即 $b \underset{\mathcal{T}}{\sim} a$. 对称律成立.

设 $a \underset{\mathcal{T}}{\sim} b$ 和 $b \underset{\mathcal{T}}{\sim} c$, 就是存在 $T, T' \in \mathcal{T}$ 使得 $a, b \in T$ 和 $b, c \in T'$, 那么 T 与 T' 都包含 b, 由引理 1.2.1, $\mathcal{T}$ 中包含 b 的成员是唯一的, 所以 $T = T'$, 于是 $a, c \in T$, 即 $a \underset{\mathcal{T}}{\sim} c$. 传递律成立.

以上证明了 $\underset{\mathcal{T}}{\sim}$ 是等价关系. 把 a 的等价类记作 $[a]_{\mathcal{T}}$. 下面证明商集 $A/\underset{\mathcal{T}}{\sim} = \mathcal{T}$, 也就是要证明 $A/\underset{\mathcal{T}}{\sim} \subseteq \mathcal{T}$ 且 $\mathcal{T} \subseteq A/\underset{\mathcal{T}}{\sim}$.

设 $[a]_{\mathcal{T}} \in A/\underset{\mathcal{T}}{\sim}$. 由引理 1.2.1, 存在唯一 $T \in \mathcal{T}$ 使得 $a \in T$. 对任 $b \in T$, 按照关系 $\underset{\mathcal{T}}{\sim}$ 的定义, 有 $b \underset{\mathcal{T}}{\sim} a$, 所以 $b \in [a]_{\mathcal{T}}$, 即得 $T \subseteq [a]_{\mathcal{T}}$. 反过来, 对任 $c \in [a]_{\mathcal{T}}$, 按等价类的定义, 有 $c \underset{\mathcal{T}}{\sim} a$. 再按关系 $\underset{\mathcal{T}}{\sim}$ 的定义有 $T' \in \mathcal{T}$ 使得 $c, a \in T'$, 那么 T' 与 T 都包含 a, 而 $\mathcal{T}$ 中包含 a 的成员是唯一的, 所以 $T' = T$, 因此 $c \in T$.

综上所述, 从 $a \in T$ 就得出 $[a]_{\mathcal{T}} = T$. 特别就得到 $[a]_{\mathcal{T}} \in \mathcal{T}$, 所以 $A/\underset{\mathcal{T}}{\sim} \subseteq \mathcal{T}$.

反过来, 对任 $T \in \mathcal{T}$, 因为 $T \neq \varnothing$, 所以可以取 $a \in T$. 按上段推理, 有 $[a]_{\mathcal{T}} = T$, 即 T 是 a 所在的等价类, 故 $T \in A/\underset{\mathcal{T}}{\sim}$. 所以 $\mathcal{T} \subseteq A/\underset{\mathcal{T}}{\sim}$. □

一个集合 A 可以有不同的等价关系, 可以有不同的划分. 定理说明: A 的等价关系和划分是一一对应的. 所以, 本节的两个主要概念等价关系和划分是完全互相转化的.

定义 1.2.4 设 $\mathcal{T}$ 是集合 A 的一个划分. 从 $\mathcal{T}$ 的每个成员 T(它是 A 的非空子集) 选出一个元素作为 T 的代表元; 代表元构成 A 的子集 R, 称为划分 $\mathcal{T}$ 的一个完全代表系.

以一个学校全体学生的集合 A 为例. 分班后, 所有班的集合 T 是一个划分. 每班选一个班长, 全体班长开会, 构成的 A 的子集 R 就是一个完全代表系. 这样考虑处理各班的事务就方便一些.

设 $\sim$ 是 A 的等价关系. 前面说过, 把商集描述为 $A/\sim = \{\,[a] \mid a \in A\,\}$, a 跑遍 A 时一个等价类可能重复出现. §1.1 说过作为集合成员, 重复出现的等价类仍只是同一个成员. 尽管如此, 有时处理具体问题时仍以不重复出现为方便. 这时就可以取一个完全代表系.

例如, 整数集 $\mathbb{Z}$ 模 2 同余的商集 $\mathbb{Z}_2 = \{$偶数集合, 奇数集合$\}$. 偶数集合中选取 0 做代表, 奇数集合中选取 1 做代表, 得到 $R = \{0, 1\}$ 是一个完全代表系, 则 $\mathbb{Z}_2 = \{\,[a] \mid a \in R\,\} = \{\,[0],\ [1]\,\}$. 这样描述集合 $\mathbb{Z}_2$ 时成员没有重复出现.

内容小结关键词: 关系, 等价关系, 商集, 划分.

正文和习题中涉及整数的整除问题. 这里简述有关基本性质.

整除、因数、倍数等概念在中、小学数学中已介绍. 只是注意现在是考虑所有整数的整除问题而不是仅仅考虑正整数. 用 $m|n$ 表示 m 整除 n.

设整数 n 非零也不等于 ± 1. 那么 $\pm 1, \pm n$ 总是 n 的因数, 称为 n 的平凡因数. 如果 n 只有平凡因数就称 n 是素数.

设整数 $n_1, \cdots, n_k$ 不全为零. 定义:

(1) 如果整数 $c \mid n_i$, $i = 1, \cdots, k$, 就称 c 是 $n_1, \cdots, n_k$ 的公因数.

(2) 如果整数 d 是 $n_1, \cdots, n_k$ 的公因数, 而且只要 c 是 $n_1, \cdots, n_k$ 的公因数就有 $c \mid d$, 那么就称 d 是 $n_1, \cdots, n_k$ 的最大公因数.

显然, 如果 d 是 $n_1, \cdots, n_k$ 的最大公因数, 则 $-d$ 也是 $n_1, \cdots, n_k$ 的最大公因数. 用 $\gcd(n_1, \cdots, n_k)$ 记正的最大公因数.

(3) 如果 $\gcd(n_1, \cdots, n_k) = 1$, 就说 $n_1, \cdots, n_k$ 互素.

设 p 是素数, n 是整数. 按素数的定义, 有 $\gcd(p, n) = \begin{cases} p, & 若\ p \mid n; \\ 1, & 若\ p \nmid n. \end{cases}$

带余除法(欧氏除法)　如果 m, n 是整数, $n \neq 0$, 则存在整数 q, r 使得

$$m = nq + r\ , \qquad 0 \leqslant r < n,$$

其中, q 称为商数; r 称为余数.　□

那么一个整数 c 整除 m 和 n 当且仅当 c 整除 n 和 r, 所以 $\gcd(m, n) = \gcd(n, r)$.

所以, 若 $r = 0$ 则 $\gcd(m, n) = n$. 不然, 接着做带余除法

$$n = rq_1 + r_1\ , \qquad 0 \leqslant r_1 < r\ ;$$

$$\gcd(m,n)=\gcd(n,r)=\gcd(r,r_1).$$

以此递推, 直至得到余数等于 0 为止. 则最后一个非零余数 d 就是 m,n 的最大公因数. 而且适当处理各辗转相除表达式, 可以得到整数 s,t 使得最大公因数 $d=ms+nt$. 这种方法称为**辗转相除法**.

定理 1.2.2 设整数 $n_1,\cdots,n_k$ 不全为零. 则 $d:=\gcd(n_1,\cdots,n_k)$ 存在, 而且有整数 $t_1,\cdots,t_k$ 使得 $n_1t_1+\cdots+n_kt_k=d$.

证 不妨设 $n_1\neq 0$. $k=2$ 时上述辗转相除法给出了证明. 再设 $k>2$. 按归纳法, $n_1,\cdots,n_{k-1}$ 最大公因数 d' 存在, 且有整数 $t'_1,\cdots,t'_{k-1}$ 使得 $n_1t'_1+\cdots+n_{k-1}t'_{k-1}=d'$. 而且 $d'\neq 0$. 那么 d',n_k 的最大公因数 d 存在, 于是易验证 d 就是 $n_1,\cdots,n_{k-1},n_k$ 的最大公因数, 且有整数 s,t_k 使得 $d's+n_kt_k=d$. 再将 $d'=n_1t'_1+\cdots+n_{k-1}t'_{k-1}$ 代入此式, 令 $st'_1=t_1$, $\cdots$, $st'_{k-1}=t_{k-1}$, 得 $n_1t_1+\cdots+n_{k-1}t_{k-1}+n_kt_k=d$. □

推论 $\gcd(n_1,\cdots,n_k)=1$ 当且仅当有整数 $t_1,\cdots,t_k$ 使得 $n_1t_1+\cdots+n_kt_k=1$.

证 必要性: 从上面定理立即得出. 充分性: 如果 $n_1t_1+\cdots+n_kt_k=1$, 那么 $n_1,\cdots,n_k$ 的任何公因数 c 整除等式 $n_1t_1+\cdots+n_kt_k=1$ 左端所有项, 因此 c 整除右端的 1; 所以 $n_1,\cdots,n_k$ 的最大公因数只能是 ± 1. □

推论 设 $c\mid\gcd(n_1,\cdots,n_k)$, 则 $\gcd(n_1/c,\cdots,n_k/c)=\gcd(n_1,\cdots,n_k)/c$. 特别地, 若 $d=\gcd(n_1,\cdots,n_k)$, 则 $\gcd(n_1/d,\cdots,n_k/d)=1$.

证 记 $d=\gcd(n_1,\cdots,n_k)$. 从 $d\mid n_i$ 得 $(d/c)\mid(n_i/c)$. 所以, d/c 是 $n_1/c,\cdots,n_k/c$ 的公因数. 又, 有整数 $t_1,\cdots,t_k$ 使得 $n_1t_1+\cdots+n_kt_k=d$, 那么

$$\frac{n_1}{c}\cdot t_1+\cdots+\frac{n_k}{c}\cdot t_k=\frac{d}{c}\ .$$

故 n_1/c, $\cdots$, n_k/c 的任何公因数整除 d/c. 按最大公因数的定义, d/c 是 n_1/c, $\cdots$, n_k/c 的最大公因数. □

推论 设 $n|mm'$ 且 $\gcd(n,m)=1$, 则 $n|m'$.

证 存在整数 s,t 使得 $ms+nt=1$, 两边乘以 m' 得 $m'ms+m'nt=m'$. 整数 n 整除等式左边各项, 所以 n 整除右边. □

推论 设 p 是素数. 如果 $p\mid m_1\cdots m_r$, $r\geqslant 2$, 则存在 i, $1\leqslant i\leqslant r$, 使得 $p\mid m_i$.

证 先设 $r=2$, 即 $p\mid m_1m_2$. 若 $p\nmid m_1$, 则 $\gcd(p,m_1)=1$. 由上述推论, $p\mid m_2$. 所以 $r=2$ 时结论成立.

再设 $r>2$. 那么由上已证的结论, 或者 $p|m_1$, 或者 $p|m_2\cdots m_r$. 若是前者, 结论已成立. 若是 $p|m_2\cdots m_r$, 按归纳法, 存在 i, $2\leqslant i\leqslant r$, 使得 $p|m_i$. 总之, 结论对 r 成立. □

定理 1.2.3(算术基本定理) 设整数 $n\neq 0$, $n\neq\pm 1$. 则:

(1) n 可以写成素数之积 $n=p_1\cdots p_k$, 其中, 各 p_i 是素数;

(2) 如果还有 $n = q_1 \cdots q_\ell$, 其中, 各 q_i 是素数, 则 $\ell = k$ 且适当重编号后有 $q_i = \pm p_i$, $i = 1, \cdots, k$.

证 (1) 对 $|n|$ 做归纳. 若 $n = p$ 是素数, 则结论已成立. 否则可写 $n = n'n''$, 其中, $|n'| < |n|$, $|n''| < |n|$. 按归纳法, n' 和 n'' 都可以写成素数之积, 合起来 n 就写成了素数之积.

(2) 对 k 做归纳. $k = 1$ 时 $n = p$ 是素数. 按素数定义 $\ell = 1$ 且 $q = p$. 再设 $k > 1$. 由 $p_1p_2 \cdots p_k = q_1q_2 \cdots q_\ell$, 知 $p_1 \mid q_1q_2 \cdots q_\ell$. 由上述推论, 存在 q_j 使得 $p_1 \mid q_j$, 重编号, 可设 $p_1 \mid q_1$. 但 q_1 也是素数, 故 $q_1 = \pm p_1$. 得 $p_1p_2 \cdots p_k = \pm p_1q_2 \cdots q_\ell$. 消去 p_1 得 $p_2 \cdots p_k = (\pm q_2) \cdots q_\ell$. 左边是 $k-1$ 个素数之积. 按归纳法, $k - 1 = \ell - 1$, 即 $\ell = k$, 且重编号后有 $q_2 = \pm p_2, \cdots, q_k = \pm p_k$. □

习　题 1.2

1.$^+$ 设 m 是非零整数. 对整数集 $\mathbb{Z}$ 定义 "模 m **同余关系**": 对 $a, b \in \mathbb{Z}$, 如果 $m \mid (a-b)$ 则记 $a \equiv b \pmod{m}$, 称 a 模 m 同余于 b. 证明:

(1) $\equiv \pmod{m}$ 是 $\mathbb{Z}$ 的等价关系;

(2) 等价类 $[a]_m = a + m\mathbb{Z}$, 其中, $m\mathbb{Z} := \{ mk \mid k \in \mathbb{Z} \}$ 记所有 m 的倍数的集合, 而 $a + m\mathbb{Z} := \{ a + d \mid d \in m\mathbb{Z} \}$;

(3) 商集 $\big(\mathbb{Z}/\equiv \pmod{m}\big) = \{ a + m\mathbb{Z} \mid a \in \mathbb{Z} \}$ 恰含 m 个等价类.

(这里用 $[a]_m$ 记 $a \in \mathbb{Z}$ 所在的模 m 同余的等价类, 通常称为模 m **剩余类**. 商集 $\mathbb{Z}/\equiv \pmod{m}$ 按通常记法以后记作 $\mathbb{Z}/m\mathbb{Z}$ 或 $\mathbb{Z}_m$.)

2. 考虑实数域 $\mathbb{R}$ 上的向量空间 $\mathbb{R}^2$(对应于 2 维欧氏平面).

(1) 在 $\mathbb{R}^2$ 上定义关系 "$\sim$": 对向量 $\boldsymbol{\alpha}, \boldsymbol{\beta} \in \mathbb{R}^2$ 称 $\boldsymbol{\alpha} \sim \boldsymbol{\beta}$ 如果存在 $r \in \mathbb{R}$ 使得 $r\boldsymbol{\alpha} = \boldsymbol{\beta}$. "$\sim$" 是 $\mathbb{R}^2$ 的等价关系吗? 为什么?

(2) $\mathbb{R}^2$ 上的关系 "$\sim$" 同上. 对 $\boldsymbol{\alpha} \in \mathbb{R}^2$ 记 $[\boldsymbol{\alpha}] = \{ \boldsymbol{\beta} \in \mathbb{R}^2 \mid \boldsymbol{\beta} \sim \boldsymbol{\alpha} \}$. 幂集 $\mathcal{P}(\mathbb{R}^2)$ 的子集 $\{ [\boldsymbol{\alpha}] \mid \boldsymbol{\alpha} \in \mathbb{R}^2 \}$ 是集合 $\mathbb{R}^2$ 的划分吗? 为什么?

(3) 令 $A = \mathbb{R}^2 - \{\mathbf{0}\}$, 所有非零向量的集合. 如同 (1) 定义 "$\sim$": 对任 $\boldsymbol{\alpha}, \boldsymbol{\beta} \in A$ 称 $\boldsymbol{\alpha} \sim \boldsymbol{\beta}$ 如果存在非零 $r \in \mathbb{R}$ 使得 $r\boldsymbol{\alpha} = \boldsymbol{\beta}$. 证明: "$\sim$" 是 A 的等价关系, 并求商集 $A/\sim$ (即求出等价关系 $\sim$ 给出的划分).

3. 设 A 是一个集合, 设 $\sim \subseteq A \times A$ 是 A 的一个关系. 对任 $a \in A$ 定义 A 的一个子集 $S_a = \{ b \in A \mid b \sim a \}$, 令 $\mathcal{S} = \{ S_a \mid a \in A \}$. 证明:

(1) 对 $a \in A$, $a \in S_a$ 当且仅当关系 $\sim$ 满足自反律;

(2) 如果关系 $\sim$ 既满足对称律也满足传递律, 则 $\mathcal{S}$ 的不同成员彼此不交.

4. 设 A 是集合, $\mathcal{T} \subseteq \mathcal{P}(A)$. 证明以下两条等价:

(1) $\mathcal{T}$ 是 A 的划分;

(2) $\varnothing \notin \mathcal{T}$ 且任 $a \in A$ 存在唯一 $T \in \mathcal{T}$ 使得 $a \in T$.

5. 设 A 是一个集合, 设 $\mathcal{T} \subseteq \mathcal{P}(A)$. 定义 A 的关系 $\underset{\mathcal{T}}{\sim}$ 为: 对 $a, b \in A$, 如果存在 $T \in \mathcal{T}$ 使得 $a, b \in T$ 则记 $a \underset{\mathcal{T}}{\sim} b$. 证明:

(1) 关系 $\underset{\mathcal{T}}{\sim}$ 满足对称律;

(2) $\bigcup\limits_{T \in \mathcal{T}} T = A$ 当且仅当 $\underset{\mathcal{T}}{\sim}$ 满足自反律;

(3) 如果 $\mathcal{T}$ 的任两个不同成员不交, 则关系 $\underset{\mathcal{T}}{\sim}$ 满足传递律. 举例说明此断言的逆断言不成立.

6. 设 A 是集合. 称划分 $\mathcal{T}_1$ **细于** 划分 $\mathcal{T}_2$, 记作 $\mathcal{T}_1 \preceq \mathcal{T}_2$, 如果对任 $T_1 \in \mathcal{T}_1$ 存在 $T_2 \in \mathcal{T}_2$ 使得 $T_1 \subseteq T_2$. A 的关系是 $A \times A$ 的子集, 关系 $\sim_1 \subseteq \sim_2$ 就是说子集包含.

证明: $\mathcal{T}_1 \preceq \mathcal{T}_2$ 当且仅当 $(\underset{\mathcal{T}_1}{\sim}) \subseteq (\underset{\mathcal{T}_2}{\sim})$.

§1.3　映　射

按集合语言, 映射的形式化的定义可陈述如下.

定义 1.3.1　从集合 A 到集合 B 的一个**映射** f 是卡氏积 $A \times B$ 的一个子集 f, 满足对任 $a \in A$ 存在唯一一个 $b \in B$ 使得 $(a, b) \in f$.

这实际上与通常的定义是一致的. 通常把映射的定义陈述为: 从集合 A 到集合 B 的一个映射 f 是一个对应法则, 使得对任 $a \in A$ 存在唯一一个 $b \in B$ 与 a 对应. 把 A 称为映射 f 的**定义域** (domain), 把 B 称为映射 f 的**值域** (codomain), 把 B 中唯一与 $a \in A$ 对应的元素记作 $f(a)$, 称为 a 被 f 映射的**象**. 这样, 从集合 A 到集合 B 的映射 f 就可以形象地记作 $f: A \to B,\ a \mapsto f(a)$.

设 $f: A \to B,\ a \mapsto f(a)$, 是从集合 A 到集合 B 的一个映射. 更一般地, 对 $S \subseteq A$, 记 $f(S) = \{\, f(s) \mid s \in S\}$, 称为 S 的**象** (image), 特别地, $f(A)$ 称为 f 的**象**, 记作 $\mathrm{Im}(f)$. 对 $T \subseteq B$, 记 $f^{-1}(T) = \{\, a \in A \mid f(a) \in T \,\}$, 称为 T 在 A 中的**原象** (inverse image), 特别地, $f^{-1}(b)$ 称为元素 $b \in B$ 在 A 中的原象.

称 f 为**满射** (surjection). 如果对任 $b \in B$, 存在 $a \in A$ 使得 $f(a) = b$, 也就是 $f(A) = B$.

称 f 为**单射** (injection). 如果对任 $a, a' \in A$, 只要 $f(a) = f(a')$ 就有 $a = a'$.

称 f 为**双射** (bijection). 如果 f 既是单射也是满射.

例 1.3.1　设 $\sim$ 是集合 A 的等价关系, $A/\!\sim$ 是等价关系的商集. 那么

$$\rho_\sim: \quad A \longrightarrow A/\!\sim, \quad a \longmapsto [a],$$

是映射, 称为关于等价关系 $\sim$ 的**自然映射**. 显然, 自然映射总是满射.

例如, 学校学生集合 A 的同班关系是等价关系, 商集 "A/同班关系" 是班级集合, 自然映射就是把每个学生 a 对应为 a 的班级 $[a]$.

又如, 整数集合的模 m 同余关系是等价关系, 商集 $\mathbb{Z}/m\mathbb{Z}$ 是剩余类的集合, 因此有自然映射

$$\mathbb{Z} \longrightarrow \mathbb{Z}/m\mathbb{Z}\ , \quad a \longmapsto [a]_m\ .$$

这里采用了通常采用的记号, 见习题 1.2 中的第 1 题.

如果从集合 A 到集合 B 的两个映射 $f: A \to B$ 和 $f': A \to B$, 使得对任 $a \in A$ 都有 $f(a) = f'(a)$, 那么这两个映射就是完全相同的, 记作 $f = f'$.

如果 $f: A \to B$ 和 $g: B \to C$ 都是映射, 那么可以构造从 A 到 C 的映射如下: 对任 $a \in A$ 令 $g(f(a)) \in C$ 与之对应. 这个映射记作 gf, 即

$$gf:\ \ A \longrightarrow C,\ \ a \longmapsto g(f(a)),$$

称为 f 与 g 的**合成映射**. 也就是, 对 $a \in A$, $(gf)(a) = g(f(a))$. 这个合成过程可以形象地表达为 $A \xrightarrow{f} B \xrightarrow{g} C, a \mapsto f(a) \mapsto g(f(a))$.

命题 1.3.1 (合成运算结合律)　如果 $f: A \to B$, $g: B \to C$ 和 $h: C \to D$ 都是映射, 那么有两种方式合成得到从 A 到 D 的映射: $h(gf)$ 与 $(hg)f$, 但合成的结果是一样的, 即 $h(gf) = (hg)f$.

证　对任 $a \in A$, 一方面

$$\Big(h(gf)\Big)(a) = h\Big((gf)(a)\Big) = h\Big(g\big(f(a)\big)\Big)\ ;$$

另一方面

$$\Big((hg)f\Big)(a) = (hg)(f(a)) = h\Big(g\big(f(a)\big)\Big)\ ;$$

所以, $\Big(h(gf)\Big)(a) = \Big((hg)f\Big)(a)$. 此式对所有 $a \in A$ 成立, 按映射相等的定义, 得 $h(gf) = (hg)f$. □

例如, 对任集合 A, 有映射 id_A: $A \to A$, $a \mapsto a$, 称为 A 的**恒等映射**. 恒等映射 id_A 总是双射. 而且, 对任何映射 $f: A \to B$, 恒有

$$f \cdot \mathrm{id}_A = f\ , \qquad \mathrm{id}_B \cdot f = f\ .$$

定义 1.3.2　设 $f: A \to B$ 是映射. 如果存在映射 $g: B \to A$ 使得 $fg = \mathrm{id}_B$ 且 $gf = \mathrm{id}_A$, 则称 f 是**可逆映射**, 称 g 是 f 的**逆映射** (inverse), 记作 $g = f^{-1}$. (注意: 这里的 f^{-1} 与本节前面定义原象时的记号 $f^{-1}(T)$ 的意义不一样.)

若 $f: A \to B$ 可逆则它的逆是唯一的. 因为: 若 $g': B \to A$ 也是 f 的逆映射, 即也有 $fg' = \mathrm{id}_B$ 且 $g'f = \mathrm{id}_A$, 则 $g' = g'\,\mathrm{id}_B = g'(fg) = (g'f)g = \mathrm{id}_A\, g = g$.

定理 1.3.1　设 $f: A \to B$ 是映射, 则 f 可逆当且仅当 f 是双射.

证　充分性 (“当”). 设 f 是双射. 对任 $b \in B$ 存在唯一一个 $a \in A$ 使得 $f(a) = b$, 记此唯一 a 为 $g(b)$. 那么定义了一个映射 $g: B \to A$, $b \mapsto g(b)$, 使得

$$f(g(b)) = b\ , \quad \forall\, b \in B\ , \qquad 即\ fg = \mathrm{id}_B\ .$$

进一步, 对任 $a \in A$, 利用上式还可得到

$$f\Big((gf)(a)\Big) = \Big(f(gf)\Big)(a) = \Big((fg)f\Big)(a) = (fg)\Big(f(a)\Big) = f(a)\,.$$

但 f 是单射, 得 $(gf)(a) = a, \forall\, a \in A$. 即 $gf = \mathrm{id}_A$. 所以 f 可逆.

必要性 (“仅当”). 设 f 可逆. 对任 $b \in B$, 有

$$f(f^{-1}(b)) = (ff^{-1})(b) = \mathrm{id}_B(b) = b\,,$$

即 f 是满射. 若 $f(a) = f(a')$ 对 $a, a' \in A$, 则

$$a = \mathrm{id}_A(a) = (f^{-1}f)(a) = f^{-1}\Big(f(a)\Big) = f^{-1}\Big(f(a')\Big) = \mathrm{id}_A(a') = a'\,,$$

故 f 是单射. □

定义 1.3.3　设 $f: A \to B$ 是一个映射. 对任 $a, a' \in A$ 如果 $f(a) = f(a')$ 就记 $a \underset{f}{\sim} a'$. 定义域集合 A 上由映射 f 确定的这个关系 “$\underset{f}{\sim}$” 称为映射 f 的**核关系**.

映射 $f: A \to B$ 的核关系 $\underset{f}{\sim}$ 是 A 的等价关系. 因为 $f(a) = f(a)$, 即 $a \underset{f}{\sim} a$, 自反律满足; 从 $a \underset{f}{\sim} a'$ 得 $f(a) = f(a')$, 即 $f(a') = f(a)$, 亦即 $a' \underset{f}{\sim} a$, 对称律满足. 最后, $a \underset{f}{\sim} a'$ 和 $a' \underset{f}{\sim} a''$ 意味着 $f(a) = f(a') = f(a'')$, 就是 $a \underset{f}{\sim} a''$, 传递律满足.

把核关系 $\underset{f}{\sim}$ 的等价类记作 $[a]_f$ (不致混淆时也简写为 $[a]$), 它就是 $f(a) \in B$ 在 A 中的原象, 也就是 A 中与 a 具有相同的象的元素的子集合. 所以商集 $A/\underset{f}{\sim}$ 就是 A 的划分 $\{\, f^{-1}(b) \mid b \in f(A) \,\}$.

定理 1.3.2 (映射基本定理)　设 $f: A \to B$ 是映射, $\rho_f: A \to A/\underset{f}{\sim}$ 是自然映射. 那么:

(1) 存在唯一映射 $\bar{f}: A/\underset{f}{\sim} \ \to\ B$ 使得 $f = \bar{f}\rho_f$;

(2) 上述 $\bar{f}$ 必为单射; $\bar{f}$ 是满射当且仅当 f 是满射.

证明之前一点说明. $f = \bar{f}\rho_f$ 就是 $f(a) = \bar{f}\Big(\rho_f(a)\Big), \forall\, a \in A$. 也就是, 下图中位于 A 处的任一元 a 可以有两条路走到 B:

$$\begin{array}{cccccc} a & A & \xrightarrow{f} & B & f(a) = \bar{f}\Big(\rho_f(a)\Big) \\ & {\scriptstyle\rho_f}\big\downarrow & \nearrow{\scriptstyle\bar{f}} & & \\ \rho_f(a) & A/\underset{f}{\sim} & & & \end{array}$$

- 一条是 a 通过上边的箭头 f 走到 B 得到 $f(a)$;
- 另一条是 a 通过箭头 ρ_f 走到商集 $A/\underset{f}{\sim}$ 成为 $\rho_f(a)$, 然后接着通过箭头 $\bar{f}$ 再走到 B, 得到 $\bar{f}\Big(\rho_f(a)\Big)$.

这两条路走得的是同一结果. 数学中把这个形象的图示称为**交换图**.

证明 (1) 存在性. 对 $[a]_f \in A/\underset{f}{\sim}$, 即 $\rho_f(a) = [a]_f$, 令 $\bar{f}([a]_f) = f(a) \in B$. 若 $[a]_f = [a']_f$, 则 $f(a') = f(a)$, 故规定 $\bar{f}([a]_f) = f(a)$ 与等价类 $[a]_f$ 的代表元 a 的选取无关. 这样就得到映射

$$\bar{f}:\ A/\underset{f}{\sim} \longrightarrow B,\quad [a]_f \longmapsto f(a)\,.$$

对任 $a \in A$, 有

$$(\bar{f}\,\rho_f)(a) = \bar{f}\Big(\rho_f(a)\Big) = \bar{f}\big([a]_f\big) = f(a)\,,$$

即 $\bar{f}\rho_f = f$.

唯一性. 若 $f' : A/\underset{f}{\sim} \to B$, 也使得 $f'\rho_f = f$, 那么对任 $[a]_f \in A/\underset{f}{\sim}$ 有

$$f'\big([a]_f\big) = f'\Big(\rho_f(a)\Big) = (f'\rho_f)(a) = f(a) = \bar{f}\big([a]_f\big)\,,$$

即 $f' = \bar{f}$.

(2) 设 $[a]_f, [a']_f \in A/\underset{f}{\sim}$ 使得 $\bar{f}\big([a]_f\big) = \bar{f}\big([a']_f\big)$, 按 $\bar{f}$ 的定义, 就有

$$f(a) = \bar{f}\big([a]_f\big) = \bar{f}\big([a']_f\big) = f(a')\,.$$

再按 $\underset{f}{\sim}$ 的定义, 得 $a \underset{f}{\sim} a'$, 即 $[a]_f = [a']_f$. 所以 $\bar{f}$ 是单射.

因为 $\bar{f}\,\rho_f = f$ 而且自然映射 ρ_f 是满射, 所以当 f 是满射时 $\bar{f}$ 是满射 (见习题 1.3 中的第 2 题 (1)); 当 $\bar{f}$ 是满射时 f 是满射 (见习题 1.3 中的第 1 题 (1)). □

下述生活中的例子有助于理解映射基本定理.

令 A 是某校数学系 08 级学生的集合, 共 5 个班编号为 801 班、802 班、803 班、804 班、805 班. 定义映射 $f : A \to \mathbb{Z}$, 是把每个学生对应为该生的班级号, 那么核关系 $\underset{f}{\sim}$ 就是同班关系, 商集 $A/\underset{f}{\sim}$ 就是班级的集合. 这时定理中的映射 $\bar{f} : A/\underset{f}{\sim} \to \mathbb{Z}$, 就是 (而且只能是) 把每个班级对应为该班的班级号, 它是单射但不是满射, 因为 f 不是满射.

这个例子中, 如果改变一下映射 f, 定义域集合 A 与对应法则不变但把值域集合改为 $\mathbb{Z}$ 的子集 $B = \{801, 802, 803, 804, 805\}$, 则映射 $f : A \to B$ 是满射, 核关系与商集没有变化. 映射 $\bar{f} : A/\underset{f}{\sim} \to B$ 的值域集合也相应改变了, 但对应法则没有变化 (是把每个班级对应为该班的班级号), 此时 $\bar{f}$ 是双射.

最后介绍一个名词.

定义 1.3.4 一个集合 A 自己到自己的映射也称为集合 A 的**变换**. 用 $\mathrm{Tran}(A)$ 记集合 A 的所有变换的集合; 用 $\mathrm{Sym}(A)$ 记集合 A 的所有可逆变换的集合. 恒等映射 id_A 也称为 A 的**恒等变换**.

内容小结关键词: 映射, 合成, 可逆映射, 映射基本定理.

习 题 1.3

1.+ 证明: (1) 满射与满射的合成映射是满射;

(2) 单射与单射的合成映射是单射;

(3) 双射与双射的合成映射是双射.

2.+ 设 $f: A \to B$ 和 $g: B \to C$ 是映射. 证明:

(1) 如果 gf 是满射那么 g 是满射;

(2) 如果 gf 是单射那么 f 是单射.

3. 设 A,B 是非空集合, 设 $f: A \to B$ 是映射. 证明:

(1) f 是单射 当且仅当 存在 $g: B \to A$ 使得 $gf = \mathrm{id}_A$;

(2) f 是满射 当且仅当 存在 $g: B \to A$ 使得 $fg = \mathrm{id}_B$.

4. 设 A, B 是集合. 证明: 存在单射 $f: A \to B$ 当且仅当存在满射 $g: B \to A$.

5. 设 $f: A \to B$ 是映射. 证明:

(1) f 是单射 当且仅当 $|f^{-1}(b)| \leqslant 1, \forall b \in B$;

(2) f 是满射 当且仅当 $|f^{-1}(b)| \geqslant 1, \forall b \in B$;

(3) f 是双射 当且仅当 $|f^{-1}(b)| = 1, \forall b \in B$.

6. 设 A, B 是集合. 用 B^A 记所有从 A 到 B 的映射的集合. 证明: 如果 A 和 B 是非空有限集, 则 $|B^A| = |B|^{|A|}$.

7. 设 $f: A \to B$ 是双射, $g: B \to A$ 是映射. 证明:

(1) 如果 $gf = \mathrm{id}_A$, 则 $g = f^{-1}$;

(2) 如果 $fg = \mathrm{id}_B$, 则 $g = f^{-1}$.

8. 如果 $f: A \to B$ 和 $g: B \to C$ 都是可逆映射, 那么 gf 是可逆映射且 $(gf)^{-1} = f^{-1}g^{-1}$.

9.+ 设 $f: A \to B$ 是映射, 其中 $|A| = |B| < \infty$. 证明以下三条等价:

(1) f 是单射;　(2) f 是满射;　(3) f 是双射.

条件 "$|A| = |B| < \infty$" 是必要的吗? 为什么?

10.+ 设 A 是集合.

(1) 证明: 对任 $\alpha, \beta \in \mathrm{Sym}(A)$, 合成 $\beta\alpha \in \mathrm{Sym}(A)$;

(2) 设 $|A| = n < \infty$. 证明: $|\mathrm{Tran}(A)| = n^n$; $|\mathrm{Sym}(A)| = n!$.

11. 设 $A = \{1, 2, 3\}$ 是三个元素的集合, 定义映射 $\gamma: \mathcal{P}(A) \to \mathbb{Z}$ 为 $\gamma(B) \mapsto |B|$, 即把 A 的任子集 B 映射为 B 的基数 $|B|$. 写出核关系 $\underset{\gamma}{\sim}$ 的商集 $\mathcal{P}(A)/\underset{\gamma}{\sim}$.

12. 设 $f: A \to B$ 是映射.

(1) $\{ f^{-1}(b) \mid b \in B \}$ 是 A 的划分吗? 为什么?

(2) 在什么条件下 $\{ f^{-1}(b) \mid b \in B \}$ 是 A 的划分?

13. 设 $f: A \to B$ 是映射. 如果 $\mathcal{T} \subseteq \mathcal{P}(f(A))$ 是 f 的象 $f(A)$ 的一个划分, 那么 $\{ f^{-1}(T) \mid T \in \mathcal{T}\}$ 是 A 的一个划分.

第2章　群

§2.1　半群, 群

从半群的定义开始. 设 M 是一个非空集合, 具备以下结构:

(G1) M 有一个运算 (常把这个运算写作乘法 “$\cdot$”);

(G2) 运算满足结合律;

那么称 $(M, \cdot)$ 为一个**半群**.

注　(1) 半群说的是集合 M 及其**运算结构**“$\cdot$”, 所以说 “$(M, \cdot)$ 是一个半群”. 但习惯上也常常简单地说成 “M 是半群”, 这样说是默认了它满足结合律的运算, 或者是从上下文可以知道它的运算.

(2) 半群 M 的集合基数 $|M|$ 称为**半群的阶**. 若 $|M| < \infty$ 则称 M 是有限半群, 否则称 M 是无限半群.

(3) 如果半群 M 的运算还满足交换律, 就称 M 是交换半群.

(4) 从运算结合律可以推出下述**广义结合律**.

广义结合律　对 M 的任意序列 $a_1, a_2, \cdots, a_n$ 以任意可执行方式加括号运算得出的结果相等.

它的意义在于: 半群 M 的运算 “$\cdot$” 本身只是说对任一对元素 $a, b \in M$ 有一个 “乘积”$ab \in M$ 与之对应, 也就是说 M 的 “运算” 是一个映射 $M \times M \to M, (a, b) \mapsto ab$, 参看选读选讲材料 X2. 换言之, 按定义, 运算 “$\cdot$” 是把**两个**元素运算得出一个元素, 它没有说把三个或更多个元素运算得出一个元素. 但是, 一旦有了广义结合律, 那么在 M 中可以做 “连乘” 运算 $a_1a_2\cdots a_n$, 它表示按任意可执行方式加括号运算得出的结果. 例如, 连乘积 $a_1a_2a_3$ 本来没有意义, 但加括号为 $a_1(a_2a_3)$ 或者 $(a_1a_2)a_3$ 就有意义, 因为可按二元运算来逐步执行; 而结合律保证执行结果与加括号方式无关. 多于三个元素的连乘积则由广义结合律保证执行结果与加括号方式无关. 详情可参看选读选讲材料 X2.

例子: 用 $\mathbb{Z}^{(+)}$ 记所有正整数的集合. 在整数加法下, $(\mathbb{Z}^{(+)}, +)$ 是交换半群.

证　正整数之和仍为正整数, 所以 “$+$” 是 $\mathbb{Z}^{(+)}$ 的运算. 整数加法既满足结合律也满足交换律, 故 $(\mathbb{Z}^{(+)}, +)$ 是交换半群.　□

又如, 易见: 整数的集合 $\mathbb{Z}$ 在整数乘法 “$\cdot$” 下, $(\mathbb{Z}, \cdot)$ 是交换半群.

例子: 设集合 A 的基数 $|A| > 1$. 则 A 的所有变换的集合 $\mathrm{Tran}(A)$, 与变换合成运算一起, $(\mathrm{Tran}(A), \cdot)$ 是非交换半群.

证　按定义, 集合 A 的变换是指 A 的自映射 $\alpha: A \to A$, 任 $\alpha, \beta \in \mathrm{Tran}(A)$, 可以合成映射 $\alpha \cdot \beta$, 仍是 A 的变换, 见 §1.3 . 故变换合成 "·" 是 $\mathrm{Tran}(A)$ 的运算. 变换合成满足结合律, 见 §1.3. 因此 $(\mathrm{Tran}(A), \cdot)$ 是半群. $\mathrm{Tran}(A)$ 的合成运算是非交换的, 证明留给读者作为练习.　□

注意, 定义中说 "常把半群运算写作乘法", 但并不是说必须写作乘法, 可以有各种记法, 如集合 A 的变换合成运算有时也记作 $\alpha \circ \beta$. 很多半群有其自然的来源, 其运算就有其习惯的称呼和习惯的记号, 如上面的两个例子, 整数加法、变换合成都是习惯的说法和习惯的记号.

再看幺半群的定义. 设 M 是一个半群, 即具备以下结构:

(G1) M 有一个运算 (常把这个运算写作乘法 "·");

(G2) 运算满足结合律;

而且具有进一步结构:

(G3) 存在一个特定元 $e \in M$, 使得 $ea = a = ae$, 对任 $a \in M$ 成立,

那么称 $(M, \cdot)$ 为一个**幺半群**, 或简单地称 M 是幺半群.

从定义可推出: **条件 (G3) 中的元素 e 是唯一的.** 因为若 $e' \in M$ 也满足 (G3), 则由 e' 和 e 都满足 (G3) 得出 $e' = e'e = e$.

因为 (G3) 说的这个元素 e 是唯一的, 而且如前所述, 很多幺半群有其自然的来源, 就有其习惯的称呼和习惯的记号. 把它泛记为 e 没有反映特点也没有反映习惯. 因此给以特定名称特定记号.

- 在幺半群运算写作乘法时, 记(G3)中的特定元素为 1_M, 或更简单地, 记作 1, 称为幺半群 M 的**单位元**. 此时 (G3) 中的条件表述形式为 $1_M a = a = a 1_M$, 对任 $a \in M$ 成立.
- 如果 M 是交换幺半群而且运算写作加法, 则记(G3)中的特定元素为 0_M, 或更简单地, 记作 0, 称为 M 的**零元**. 此时 (G3) 中的条件表述形式为 $0_M + a = a = a + 0_M$, 对任 $a \in M$ 成立.

例如, 非负整数集 $\mathbb{Z}^+$ 在整数加法 "+" 下, $(\mathbb{Z}^+, +)$ 是交换幺半群, 整数 0 就是零元, 因为: $n + 0 = n = 0 + n$, $\forall\, n \in \mathbb{Z}^+$.

注意, 前面的半群例子 $(\mathbb{Z}^{(+)}, +)$ 不是幺半群, 因为对任 $b \in \mathbb{Z}^{(+)}$, b 为正整数, 所以对 $a \in \mathbb{Z}^{(+)}$ 有 $a + b \neq a$, 即 b 不是零元, 因而它没有零元.

又如, 整数集 $\mathbb{Z}$ 在整数乘法 "·" 下, $(\mathbb{Z}, \cdot)$ 是交换幺半群, 整数 1 就是单位元.

例子: $\mathrm{Tran}(A)$ 在合成运算下构成幺半群, 称为集合 A 的**全变换幺半群**.

证　前面已证明 $\mathrm{Tran}(A)$ 在合成运算下是半群. 集合 A 的恒等变换 id_A 满足

$$\alpha \cdot \mathrm{id}_A = \alpha = \mathrm{id}_A \cdot \alpha\,, \qquad \forall\, \alpha \in \mathrm{Tran}(A)\,.$$

所以, (G3) 也满足. 即 $\mathrm{Tran}(A)$ 在合成运算下是幺半群, id_A 是它的单位元.　□

这里 A 是任意集合. 在 $A=\varnothing$ 时我们约定 $\mathrm{Tran}(\varnothing)=\{\mathrm{id}\}$ 仅含一个恒等变换. 如果 $|A|\leqslant 1$ 则 $\mathrm{Tran}(A)$ 是交换幺半群. 否则, $\mathrm{Tran}(A)$ 是非交换幺半群. 见习题 2.1 中的第 1 题.

定义 2.1.1 设 G 是一个幺半群, 即具备以下结构:

(G1) G 有一个运算 (常把这个运算写作乘法 "$\cdot$");

(G2) 运算满足结合律;

(G3) 存在一个特定元 $1_G\in G$, 使得 $1_G\,a=a=a\,1_G$, 对任 $a\in G$ 成立;

而且具有进一步结构:

(G4) 对任 $a\in G$, 存在 $a'\in G$ 使得 $aa'=1_G=a'a$,

那么称 $(G,\cdot)$ 为一个**群**. 在已约定运算或已默认运算时, 简称 G 是一个群.

几点证明. (1) **对任 $a\in G$, (G4) 中的 a' 是唯一的.** 因为若 $a''\in G$ 也满足 (G4), 则 $a''=a''\cdot 1_G=a''(aa')=(a''a)a'=1_G\cdot a'=a'$. 由于这种唯一性, 给以特定记号, 记作 a^{-1}, 称为 a 的**逆元**, 即 $aa^{-1}=1_G=a^{-1}a$.

(2) 如果群 G 的运算交换, 就称 G 为**交换群**, 也称为**阿贝尔群 (Abel 群)**. 交换群的运算视其来源有时记为加法 "+", 此时称为**加群**.

(3) 对加群 G, 如前已做的说明, 满足 (G3) 的特定元记作 0, 称为零元. 而且, 对元素 a 满足 (G4) 的元素也按照习惯改称为**负元**, 改记为 $-a$, 即 $a+(-a)=0=(-a)+a$.

例 2.1.1 整数集 $\mathbb{Z}$ 与整数加法, $(\mathbb{Z},+)$ 是一个交换群. 称为**整数加群**.

证明是显而易见的, 整数 0 是零元, 整数 n 的负元就是算术中说的相反的整数 $-n$. 不再赘述. □

注意: 前面的幺半群例子非负整数集 $\mathbb{Z}^+$ 与整数加法, $(\mathbb{Z}^+,+)$ 只构成幺半群, 整数 0 是零元, 但它不构成群. 因为条件 (G4) 不满足: 对 $0\neq n\in\mathbb{Z}^+$, 不存在非负整数 $m\in\mathbb{Z}^+$ 使得 $m+n=0$.

前面的幺半群例子整数集 $\mathbb{Z}$ 与整数乘法, $(\mathbb{Z},\cdot)$ 只是一个交换幺半群, 整数 1 是单位元, 但它不是一个群. 因为条件 (G4) 不满足: 对 $\pm1\neq n\in\mathbb{Z}$, 不存在整数 $m\in\mathbb{Z}$ 使得 $mn=1$.

例 2.1.2 集合 A 的全体可逆变换集合 $\mathrm{Sym}(A)$, 与变换合成运算一起构成群, 称为**集合 A 的对称群**. 在 $|A|=n>2$ 时, $\mathrm{Sym}(A)$ 是非交换群.

证 对任可逆变换 $\alpha,\beta\in\mathrm{Sym}(A)$, 合成变换 $\alpha\beta$ 仍为 A 的可逆变换, 见习题 1.3 中的第 10 题, 即 $\alpha\beta\in\mathrm{Sym}(A)$. 所以合成是集合 $\mathrm{Sym}(A)$ 的运算, (G1) 成立.

可逆变换的合成满足结合律, 见命题 1.3.1. 故 (G2) 成立.

恒等变换 id_A 是可逆变换, 即 $\mathrm{id}_A\in\mathrm{Sym}(A)$, 在 $\mathrm{Sym}(A)$ 中 id_A 也满足条件 (G3).

最后, 对任 $\alpha \in \mathrm{Sym}(A)$, 按可逆变换的定义, 存在变换 α' 使得 $\alpha\alpha' = \mathrm{id}_A = \alpha'\alpha$, 而且,$\alpha'$ 也是可逆的, 即 $\alpha' \in \mathrm{Sym}(A)$. 故 (G4) 成立.

所以 $\mathrm{Sym}(A)$ 是一个群.

在 $|A| > 2$ 时, $\mathrm{Sym}(A)$ 的非交换性证明留作练习. □

如果 A 是有限集, 则 A 的可逆变换称为 A 的**置换**. §2.2 将介绍置换的有关知识.

例 2.1.3 有理数的集合 $\mathbb{Q}$ 在数的加法之下是一个加群.

类似的例子：实数的集合 $\mathbb{R}$ 在数的加法之下是一个加群; 复数的集合 $\mathbb{C}$ 在数的加法之下是一个加群等.

例 2.1.4 非零有理数的集合记作 $\mathbb{Q}^{\times}$, 在有理数乘法之下是一个群, 称为非零有理数乘群. 尽管这是一个交换群, 按照习惯, 运算写作乘法.

类似的例子：非零实数的集合 $\mathbb{R}^{\times}$ 在实数乘法下是一个群; 非零复数的集合 $\mathbb{C}^{\times}$ 在复数乘法下是一个群.

例 2.1.5 所有 n 级可逆复矩阵的集合记作 $\mathrm{GL}_n(\mathbb{C})$, 它在矩阵乘法之下是一个群, 称为 n 级复**一般线性群**. 验证作为习题.

注 算术启示人们, 如果 G 是加群 (即运算满足交换律且运算写作加法 “+” 的群, 见定义 2.1.1 后的注解), 那么可以定义**减法**“−” 为 $a - b = a + (-b)$.

对一般群 G, 运算写作乘法, 能够类似地定义除法为 $a/b = ab^{-1}$ 吗? 如果 G 交换, 当然可以. 但是 G 不交换时不行! 因为可能 $ab^{-1} \neq b^{-1}a$, 那么 “商”a/b 表示哪一个? 因此无法给出 “商” 的明确定义. 如 $\mathrm{GL}_2(\mathbb{C})$ 中 (其中 $\mathrm{i} := \sqrt{-1}$)：

$$\begin{pmatrix} \mathrm{i} & 0 \\ 0 & -\mathrm{i} \end{pmatrix}\begin{pmatrix} 0 & -1 \\ 1 & 0 \end{pmatrix} = \begin{pmatrix} 0 & -\mathrm{i} \\ -\mathrm{i} & 0 \end{pmatrix} \neq \begin{pmatrix} 0 & \mathrm{i} \\ \mathrm{i} & 0 \end{pmatrix} = \begin{pmatrix} 0 & -1 \\ 1 & 0 \end{pmatrix}\begin{pmatrix} \mathrm{i} & 0 \\ 0 & -\mathrm{i} \end{pmatrix}.$$

变通的办法是对非交换的乘法群 G 定义两种 “商”：

- 规定 $a/b = ab^{-1}$, 称为 a 对 b 的 “右商”;
- 规定 $b\backslash a = b^{-1}a$, 称为 a 对 b 的 “左商”.

一个例子. 设 $\mathbb{F} = \{0, 1\}$ 恰含两个元. 在 $\mathbb{F}$ 上规定一个运算 “†” 为

$$0\dagger 0 = 0, \quad 0\dagger 1 = 1, \quad 1\dagger 0 = 1, \quad 1\dagger 1 = 0.$$

用一个表格表达这个运算比较方便, 表格的第一列和第一行都放上 $\mathbb{F}$ 的元素, 以下的每列每行交叉处则是列元素与行元素运算的结果：

†	0	1
0	0†0	0†1
1	1†0	1†1

即

†	0	1
0	0	1
1	1	0

这种表称为**运算表**. 从 $\mathbb{F}$ 的运算 $\dagger$ 的运算表, 容易逐一验证群的定义的四条均满足, 特别是 0 满足条件 (G3), 即 $\mathbb{F}$ 与运算 $\dagger$ 构成一个群.

但是当 n 比较大时, 要从运算表验证 A 是否构成群, 计算量很大, 特别是验证运算是否满足结合律的计算量很大.

常见的群是从数学或其他学科自然产生的, 如上面的 5 个例 2.1.1~2.1.5 均如此. 即使有限群也如此, 如下述被称为**四元数群**的阶为 8 的有限群是数学家在研究四元数系 (参看 X10) 时产生的群.

设 $Q_8=\{\pm\boldsymbol{E},\ \pm\boldsymbol{I},\ \pm\boldsymbol{J},\ \pm\boldsymbol{K}\}$, 其中

$$\boldsymbol{E}=\begin{pmatrix}1&0\\0&1\end{pmatrix},\quad \boldsymbol{I}=\begin{pmatrix}\mathrm{i}&0\\0&-\mathrm{i}\end{pmatrix},\quad \boldsymbol{J}=\begin{pmatrix}0&\mathrm{i}\\\mathrm{i}&0\end{pmatrix},\quad \boldsymbol{K}=\begin{pmatrix}0&-1\\1&0\end{pmatrix},$$

其中, $\mathrm{i}=\sqrt{-1}$ 是虚数单位. 直接做矩阵乘法可验证:

$$\begin{aligned}&\boldsymbol{EE}=\boldsymbol{E},\quad \boldsymbol{EI}=\boldsymbol{I}=\boldsymbol{IE},\quad \boldsymbol{EJ}=\boldsymbol{J}=\boldsymbol{JE},\quad \boldsymbol{EK}=\boldsymbol{K}=\boldsymbol{KE},\\&\boldsymbol{I}^2=\boldsymbol{J}^2=\boldsymbol{K}^2=-\boldsymbol{E},\\&\boldsymbol{IJ}=\boldsymbol{K},\quad \boldsymbol{JK}=\boldsymbol{I},\quad \boldsymbol{KI}=\boldsymbol{J},\quad \boldsymbol{JI}=-\boldsymbol{K},\quad \boldsymbol{KJ}=-\boldsymbol{I},\quad \boldsymbol{IK}=-\boldsymbol{J}.\end{aligned}$$

可见 Q_8 的任二元素的矩阵乘积仍然在 Q_8 中, 也就是说 Q_8 在矩阵乘法下是封闭的, 矩阵乘法是集合 Q_8 的运算, 结合律满足, $\boldsymbol{E}$ 是单位元, 而且 $\boldsymbol{E}^{-1}=\boldsymbol{E}$, $(-\boldsymbol{E})^{-1}=-\boldsymbol{E}$, $\boldsymbol{I}^{-1}=-\boldsymbol{I}$, $(-\boldsymbol{I})^{-1}=\boldsymbol{I}$ 等. 所以 Q_8 在矩阵乘法下是一个群, 称为**四元数群**. 它是非交换群, 如 $\boldsymbol{IJ}=\boldsymbol{K}\neq-\boldsymbol{K}=\boldsymbol{JI}$.

群通常与对称性密切有关, 选读选讲材料 X3 对此做了简单介绍, 不过用到了 §2.2 和 §2.3 的若干名词符号, 可在学习了这两节后阅读它.

内容小结关键词: 半群, 幺半群, 群, 例子.

习 题 2.1

1.$^+$ 设 A 是集合. 证明;

(1) 如果基数 $|A|\geqslant 2$, 则半群 $\mathrm{Tran}(A)$ 是非交换的;

(2) 如果基数 $|A|\geqslant 3$, 则群 $\mathrm{Sym}(A)$ 是非交换的.

2.$^+$ (1) 证明: 所有 n 阶复矩阵的集合 $\mathrm{M}_n(\mathbb{C})$ 在矩阵加法之下是一个群, 但是在矩阵乘法之下它只是一个半群. 请识别在 $n=1$ 时它是什么?

(2) 证明: 所有 n 阶可逆复矩阵的集合 $\mathrm{GL}_n(\mathbb{C})$ 在矩阵乘法之下是一个群. 请识别在 $n=1$ 时它是什么?

(3) 设 V 是 n 维复向量空间. V 的所有线性变换的集合记作 $\mathrm{End}(V)$, V 的所有可逆线性变换的集合记作 $\mathrm{GL}(V)$. 证明: 在线性变换加法之下 $\mathrm{End}(V)$ 是一个群; 在线性变换乘法之下 $\mathrm{GL}(V)$ 是一个群.

3.$^{+}$ 设 G 是群, $a,b,c \in G$. 证明:

(1) $(a^{-1})^{-1} = a$;

(2) $(abc)^{-1} = c^{-1}b^{-1}a^{-1}$;

(3) 如果 $a^2 = 1$ 那么 $a = a^{-1}$;

(4) 如果 $a^2 = a$ 那么 $a = 1$;

(5) 如果 $ab = ba$ 那么 $a^{-1}b = ba^{-1}$.

4. 如果群 G 的任意元 a 满足 $a^2 = 1$, 那么 G 是交换群.

5. 设 $A = \{e,a,b,c\}$. 证明下面两个运算表的任一个都使 A 成为群:

$*$	e	a	b	c
e	e	a	b	c
a	a	b	c	e
b	b	c	e	a
c	c	e	a	b

$\cdot$	e	a	b	c
e	e	a	b	c
a	a	e	c	b
b	b	c	e	a
c	c	b	a	e

所以至少有两种阶为 4 的群.

§2.2 n 次对称群

设 $A = \{1, 2, \cdots, n\}$, 这是一个特定的 n 个元素的集合, 它的元素称为“文字”. 可以用这个集合 A 给任意一个基数为 n 的集合的所有元素标号. 如一个有 n 个学生的班级, 所有学生可标记: 学生 1, 学生 2 等.

对 $A = \{1, 2, \cdots, n\}$, 令 $S_n := \mathrm{Sym}(A)$, 称为**n 次对称群**. 群 S_n 的元素, 也就是集合 A 的双射变换, 称为**n 次置换**.

任一 n 次置换 α 就是 A 到 A 的一个双射, 故可较直观地表达为

$$\alpha = \begin{pmatrix} 1 & 2 & \cdots & n \\ \alpha(1) & \alpha(2) & \cdots & \alpha(n) \end{pmatrix}.$$

其中, 因 α 是双射, 故第二行是集合 $A = \{1, 2, \cdots, n\}$ 上的一个无重复的序列, 称为 $1, 2, \cdots, n$ 的一个**排列**. 反过来, 只要第二行是 $1, 2, \cdots, n$ 的一个排列, 上述表达式就给出了一个置换. 如 $n = 6$, 则

$$\alpha = \begin{pmatrix} 1 & 2 & 3 & 4 & 5 & 6 \\ 4 & 6 & 1 & 3 & 5 & 2 \end{pmatrix}$$

是把 1 置换为 4, 把 2 置换为 6, $\cdots$, 把 6 置换为 2 的一个置换.

命题 2.2.1 (习题 1.3.10) n 次对称群的阶 $|S_n| = n!$.

证 由上面的分析, 固定第一行文字顺序为 $1, 2, \cdots, n$, 在第二行写上 $1,2,\cdots,n$ 的一个排列 $a_1, a_2, \cdots, a_n$, 则表达式

$$\begin{pmatrix} 1 & 2 & \cdots & n \\ a_1 & a_2 & \cdots & a_n \end{pmatrix}$$

就恰给出一个 n 次置换, 任何 n 次置换以这种方式给出. 而 $1,2,\cdots,n$ 的排列共有 $n!$ 个, 所以 $|S_n| = n!$. □

分析 6 次置换 $\alpha = \begin{pmatrix} 1 & 2 & 3 & 4 & 5 & 6 \\ 4 & 6 & 1 & 3 & 5 & 2 \end{pmatrix}$ 对文字的变换情形如下:

- α 变换 1 为 4, 变换 4 为 3, 变换 3 为 1;
- α 变换 2 为 6, 变换 6 为 2;
- 最后, α 变换 5 仍得 5, 即 5 不动.

形象地图示这个过程如下, 由之将导出置换的另一表达方式.

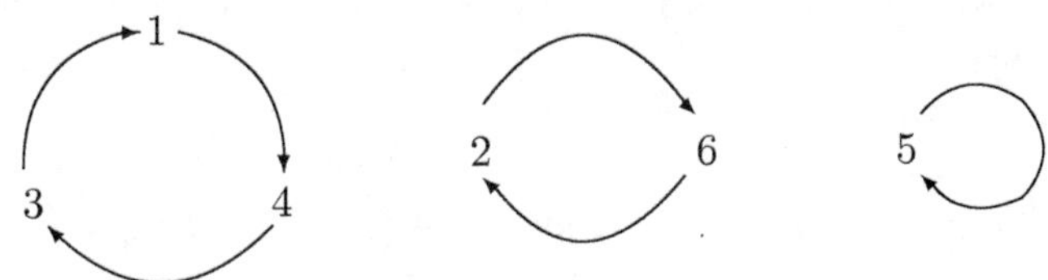

用 (143) 表示左边的循环置换圈, 用 (26) 表示中间的循环置换圈, 用 (5) 表示右边的循环置换圈.

以下是一般性定义.

定义 2.2.1 设 $a_1, a_2, \cdots, a_\ell \in A = \{1, 2, \cdots, n\}$ 是彼此不同的文字. 规定 $(a_1 a_2 \cdots a_\ell)$ 表示这样一个置换: 它变换 a_1 为 a_2, 变换 a_2 为 a_3, $\cdots$, 变换 a_ℓ 为 a_1, 并且它使其他文字都不动. 称这个置换为长 ℓ 的**循环置换**, 或称长 ℓ 的**轮换**, 简称 ℓ- 轮换.

特别地, 2- 轮换 (ab) 称为**对换**, 它对换 a 与 b 而不变其他文字.

1- 轮换, 如 (1)、(2) 等, 表示恒等置换.

例 2.2.1 设 $\alpha = \begin{pmatrix} 1 & 2 & 3 & 4 & 5 & 6 \\ 4 & 6 & 1 & 3 & 5 & 2 \end{pmatrix} \in S_6$. 证明 $\alpha = (143)(26)(5)$.

证 合成置换 $(143)(26)(5)$ 变换文字 1, 先用恒等置换 (5) 映射 1 得 1, 再用对换 (26) 映射 1 仍得 1, 最后用轮换 (143) 映射 1 得 4. 而 $\alpha(1) = 4$.

合成置换 $(143)(26)(5)$ 变换文字 2, 先用恒等置换 (5) 映射 2 得 2, 再用对换 (26) 映射 2 得 6, 最后用轮换 (143) 映射 6 得 6. 而 $\alpha(2) = 6$.

以此类推, 合成置换 $(143)(26)(5)$ 分别变换文字 3, 4, 5, 6 所得结果也都与 α 的变换结果相同, 所以 $\alpha = (143)(26)(5)$. □

这个证明过程与上面的图示是完全一致的.

一般地, 若群 G 的元素 a, b 满足 $ab=ba$, 就说元素 a 与 b 相乘可交换, 简称元素 a 与 b 可交换.

引理　S_n 中, 两个无公共文字的 n 次轮换相乘可交换.

证　设 $(a_1a_2\cdots a_\ell)$, $(b_1b_2\cdots b_m)\in S_n$ 且 $\{a_1,a_2,\cdots,a_\ell\}\bigcap\{b_1,b_2,\cdots,b_m\}=\varnothing$. 设 $k\in\{1,2,\cdots,n\}$.

乘积变换 $(a_1a_2\cdots a_\ell)(b_1b_2\cdots b_m)$ 映射文字 k, 映射结果有三种情形.

- 如果 $k\in\{a_1,a_2,\cdots,a_\ell\}$, 则 $k=a_i$ 对某 i, 于是 $(b_1b_2\cdots b_m)$ 使 k 不变, 再用 $(a_1a_2\cdots a_\ell)$ 变换 $k=a_i$ 得 a_{i+1}. 但注意这里脚标需模 ℓ 计算, 即 $a_{\ell+1}=a_1$, $a_{\ell+2}=a_2$ 等.
- 如果 $k\in\{b_1,b_2,\cdots,b_m\}$, 则 $k=b_i$ 对某 i, 于是 $(b_1b_2\cdots b_m)$ 变换 k 得 b_{i+1}, 这里脚标需模 m 计算, 再用 $(a_1a_2\cdots a_\ell)$ 变换 b_{i+1} 不动仍得 b_{i+1}.
- 否则 $k\notin\{a_1,a_2,\cdots,a_\ell\}\bigcup\{b_1,b_2,\cdots,b_m\}$, 那么 $(a_1a_2\cdots a_\ell)$ 与 $(b_1b_2\cdots b_m)$ 都使 k 不动, 仍得 k. 即 (注意: 其中的 (k) 表示 k 被乘积变换来映射, 不表示 1- 轮换)

$$\Big((a_1a_2\cdots a_\ell)(b_1b_2\cdots b_m)\Big)(k)=\begin{cases}a_{i+1}, & \text{若 } k=a_i \text{ 对某} i;\\ b_{i+1}, & \text{若 } k=b_i \text{ 对某 } i;\\ k, & \text{否则.}\end{cases}$$

同样地,

$$\Big((b_1b_2\cdots b_m)(a_1a_2\cdots a_\ell)\Big)(k)=\begin{cases}a_{i+1}, & \text{若 } k=a_i \text{ 对某 } i;\\ b_{i+1}, & \text{若 } k=b_i \text{ 对某 } i;\\ k, & \text{否则.}\end{cases}$$

就是两个乘积变换相等, 即 $(a_1a_2\cdots a_\ell)(b_1b_2\cdots b_m)=(b_1b_2\cdots b_m)(a_1a_2\cdots a_\ell)$.　□

定理 2.2.1　任 n 次置换可写成彼此无公共文字的轮换之积使得 $\{1,2,\cdots,n\}$ 的每个文字恰出现一次, 而且这种写法在不计乘积因子次序意义下是唯一的.

证　存在性. 设 $\alpha\in\mathrm{Sym}(A)$, 其中, $A=\{1,2,\cdots,n\}$. 取 $a_1=1\in A$. 考察序列

$$\alpha^0(1)=1,\quad \alpha^1(1)=\alpha(1),\quad \alpha^2(1)=(\alpha\alpha)(1)=\alpha(\alpha(1)),\quad \cdots,$$

每项都是 $A=\{1,2,\cdots,n\}$ 中的一个, 而 A 只有有限个元, 所以序列中必有重复项. 设 $\alpha^\ell(1)$ 是第一个重复项, 即

$$1\ ,\ \ \alpha(1)\ ,\ \ \cdots\ ,\ \ \alpha^{\ell-1}(1)$$

彼此不同, 但 $\alpha^\ell(1)$ 与这当中的一个相同, 即 $\alpha^i(1)\neq\alpha^j(1)$, $0\leqslant i\neq j<\ell$, 但

$$\alpha^\ell(1)=\alpha^k(1)\ ,\qquad 0\leqslant k<\ell\ .$$

如果 $\ell=1$ 则 $k=0$, 即 $\alpha(1)=1$, 得到 1- 轮换 (a_1) 其中, $a_1=1$. 下设 $\ell>1$, 可以证明仍然只能是 $k=0$, 即 $\alpha^{\ell}(1)=1$. 反证, 若 $k>0$, 则

$$\alpha\left(\alpha^{\ell-1}(1)\right)=\alpha^{\ell}(1)=\alpha^{k}(1)=\alpha\left(\alpha^{k-1}(1)\right),$$

但 $\alpha^{\ell-1}(1)\neq\alpha^{k-1}(1)$, 这与 α 是单射相矛盾. 所以只能是 $k=0$, 即 $\alpha^{\ell}(1)=1$. 记 $a_2=\alpha(a_1)$, $a_3=\alpha(a_2)=\alpha^2(a_1)$, $\cdots$, $a_\ell=\alpha(a_{\ell-1})=\alpha^{\ell-1}(a_1)$. 总之, 得到一个长 ℓ 的轮换:

$$(a_1\ a_2\ \cdots\ a_\ell)=\left(1\ \alpha(1)\ \cdots\ \alpha^{\ell-1}(1)\right).$$

从 $A=\{1,2,\cdots,n\}$ 中去掉文字 $a_1, a_2, \cdots, a_\ell$ 得差集

$$A_1=A-\{a_1, a_2, \cdots, a_\ell\}.$$

如果 $A_1\neq\varnothing$, 任取 $b_1\in A_1$. 考察序列 b_1, $\alpha(b_1)$, $\alpha^2(b_1)$, $\cdots$, 其中, 每项都是 A_1 的元, 故必有重复项. 同上推理得第二个轮换

$$(b_1\ b_2\ \cdots\ b_m)=\left(b_1\ \alpha(b_1)\ \cdots\ \alpha^{m-1}(b_1)\right),$$

它与第一个轮换不交因为它的文字都在 A_1 中. 继续做差集

$$A_2=A_1-\{b_1\ b_2\ \cdots\ b_m\}.$$

如果 $A_2\neq\varnothing$, 则继续这个过程. 依此而行, 直至得到轮换 $(d_1\ d_2\ \cdots\ d_k)$ 后所有文字全部用完. 那么

$$\alpha=(a_1\ a_2\ \cdots\ a_\ell)(b_1\ b_2\ \cdots\ b_m)\cdots(d_1\ d_2\ \cdots\ d_k),$$

每个 $\{1,2,\cdots,n\}$ 的文字恰出现一次.

唯一性. 如果 $\alpha=\gamma_1\,\gamma_2\,\cdots\,\gamma_r$, 其中, γ_1, γ_2, $\cdots$, γ_r 是彼此不交的轮换而且每个 $\{1,2,\cdots,n\}$ 的文字恰出现一次. 那么 $a_1=1$ 出现在唯一一个轮换中, 适当编号可设 $a_1=1$ 出现在 γ_1 中, 即 $\gamma_1=(a_1\ c_2\ \cdots\ c_h)$. 因为 $a_1=1$ 不出现在 γ_2, $\cdots$, γ_r 中, 所以

$$a_2=\alpha(a_1)=\gamma_1\ \gamma_2\ \cdots\ \gamma_r(1)=\gamma_1(1)=c_2.$$

依次类推, 得

$$a_3=\alpha(a_2)=\alpha(c_2)=\gamma_1\ \gamma_2\ \cdots\ \gamma_r(c_2)=\gamma_1(c_2)=c_3$$

等, 直至得到 $a_\ell=\alpha(a_{\ell-1})=\gamma_1(c_{\ell-1})=c_\ell$. 那么 $\gamma_1(c_\ell)=\alpha(a_\ell)=a_1=1$, 即 $h=\ell$ 且

$$\gamma_1=(a_1\ a_2\ \cdots\ a_\ell).$$

再适当编号可设 b_1 出现在 γ_2 中; 同上分析, 得 $\gamma_2 = (b_1\ b_2\ \cdots\ b_m)$.

依此类推, 直至到 $\gamma_s = (d_1\ d_2\ \cdots\ d_k)$. 所有文字全部用完. 所以只能是 $r = s$, 而 $\gamma_1, \gamma_2, \cdots, \gamma_r$ 恰好就是上一段中得到的 α 的分解式中的全部轮换. □

定理 2.2.1 中 n 次置换 α 分解成的彼此不交的轮换乘积表达式称为置换 α 的**轮换分解**.

按定理叙述的轮换分解, 每个文字恰出现一次, 轮换分解中长度 1 的轮换可能出现. 因为长度 1 的轮换是恒等置换, 所以可以从轮换分解中去掉. 例如, 前面已说过的 $(143)(26)(5) = (143)(26)$, 去掉 1- 轮换后的这种分解式也称为**轮换分解**, 但每个文字不一定都出现了.

注意: 同一轮换可以有形式上不同的写法, 如 $(143) = (431) = (314)$. 一般地, 一个 ℓ- 轮换 $(a_1a_2\cdots a_\ell)$ 可以有 ℓ 个写法: ℓ 个文字中任一个放在最前面就决定一个写法.

那么如何判断两个轮换是否为同一个置换?

- 首先, 1- 轮换都表示恒等置换.
- 其次, 对于长度大于 1 的轮换, 文字不完全相同的两个轮换肯定不相等. 因为有文字 i 在一个中出现但在另一个中不出现, 按定义, i 被一个变动被另一个不动.
- 最后, 对于文字完全相同的长度大于 1 的两个轮换, 将它们写成同一文字开头的轮换形式后, 如果括号中是同一序列则是相等的轮换, 否则是不相等的轮换.

例如, 4- 轮换 (3265) 与 (6732) 文字不全相同, 所以 $(3265) \neq (6732)$.

而 4- 轮换 (3265)、(6532)、(5236), 文字全相同, 都写成 2 开头就是 (2653)、(2653)、(2365), 所以前两个是同一个 4- 轮换的仅形式不同的两个写法, 第三个则是另一个不同的轮换.

例 2.2.2 在 S_3 中, 证明:

$$(12)(13) = (132)\ , \qquad (13)(12) = (123)\ .$$

证 记 $\alpha = (12)$, $\beta = (13)$, 计算 $(\alpha\beta)(1) = \alpha\big(\beta(1)\big)$. 因为轮换 $\beta = (13)$ 的定义就是把 1 映射为 3, 所以 $\beta(1) = 3$ (注: 本来可以写成 $\beta(1) = (13)(1) = 3$, 其中, 表达式 (13)(1) 应该读为 "变换 (13) 映射文字 1", 但是注意这个表达式可能误读为 "2- 轮换 (13) 与 1- 轮换 (1) 之积"); 继续计算, $(\alpha\beta)(1) = \alpha\big(\beta(1)\big) = \alpha(3)$, 因为按轮换 $\alpha = (12)$ 的定义它映射 1, 2 以外的文字不动, 所以 $\alpha(3) = 3$, 即得 $(\alpha\beta)(1) = \alpha\big(\beta(1)\big) = 3$.

类似地继续演算, 只要记住 $\alpha = (12)$, $\beta = (13)$ 是 $A = \{1,2,3\}$ 的变换, 即 A 到 A 的映射, $\alpha\beta = (12)(13)$ 是变换合成即映射合成.

$(\alpha\beta)(3) = \alpha\big(\beta(3)\big)$, 而 $\beta(3) = 1$, 故 $(\alpha\beta)(3) = \alpha\big(1\big) = 2$.

$(\alpha\beta)(2) = \alpha\big(\beta(2)\big)$, 而 $\beta(2) = 2$, 故 $(\alpha\beta)(2) = \alpha\big(2\big) = 1$.

所以 $\alpha\beta = (12)(13) = \begin{pmatrix} 1 & 2 & 3 \\ 3 & 1 & 2 \end{pmatrix} = (132)$.

类似地, 计算得 $\beta\alpha = (13)(12) = (123)$. □

从例 2.2.2 前面的说明, 知 $(132) \neq (123)$, 所以 $(12)(13) \neq (13)(12)$. 说明有公共文字的轮换相乘一般不交换.

内容小结关键词: n 次置换, 轮换, 轮换分解.

习　题　2.2

1. 计算下述置换乘积:

(1) $\begin{pmatrix} 1 & 2 & 3 & 4 & 5 \\ 5 & 4 & 3 & 2 & 1 \end{pmatrix}\begin{pmatrix} 1 & 2 & 3 & 4 & 5 \\ 2 & 5 & 3 & 4 & 1 \end{pmatrix}$;

(2) $\begin{pmatrix} 1 & 2 & 3 & 4 & 5 & 6 \\ 3 & 4 & 6 & 2 & 1 & 5 \end{pmatrix}\begin{pmatrix} 1 & 2 & 3 & 4 & 5 & 6 \\ 5 & 3 & 4 & 2 & 6 & 1 \end{pmatrix}$.

2. 把下列置换写成彼此不交的轮换之积:

(1) $\begin{pmatrix} 1 & 2 & 3 & 4 & 5 & 6 \\ 6 & 5 & 4 & 3 & 2 & 1 \end{pmatrix}$;　　(2) $\begin{pmatrix} 1 & 2 & 3 & 4 & 5 & 6 & 7 \\ 6 & 2 & 1 & 7 & 5 & 3 & 4 \end{pmatrix}$.

3. 用不交轮换之积的形式写出 S_3 的所有元.

4. (1) 在 S_6 中, $\alpha = (1234)$, $\beta = (3456)$, 计算 $\alpha\beta$;

(2) 在 S_6 中, $\alpha = (1365)(24)$, $\beta = (156)(234)$, 计算 $\alpha\beta$;

(3) 计算 $(12)(23)(34)(23)(12)$.

5. 设 $\alpha = (a_1\, a_2\, \cdots\, a_{\ell-1}\, a_\ell)$ 是轮换. 证明 $\alpha^{-1} = (a_\ell\, a_{\ell-1}\, \cdots\, a_2\, a_1)$.

6. 设 $a_1, \cdots, a_\ell,\ b_1, \cdots, b_m$ 是彼此不同的文字. 证明:

(1) $(a_1\, b_1)(a_1 \cdots a_\ell\, b_1 \cdots b_m) = (a_1 \cdots a_\ell)(b_1 \cdots b_m)$;

(2) $(a_1\, b_1)(a_1 \cdots a_\ell)(b_1 \cdots b_m) = (a_1 \cdots a_\ell\, b_1 \cdots b_m)$.

7. 设置换 $\alpha = (a_1\ a_2\ \cdots\ a_\ell)(b_1\ b_2\ \cdots\ b_m)\cdots(d_1\ d_2\ \cdots\ d_k) \in S_n$ 是轮换分解. 设 $\beta \in S_n$. 证明置换 $\beta\alpha\beta^{-1}$ 的轮换分解如下:

$$\Big(\beta(a_1)\ \beta(a_2)\ \cdots\ \beta(a_\ell)\Big)\Big(\beta(b_1)\ \beta(b_2)\ \cdots\ \beta(b_m)\Big)\ \cdots\ \Big(\beta(d_1)\ \beta(d_2)\ \cdots\ \beta(d_k)\Big).$$

§2.3　子　　群

定义 2.3.1　设 G 是一个群. 如果 G 的子集 H 在 G 的运算之下也是一个群, 则称 H 是 G 的**子群**, 记作 $H \leqslant G$.

引理　H 是群 G 的子群当且仅当以下三条成立 (很多文献上子群定义就是按这三条给出的)：

(S1) H 是 G 的非空子集;

(S2) 如果 $a,b\in H$ 则 $ab\in H$;

(S3) 如果 $a\in H$ 则 $a^{-1}\in H$.

证　如果 H 是群 G 的子群, 那么在 G 的运算之下 H 也是一个群, 因而 $H\neq\varnothing$, 而且 (S2)、(S3) 成立.

设 (S1)、(S2)、(S3) 成立. 那么 (S2) 是说 H 在 G 的乘法运算下封闭, 所以 G 的乘法也可成为 H 的运算, 对 H 而言 (G1) 就具备了 (注意：如果存在 $a,b\in H$ 使得 $ab\notin H$, 则这个乘法运算就不能成为 H 的运算, 参看 §2.1 第一个注解 (4) 关于运算的说明). 然后, (G2) 自然对 H 满足, 因结合律在整个 G 上成立, 当然在作为 G 的一部分的 H 上成立. 再由 $H\neq\varnothing$ 可取 $a\in H$, 那么从 (S3) 得 $a^{-1}\in H$, 从 (S2) 得 $1=aa^{-1}\in H$, 即 (G3) 对 H 成立了. 最后, (S3) 就是说 (G4) 对 H 成立. 所以 H 在 G 的运算之下也是一个群. □

例如, 设 G 是群. 显然 G 是 G 的子群. 显然 $\{1\}$ 也是 G 的子群, 称为单位元子群, 或称**单位子群**, 并简记为 1. 这两个子群称为 G 的**平凡子群**.

如果 $H\leqslant G$ 但 $H\neq G$, 则称 H 是 G 的**真子群** (proper subgroup), 记作 $H\lneqq G$.

例如, 考虑整数加群 $(\mathbb{Z},+)$, 即所有整数的集合 $\mathbb{Z}$ 在数的加法下构成的群.

(1) 所有偶数的集合 $2\mathbb{Z}=\{2k\mid k\in\mathbb{Z}\}$ 在加法下封闭, 对任 $2k\in 2\mathbb{Z}$, 负元 $-2k\in 2\mathbb{Z}$. 所以 $2\mathbb{Z}$ 是加群 $\mathbb{Z}$ 的子群.

(2) 考虑所有非负整数的集合 $\mathbb{Z}^+$, 在 $(\mathbb{Z},+)$ 的运算, 即整数加法下 $\mathbb{Z}^+$ 封闭, 但 $\mathbb{Z}^+$ 不是 $\mathbb{Z}$ 的子群, 因为 (S3) 不满足.

例 2.3.1　考虑 $\{\pm1\}\subseteq\mathbb{Q}^\times$, 这里 $\{\pm1\}$ 表示 $\{1,-1\}$. 例 2.1.4 已表明非零有理数集合 $\mathbb{Q}^\times$ 在数的乘法下构成群. 显然,$\{\pm1\}$ 在数的乘法下也构成群 (1 是单位元, -1 的逆元是它自己 -1), 所以 $\{\pm1\}$ 是乘法群 $\mathbb{Q}^\times$ 的子群. 这个群 $\{\pm1\}$ 称为**正负号群**, 因为它的两个元恰好代表正号和负号.

注意, 虽然 $\{\pm1\}\subseteq\mathbb{Q}$, 而例 2.1.3 表明 $\mathbb{Q}$ 在数的加法下构成群, 但是子集 $\{\pm1\}$ 不是这个加群 $\mathbb{Q}$ 的子群, 因为在数的加法下 $\{\pm1\}$ 不构成群.

有简单一点的判断子群的办法.

命题 2.3.1 (子群的判断)　设 G 是一个群, $H\subseteq G$.

(1) 如果 $H\neq\varnothing$ 且对任 $a,b\in H$ 有 $ab^{-1}\in H$, 那么 $H\leqslant G$;

(2) 如果 H 是非空有限集且对任 $a,b\in H$ 有 $ab\in H$, 那么 $H\leqslant G$.

证　(1) 因 $H\neq\varnothing$, 取 $a\in H$, 那么 $1=aa^{-1}\in H$. 于是还有 $a^{-1}=1a^{-1}\in H$. 对任 $a,b\in H$, 因已得 $b^{-1}\in H$, 就有 $ab=a(b^{-1})^{-1}\in H$. 由定义 2.3.1 后的引理, H 是 G 的子群.

(2) 任给定 $a \in H$. 对 $h \in H$, 因 H 对运算封闭, 故 $ah \in H$, 所以

$$H \longrightarrow H, \quad h \longmapsto ah$$

是 H 的变换. 若 $ah_1 = ah_2$, 则 $h_1 = a^{-1}ah_1 = a^{-1}ah_2 = h_2$, 所以上述变换是单变换. 因 H 是有限集, 故上述变换也是满变换, 见习题 1.3 中的第 9 题. 那么存在 $e \in H$ 使得 $ae = a$. 于是

$$1 = a^{-1}a = a^{-1}(ae) = (a^{-1}a)e = e \in H .$$

仍由上述满变换, 存在 $a' \in H$ 使得 $aa' = 1$, 于是

$$a^{-1} = a^{-1}(aa') = (a^{-1}a)a' = a' \in H .$$

那么由定义 2.3.1 后的引理, H 是子群. □

例如, 所有 n 阶可逆复矩阵的集合 $\mathrm{GL}_n(\mathbb{C})$ 在矩阵乘法下是一个群, 见例 2.1.5 和习题 2.1 中的第 2 题, 称为复数域上的 n 级**一般线性群**. 考虑它的子集

$$\mathrm{SL}_n(\mathbb{C}) := \{ P \in \mathrm{GL}_n(\mathbb{C}) \mid \det P = 1 \} ,$$

这显然是非空子集. 由行列式的乘法定理, 对 $P, Q \in \mathrm{SL}_n(\mathbb{C})$, 可得 $\det(PQ^{-1}) = \det P \cdot \det Q^{-1} = 1 \cdot 1^{-1} = 1$, 即 $PQ^{-1} \in \mathrm{SL}_n(\mathbb{C})$. 所以 $\mathrm{SL}_n(\mathbb{C})$ 是 $\mathrm{GL}_n(\mathbb{C})$ 的子群. 称 $\mathrm{SL}_n(\mathbb{C})$ 为复数域上的 n 级**特殊线性群**.

更一般地, $\mathrm{GL}_n(\mathbb{C})$ 的子群都称为复数域上的 n 级**线性群**.

回头再来看 §2.1 末尾的例子四元数群 Q_8, 它是一个 2 级复线性群; 在那里按群的定义验证了 Q_8 是一个群. 现在有了命题 2.3.1(2) 后, 为验证 Q_8 是 2 级复一般线性群 $\mathrm{GL}_2(\mathbb{C})$ 的子群 (从而 Q_8 自己是群), 实际上只需验证它在矩阵乘法之下封闭就行了.

n 次对称群 S_n 的子群都称为 n 次**置换群**.

命题 2.3.2 在加群 $\mathbb{Z}$ 中:

(1) 对任 $m \in \mathbb{Z}$, 子集 $m\mathbb{Z} := \{ mk \mid k \in \mathbb{Z} \}$ 构成子群.

(2) 如果 H 是 $\mathbb{Z}$ 的子群, 则存在唯一非负整数 m 使得 $H = m\mathbb{Z}$.

证 (1) 显然 $m\mathbb{Z} \neq \varnothing$, 因为 $0 \in m\mathbb{Z}$, 对任 $mk_1, mk_2 \in m\mathbb{Z}$, 有 $mk_1 + (-mk_2) = m(k_1 - k_2) \in m\mathbb{Z}$, 所以 $m\mathbb{Z}$ 是 $\mathbb{Z}$ 的子群;

(2) 设 H 是 $\mathbb{Z}$ 的子群. 如果 $H = \{0\}$, 那么取 $m = 0$(也只能取 $m = 0$) 就有 $H = m\mathbb{Z}$. 下设 $H \neq \{0\}$, 因 $H \neq \varnothing$, 故 H 含非零整数. 因为 H 是子群, 从 $m \in H$ 必得 $-m \in H$, 所以 H 必含正整数. 取 H 中的最小正整数 m, 对任正整数 k, 有

$$\overbrace{m + \cdots + m}^{k} = km \in H ,$$

$$(-k)m = k(-m) = \overbrace{(-m) + \cdots + (-m)}^{k} \in H \ ,$$

故 $m\mathbb{Z} \subseteq H$. 对任 $n \in H$, 做欧氏除法

$$n = qm + r \ , \qquad 0 \leqslant r < m \ .$$

若 $r \neq 0$, 则 $r > 0$ 且 $r = n - qm \in H$, 与 m 是 H 中的最小正整数相矛盾, 故只能是 $r = 0$, 所以 $n = mq \in m\mathbb{Z}$, 得 $H \subseteq m\mathbb{Z}$. 综上, $H = m\mathbb{Z}$. 如果正整数 m' 也使得 $H = m'\mathbb{Z}$, 则 m' 是集合 $m'\mathbb{Z}$ 中的最小正整数, 所以也是 H 中的最小正整数, 因而 $m' = m$. □

下面利用群与子群构造实际上在初等数学中已遇到过的一类有限群.

设 m 是正整数. 对 $a, b \in \mathbb{Z}$, 初等数学已定义：如果 $m \,|\, (a-b)$ 则记 $a \equiv b \pmod{m}$, 称 a 与 b 模 m 同余. 现在知道了 $m\mathbb{Z}$ 是加群 $\mathbb{Z}$ 的子群, $m \,|\, (a-b)$ 就是 $a - b \in m\mathbb{Z}$.

在习题 1.2 中的第 1 题中, 可以看到 $\equiv \pmod{m}$ 是 $\mathbb{Z}$ 的等价关系, a 所在等价类为子集 $[a] = a + m\mathbb{Z}$, 称为模 m 的**剩余类**, 它是一个与子群 $m\mathbb{Z}$ 密切相关的子集. 商集记作 $\mathbb{Z}/m\mathbb{Z}$ 或 $\mathbb{Z}_m$.

在一些初等数学书籍中已定义了整数剩余类的加法运算:

$$[a] + [b] = [a+b] \ , \qquad \forall\ [a],\ [b]\ \in \mathbb{Z}_m \ , \tag{P}$$

其中, $[a]$ 是元素 a 所在的剩余类, 这样写时是用 a 作为这个剩余类代表元. 那么 $[a]+[b] = [a+b]$ 的意思就是**规定**这两个剩余类的和是 $a+b$ 所在的剩余类. 现在要反思: 这个规定 (P) 合理吗?

因为从运算的意义 (参看 §2.1 的有关说明), 需要 $[a+b]$ 是 $\mathbb{Z}_m$ 中唯一一个与 $[a]$, $[b]$ 对应的元素. 但是, 一个等价类的代表元不是唯一的, 如果 $a' \in [a]$, $b' \in [b]$, 则 $[a'] = [a]$, $[b'] = [b]$, 即 a' 也是剩余类 $[a'] = [a]$ 的代表, b' 也是剩余类 $[b'] = [b]$ 的代表 (参看定义 1.2.2 后面注解的 (2)). 按此规定 (P), 这两个等价类的和也应该是 $a' + b'$ 所在的剩余类 $[a' + b']$, 可是 $a' + b'$ 与 $a + b$ 在同一个剩余类吗? 显然不外乎两种可能:

- 如果不论怎么选取代表元 a', b', 代表元的和 $a' + b'$ 与 $a + b$ 都在同一个剩余类, 也就是说这个规定与代表元选取无关, 那么规定 (P) 是合理的, 由它确实定义了 $\mathbb{Z}_m$ 的一个运算, 人们称这个运算是 “**合理定义的**” 运算.
- 如果存在两种选取使得代表元的和 $a' + b'$ 与 $a + b$ 不在同一个剩余类, 那么这个规定 (P) 就不合理, 它根本不能定义 $\mathbb{Z}_m$ 的一个运算.

然而, 对 $\mathbb{Z}_m$ 而言, 所幸的是, 实际情况是前者而不是后者. 下面严格论述这些问题.

命题 2.3.3　设 $m \in \mathbb{Z}$, $m > 0$.

(1) 对 $a,b\in\mathbb{Z}$, 如果 $a-b\in m\mathbb{Z}$, 则记 $a\equiv b\ (\mathrm{mod}\ m)$, 称 a 与 b 模 m 同余. 那么 $\equiv\ (\mathrm{mod}\ m)$ 是 $\mathbb{Z}$ 上的等价关系, a 所在等价类为 $[a]=a+m\mathbb{Z}:=\{\,a+mk\mid k\in\mathbb{Z}\,\}$, 称为 a 所在的模 m 剩余类.

(2) 把商集记作 $\mathbb{Z}/m\mathbb{Z}$, 简记为 $\mathbb{Z}_m$, 即 $\mathbb{Z}_m:=\{\,[a]\mid a\in\mathbb{Z}\,\}$. 那么

$$[a]+[b]=[a+b]\,,\quad \forall\,[a],\ [b]\ \in\mathbb{Z}_m$$

是在 $\mathbb{Z}_m$ 上合理定义的运算, 称为剩余类加法.

(3) $\mathbb{Z}_m$ 在剩余类加法下构成加群.

证 (1) 验证自反律. 对任 $a\in\mathbb{Z}$ 有 $a-a=0\in m\mathbb{Z}$, 即 $a\equiv a\ (\mathrm{mod}\ m)$.

验证对称律. 若 $a\equiv b\ (\mathrm{mod}\ m)$, 即 $a-b\in m\mathbb{Z}$, 那么 $b-a=-(a-b)\in m\mathbb{Z}$, 故 $b\equiv a\ (\mathrm{mod}\ m)$.

验证传递律. 设 $a\equiv b\ (\mathrm{mod}\ m)$, $b\equiv c\ (\mathrm{mod}\ m)$, 即是 $a-b\in m\mathbb{Z}$, $b-c\in m\mathbb{Z}$, 那么 $a-c=(a-b)+(b-c)\in m\mathbb{Z}$, 故 $a\equiv c\ (\mathrm{mod}\ m)$.

最后, a 所在等价类为 $\{\,b\in\mathbb{Z}\mid b\equiv a\ (\mathrm{mod}\ m)\,\}=\{\,b\in\mathbb{Z}\mid b-a\in m\mathbb{Z}\,\}=\{\,b\in\mathbb{Z}\mid b\in a+m\mathbb{Z}\,\}=a+m\mathbb{Z}$.

(2) 如果 $a'\equiv a\ (\mathrm{mod}\ m)$, $b'\equiv b\ (\mathrm{mod}\ m)$, 那么 $a'\in a+m\mathbb{Z}$, 即存在 $mh\in m\mathbb{Z}$ 使得 $a'=a+mh$; 同理, 存在 $mk\in m\mathbb{Z}$ 使得 $b'=b+mk$. 于是 $a'+b'=(a+mh)+(b+mk)=(a+b)+m(h+k)$, 故 $a'+b'\equiv a+b\ (\mathrm{mod}\ m)$, 所以 $a'+b'$ 与 $a+b$ 在同一个剩余类, 即 $[a'+b']=[a+b]$.

(3) 结合律成立: $[a]+([b]+[c])=[a]+[b+c]=[a+(b+c)]=[(a+b)+c]=[a+b]+[c]=([a]+[b])+[c]$.

交换律成立: $[a]+[b]=[a+b]=[b+a]=[b]+[a]$.

$[0]$ 是零元, 因为 $[0]+[a]=[0+a]=[a]$.

$[-a]$ 是 $[a]$ 的负元, 因为 $[a]+[-a]=[a+(-a)]=[0]$. □

由此可见, 使得 $\mathbb{Z}_m$ 构成加群的做法就是把 $\mathbb{Z}$ 的加法运算通过剩余类代表元遗传给商集 $\mathbb{Z}_m$. 从证明过程可以看出, 只要在商集上运算定义合理, $\mathbb{Z}$ 的其他性质, 如结合律、交换律、零元、负元等, 遗传给商集 $\mathbb{Z}_m$ 都是顺理成章的事.

内容小结关键词: 子群, 子群判断, 加群 $\mathbb{Z}$ 的子群, $\mathbb{Z}$ 模子群的同余.

习　题　2.3

1. 举例说明: 命题 2.3.1 的 (2) 中有限性条件不可缺少.

2. 设 m, n 是正整数. 求 $k\in\mathbb{Z}$ 使 $m\mathbb{Z}\bigcap n\mathbb{Z}=k\mathbb{Z}$.

3. 所有非零复数的集合记作 $\mathbb{C}^{\times}$, 在复数乘法之下是一个乘法群, 见例 2.1.4 和习题 2.1 中的第 2 题. 一个复数 ω 称为 n 次**单位根**, 如果 $\omega^n=1$; 如果 $\omega^n=1$ 但 $\omega^k\neq 1$ 对 $1\leqslant k<n$,

则说 ω 是 n 次**本原单位根**.

证明: $\mathbb{C}^{\times}$ 中所有单位根的集合 R 是 $\mathbb{C}^{\times}$ 的一个子群.

4.$^+$ 设 G 是群, H_i, $i \in I$, 是指标集 I 标记的一组子群. 证明 $\bigcap\limits_{i\in I} H_i$ 是 G 的子群.

5. 设 G 是群, H, K, $L \leqslant G$. 如果 $H \subseteq K \bigcup L$, 那么或者 $H \subseteq K$ 或者 $H \subseteq L$.

6. 证明: 群 G 不可能是两个真子群的并集. 问群 G 可能是三个真子群的并集吗?

7.$^+$ (1) 求出 S_3 的所有子群;

(2) 求出加群 $\mathbb{Z}_6$ 的所有子群.

§2.4 陪　集

定义 2.4.1 设 G 是一个群 (运算写作乘法). 非空子集 $S, T \subseteq G$. 定义:

(1) $ST := \{\ st \mid s \in S,\ t \in T\ \}$, 称为群 G 中子集的积.

简记 $\{a\}S =: aS$, $S\{a\} =: Sa$. (按定义, $aS = \{as \mid s \in S\}$, 与命题 2.3.3 中记号 $a + m\mathbb{Z} = \{\ a + k \mid k \in m\mathbb{Z}\ \}$ 是一致的, 只不过运算符号不同.)

(2) $S^{-1} := \{\ a^{-1} \mid a \in S\ \}$.

性质 记号如上, $R, S, T \subseteq G$.

(1) $R(ST) = (RS)T$.

证 对任 $r(st) \in R(ST)$, 其中 $r \in R$, $s \in S$, $t \in T$, 有 $r(st) = (rs)t \in (RS)T$, 所以 $R(ST) \subseteq (RS)T$. 同理可证 $(RS)T \subseteq R(ST)$.

(2) $R(S \cup T) = (RS) \cup (RT)$. (证明作为练习.)

(3) $(RS)^{-1} = S^{-1}R^{-1}$. (证明作为练习.)

(4) 如果单位元 $1 \in S$, 则 $T \subseteq ST$.

证 因为对任 $t \in T$ 有 $t = 1t \in ST$.

(5) 如果 $H \leqslant G$ 而 $\varnothing \neq S \subseteq H$, 则 $SH = H$.

证 对 $s \in S$ 和 $h \in H$, 子群 H 在乘法下封闭, 所以 $sh \in H$, 故 $SH \subseteq H$; 另一方面, 取 $s \in S$, 对任 $h \in H$ 有 $s^{-1}h \in H$, 所以 $h = s \cdot s^{-1}h \in SH$, 即 $H \subseteq SH$.

(6) 对 $H \leqslant G$ 和 $a \in G$ 有 $aH = H$, 当且仅当 $a \in H$.

证 如果 $a \in H$, 则从上面 (5) 就得 $aH = H$; 反过来, 如果 $aH = H$, 则 $a = a \cdot 1 \in aH$.

(7) 如果 $H \leqslant G$, 则 $\gamma : H \to H$, $h \mapsto h^{-1}$, 是双射. 特别地, $H^{-1} = H$.

证 因为 $\gamma^2(h) = \gamma(\gamma(h)) = \gamma(h^{-1}) = (h^{-1})^{-1} = h, \forall\, h \in H$, 就是说 $\gamma^2 = \mathrm{id}_H$, 故 $\gamma = \gamma^{-1}$, 即 γ 可逆, 也就是 γ 是双射. 特别地, $H^{-1} = \mathrm{Im}(\gamma) = H$. □

受整数同余关系和剩余类的启发, 见命题 2.3.3, 可以利用子群给出群上的等价关系和等价分类.

命题 2.3.3(1) 在加群 $(\mathbb{Z}, +)$ 中关于子群 $m\mathbb{Z}$ 利用减法定义了同余关系. 仿照它, 在一个群 G 中关于子群 H 定义同余关系时就应该做 “除法”. 但对一般群, 乘法不一定交换, 在例 2.1.5 后的注解中仿照整数减法规定除法时有两种 “除法”. 所以这里得分两种 “除法” 来定义同余关系. 这里先对 “左除法” 讨论, 结论与命题 2.3.3(1) 类似, 证明也类似. 然后, 对 “右除法” 的做法完全一样, 但结果形式有所不同, 所以写成另一个命题但证明完全一样, 所以不再赘述.

命题 2.4.1 设 G 是群, H 是 G 的子群. 对 $a, b \in G$, 如果 $b^{-1}a \in H$ 则记 $a \equiv_L b \pmod{H}$, 称 a 与 b 模 H 左同余. 那么 $\equiv_L \pmod{H}$ 是 G 上的等价关系. a 所在等价类为 $[a]_L = aH := \{\, ah \mid h \in H \,\}$, 称为 a 所在的子群 H 的**左陪集**, 商集记作 $G/H = \{\, aH \mid a \in G \,\}$.

证 验证自反律. 对任 $a \in G$, 有 $a^{-1}a = 1 \in H$, 即 $a \equiv_L a \pmod{H}$.

验证对称律. 若 $a \equiv_L b \pmod{H}$, 即 $b^{-1}a \in H$, 那么 $a^{-1}b = (b^{-1}a)^{-1} \in H$, 故 $b \equiv_L a \pmod{H}$.

验证传递律. 设 $a \equiv_L b \pmod{H}$, $b \equiv_L c \pmod{H}$, 即是 $b^{-1}a \in H$, $c^{-1}b \in H$, 那么 $c^{-1}a = (c^{-1}b)(b^{-1}a) \in H$, 故 $a \equiv_L c \pmod{H}$.

最后, a 所在等价类为 $\{\, b \in G \mid b \equiv_L a \pmod{H} \,\} = \{\, b \in G \mid a^{-1}b \in H \,\} = \{\, b \in G \mid b \in aH \,\} = aH$. □

命题 2.4.1′ 设 G 是群, H 是 G 的子群. 对 $a, b \in G$, 如果 $ab^{-1} \in H$ 则记 $a \equiv_R b \pmod{H}$, 称 a 与 b 模 H 右同余. 那么 $\equiv_R \pmod{H}$ 是 G 上的等价关系. a 所在等价类为 $[a]_R = Ha := \{\, ha \mid h \in H \,\}$, 称为 a 所在的子群 H 的**右陪集**, 商集记作 $H\backslash G = \{\, Ha \mid a \in G \,\}$. □

例如, 令 $G = S_3$ 是 3 次对称群, 易验证 $H = \{(1),\ (12)\}$ 是一个子群, 参看习题 2.3 中的第 7 题. 计算得知 G 分为三个 H 的左陪集之并:

$$
\begin{aligned}
&(1)H = (12)H = \{(1),\ (12)\}\,,\\
&(13)H = (123)H = \{(13),\ (123)\}\,,\\
&(23)H = (132)H = \{(23),\ (132)\}\,.
\end{aligned}
$$

另一方面, G 分为三个 H 的右陪集之并:

$$
\begin{aligned}
&H(1) = H(12) = \{(1),\ (12)\}\,,\\
&H(13) = H(132) = \{(13),\ (132)\}\,,\\
&H(23) = H(123) = \{(23),\ (123)\}\,.
\end{aligned}
$$

这个例子同时说明：一般来说, $aH \neq Ha$, 如上面的 $(13)H \neq H(13)$. 也就是说, 左同余与右同余一般不是同一个关系.

但是左陪集与右陪集的基数是相等的, 这就是下述拉格朗日 (Lagrange) 定理的结论之一.

定理 2.4.1 (拉格朗日定理) 设 G 是群, $H \leqslant G$, $a \in G$. 则

(1) $|aH| = |H| = |Ha|$;

(2) $|H\backslash G| = |G/H|$, 把这个基数记作 $|G:H|$, 称为 G 对 H 的**指数**;

(3) $|G| = |G:H| \cdot |H|$, 特别地, 如 G 为有限群, 则 $|H| \,\Big|\, |G|$.

证 (1) 对这个任给定的 a 定义映射

$$\lambda_a: \quad H \longrightarrow aH \ , \quad h \longmapsto ah \ .$$

由于 $aH = \{ ah \mid h \in H \}$, 知道这是满射. 再如果 $h_1, h_2 \in H$ 使得 $ah_1 = ah_2$, 两边左乘 a^{-1} 得 $h_1 = a^{-1}(ah_1) = a^{-1}(ah_2) = h_2$, 所以这个映射是单射. 这样在集合 H 和 aH 之间就建立了一个双射, 因此 $|aH| = |H|$. 类似地证明 $|H| = |Ha|$.

(2) 因为 $(Ha)^{-1} = (H\{a\})^{-1} = \{a\}^{-1}H^{-1} = a^{-1}H \in G/H$, 见定义 2.4.1 后的性质 (3) 和 (7), 所以可以定义映射

$$\beta: \quad H\backslash G \ \longrightarrow \ G/H \ , \quad Ha \longmapsto (Ha)^{-1} \ .$$

同理, 因 $(aH)^{-1} = Ha^{-1} \in H\backslash G$, 故可定义映射

$$\gamma: \quad G/H \ \longrightarrow \ H\backslash G \ , \quad aH \longmapsto (aH)^{-1} \ .$$

那么

$$\gamma\beta(Ha) = \gamma\Big(\beta(Ha)\Big) = \gamma\Big(a^{-1}H\Big) = H(a^{-1})^{-1} = Ha.$$

类似地可得 $\beta\gamma(aH) = aH$, 即 β 与 γ 是互逆的映射. 所以 β 是双射, 因而两个商集的基数相等, 即 $|H\backslash G| = |G/H|$.

(3) 集合 G 划分为关于子群 H 左同余关系的等价类的不交并集, 也就是集合 G 划分为关于子群 H 左陪集的不交并集. 按 (2), 左陪集的个数是 $|G:H|$; 再由 (1), 每个左陪集含元素个数都是 $|H|$. 故得 (3). □

回顾: 如果集合 A 有一个划分, 为方便可以用一个指标集 I 给划分中的每个子集标号 A_i, $i \in I$, 即 $A = \bigcup\limits_{i \in I} A_i$ 为不交并集且每 $A_i \neq \varnothing$, 见定义 1.2.3. 对每 A_i 选取一个且只选取一个 $a_i \in A_i$ 作为 A_i 的代表元, 则所有这些 a_i, $i \in I$, 就称为集合 A 的该划分的一个完全代表系, 见定义 1.2.4.

由于群 G 中子群 H 的所有左陪集是 G 的模 H 左同余关系给出的等价类划分, 对每个左陪集选取一个代表元 a_i, $i \in I$, 就构成群 G 中子群 H 的左陪集的完全代表系, 这里 I 是给子群 H 的所有左陪集标号的指标集 (从而 $|I| = |G:H|$), 那么所有 a_iH, $i \in I$, 就恰好是全部互不相同的 H 的左陪集, 即 $G = \bigcup\limits_{i \in I} a_iH$ 是不交并集, 参看定义 1.2.4.

引理 2.4.1 (指数公式) 设 G 是群, $H \leqslant K \leqslant G$, 则 $|G:H| = |G:K| \cdot |K:H|$.

证 设 $a_i(i\in I)$ 是群 G 中子群 K 的所有左陪集的完全代表系, 即 $a_iK(i\in I)$ 恰是子群 K 的所有左陪集且没有重复出现, 从而 $|I|=|G:K|$.

再设 $b_j(j\in J)$ 是 K 中 H 的所有左陪集的完全代表系, 从而 $|J|=|K:H|$.

下面来证明下列左陪集恰是 G 中子群 H 的全部左陪集且没有重复出现

$$(a_ib_j)H\ ,\qquad i\in I,\quad j\in J\ . \tag{IJ}$$

一旦这个结论被证明了, 因子群的指数定义为该子群的左陪集的个数, 故马上就得到 $|G:H|=|I|\cdot|J|=|G:K|\cdot|K:H|$.

对任 $x\in G$, 因为 $G=\bigcup\limits_{i\in I}a_iK$, 存在 $i\in I$ 使得 $x\in a_iK$, 那么有 $k\in K$ 使得 $x=a_ik$. 又, $K=\bigcup\limits_{j\in J}b_jH$, 存在 $j\in J$ 使得 $k\in b_jH$, 那么有 $h\in H$ 使得 $k=b_jh$. 所以 $x=a_ik=a_ib_jh$, 即 $x\in(a_ib_j)H$. 因此 $G=\bigcup\limits_{i\in I,\,j\in J}(a_ib_j)H$. 所以式 (IJ) 中列出了 G 关于子群 H 的全部左陪集.

剩下只需证明式 (IJ) 中没有彼此相同的左陪集. 设 $i,i'\in I$ 与 $j,j'\in J$ 使得 $(a_ib_j)H=(a_{i'}b_{j'})H$. 则 $(a_ib_j)^{-1}(a_{i'}b_{j'})\in H$, 即

$$b_j^{-1}a_i^{-1}a_{i'}b_{j'}\in H,$$

那么 $a_i^{-1}a_{i'}\in b_jHb_{j'}^{-1}$. 因为 $b_j,b_{j'}\in K$ 和 $H\subseteq K$, 所以 $b_jHb_{j'}^{-1}\subseteq K$, 于是得到 $a_i^{-1}a_{i'}\in K$, 因此 $a_iK=a_{i'}K$. 由于 a_i, $i\in I$, 是 K 的左陪集的完全代表系, 所以只能是 $i=i'$, 从而 $a_i^{-1}a_{i'}=a_i^{-1}a_i=1$. 代入上式, 得到 $b_j^{-1}b_{j'}\in H$. 而 b_j, $j\in J$, 是 K 中子群 H 的左陪集的完全代表系, 得 $j=j'$.

这就证明了式 (IJ) 中恰是 G 中子群 H 的全部彼此不同的左陪集. □

看一个例子. 令 $G=\mathbb{Z}$ 是整数加群; 令

$$K=2\mathbb{Z}=\{2n\mid n\in\mathbb{Z}\}\,,\qquad H=6\mathbb{Z}=\{6n\mid n\in\mathbb{Z}\}\,,$$

是两个子群, 参看命题 2.3.2, 显然 $H\subseteq K$, 所以 H 也是群 K 的子群. 而

- 0, 1, 构成群 G 中子群 K 的左陪集的完全代表系:

$$\mathbb{Z}=(0+2\mathbb{Z})\cup(1+2\mathbb{Z})\ ;$$

- 0, 2, 4, 构成群 K 中子群 H 的左陪集的完全代表系:

$$2\mathbb{Z}=(0+6\mathbb{Z})\cup(2+6\mathbb{Z})\cup(4+6\mathbb{Z})\ .$$

上述指数公式证明中的式 (IJ) 是说:

$$0+0,\quad 0+2,\quad 0+4,\quad 1+0,\quad 1+2,\quad 1+4,$$

即 0, 2, 4, 1, 3, 5 构成群 G 中子群 H 的左陪集的完全代表系, 即有不交并集:

$$\mathbb{Z} = (0+6\mathbb{Z}) \cup (1+6\mathbb{Z}) \cup (2+6\mathbb{Z}) \cup (3+6\mathbb{Z}) \cup (4+6\mathbb{Z}) \cup (5+6\mathbb{Z}).$$

内容小结关键词: 子集的乘积, 模子群的同余, 陪集, 拉格朗日定理, 指数公式.

习 题 2.4

1.$^+$ 设 G 是群, $R, S, T \subseteq G$ 是 G 的任意非空子集. 证明:

(1) $(RS)^{-1} = S^{-1}R^{-1}$;

(2) $R(S \cup T) = (RS) \cup (RT)$.

2. 令 $G = S_3$ 是 3 次对称群, 取 $N = \{(1),\ (123),\ (132)\}$ 是一个子群. 求 G 中子群 N 的所有左陪集, 所有右陪集.

3. 设 G 是群, $H, K \leqslant G$. 证明: 积 HK 是 G 的子群当且仅当 $HK = KH$.

4. 设 H 和 K 是群 G 的有限子群. 证明: $|HK| \cdot |H \cap K| = |H| \cdot |K|$.

5. 设 G 是群, $H, K \leqslant G$. 证明: $|G : H \cap K| \leqslant |G : H| \cdot |G : K|$.

6. 设 G 是有限群, $H, K \leqslant G$ 且 $|G : H|$ 与 $|G : K|$ 互素, 则 $|G : H \cap K| = |G : H| \cdot |G : K|$.

§2.5 商 群

设 G 是一个群, H 是 G 的子群. §2.4 仿照命题 2.3.3 的 (1) 定义了左同余关系 $\equiv_L \pmod H$, 知道了它是等价关系, 有商集 $G/H = \{aH \mid a \in G\}$.

现在继续仿照命题 2.3.3 的 (2), 研讨如何把群 G 的运算遗传给商集 G/H. 但是, 这并非对任意子群 H 都能成功. 只是对某些满足进一步条件的子群 H, 才能在商集 G/H 上合理定义运算.

定义 2.5.1 群 G 的子群 H 称为**正规子群**, 记作 $H \trianglelefteq G$, 如果下列条件满足:

$$a^{-1}ha \in H\ , \quad \forall\, a \in G\ , \forall\, h \in H\ .$$

例如, 令 $G = S_3$ 为 3 次对称群. 前面已说过 $H = \{(1), (12)\}$ 是子群, 见命题 2.4.1' 后的例子. 但是 H 不是正规子群, 因为 $(12) \in H$, $(13) \in G$, 但是乘积

$$(13)^{-1}(12)(13) = (23) \notin H,$$

$G = S_3$ 的子群 $N = \{(1), (123), (132)\}$, 则不仅是子群而且是正规子群. 因为对 $(1) \in N$, (1) 是单位元, 故对任 $a \in G$ 有 $a^{-1}(1)a = (1) \in N$; 对 $(123) \in N$, 如果 $a \in N$, 当然有 $a^{-1}(123)a \in N$ (因 N 是子群), 而 $(12)^{-1}(123)(12) = (132) \in N$, 类似可得 $(13)^{-1}(123)(13) = (132) \in N$ 和 $(23)^{-1}(123)(23) = (132) \in N$; 还可类似计算得 $a^{-1}(132)a \in N$, 对任 $a \in G$ 都成立.

一大类重要例子：**交换群的任何子群是正规子群**，证明作为练习.

引理 2.5.1　设 H 是群 G 的子群. 以下 5 条等价：

(1) $H \trianglelefteq G$, 即 $a^{-1}ha \in H, \forall\, a \in G, \forall\, h \in H$;

(2) $a^{-1}Ha = H, \forall\, a \in G$;

(3) $aH = Ha, \forall\, a \in G$;

(4) 对任意 $a, b \in G$ 有：子集的积 $(aH)(bH)$ 仍为一个左陪集，就是 $(ab)H$;

(5) 对任 $a, b \in G$ 有：$a \equiv_L b \pmod{H} \iff a \equiv_R b \pmod{H}$, 即模 H 的左同余与右同余是同一个等价关系.

证　(1) $\Longrightarrow$ (2). 由 (1) 马上有 $a^{-1}Ha \subseteq H, \forall\, a \in G$. 此式两边分别左乘 a, 右乘 a^{-1}, 得 $H \subseteq aHa^{-1}, \forall\, a \in G$. 这式子对任意 a 成立，那么把 a 换为 a^{-1} 也成立，即是 $H \subseteq a^{-1}Ha$. 所以 $a^{-1}Ha = H$, 即 (2) 成立.

(2) $\Longrightarrow$ (3). 从 (2), 对任 $a \in G$ 有 $a^{-1}Ha = H$. 两边分别左乘 a, 得 $Ha = aH$.

(3) $\Longrightarrow$ (4). 首先，由定义 2.4.1 后的性质 (5) 知 $HH = H$. 再利用 (3) 以及子集乘积的结合律 (见定义 2.4.1 后的性质 (1)), 得

$$
\begin{aligned}
(aH)(bH) &= (\{a\}H)(\{b\}H) = \{a\}(H\{b\})H = \{a\}(Hb)H \\
&= \{a\}(bH)H = \{a\}(\{b\}H)H = (\{a\}\{b\})(HH) = (ab)H\ .
\end{aligned}
$$

(4) $\Longrightarrow$ (1). 对任 $a \in G$ 和 $h \in H$, 按子集乘积的定义，$a^{-1}h \in a^{-1}H$, $a \in aH$. 从 (4) 就可以得到

$$
a^{-1}ha = (a^{-1}h)\,a \in (a^{-1}H)(aH) = (a^{-1}a)H = 1H = H\ .
$$

(3) $\iff$ (5). 关于左同余，a 所在等价类是 aH; 关于右同余，a 所在等价类是 Ha. 由定理 1.2.1, 两个关系完全相同的充分必要条件是它们给出的划分即等价类完全相同，所以 (3) 与 (5) 等价.　□

以上引理说明：对于群 G 的正规子群 H, 模 H 左同余与右同余是同一个等价关系 (可见为什么前面命题 2.3.3 讨论加群 $\mathbb{Z}$ 的子群时没有左同余与右同余之分了，因为交换群的子群都是正规子群), 元素 a 的左同余等价类和右同余等价类是同一个等价类，也就是，左陪集 aH 与右陪集 Ha 是同一个子集：$aH = Ha$.

所以，对正规子群 H, 称 $aH = Ha$ 为陪集. 陪集的任何元可以做代表元，即对任 $a' \in aH$ 有 $a'H = aH$, 参看定义 1.2.2 后注的 (2).

设 H 是群 G 的正规子群. 约定：把陪集 aH 更简单地记作 $\overline{a}$, 把商集 G/H 更简单地记作 $\overline{G}$, 即 $\overline{G} = \{\, \overline{a} \mid a \in G \,\}$.

下述命题平行于命题 2.3.3(2)、(3), 证明也是平行的.

命题 2.5.1　设 $H \trianglelefteq G$, 记号如上，即 $\overline{G} = G/H$, 那么

(1) 以下是在商集 $\overline{G}$ 上合理定义的运算：

$$\overline{a}\,\overline{b} = \overline{a\,b}\,, \quad \forall\ \overline{a},\ \overline{b}\ \in \overline{G}\ .$$

(2) $\overline{G}$ 在以上运算下构成群, 而且：

- $\overline{1}$ 是 $\overline{G}$ 的单位元;
- 对任 $\overline{a} \in \overline{G}$ 它的逆元是 $\overline{a^{-1}}$, 即 $\overline{a^{-1}} = \overline{a}^{\,-1}$.

证 (1) 设 $\overline{a'} = \overline{a}$ 和 $\overline{b'} = \overline{b}$, 即 $a'H = aH$ 和 $b'H = bH$, 那么存在 $h, k \in H$ 使得 $a' = ah$ 和 $b' = bk$, 于是

$$a'b' = ahbk = ab \cdot b^{-1}hbk\ .$$

由于 $H \trianglelefteq G$, 故 $b^{-1}hb \in H$, 而 $k \in H$, 因此 $b^{-1}hbk \in H$, 所以 $a'b' \in (ab)H$, 即 $(a'b')H = (ab)H$. 就是 $\overline{a'b'} = \overline{ab}$. 所以 (1) 中在 $\overline{G}$ 上定义的运算与陪集代表元的选取无关.

(3) 结合律成立：$\overline{a}\,(\overline{b}\,\overline{c}) = \overline{a}\,\overline{bc} = \overline{a\,(b\,c)} = \overline{(a\,b)\,c} = \overline{a\,b}\,\overline{c} = (\overline{a}\,\overline{b})\,\overline{c}$.

$\overline{1}$ 是单位元, 因为 $\overline{1} \cdot \overline{a} = \overline{1 \cdot a} = \overline{a}$; $\overline{a} \cdot \overline{1} = \overline{a \cdot 1} = \overline{a}$.

$\overline{a^{-1}}$ 是 $\overline{a}$ 的逆元, 因为 $\overline{a} \cdot \overline{a^{-1}} = \overline{a \cdot a^{-1}} = \overline{1}$; $\overline{a^{-1}} \cdot \overline{a} = \overline{a^{-1} \cdot a} = \overline{1}$. □

定义 2.5.2 称上命题中的群 $\overline{G}$ 为群 G 对正规子群 H 的**商群**.

注 (1) 上命题中, $\overline{G} = G/H$ 是同余关系等价类构成的商集, 那么有自然映射 (见例 1.3.1) $\rho:\ \ G \longrightarrow \overline{G}$, $a \longmapsto \overline{a}$. 对任 $a, b \in G$, 按商群运算的定义, 即命题 2.5.1(1), 有 $\rho(a\,b) = \overline{a\,b} = \overline{a}\,\overline{b} = \rho(a)\,\rho(b)$. 即群 G 到群 $\overline{G}$ 的映射 ρ 具有性质：

$$\rho(a\,b) = \rho(a)\,\rho(b)\,, \quad \forall\ a, b \in G\ .$$

这个性质是下一节的出发点.

(2) 命题 2.5.1 中, 子群 H 的正规性是不能缺少的, 下面例子的后半部分可说明这一点. 一般性论述作为习题 2.5 的第 7 题.

例如, 继续看定义 2.5.1 后的例子 $G = S_3$. 它有 $H = \{(1), (12)\}$ 是子群, 但不是正规子群, 而子群 $N = \{(1), (123), (132)\}$ 是正规子群. 分别看它们的商集如下.

(1) 由本节讨论知道, N 的左陪集划分与 N 的右陪集划分是 G 的同一个划分 G/N, 含两个陪集:

$$\overline{1} = (1)N = N(1) = \{\,(1),\ (123),\ (132)\}\,,$$
$$\overline{(12)} = (12)N = N(12) = \{\,(12),\ (13),\ (23)\}\,.$$

而商群 G/N 运算为

$$\overline{1}\,\overline{1} = \overline{1}\,, \qquad \overline{1}\,\overline{(12)} = \overline{(12)} = \overline{(12)}\,\overline{1}\,, \qquad \overline{(12)}\,\overline{(12)} = \overline{1}\,.$$

把它的运算表与另两个群的运算表比较如下, 其中, 中间一个是正、负号构成的群, 也就是 ±1 的集合 $\{\pm1\}$ 在数的乘法下构成的群 (见例 2.3.1), 右边一个是例 2.1.5 后面注解后的群 $\mathbb{F}=\{0,1\}$:

$\cdot$	$\overline{1}$	$\overline{(12)}$
$\overline{1}$	$\overline{1}$	$\overline{(12)}$
$\overline{(12)}$	$\overline{(12)}$	$\overline{1}$

G/N 的运算表

$\cdot$	1	-1
1	1	-1
-1	-1	1

正、负号群 $\{\pm1\}$ 的运算表

$\dagger$	0	1
0	0	1
1	1	0

$\mathbb{F}=\{0,1\}$ 的运算表

会发现它们除了记号不相同实际上是同样的表:

- 把左表 $\overline{1}$ 换为 1, $\overline{(12)}$ 换为 -1, 就得到中间的表;
- 把左表 $\overline{1}$ 换为 0, $\overline{(12)}$ 换为 1, 就得到右边的表.

(2) 但是 $G=S_3$ 的子群 $H=\{(1),\ (12)\}$ 的左陪集划分与 H 的右陪集划分是 G 的不同的划分 (见命题 2.4.1$'$ 后的例子). 下面来看其中由左同余给出的左陪集划分 G/H, 它含三个陪集:

$$
\begin{aligned}
&(1)H=(12)H=\{(1),\ (12)\},\\
&(13)H=(123)H=\{(13),\ (123)\},\\
&(23)H=(132)H=\{(23),\ (132)\}.
\end{aligned}
$$

可见 $(13),(123)\in(13)H$, 即它们都可以代表左陪集 $(13)H$; (23) 是左陪集 $(23)H$ 的代表. 但是

$$
(13)(23)=(132)\in(23)H\,,\qquad (123)(23)=(12)\in(1)H\,.
$$

也就是说 $(13)(23)$ 与 $(123)(23)$ 在不同的左陪集中. 所以用代表元来运算不能在商集 G/H 上合理地定义运算.

内容小结关键词: 正规子群, 商群.

习　题　2.5

1. 设 $H\leqslant G$, $a\in G$. 则 aHa^{-1} 是 G 的子群.

2.$^+$ 证明:

(1) 交换群的任何子群是正规子群;

(2) 交换群的任何商群是交换群.

3. 证明: 群 G 的子群 H 是正规子群的充要条件是: $HS=SH$ 对任子集 $S\subseteq G$ 成立.

4.$^+$ (1) 设 $H\trianglelefteq G$, $K\leqslant G$. 则 $HK\leqslant G$, $H\cap K\trianglelefteq K$;

(2) 设 $H\trianglelefteq G$, $K\trianglelefteq G$. 则 $HK\trianglelefteq G$, $H\cap K\trianglelefteq G$.

5. 设 $H \leqslant G$ 使得 $|G:H|=2$. 证明：$H \trianglelefteq G$.

6. 设 $H \lneqq G, a \in G$. 则 $H \cdot aHa^{-1} \neq G$.

7. 设群 G 的子群 H 不是正规的, 证明：在左陪集集合 G/H 上不能用左陪集代表元的运算来合理定义商集 G/H 的运算.

§2.6 群 同 态

定义 2.6.1 (1) 设 G, H 是群. 称映射 $\sigma: G \to H$ 是从群 G 到群 H 的**同态映射**, 简称**同态**, 如果以下满足：

$$\sigma(ab)=\sigma(a)\sigma(b)\ , \qquad \forall\ a,b \in G\ .$$

(2) 如果同态 $\sigma: G \to H$ 是单射, 就称 σ 是**单同态映射**, 简称**单同态**.

如果同态 $\sigma: G \to H$ 是满射, 就称 σ 是**满同态映射**, 简称**满同态**.

如果同态 $\sigma: G \to H$ 是双射, 就称 σ 是**同构映射**, 简称**同构**.

(3) 如果从群 G 到群 H 存在同构 $\sigma: G \to H$, 则说群 G**同构于** 群 H, 记作 $G \cong H$.

引理 如果 $\sigma: G \to H$ 是群同态, 则

(1) $\sigma(1_G)=1_H$;

(2) $\sigma(a^{-1})=\sigma(a)^{-1}$.

证 (1) $\sigma(1_G)=\sigma(1_G)\cdot 1_H=\sigma(1_G)(\sigma(1_G)\sigma(1_G)^{-1})=(\sigma(1_G)\sigma(1_G))\sigma(1_G)^{-1}=\sigma(1_G\cdot 1_G)\sigma(1_G)^{-1}=\sigma(1_G)\sigma(1_G)^{-1}=1_H$.

(2) $\sigma(a^{-1})=\sigma(a^{-1})\cdot 1_H=\sigma(a^{-1})(\sigma(a)\sigma(a)^{-1})=(\sigma(a^{-1})\sigma(a))\sigma(a)^{-1}=\sigma(a^{-1}a)\sigma(a)^{-1}=\sigma(1_G)\sigma(a)^{-1}=1_H\cdot\sigma(a)^{-1}=\sigma(a)^{-1}$. □

例如, 设 $H \leqslant G$, 则包含映射 $H \to G, h \mapsto h$, 是单同态.

例 2.6.1 设 $a \in \mathbb{C}^\times$. 定义从整数加群 $\mathbb{Z}$ 到非零复数乘群 $\mathbb{C}^\times$ 的映射：

$$\sigma:\quad \mathbb{Z} \longrightarrow \mathbb{C}^\times\ ,\quad n \longmapsto a^n\ .$$

那么对 $m,n \in \mathbb{Z}$, 有 $\sigma(m+n)=a^{m+n}=a^m a^n=\sigma(m)\sigma(n)$, 即

$$\sigma(m+n)=\sigma(m)\sigma(n)\ , \qquad \forall\ m,n \in \mathbb{Z}\ .$$

所以, σ 是从整数加群 $\mathbb{Z}$ 到非零复数乘群 $\mathbb{C}^\times$ 的同态映射.

注意, 定义 2.6.1 中的等式 $\sigma(ab)=\sigma(a)\sigma(b)$ 的两边是不同的群中的运算：左边 $\sigma(ab)$ 括号内 ab 是作为定义域的群 G 的运算, 右边 $\sigma(a)\sigma(b)$ 则是作为值域的群 H 的运算. 定义 2.6.1 中是默认 G 与 H 的运算都写作乘法. 然而具体到不同的群时运算符号是因群而异的. 例如, 例 2.6.1 中, 作为定义域的群 $\mathbb{Z}$ 的运算写作加

法, 作为值域的群 $\mathbb{C}^\times$ 的运算则写作乘法. 所以作为同态定义条件的等式应该是例 2.6.1 中的写法：$\sigma(m+n)=\sigma(m)\sigma(n)$.

实际上早已在线性代数中介绍过群同态、群同构.

例子：行列式映射 $\det:\ \mathrm{GL}_n(\mathbb{C})\to\mathbb{C}^\times$, $A\to\det A$, 是满同态, 在此同态映射之下 $1\in\mathbb{C}^\times$ 的原象是 $\mathrm{SL}_n(\mathbb{C})$.

证 由行列式乘法定理, 对任 $A,B\in\mathrm{GL}_n(\mathbb{C})$ 有 $\det(AB)=\det(A)\det(B)$, 即定义 2.6.1 的条件满足. 1 的原象是 $\{A\in\mathrm{GL}_n(\mathbb{C})\mid\det A=1\}=\mathrm{SL}_n(\mathbb{C})$. □

另一个例子：设 V 是 n 维复向量空间, 取定基底 $(v_1,\cdots,v_n)$ 后, 把可逆线性变换 $\alpha\in\mathrm{GL}(V)$ 映射为其矩阵 $\boldsymbol{A}\in\mathrm{GL}_n(\mathbb{C})$. 线性代数证明了：这是从群 $\mathrm{GL}(V)$ 到群 $\mathrm{GL}_n(\mathbb{C})$ 的同构, 即 $\mathrm{GL}(V)\cong\mathrm{GL}_n(\mathbb{C})$. (关于群 $\mathrm{GL}(V)$ 和 $\mathrm{GL}_n(\mathbb{C})$, 参看习题 2.1 中的第 2 题 (3).)

命题 2.6.1 设 $\sigma:G\to H$ 是群的同态, 则

(1) $\mathrm{Im}(\sigma):=\{b\in H\mid$ 存在 $a\in G$ 使得 $\sigma(a)=b\}$ 是 H 的子群, σ 是满同态当且仅当 $\mathrm{Im}(\sigma)=H$;

(2) $\mathrm{Ker}(\sigma):=\{\ a\in G\mid\sigma(a)=1\ \}$ 是 G 的正规子群, σ 是单同态当且仅当 $\mathrm{Ker}(\sigma)=1$.

注 $\mathrm{Im}(\sigma)$ 为同态 σ 的**同态象**; 称 $\mathrm{Ker}(\sigma)$ 为同态 σ 的**同态核**.

证 (1) $\mathrm{Im}(\sigma)\neq\varnothing$ 因为至少 $1\in\mathrm{Im}(\sigma)$, 见定义 2.6.1 后引理 (1). 对 $b,b'\in\mathrm{Im}(\sigma)$, 存在 $a,a'\in G$ 使得 $\sigma(a)=b$, $\sigma(a')=b'$, 那么 (引用定义 2.6.1 后引理 (2))

$$b'b^{-1}=\sigma(a')\sigma(a)^{-1}=\sigma(a')\sigma(a^{-1})=\sigma(a'a^{-1})\in\mathrm{Im}(\sigma)\,,$$

所以, $\mathrm{Im}(\sigma)\leqslant H$. 按满同态的定义, σ 是满同态当且仅当 $\mathrm{Im}(\sigma)=H$.

(2) $\mathrm{Ker}(\sigma)\neq\varnothing$ 因 $1\in\mathrm{Ker}(\sigma)$. 对 $a,a'\in\mathrm{Ker}(\sigma)$, 即 $\sigma(a)=\sigma(a')=1$, 有

$$\sigma(a'a^{-1})=\sigma(a')\sigma(a^{-1})=\sigma(a')\sigma(a)^{-1}=1\cdot1^{-1}=1\,,$$

得 $a'a^{-1}\in\mathrm{Ker}(\sigma)$, 故 $\mathrm{Ker}(\sigma)\leqslant G$.

又, 对 $a\in\mathrm{Ker}(\sigma)$ 和 $x\in G$, 有

$$\sigma(x^{-1}ax)=\sigma(x^{-1})\sigma(a)\sigma(x)=\sigma(x)^{-1}\cdot1\cdot\sigma(x)=\sigma(x)^{-1}\sigma(x)=1\ .$$

故 $x^{-1}ax\in\mathrm{Ker}(\sigma)$, 得 $\mathrm{Ker}(\sigma)\trianglelefteq G$.

如果 σ 是单同态, 那么 1_H 在 G 中的原象 $\mathrm{Ker}(\sigma)=\sigma^{-1}(1)=\{1\}$.

再设 $\mathrm{Ker}(\sigma)=1$. 如果 $\sigma(a)=\sigma(a')$, 其中, $a,a'\in G$, 两边左乘 $\sigma(a)^{-1}=\sigma(a^{-1})$ 得 $1=\sigma(a^{-1})\sigma(a')$, 即 $\sigma(a^{-1}a')=1$, 故 $a^{-1}a'\in\mathrm{Ker}(\sigma)=1$, 故只能是 $a^{-1}a'=1$, 即 $a'=a$. 得 σ 是单射. □

例如, 人们熟知的, 从整数加群 $\mathbb{Z}$ 到整数模 m 剩余类加群 $\mathbb{Z}_m$ 的剩余映射 $\sigma_m:\mathbb{Z}\to\mathbb{Z}_m$, $a\mapsto[a]_m$ 是满同态, $\mathrm{Ker}(\sigma_m)=\{a\in\mathbb{Z}\mid[a]_m=[0]_m\}=m\mathbb{Z}$. 这实际上是下述更一般的例子的特例.

例 2.6.2 设 G 是群 (运算写作乘法), $H\trianglelefteq G$, $\overline{G}=G/H$. 则自然映射

$$\rho:\quad G\longrightarrow G/H\ ,\quad a\longmapsto\overline{a}$$

是满同态 (见定义 2.5.2 后面的注解), 称为**自然同态**. 而

$$\begin{aligned}\mathrm{Ker}(\rho)&=\{a\in G\mid\rho(a)=\overline{1}\}=\{a\in G\mid aH=H\}\\&=\{a\in G\mid a\in H\}\qquad\text{(参看定义 2.4.1 后性质 (6))}\\&=H.\end{aligned}$$

引理 2.6.1 设 $\sigma:G\to H$ 是群同态, 记 $K=\mathrm{Ker}(\sigma)$. 那么映射 σ 决定的 G 的核关系 "$\sim_\sigma$"(见定义 1.3.3) 就是群 G 模正规子群 K 的同余关系 "$\equiv\ (\mathrm{mod}\ K)$", 元素 a 的核关系等价类 $\{a'\in G\mid a'\sim_\sigma a\}$ 就是正规子群 K 的陪集 aK.

证 对 $a,b\in G$, 按核关系的定义 1.3.3, $a\sim_\sigma b$ 是说 $\sigma(a)=\sigma(b)$. 因为 σ 是群同态, 故 $\sigma(a)=\sigma(b)$ 当且仅当 $\sigma(b)^{-1}\sigma(a)=1$, 当且仅当 $\sigma(b^{-1}a)=1$, 当且仅当 $b^{-1}a\in K$, 这就是 $a\equiv b\ (\mathrm{mod}\ K)$. 故 $a\sim_\sigma b$ 当且仅当 $a\equiv b\ (\mathrm{mod}\ K)$, 即核关系 "$\sim_\sigma$" 与模正规子群 K 的同余关系 "$\equiv\ (\mathrm{mod}\ K)$" 是同一个等价关系. 那么它们给出的等价类是相同的. 元素 $a\in G$ 在核关系 "$\sim_\sigma$" 下的等价类是 $\{a'\in G\mid a'\sim_\sigma a\}$, 即 $\sigma(a)$ 的原象; 在同余关系 "$\equiv\ (\mathrm{mod}\ K)$" 下的等价类是 aK. 所以

$$\{a'\in G\mid a'\sim_\sigma a\}=aK\ .$$

定理 2.6.1 (同态基本定理) 设 G, H 是群, $\sigma:G\to H$ 是群同态. 记 $K=\mathrm{Ker}(\sigma)$, $\overline{G}=G/K$ 是相应商群, 而 $\rho:G\to\overline{G}$ 是自然同态. 那么

(1) 存在唯一群同态 $\overline{\sigma}:\overline{G}\to H$ 使得 $\sigma=\bar{\sigma}\cdot\rho$;

(2) 上述 $\overline{\sigma}$ 是单同态, 而 $\overline{\sigma}$ 为同构当且仅当 σ 为满同态.

注 下图为交换图, 称 $\bar{\sigma}$ 为由同态 σ 诱导的商同态.

$$\begin{array}{ccc}G & \xrightarrow{\sigma} & H\\ {\scriptstyle\rho}\big\downarrow & \nearrow_{\bar{\sigma}} & \\ G/K & & \end{array}$$

证 (1) 由引理 2.6.1, 商集 $G/K=G/\sim_\sigma$ 就是映射 σ 的核关系商集. 由映射基本定理 1.3.2, 使得 $\sigma=\overline{\sigma}\cdot\rho$ 的映射 $\overline{\sigma}:\overline{G}\to H$ 存在且唯一, 它定义为

$$\overline{\sigma}(\overline{a})=\sigma(a)\ ,\quad\forall\,\overline{a}\in\overline{G}\ .\tag{Q}$$

因而, 为完成 (1) 的证明只需验证这个 $\overline{\sigma}$ 是群同态, 验证如下:

对任 $\overline{a}$, $\overline{b}\in\overline{G}$,

$$\begin{aligned}\overline{\sigma}(\overline{a}\cdot\overline{b}) &= \overline{\sigma}(\overline{ab}) && \text{(按商群运算的定义, 见命题 2.5.1(1))}\\ &= \sigma(ab) && \text{(按 }\bar\sigma\text{ 的定义式 (Q))}\\ &= \sigma(a)\sigma(b) && \text{(因为 }\sigma\text{ 是群同态)}\\ &= \overline{\sigma}(\overline{a})\cdot\overline{\sigma}(\overline{b})\,. && \text{(按 }\bar\sigma\text{ 的定义式 (Q))}\end{aligned}$$

(2) 设 $\bar{a},\bar{b}\in\overline{G}$ 使得 $\bar\sigma(\bar a)=\bar\sigma(\bar b)$. 按 $\bar\sigma$ 的定义式 (Q), $\bar\sigma(\bar a)=\sigma(a)$, $\bar\sigma(\bar b)=\sigma(b)$, 得 $\sigma(a)=\sigma(b)$, 故 $a\sim_\sigma b$. 由引理 2.6.1, $a\equiv b \pmod K$, 故 $\bar a=\bar b$, 得 $\bar\sigma$ 是单同态.

如果 $\bar\sigma$ 是满射, 则因 ρ 也是满射, 故 $\sigma=\bar\sigma\rho$ 是满射, 见习题 1.3 中的第 1 题 (1).

如果 σ 是满射, 由于 $\sigma=\bar\sigma\rho$, 知道 $\bar\sigma$ 也是满射, 见习题 1.3 中的第 2 题 (1). □

上述同态基本定理得到的 $\bar\sigma:\overline{G}\to H$ 一般不是同构, 只是因为 $\bar\sigma$ 到值域 H 不一定是满射. 如果改变 $\bar\sigma$ 的值域为 $\mathrm{Im}(\sigma)$, 则

$$\bar\sigma:\quad \overline{G}\ \longrightarrow\ \mathrm{Im}(\sigma)\ ,\quad \bar a\ \longmapsto\ \sigma(a)\ ,$$

就既是单同态映射也是满射因而就是群同构. 因此可以得到以下推论.

推论(第一同构定理) 记号同定理 2.6.1. 则 $\bar\sigma:\overline{G}\to\mathrm{Im}(\sigma)$ 为群同构. 特别地, 如果 $\sigma:G\to H$ 是满同态, 则 $\bar\sigma:\overline{G}\to H$ 为群同构. □

在选读选讲材料 X4 进一步介绍了几个基本的同构、同态定理.

介绍一个名词. 例 2.6.2 中, $H\trianglelefteq G$, $\overline{G}=G/H$, 自然同态 $\rho:G\to\overline{G}$. 代数中常常把这例子中的情形表达为群同态构成的序列:

$$1\ \longrightarrow\ H\ \longrightarrow\ G\ \xrightarrow{\ \rho\ }\ \overline{G}\ \longrightarrow\ 1\ .$$

序列的每个节点是一个群, 每个箭头是一个同态; 其中, 1 表示单位元群 (仅含一个单位元的群), 所以首尾的两个箭头是平凡同态 (所有元都映射为 1 的同态); 第二个箭头是包含同态. 每个节点是一个同态的值域又是下一个同态的定义域, 就是说每点处有一个 "进入" 的同态和一个 "走出" 的同态. 这个序列的特点是:

每点处的 "入同态" 的象等于 "出同态" 的核.

例如, 中间点 G 处, "入同态" 是包含映射所以同态象是 H, "出同态" ρ 的核就是 H. 具有这个特点的同态序列称为**正合序列**. 上述序列称为短正合序列.

它的特例, 从整数加群 $\mathbb{Z}$ 到剩余类加群 $\mathbb{Z}_m$ 的自然同态 σ_m, 也表达为短正合序列: $0\ \longrightarrow\ m\mathbb{Z}\ \longrightarrow\ \mathbb{Z}\ \xrightarrow{\sigma_m}\ \mathbb{Z}_m\ \longrightarrow\ 0$. 由于这里是加法群, 所以仅含一个元素的群是零加群 0.

内容小结关键词：同态，同态核，核关系与同余关系，同态基本定理.

习　题　2.6

1. 设 $\omega \in \mathbb{C}^\times$ 是一个 m 次单位根. 则 $\mathbb{Z}_m \to \mathbb{C}^\times$, $[n] \to \omega^n$ 是同态. 什么时候这个同态是单同态?

2. 设 G 是群.

(1) 对任给定的 $a \in G$, 证明：映射 $\lambda_a : G \to G$, $x \mapsto ax$, 是集合 G 的双射变换, 即 $\lambda_a \in \mathrm{Sym}(G)$;

(2) 把 G 的元素 a 对应为 G 的双射变换 λ_a, 得到映射 $\lambda : G \to \mathrm{Sym}(G)$, $a \mapsto \lambda_a$. 证明：λ 是从群 G 到群 $\mathrm{Sym}(G)$ 的同态;

(3) 证明：上述同态是单同态.

3. 证明：$\varepsilon : \mathbb{R} \to \mathbb{C}^\times$, $r \mapsto \exp(2\pi \mathrm{i}\, r)$ 是群同态, 这里 $\mathbb{R}$ 是实数加群而 $\mathbb{C}^\times$ 是非零复数乘群, 而且

(1) $\mathrm{Im}(\varepsilon)$ 是复平面上的单位圆;

(2) $\mathrm{Ker}(\varepsilon) = \mathbb{Z}$;

(3) 商群 $\mathbb{R}/\mathbb{Z}$ 同构于复平面上的单位圆构成的乘法群.

4. 利用同态基本定理证明：$\mathrm{SL}_n(\mathbb{C}) \trianglelefteq \mathrm{GL}_n(\mathbb{C})$ 而且商群 $\mathrm{GL}_n(\mathbb{C})/\mathrm{SL}_n(\mathbb{C}) \cong \mathbb{C}^\times$.

5. 考虑欧氏平面 $\mathbb{R}^2$. 对 $\boldsymbol{u} \in \mathbb{R}^2$ 和 $P \in \mathrm{O}_2(\mathbb{R})$, 这里 $\mathrm{O}_2(\mathbb{R})$ 记所有 2 阶正交矩阵的集合, 定义 $\mathbb{R}^2$ 的变换 $\alpha_{P,u}$ 为 $\alpha_{P,\boldsymbol{u}}(\boldsymbol{x}) = P\boldsymbol{x} + \boldsymbol{u}$, $\forall\, \boldsymbol{x} \in \mathbb{R}^2$ (这里 $\boldsymbol{u}$, $\boldsymbol{x}$ 都写作列向量). 令

$$\begin{aligned} E(\mathbb{R}^2) &:= \{\, \alpha_{P,\boldsymbol{u}} \mid P \in \mathrm{O}_2(\mathbb{R}),\ \boldsymbol{u} \in \mathbb{R}^2 \,\}, \\ T(\mathbb{R}^2) &:= \{\, \alpha_{\boldsymbol{I},\boldsymbol{u}} \mid \boldsymbol{u} \in \mathbb{R}^2 \,\}, \qquad (\boldsymbol{I}\ \text{是恒等矩阵}) \\ \mathrm{O}(\mathbb{R}^2) &:= \{\, \alpha_{P,0} \mid P \in \mathrm{O}_2(\mathbb{R}) \,\}. \end{aligned}$$

证明：$E(\mathbb{R}^2)$ 在变换合成运算之下是一个群, 而且

(1) $T(\mathbb{R}^2) = \{\, \alpha_{\boldsymbol{I},\boldsymbol{u}} \mid \boldsymbol{u} \in \mathbb{R}^2 \,\}$ 是 $E(\mathbb{R}^2)$ 的正规子群, $\mathrm{O}(\mathbb{R}^2) = \{\, \alpha_{P,0} \mid P \in \mathrm{O}_2(\mathbb{R}) \,\}$ 是 $E(\mathbb{R}^2)$ 的子群;

(2) $E(\mathbb{R}^2)/T(\mathbb{R}^2) \cong \mathrm{O}(\mathbb{R}^2)$.

§2.7　循环子群, 元素的阶

设 G 是群 (运算写作乘法), 对 $a \in G$ 和 $n \in \mathbb{Z}$, 定义幂运算：

$$a^n := \begin{cases} \overbrace{a \cdots a}^{n}, & \text{若} n > 0\,; \\ 1, & \text{若} n = 0\,; \\ \overbrace{a^{-1} \cdots a^{-1}}^{-n}, & \text{若} n < 0\,. \end{cases}$$

则下述公式成立：

公式 2.7.1 (指数律)
$$
\begin{aligned}
a^m a^n &= a^{m+n}, \qquad \forall\, m, n \in \mathbb{Z}\,;\\
(a^m)^n &= a^{mn}, \qquad \forall\, m, n \in \mathbb{Z}\,;\\
\text{在 } ab = ba \text{ 时还有 } & (ab)^n = a^n b^n\,.
\end{aligned}
$$

证 这里证明第一个公式 $a^m a^n = a^{m+n}$, 另两个公式证明作为练习.

如果 $m=0$, 则 $a^m a^n = a^0 a^n = 1\cdot a^n = a^n = a^{0+n} = a^{m+n}$. 同样验证 $n=0$ 时公式成立.

如果 m,n 都是正整数, 则

$$a^m a^n = (\overbrace{a\cdots a}^{m})(\overbrace{a\cdots a}^{n}) = \overbrace{a\cdots a a\cdots a}^{m+n} = a^{m+n}\,.$$

如果 m, n 都是负整数, 注意到 $-m$, $-n$ 都是正整数, 就有

$$a^m a^n = (\overbrace{a^{-1}\cdots a^{-1}}^{-m})(\overbrace{a^{-1}\cdots a^{-1}}^{-n}) = \overbrace{a^{-1}\cdots a^{-1}a^{-1}\cdots a^{-1}}^{-(m+n)} = a^{m+n}\,.$$

如果 m 是正整数, n 是负整数, 注意到 $-n$ 是正整数, 就有

$$a^m a^n = (\overbrace{a\cdots a}^{m})(\overbrace{a^{-1}\cdots a^{-1}}^{-n}) = \begin{cases} \overbrace{a\cdots a}^{m+n} = a^{m+n}, & \text{若 } m \geqslant -n;\\ \overbrace{a^{-1}\cdots a^{-1}}^{-(m+n)} = a^{m+n}, & \text{若 } m < -n\,. \end{cases}$$

同样验证 m 是负整数 n 是正整数时公式成立. □

这实际上与中学数学中的数的指数公式是同样的证明.

以下关于元素的幂的同态象的引理是定义 2.6.1 后引理的推广, 但注意：本引理证明要引用那个引理.

引理 2.7.1 如果 $\sigma: G \to H$ 是群同态, $a \in G$, $n \in \mathbb{Z}$, 则 $\sigma(a^n) = \sigma(a)^n$.

证 如果 $n>0$, 则 $\sigma(a^n) = \sigma\left(\overbrace{a\cdots a}^{n}\right) = \overbrace{\sigma(a)\cdots\sigma(a)}^{n} = \sigma(a)^n$.

对 $n=0$, 则有 $\sigma(a^0) = \sigma(1) = 1 = \sigma(a)^0$.

如果 $n<0$, 则 $\sigma(a^n) = \sigma\left(\overbrace{a^{-1}\cdots a^{-1}}^{-n}\right) = \overbrace{\sigma(a^{-1})\cdots\sigma(a^{-1})}^{-n} = \overbrace{\sigma(a)^{-1}\cdots\sigma(a)^{-1}}^{-n} = \sigma(a)^n$. □

如果群 G 是加群, 即 G 交换且运算写作 “+”, 那么上述幂定义相应地改写成了系数形式, 而指数公式相应地改写成了系数公式：

$$na := \begin{cases} \overbrace{a+\cdots+a}^{n}, & \text{若} n>0\,;\\ 0, & \text{若} n=0\,; \qquad \forall\, a\in G,\ n\in\mathbb{Z},\\ \overbrace{(-a)+\cdots(-a)}^{-n}, & \text{若} n<0\,, \end{cases}$$

公式 2.7.1′ (系数律)

$$\begin{aligned} ma+na &= (m+n)a\,, && \forall\, m,n\in\mathbb{Z}\,;\\ n(ma) &= (nm)a\,, && \forall\, m,n\in\mathbb{Z}\,;\\ n(a+b) &= na+nb\,, && \forall\, n\in\mathbb{Z}\,;\ \ a,b\in G\,. \end{aligned}$$

例 2.7.1　设 G 是任意一个群 (运算写作乘法), 令 $a\in G$. 仿照例 2.6.1, 定义从整数加群 $\mathbb{Z}$ 到群 G 的映射：

$$\sigma:\quad \mathbb{Z}\longrightarrow G\,,\quad n\longmapsto a^n\,.$$

那么对 $m,n\in\mathbb{Z}$ 同样可得

$$\sigma(m+n)=a^{m+n}=a^m a^n=\sigma(m)\sigma(n),$$

即

$$\sigma(m+n)=\sigma(m)\sigma(n)\,,\qquad \forall\ m,n\in\mathbb{Z}\,.$$

所以, σ 是从整数加群 $\mathbb{Z}$ 到群 G 的同态映射. 而且, 按 σ 的定义知, 象 $\mathrm{Im}(\sigma)=\{a^n\mid n\in\mathbb{Z}\}$. 由命题 2.6.1(1) 知, 同态象是 G 的子群. 把 $\mathrm{Im}(\sigma)$ 记作 $\langle a\rangle$, 即

$$\langle a\rangle:=\{\,a^n\mid n\in\mathbb{Z}\,\}\ \leqslant G\,.$$

由指数律公式 2.7.1, 对任 $a^m,a^n\in\langle a\rangle$, 有 $a^m a^n=a^{m+n}=a^{n+m}=a^n a^m$, 故 $\langle a\rangle$ 是交换群. 结论: **$\langle a\rangle$ 是 G 的交换子群**.

对结论 "$\langle a\rangle:=\{\,a^n\mid n\in\mathbb{Z}\,\}$ 是 G 的交换子群" 也可另证如下：

$1=a^0\in\langle a\rangle$, 故 $\langle a\rangle\neq\varnothing$. 对 $a^n\in\langle a\rangle$, $(a^n)^{-1}=a^{n(-1)}=a^{-n}\in\langle a\rangle$. 对 $a^n,a^m\in\langle a\rangle$, $a^n a^m=a^{n+m}\in\langle a\rangle$. 所以 $\langle a\rangle$ 是 G 的子群.

对 $a^n,a^m\in\langle a\rangle$ 有 $a^n a^m=a^{n+m}=a^{m+n}=a^m a^n$, 即 $\langle a\rangle$ 是交换群.　□

定义 2.7.1　(1) 称群 G 的子群 $\langle a\rangle=\{\,a^n\mid n\in\mathbb{Z}\,\}$ 为群 G 的由元素 a 生成的**循环子群**;

(2) 元素 a 生成的循环子群的阶 $|\langle a\rangle|$ 称为元素 a 的**阶**, 记作 $\mathrm{ord}(a)$.

例如, 取 $G=\mathrm{GL}_2(\mathbb{C})$, 取 $\boldsymbol{J}=\begin{pmatrix}0&-1\\1&0\end{pmatrix}\in G$. 看看群 G 中由元素 J 生成的循环子群 $\langle\boldsymbol{J}\rangle=\{\boldsymbol{J}^n\mid n\in\mathbb{Z}\}$ 含哪些元素. $\boldsymbol{J}^0=\boldsymbol{E}$, $\boldsymbol{J}^1=\boldsymbol{J}$. 继续计算正幂:

$$\boldsymbol{J}^2=\begin{pmatrix}-1&0\\0&-1\end{pmatrix},\qquad \boldsymbol{J}^3=\begin{pmatrix}0&1\\-1&0\end{pmatrix},\qquad \boldsymbol{J}^4=\begin{pmatrix}1&0\\0&1\end{pmatrix}=\boldsymbol{E}\,.$$

这就是说

$$\boldsymbol{J}^4=\boldsymbol{E},\qquad 但\quad \boldsymbol{J}^k\neq\boldsymbol{E},\ \forall\,0<k<4\,. \tag{$*$}$$

再计算下去得的结果是重复出现矩阵: $\boldsymbol{J}^5 = \boldsymbol{J}^4\boldsymbol{J} = \boldsymbol{J}$, $\boldsymbol{J}^6 = \boldsymbol{J}^4\boldsymbol{J}^2 = \boldsymbol{J}^2$, $\boldsymbol{J}^7 = \boldsymbol{J}^4\boldsymbol{J}^3 = \boldsymbol{J}^3$, $\boldsymbol{J}^8 = \boldsymbol{J}^4\boldsymbol{J}^4 = \boldsymbol{E}$ 等. 一般地, 利用指数律, 容易计算所有幂次: 对 $n \in \mathbb{Z}$, 做带余除法 $n = 4q + s$, 其中 $0 \leqslant s < 4$, 则

$$\boldsymbol{J}^n = \boldsymbol{J}^{4q+s} = \boldsymbol{J}^{4q}\boldsymbol{J}^s = (\boldsymbol{J}^4)^q\boldsymbol{J}^s = \boldsymbol{E}^q\boldsymbol{J}^s = \boldsymbol{E}\boldsymbol{J}^s = \boldsymbol{J}^s\ .$$

所以, $\boldsymbol{J}$ 生成的循环子群 $\langle \boldsymbol{J} \rangle$ 恰含 4 个元素:

$$\langle \boldsymbol{J} \rangle = \{\boldsymbol{E},\ \boldsymbol{J},\ \boldsymbol{J}^2,\ \boldsymbol{J}^3\ \}\ . \tag{$**$}$$

故 $\boldsymbol{J}$ 的阶 $\mathrm{ord}(\boldsymbol{J}) = 4$. 而且容易验证

$$\mathbb{Z}_4 \longrightarrow \langle \boldsymbol{J} \rangle,\quad [n]_4 \longmapsto \boldsymbol{J}^n$$

是群同构.

可以看出, 在这个例子中式 $(**)$ 与式 $(*)$ 有必然的联系. 再看一个例子.

取 $G = \mathrm{GL}_2(\mathbb{C})$, 取 $\boldsymbol{A} = \begin{pmatrix} 1 & 1 \\ 0 & 1 \end{pmatrix} \in G$. 看看循环子群 $\langle \boldsymbol{A} \rangle = \{\, \boldsymbol{A}^n \mid n \in \mathbb{Z}\}$ 含哪些元素. 易计算 (参见习题 2.7 中的第 1 题):

$$\boldsymbol{A}^n = \begin{pmatrix} 1 & n \\ 0 & 1 \end{pmatrix},\qquad \forall\, n \in \mathbb{Z}\ .$$

故只要整数 $m \neq n$ 就有 $\boldsymbol{A}^m \neq \boldsymbol{A}^n$. 那么 $\langle \boldsymbol{A} \rangle$ 的全部元素如下 (其中没有重复元):

$$\langle \boldsymbol{A} \rangle = \{\ \cdots,\ \boldsymbol{A}^{-2},\ \boldsymbol{A}^{-1},\ \boldsymbol{E},\ \boldsymbol{A},\ \boldsymbol{A}^2,\ \cdots\}.$$

故 $\mathrm{ord}(\boldsymbol{A}) = \infty$. 而且

$$\mathbb{Z} \longrightarrow \langle \boldsymbol{A} \rangle,\quad n \longmapsto \boldsymbol{A}^n$$

是群同构.

对照这两个例子, 就容易理解下面定理的陈述和证明.

定理 2.7.1 设 G 是群, $a \in G$. 以下两种情形之一且仅一成立:

(1) 存在正整数 r 使得 $a^r = 1$, 但对任正整数 $k < r$ 有 $a^k \neq 1$. 此时 $\mathrm{ord}(a) = r$,

$$\langle a \rangle = \{\ 1,\ a,\ a^2,\ \cdots,\ a^{r-1}\ \}$$

是 $\langle a \rangle$ 的全部互不相等元素, 且有群同构:

$$\sigma_r:\ \mathbb{Z}_r \xrightarrow{\cong} \langle a \rangle,\quad [n]_r \longmapsto a^n\ .$$

(2) 对任正整数 k 都有 $a^k \neq 1$, 此时 $\mathrm{ord}(a)=\infty$,

$$\langle a\rangle = \{\ \cdots,\ a^{-2},\ a^{-1},\ 1,\ a,\ a^2,\ \cdots\ \}$$

是 $\langle a\rangle$ 的全部互不相等元素, 且有群同构:

$$\sigma:\ \mathbb{Z} \longrightarrow \langle a\rangle,\quad n \longmapsto a^n\ .$$

证　情形 1: 存在正整数 t, 使得 $a^t=1$, 则有使得此式成立的最小正整数, 记为 r. 那么 $a^r=1$, 但 $a^k\neq 1$ 对任正整数 $k<r$. 这就是定理 2.7.1 中 (1) 陈述的情形. 此时, 对任 $n\in\mathbb{Z}$, 做欧氏带余除法 $n=rq+s$, $0\leqslant s<r$, 得

$$a^n = a^{rq+s} = a^{rq}a^s = (a^r)^q a^s = 1^q a^s = 1a^s = a^s\ .$$

所以 $a^n=1$, 当且仅当 $n\equiv 0 \pmod r$. 而 $\langle a\rangle = \{\ a^n \mid n\in\mathbb{Z}\ \} = \{\ 1, a, a^2, \cdots, a^{r-1}\ \}$ 恰含 r 个元素, 故 $\mathrm{ord}(a)=r$. 把例 2.7.1 中的同态 σ 的值域限制到 $\langle a\rangle$ 得满同态

$$\sigma:\ \mathbb{Z} \longrightarrow \langle a\rangle,\quad n \longmapsto a^n\ ,$$

同态核

$$\mathrm{Ker}(\sigma) = \{\ n\in\mathbb{Z} \mid a^n = 1\ \} = \{\ n\in\mathbb{Z} \mid n\equiv 0 \pmod r\} = r\mathbb{Z}\ .$$

由同态基本定理 (参看同态基本定理 2.6.1 的推论) 得下述群同构:

$$\sigma_r:\ \mathbb{Z}/r\mathbb{Z} \xrightarrow{\cong} \langle a\rangle,\quad [n]_r \longmapsto a^n\ .$$

图示如下:

$$\begin{array}{ccc} \mathbb{Z} & \xrightarrow{\sigma} & \langle a\rangle \\ {\scriptstyle\rho}\big\downarrow & \nearrow_{\sigma_r} & \\ \mathbb{Z}/r\mathbb{Z} & & \end{array}$$

情形 2: 不存在正整数 t 使得 $a^t=1$, 就是定理 2.7.1 中 (2) 陈述的情形. 那么可以断言对任 $m,n\in\mathbb{Z}$, $a^m=a^n$ 当且仅当 $m=n$. 这是因为不妨设 $m\geqslant n$, 则 $a^m=a^n$ 当且仅当 $a^m(a^n)^{-1}=1$, 当且仅当 $a^m a^{-n}=1$, 当且仅当 $a^{m-n}=1$, 当且仅当 $m-n=0$, 当且仅当 $m=n$, 所以 $\langle a\rangle = \{\ \cdots\ a^{-2},\ a^{-1},\ 1,\ a,\ a^2,\ \cdots\ \}$ 且其中没有重复元素. 因此 $\mathrm{ord}(a)=\infty$, 而且

$$\sigma:\ \mathbb{Z} \longrightarrow \langle a\rangle,\quad n \longmapsto a^n$$

是双射. 从例 2.7.1 已得知 σ 是群同态, 从而是群同构.　□

推论 2.7.1 群 G 的元素 a 的阶 $\mathrm{ord}(a)$ 就是使得 $a^t=1$ 的最小正整数 t. 如果这样的正整数不存在, 则 $\mathrm{ord}(a)=\infty$.

特别地, $\mathrm{ord}(a)=1$ 就是说 $a=1$ 为单位元.

从定理还可以导出更多关于元素阶的结论如下.

推论 2.7.2 设 G 为群, $a\in G$.

(1) 设 $\mathrm{ord}(a)=r<\infty$. 则对任 $m,n\in\mathbb{Z}$, 有 $a^m=a^n$ 当且仅当 $m\equiv n \pmod r$. 特别是, $a^n=1$ 当且仅当 $n\equiv 0 \pmod r$. 且对任整数 n, 有 $\mathrm{ord}(a^n)=\dfrac{r}{\gcd(n,r)}$.

(2) 设 $\mathrm{ord}(a)=\infty$. 则对任整数 m,n, 有 $a^m=a^n$ 当且仅当 $m=n$. 特别是, 对任非零整数 n 有 $\mathrm{ord}(a^n)=\infty$.

证 (1) 从定理 2.7.1 中 (1) 的证明中已得知: 对任 $n\in\mathbb{Z}$, 有 $a^n=1$ 当且仅当 $n\equiv 0 \pmod r$ (即 $r\,|\,n$). 对 $m,n\in\mathbb{Z}$, 则 $a^m=a^n$ 当且仅当 $a^m(a^n)^{-1}=1$, 当且仅当 $a^{m-n}=1$, 当且仅当 $m-n\equiv 0 \pmod r$, 即 $a^m=a^n$ 当且仅当 $m\equiv n \pmod r$.

为求 $\mathrm{ord}(a^n)$, 需求使 $(a^n)^t=1$ 的最小正整数 t. 正整数 t 使得 $(a^n)^t=1$, 就是 $a^{nt}=1$. 而 $\mathrm{ord}(a)=r$, 由上段已证的结果, $(a^n)^t=1$ 当且仅当 $r\,|\,nt$. 记 $d:=\gcd(n,r)$. 则 $r\,|\,nt$ 当且仅当 $(r/d)\,\Big|\,(n/d)t$. 但是 r/d 与 n/d 互素, 所以 $(r/d)\,\Big|\,(n/d)t$ 当且仅当 $(r/d)\,\Big|\,t$. 总之, $(a^n)^t=1$ 当且仅当 $(r/d)\,\Big|\,t$. 故使得 $(a^n)^t=1$ 的最小正整数是 r/d, 即 $\mathrm{ord}(a^n)=\dfrac{r}{d}=\dfrac{r}{\gcd(n,r)}$.

(2) 从定理 2.7.1 中 (2) 已知: $a^m=a^n$ 当且仅当 $m=n$. $(a^n)^s=1$ 就是 $a^{ns}=1$, 必须 $ns=0$, 但 $n\neq 0$ 故只能是 $s=0$. 所以使 $(a^n)^s=1$ 的正整数 s 不存在, 即 $\mathrm{ord}(a^n)=\infty$. □

推论 2.7.3 设有限群 G 的阶为 n, 则 G 的任何元素 a 的阶整除 n, 即 $\mathrm{ord}(a)\,|\,n$, 从而 $a^n=1$.

证 设 $\mathrm{ord}(a)=r$. 从拉格朗日定理 2.4.1 马上得 $|\langle a\rangle|\,\big|\,|G|$, 即 $r\,|\,n$. 那么由推论 2.7.2(1) 得 $a^n=1$. □

内容小结关键词: 幂指数运算, 循环子群, 元素的阶.

习 题 2.7

1.$^+$ 设 $\boldsymbol{A}=\begin{pmatrix}1&1\\0&1\end{pmatrix}$. 证明: $\boldsymbol{A}^n=\begin{pmatrix}1&n\\0&1\end{pmatrix}$, $\forall\, n\in\mathbb{Z}$.

2. 设 G 是群, $a\in G$. 设 $H\leqslant G$. 证明: 如果 $a\in H$ 则 $\langle a\rangle\subseteq H$. (即 $\langle a\rangle$ 是群 G 中包含 a 的最小子群.)

3. 证明: $\mathrm{GL}_2(\mathbb{R})$ 的元素 $R(\theta)=\begin{pmatrix}\cos\theta & -\sin\theta\\ \sin\theta & \cos\theta\end{pmatrix}$(即绕原点旋转 θ 角度) 是有限阶元当且仅当旋转角 θ 是周角 2π 的有理倍数.

4. 在 $\mathrm{GL}_2(\mathbb{R})$ 中, $\boldsymbol{A}=\begin{pmatrix}1 & 1\\ -1 & 0\end{pmatrix}$. 计算 $\boldsymbol{A}^2$, $\boldsymbol{A}^3$; 求 $\mathrm{ord}(\boldsymbol{A})$, $\mathrm{ord}(\boldsymbol{A}^2)$, $\mathrm{ord}(\boldsymbol{A}^3)$.

5.$^+$ 在 S_n 中, 证明:

(1) ℓ- 轮换 $\gamma=(a_1\,a_2\,\cdots\,a_\ell)$ 的阶 $\mathrm{ord}(\gamma)=\ell$.

(2) 如果 $\gamma=(a_1\,a_2\,\cdots\,a_\ell)$ 与 $\delta=(b_1\,b_2\,\cdots\,b_m)$ 是彼此无公共文字的 ℓ- 轮换和 m- 轮换, 则 $\mathrm{ord}(\gamma\delta)=\mathrm{lcm}(\ell,m)$.

(3) 如果 $\gamma_1,\cdots,\gamma_k$ 是彼此不交的长度分别为 $\ell_1,\cdots,\ell_k$ 的轮换, 则置换 $\alpha=\gamma_1\cdots\gamma_k$ 的阶 $\mathrm{ord}(\alpha)=\mathrm{lcm}(\ell_1,\cdots,\ell_k)$.

6. 设 G 是群, $a,b\in G$ 是有限阶元且 $\mathrm{ord}(a)=m$, $\mathrm{ord}(b)=n$.

(1) 设 $ab=ba$, 证明 $\mathrm{ord}(ab)\,\big|\,\mathrm{lcm}(m,n)$; 举例说明不一定有 $\mathrm{ord}(ab)=\mathrm{lcm}(m,n)$;

(2) 设 $ab=ba$ 且 $\gcd(m,n)=1$, 证明 $\mathrm{ord}(ab)=mn$;

(3) 试举出这样的例子: $ab\neq ba$, $\mathrm{ord}(ab)=\infty$.

7. 设 G 是群, $a\in G$ 是有限阶元且 $\mathrm{ord}(a)=mn$, $\gcd(m,n)=1$. 证明:

(1) 存在 $b,c\in G$ 满足 $bc=cb$, $\mathrm{ord}(b)=m$, $\mathrm{ord}(c)=n$, $a=bc$;

(2) 如果 $b',c'\in G$ 也满足 $b'c'=c'b'$, $\mathrm{ord}(b')=m$, $\mathrm{ord}(c')=n$, $a=b'c'$, 那么 $b'=b$ 且 $c'=c$.

§2.8 循 环 群

定义 2.8.1 如果群 G 有元素 a 使得 $G=\langle a\rangle$, 则称群 G 为**循环群**, 称 a 为循环群 G 的**循环生成元.**

例如, 任何群 G 的循环子群 $\langle a\rangle$ 本身可作为独立的群, $\langle a\rangle$ 是循环群.

例 2.8.1 如果群 G 的阶为一个素数 p, 则 G 为循环群.

证 任取 $1\neq a\in G$, 则 $\mathrm{ord}(a)>1$. 但由推论 2.7.2 知 $\mathrm{ord}(a)\,\big|\,p$, 而 p 是素数, 所以只能是 $\mathrm{ord}(a)=p$. 那么 $|\langle a\rangle|=p$, 所以 $\langle a\rangle=G$. □

引理 2.8.1 循环群的同态象是循环群, 循环生成元的象是象的循环生成元.

证 设 $G=\{\,a^n\mid n\in\mathbb{Z}\,\}$ 是循环群, H 是群. 设 $\sigma:G\to H$ 是同态, 那么

$$\mathrm{Im}(\sigma)=\{\,\sigma(a^n)\mid n\in\mathbb{Z}\,\}=\{\,\sigma(a)^n\mid n\in\mathbb{Z}\,\},$$

其中, 引用了引理 2.7.1. 所以, 在 H 中, 同态象 $\mathrm{Im}(\sigma)$ 是由 H 的元素 $\sigma(a)$ 生成的循环子群. □

推论 与循环群同构的群也是同阶的循环群.

证 引理 2.8.1 中, 如果 $\sigma:G\to H$ 是同构, 则 $H=\mathrm{Im}(\sigma)$, 故 H 是与 G 同阶的循环群. □

定理 2.8.1 (1) 加群 $\mathbb{Z}$ 是无限循环群, 任何无限循环群同构于 $\mathbb{Z}$.

(2) 对任正整数 r, 整数模 r 剩余类加群 $\mathbb{Z}_r$ 是阶为 r 的循环群, 任何阶为 r 的循环群同构于 $\mathbb{Z}_r$.

证 (1) 对任 $n\in\mathbb{Z}$ 有 $n=n1$ (注意 $\mathbb{Z}$ 是加群所以 n 不在指数位置而在系数位置). 因此 $\mathbb{Z}=\{\,n1\mid n\in\mathbb{Z}\,\}$, 即 $\mathbb{Z}=\langle 1\rangle$ 为循环群. 它显然是无限群.

对任无限循环群 $G=\langle a\rangle$, 由定理 2.7.1 的 (2), $\sigma:\mathbb{Z}\to\langle a\rangle$, $n\mapsto a^n$ 是群同构.

(2) 对任 $[n]\in\mathbb{Z}_r$ 有 $[n]=n[1]$. 因此 $\mathbb{Z}_r=\{\,n[1]\mid n\in\mathbb{Z}\,\}$, 即 $\mathbb{Z}_r=\langle\,[1]\,\rangle$ 为循环群. 显然 $|\mathbb{Z}_r|=r$.

对任阶为 r 的循环群 $G=\langle a\rangle$, 由定理 2.7.1 的 (1), $\sigma_r:\mathbb{Z}_r\to\langle a\rangle$, $[n]_r\mapsto a^n$ 是群同构. □

循环群与某些数论基础知识有密切联系. 这里先介绍一点数论知识, 后面将进一步考察它们的联系.

定义 2.8.2 设 r 是一个正整数.

(1) 如果 $\gcd(n,r)=1$ 则称剩余类 $[n]_r\in\mathbb{Z}_r$ 为**既约剩余类**.

(2) 所有既约剩余类的集合记作 $\mathbb{Z}_r^\times$; 在剩余类乘法运算下 $\mathbb{Z}_r^\times$ 构成群 (习题 2.8 中的第 5 题), 称为模 r 既约剩余类乘群.

(3) 令 $\varphi(r):=|\mathbb{Z}_r^\times|$, 称为正整数 r 的**欧拉 φ- 函数**(Euler φ- 函数).

按定义, $\varphi(r)$ 是 1, 2, $\cdots$, r 中与 r 互素的整数个数, 即

$$\varphi(r)=\left|\{\,n\mid 1\leqslant n\leqslant r,\ \gcd(n,r)=1\}\right|.$$

特别地, $\varphi(r)>0$, 因为至少有 $\gcd(1,r)=1$.

例如, $\varphi(1)=1$, $\varphi(2)=1$, $\varphi(3)=2$, $\varphi(4)=2$, $\varphi(5)=4$, $\varphi(6)=2$, $\varphi(7)=6$, $\varphi(8)=4$, $\varphi(9)=6$, $\varphi(10)=4$.

命题 2.8.1 设 p 是素数, $m\geqslant 1$, 则 $\varphi(p^m)=p^{m-1}(p-1)$.

证 对 1 与 p^m 之间的整数 n, 按欧氏带余除法,

$$n=pq+s\,,\qquad 0\leqslant q<p^{m-1}\,,\quad 0\leqslant s<p\,.$$

这当中, 对每一个 q, 当且仅当 $s\neq 0$ 时, 即 $s=1,2,\cdots,p-1$ 时, $pq+s$ 与 p^m 互素, 故对每一个 q 得到 $p-1$ 个与 p^m 互素的整数. 而 q 有 p^{m-1} 个选取, 所以在 1 与 p^m 之间的整数中共有 $p^{m-1}(p-1)$ 个与 p^m 互素, 即 $\varphi(p^m)=p^{m-1}(p-1)$. □

循环群的循环生成元不是唯一的. 以下我们求一个循环群的所有循环生成元.

命题 2.8.2 设 $G=\langle a\rangle$ 是循环群,

(1) 设 $|G|=\infty$, 那么 $G=\langle a^n\rangle$ 当且仅当 $n=\pm1$. 特别是, 无限循环群恰有两个循环生成元: a, a^{-1}.

(2) 设 $|G|=r<\infty$, 那么 $G=\langle a^n\rangle$ 当且仅当 $\operatorname{ord}(a^n)=r$, 当且仅当 $[n]_r\in\mathbb{Z}_r^\times$. 特别是, r 阶循环群恰有 $\varphi(r)$ 个循环生成元: a^n, $[n]\in\mathbb{Z}_r^\times$.

证 (1) 设 $G=\langle a^n\rangle$, 则 a 可写成 a^n 的幂: $a=(a^n)^k=a^{nk}$. 由推论 2.7.2 的 (2), $nk=1$, 所以 $n=\pm1$.

反过来, 设 $n=\pm1$. 若 $n=1$, 按条件已有 $G=\langle a\rangle$. 再设 $n=-1$, 因为 $a=(a^{-1})^{-1}$, 所以 $a\in\langle a^{-1}\rangle$, 因此 $G=\langle a\rangle\subseteq\langle a^{-1}\rangle$. 总之 $G=\langle a^n\rangle$.

(2) 由于 $\langle a^n\rangle\subseteq G$ 而 $|G|=r$ 有限, 所以 $\langle a^n\rangle=G$ 当且仅当 $|\langle a^n\rangle|=r$, 也就是, 当且仅当 $\mathrm{ord}(a^n)=r$.

由推论 2.7.2 的 (1), $\mathrm{ord}(a^n)=\dfrac{r}{\gcd(n,r)}$. 因此 $\mathrm{ord}(a^n)=r$ 当且仅当 $\gcd(n,r)=1$. 注意这里 a 的阶为 r, 即 $n\equiv n'\pmod r$ 等价于 $a^n=a^{n'}$, 见推论 2.7.2 的 (1). 所以, $\mathrm{ord}(a^n)=r$ 当且仅当 $[n]_r\in\mathbb{Z}_r^\times$. 而既约剩余类集合 $\mathbb{Z}_r^\times$ 恰含 $\varphi(r)$ 个剩余类, 所以 G 恰有 $\varphi(r)$ 个循环生成元. □

命题 2.3.2 决定了整数加群 $\mathbb{Z}$ 的所有子群. 而定理 2.8.1 说任何无限循环群同构于 $\mathbb{Z}$, 所以实际上已经知道了无限循环群的所有子群, 见习题 2.8 中的第 7 题.

下面求出有限 r 阶循环群的所有子群.

命题 2.8.3 设 $G=\langle a\rangle$ 是 r 阶循环群, 设 $r=dq$. 则

(1) $\langle a^q\rangle$ 是 G 的阶为 d 的子群;

(2) 如果 $H\leqslant G$, $|H|\,\big|\,d$, 则 $H\subseteq\langle a^q\rangle$.

特别是, $\langle a^q\rangle$ 是 G 的唯一的阶为 d 的子群.

证 (1) 由推论 2.7.2 的 (1), $\mathrm{ord}(a^q)=\dfrac{r}{\gcd(q,r)}=d$, 即 $|\langle a^q\rangle|=d$;

(2) 任取 $a^k\in H$, 由推论 2.7.3, $\mathrm{ord}(a^k)\,\big|\,d$, 因此 $a^{kd}=1$, 那么 $r\,|\,kd$, 即 $qd\,|\,kd$, 从而 $q\,|\,k$. 写 $k=qh$, 则 $a^k=(a^q)^h\in\langle a^q\rangle$, 得 $H\subseteq\langle a^q\rangle$.

特别是, 如果 $|H|=d$, 那么由 (2) 得 $H\subseteq\langle a^q\rangle$, 但它们元素个数相同, 只能是 $H=\langle a^q\rangle$. 即 $\langle a^q\rangle$ 是 G 的唯一的阶为 d 的子群. □

以下内容体现了循环群知识与数论知识的密切联系. 下面先利用群论来证明欧拉函数的数论公式, 然后利用这个数论公式得出循环群的另一判别准则.

为此要用到一个很容易的基本结论. 设 G 是任一有限群, 令 $r=|G|$. 那么按元素的阶可以把 G 的全部元素予以划分, 彼此同阶的元素构成一个子集. 令群 G 中阶为 d 的元素个数为 $\psi_G(d)$, 这是非负整值函数. 之所以给 ψ 加下标 G 是因为这个函数由群 G 决定. 所有这些 $\psi_G(d)$ 之和就是 G 的阶 $r=|G|$. 注意: 由拉格朗日定理, 元素的阶必是 r 的正约数, 见推论 2.7.3, 所以如果 d 不是 r 的正约数则阶为 d 的元不存在, 即 $\psi_G(d)=0$. 所以, 为计数 G 的元素个数, 只要考虑 r 的正约数. 故

$$\sum_{d\,|\,r}\psi_G(d)=r, \tag{GO}$$

其中, 下标 $d\,|\,r$ 表示 d 跑遍 r 的正约数. 这样一个简单的公式却是一个有力工具.

命题 2.8.4 设 r 是正整数, 则

$$\sum_{d|r}\varphi(d)=r\ ,$$

其中, 下标 $d|r$ 表示 d 跑遍 r 的正约数.

证 现在取 $G=\langle a\rangle$ 是 r 阶循环群. 对这个取定的群 G 使用公式 (GO), 有

$$\sum_{d\,|\,r}\psi_G(d)=r\ .$$

由于取的群 G 是 r 阶循环群, 利用前面的知识可以容易地确定 $\psi_G(d)$ 数值如下. 对 $d|r$, 由命题 2.8.3, G 有唯一一个 d 阶子群记作 $H_d=\langle a^{r/d}\rangle$, 它是循环子群. 而 G 的任一 d 阶元 x 生成一个 d 阶循环子群 $\langle x\rangle$, 那就只能是 $\langle x\rangle=H_d$, 从而 $x\in H_d$. 所以知道了 G 的所有 d 阶元都在 H_d 中. 而 H_d 自己是一个 d 阶循环群, 再由命题 2.8.2 的 (2), d 阶循环群 H_d 中的 d 阶元恰有 $\varphi(d)$ 个, 所以 $\psi_G(d)=\varphi(d)$. 代入上式就得所求证等式 $\sum\limits_{d|r}\varphi(d)=r$. □

定理 2.8.2 设有限群 G 的阶为 r. 如果对任 $d\,|\,r$, G 至多有 d 个元 a 满足方程 $x^d=1$, 则 G 是循环群.

证 设 G 中阶为 d 的元素个数为 $\psi_G(d)$, 对这个给定的群 G, 由公式 (GO)

$$\sum_{d\,|\,r}\psi_G(d)=r\ .$$

但注意, 这里的 $\psi_G(d)$ 是由这里群 G 决定的, 不要混淆于上面命题 2.8.4 证明中的 $\psi_G(d)$. 现在暂时还没确定 G 是否为循环群. 为证明 G 是循环群, 只要证明 $\psi_G(r)>0$, 因为这表明 G 中存在阶为 r 的元素 a, 它生成的子群 $\langle a\rangle$ 的阶为 r, 从而 $G=\langle a\rangle$ 为循环群. 下面利用公式 (GO) 和前面的知识来证明 $\psi_G(r)>0$.

对任正约数 $d\,|\,r$, 如果 $\psi_G(d)>0$, 则 d 阶元 a 存在, 它生成 d 阶循环子群 $\langle a\rangle$. 由推论 2.7.3, $\langle a\rangle$ 的 d 个元素均满足方程 $x^d=1$. 由本定理的条件, G 中满足此方程的元素就全都在 $\langle a\rangle$ 中了. 群 G 的 d 阶元当然也满足方程 $x^d=1$, 所以也都在子群 $\langle a\rangle$ 中. 而由命题 2.8.2(2), $\langle a\rangle$ 恰有 $\varphi(d)$ 个 d 阶元, 于是得 $\psi_G(d)=\varphi(d)$.

这段论证说明, 对任正约数 $d|r$, 要么 $\psi_G(d)=0$ 要么 $\psi_G(d)=\varphi(d)$, 总之 $\psi_G(d)\leqslant\varphi(d)$. 因此从公式 (GO) 和命题 2.8.4, 得到

$$r=\sum_{d\,|\,r}\psi_G(d)\ \leqslant\ \sum_{d\,|\,r}\varphi(d)=r\ .$$

如果存在 $d|r$ 使得 $\psi_G(d)<\varphi(d)$, 则上式中间的 "$\leqslant$" 中等号不能成立, 得 $r<r$, 这是矛盾的. 所以只能是对任 $d\,|\,r$ 有 $\psi_G(d)=\varphi(d)$. 取 $d=r$, 就有 $\psi_G(r)=\varphi(r)$. 而 $\varphi(r)>0$, 故 $\psi_G(r)>0$. □

回顾一个概念. 设 F 是一个**数域**, 就是说 F 是复数域 $\mathbb{C}$ 的一个非空子集, 而且在 F 之中可以做数的加、减、乘、除 (除数不为零). 记 $F^\times$ 是 F 中所有非零元的集合, 那么对 $a, b \in F^\times$ 有 $ab \in F^\times$ (非零复数之积仍非零); 对 $a \in F^\times$, 由于 F 中可做除法, 得 $1 = a/a \in F^\times$, 而且, $a^{-1} = 1/a \in F^\times$. 所以 $F^\times$ 在数的乘法下是一个群, 称为数域 F 的乘群.

推论 2.8.1 数域的乘群的有限子群必为循环群.

证 设 G 是数域 F 的乘群 $F^\times$ 的有限子群. 对 $d \,\big|\, |G|$, 由多项式的根的个数的定理, F 至多有 d 个元满足方程 $x^d = 1$, 因而 G 中也至多有 d 个元满足方程 $x^d = 1$. 根据定理 2.8.2, G 是有限循环群. □

在选读选讲材料 X4 中讨论了循环群的自同构问题.

内容小结关键词: 循环群的分类, 循环群的循环生成元, 循环群的子群, 欧拉 φ- 函数, 数域乘群的有限子群.

习 题 2.8

1. 证明如果群 G 的阶为 4, 则以下之一成立:

(1) $G \cong \mathbb{Z}_4$;

(2) $G \cong K_4$, 其中, $K_4 = \left\{ \begin{pmatrix} 1 & 0 \\ 0 & 1 \end{pmatrix}, \begin{pmatrix} 1 & 0 \\ 0 & -1 \end{pmatrix}, \begin{pmatrix} -1 & 0 \\ 0 & 1 \end{pmatrix}, \begin{pmatrix} -1 & 0 \\ 0 & -1 \end{pmatrix} \right\}$ 为一个 4 阶的 2 级线性群.

2. 设 $G = \langle a \rangle$ 是一个循环群. 设 H 是一个群, $b \in H$.

(1) 如果 $|G| = \infty$, 那么存在唯一一个群同态 $\sigma : G \to H$ 满足 $\sigma(a) = b$;

(2) 如果 $|G| = r < \infty$, 那么存在一个群同态 $\sigma : G \to H$ 满足 $\sigma(a) = b$ 的必要充分条件是 $\mathrm{ord}(b) \,\big|\, \mathrm{ord}(a)$.

3. 设 G 和 H 都是循环群.

(1) 如果 $|G| = \infty$, 那么存在从 G 到 H 的满同态;

(2) 如果 $|G| = r < \infty$, 那么存在从 G 到 H 的满同态的必要充分条件是 $|H| \,\big|\, |G|$.

4. 设 G 和 H 都是循环群. 试找出从 G 到 H 存在单同态的条件.

5.$^+$ 设 r 是正整数, $\mathbb{Z}_r = \mathbb{Z}/r\mathbb{Z} = \{\, [n]_r \mid n \in \mathbb{Z} \,\}$ 整数是模 r 剩余类的集合. 证明:

(1) 以下是在 $\mathbb{Z}_r$ 上合理定义的乘法运算:

$$[m]_r[n]_r = [mn]_r \,, \qquad \forall\ [m]_r, [n]_r \in \mathbb{Z}_r \ ;$$

(2) 在剩余类乘法运算下 $\mathbb{Z}_r$ 是幺半群;

(3) $\gcd(n, r) = 1$ 当且仅当存在 $k \in \mathbb{Z}$ 使得 $[n]_r[k]_r = [1]_r$;

(4) 记 $\mathbb{Z}_r^\times := \{\ [n]_r \mid \gcd(n, r) = 1\ \}$, 则 $\mathbb{Z}_r^\times$ 在剩余类乘法之下构成一个群. (使 $\gcd(n, r) = 1$ 的剩余类 $[n]_r$ 称为既约剩余类, $\mathbb{Z}_r^\times$ 称为模 r **既约剩余类乘群**);

(5) 如果 $\gcd(n,r)=1$, 则 $n^{\varphi(r)}\equiv 1 \pmod r$.

6. 设 p 是素数. 证明:

(1) $\mathbb{Z}_p^\times=\mathbb{Z}_p-\{0\}$;

(2) (**费尔马小定理**) 对任与 p 互素的整数 n, 有 $n^{p-1}\equiv 1 \pmod p$;

(3) 对任整数 n, 有 $n^p\equiv n \pmod p$.

7.$^+$ 设 $G=\langle a\rangle$ 是无限循环群. 证明: $\langle a^m\rangle$ 是 G 的所有子群, 这里 m 跑遍非负整数.

8. 设 G 是群. 记 $Z(G)=\{\, c\in G \mid ac=ca,\ \ \forall\, a\in G \,\}$, 称为 G 的中心. 证明:

(1) $Z(G)\trianglelefteq G$;

(2) 如果 G 不是交换群, 那么商群 $G/Z(G)$ 不是循环群.

§2.9 交 错 群

继续 §2.2, 考虑 n 次对称群 S_n, 它是由文字 $1,2,\cdots,n$ 的所有置换构成的群. 对换 $(i\,j)$ 是最简单的置换, 它的阶是 2, 即 $(i\,j)(i\,j)=(1)$, 参看习题 2.7 中的第 5 题 (1).

定义 2.9.1 设 n 次置换 α 的轮换分解中长度 ℓ 的轮换个数为 $\lambda_\ell(\alpha)$, 那么称序列 $(\lambda_1(\alpha),\ \lambda_2(\alpha),\ \cdots,\ \lambda_n(\alpha))$ 为 n 次置换 α 的**型**.

再用 $\mathrm{T}(\alpha)$ 记下述整数: $\mathrm{T}(\alpha):=\sum\limits_{\ell=1}^{n}(\ell-1)\lambda_\ell(\alpha)$.

由于 α 的轮换分解中每个长度 ℓ 的轮换中出现 ℓ 个文字, 而文字总个数为 n, 就得公式 $\sum\limits_{\ell=1}^{n}\ell\lambda_\ell(\alpha)=n$, 即

$$1\lambda_1(\alpha)+2\lambda_2(\alpha)+\cdots+n\lambda_n(\alpha)=n\ .$$

所以

$$\mathrm{T}(\alpha)=\sum_{\ell=1}^{n}(\ell-1)\lambda_\ell(\alpha)=n-\sum_{\ell=1}^{n}\lambda_\ell(\alpha)=\sum_{\ell=1}^{n}\big(1-\lambda_\ell(\alpha)\big)\ .$$

例如, 在 S_6 中, 置换 (参看 §2.2)

$$\alpha=\begin{pmatrix}1&2&3&4&5&6\\4&6&1&3&5&2\end{pmatrix}=(143)(26)(5)$$

的型是 (1, 1, 1, 0, 0, 0), 故 $1\cdot1+2\cdot1+3\cdot1+4\cdot0+5\cdot0+6\cdot0=6$, $\mathrm{T}(\alpha)=3$.

注意, S_6 中恒等置换 (1) 的型是 (6, 0, 0, 0, 0, 0).

对一个置换 $\alpha\in S_n$ 还有一个非负整数与之对应.

定义 2.9.2 把 α 表写为 $\alpha=\begin{pmatrix}1&2&\cdots&n\\k_1&k_2&\cdots&k_n\end{pmatrix}$. 考察第二行的任意两个不同位置标号 $i<j$, 如果对应位置的文字 $k_i<k_j$, 就说 $(k_i,\ k_j)$ 是“顺序对”; 否

则就是 $k_i > k_j$, 称 $(k_i,\ k_j)$ 是一个 "逆序对". 在总共 $n(n-1)/2$ 个标号对中, 逆序对的总个数称为 α 的**逆序数**, 记作 $\mathrm{R}(\alpha)$.

很多线性代数 (高等代数) 书中利用逆序数来定义行列式.

引理 2.9.1 ℓ- 轮换可写成对换之积, 即 $(i_1\,i_2\,\cdots\,i_\ell) = (i_1\,i_\ell)\cdots(i_1\,i_3)(i_1\,i_2)$.

证 直接计算验证. 为方便自学阅读, 详述验证过程如下.

如果文字 i 不在 $i_1,\ i_2,\ \cdots,\ i_\ell$ 中出现, 那么等式两边的置换都不变动 i.

再看文字 i_1. 等式左边的置换变换 i_1 得 i_2. 等式右边的置换变换 i_1 时, 首先是对换 $(i_1\,i_2)$ 变换 i_1 得 i_2, 然后 $(i_1\,i_3)$ 变换 i_2 仍得 i_2, 因为对换 $(i_1\,i_3)$ 中文字 i_2 没出现, 等等, 直至 $(i_1\,i_\ell)$ 变换 i_2 仍得 i_2. 所以等式右边的置换变换 i_1 得 i_2.

依次再看文字 i_2. 等式左边的置换变换 i_2 得 i_3. 等式右边的置换变换 i_2 时, 首先是对换 $(i_1\,i_2)$ 变换 i_2 得 i_1, 然后 $(i_1\,i_3)$ 变换 i_1 得 i_3, 然后 $(i_1\,i_4)$ 变换 i_3 仍得 i_3, 因为对换 $(i_1\,i_4)$ 中文字 i_3 没出现, 等等, 直至 $(i_1\,i_\ell)$ 变换 i_3 仍得 i_3. 所以等式右边的置换变换 i_2 得 i_3.

类似地继续计算.

直至文字 i_ℓ. 等式左边的置换变换 i_ℓ 得 i_1. 等式右边的置换变换 i_ℓ 时, 首先是对换 $(i_1\,i_2)$ 变换 i_ℓ 仍得 i_ℓ, 因为对换 $(i_1\,i_2)$ 中文字 i_ℓ 没出现, 等等, 直至 $(i_1\,i_{\ell-1})$ 变换 i_ℓ 仍得 i_ℓ, 最后 $(i_1\,i_\ell)$ 变换 i_ℓ 得 i_1.

总之, 等式两边的置换变换任一文字的结果都相同, 所以等式两边的置换确为相同的置换. □

定理 2.9.1 (置换的对换分解定理) 任一 n 次置换 α 可以写成有限个对换的乘积. 任意对换乘积写法中对换因子的个数 $\equiv \mathrm{R}(\alpha) \equiv \mathrm{T}(\alpha) \pmod 2$.

注 称 α 为**偶置换**如果 α 可写成偶数个对换之积; 否则称 α 为**奇置换**.

证 把 S_n 的置换 α 分解为不交轮换之积 (这个分解在不计因子顺序意义下是唯一的, 见定理 2.2.1):

$$\alpha = (i_1\,i_2\,\cdots\,i_\ell)\,(j_1\,j_2\,\cdots\,j_m)\,\cdots\,(s_1\,s_2\,\cdots\,s_k)\ ,$$

再把每个轮换按引理 2.9.1 的方式写成对换之积, 就把 α 写成了对换之积. 其中长度 ℓ 的轮换有 λ_ℓ 个, 每个 ℓ- 轮换写成了 $\ell-1$ 个对换之积, λ_ℓ 个 ℓ- 轮换共写出了 $(\ell-1)\lambda_\ell$ 个对换. 所以按这种方式把 α 写成对换之积时对换因子个数为

$$\sum_{\ell=1}^{n}(\ell-1)\lambda_\ell(\alpha) = \mathrm{T}(\alpha)\ .$$

为证明定理第二个结论, 令 $X = \{x_1,\ x_2\ \cdots,\ x_n\}$ 是 n 个变元的集合. 考虑 X 上的多项式

$$f(X) = \prod_{1\leqslant i<j\leqslant n}(x_j - x_i)\ ,$$

即任一对互异的脚标 $i<j$ 恰对应于一个因式 (x_j-x_i), 其中, 脚标大的 x_j 在前面. 对任 $\alpha\in S_n$,

$$\alpha=\begin{pmatrix}1 & 2 & \cdots & n\\ k_1 & k_2 & \cdots & k_n\end{pmatrix},$$

让 α 对变元脚标置换, 使 $f(X)$ 变成多项式 $\alpha f(X)$:

$$\alpha f(X)=\prod_{1\leqslant i<j\leqslant n}(x_{k_j}-x_{k_i}),$$

那么任一对互异的标号 $i<j$ 也恰对应于 $\alpha f(X)$ 的一个因式 $(x_{k_j}-x_{k_i})$, 但有两种情形:

- 要么 $k_i<k_j$, 即 $\alpha f(X)$ 的因子 $(x_{k_j}-x_{k_i})$ 与 $f(X)$ 的因式 $(x_{k_j}-x_{k_i})$ 完全相同 (记住 $f(X)$ 中的因子总是脚标大的变元在前);
- 要么 $k_i>k_j$, 此时 $\alpha f(X)$ 的因子 $(x_{k_j}-x_{k_i})$ 与 $f(X)$ 的对应因式 $(x_{k_i}-x_{k_j})$ 恰好反号, 即 $(x_{k_j}-x_{k_i})=-(x_{k_i}-x_{k_j})$.

所以

$$\alpha f(X)=\mathrm{sign}(\alpha)\cdot f(X),$$

其中, $\mathrm{sign}(\alpha)=\pm1$ 由 α 完全决定.

从两方面讨论这个符号 $\mathrm{sign}(\alpha)$. 一方面, 在上面对任一互异的标号对 $i<j$ 的讨论中, 将 $\alpha f(X)$ 的因子与 $f(X)$ 的因子一一对应, 只是在 $k_i>k_j$ 时也就是 $(k_i,\ k_j)$ 是 α 的逆序对时产生一个负号 $(x_{k_j}-x_{k_i})=-(x_{k_i}-x_{k_j})$. 所以一共产生了 $\mathrm{R}(\alpha)$ 个负号, 故 $\alpha f(X)=(-1)^{\mathrm{R}(\alpha)}f(X)$, 即

$$\mathrm{sign}(\alpha)=(-1)^{\mathrm{R}(\alpha)}.$$

另一方面, 从对换开始逐步讨论 α 的对换分解如何决定这个符号 $\mathrm{sign}(\alpha)$.

首先, 如果 $\alpha=(k,\ k{+}1)$ 是相邻对换, 那么 α 仅仅使 $x_{k+1}{-}x_k$ 变成 $x_k{-}x_{k+1}=-(x_{k+1}{-}x_k)$, 而不改变 $f(X)$ 的其他因式的符号, 即 $\alpha f(X)=-f(X)$, $\mathrm{sign}(\alpha)=-1$.

其次, 设 $\alpha=(k,m)$, 其中, $m>k+1$, 是不相邻的对换. 则 α 可分解为 $2(m-k-1)+1$ 个相邻对换之积, 即奇数个相邻对换之积:

$$\begin{aligned}(k\,m)=&\overbrace{(m-1,\ m)\ (m-2,\ m-1)\ \cdots\ (k+1,\ k+2)}^{m-k-1}\cdot(k,\ k+1)\\ &\cdot(k+1,\ k+2)\ \cdots\ (m-2,\ m-1)\ (m-1,\ m),\end{aligned}$$

每个相邻对换使多项式变一次符号, 所以 $\alpha f(X)=-f(X)$.

总之, 只要 α 是对换就有 $\mathrm{sign}(\alpha)=-1$.

最后, 任意置换 α 分解为对换之积: $\alpha = \tau_t \cdots \tau_2\tau_1$, 其中, 每个 τ_i 是对换, 则 $\alpha f(X) = \tau_t \cdots \tau_2\tau_1 f(X)$. 逐步计算:

$$\begin{aligned} \tau_1 f(X) &= -f(X)\ ; \\ \tau_2\tau_1 f(X) &= \tau_2\Big(\tau_1 f(X)\Big) = \tau_2\Big(-f(X)\Big) \\ &= -\tau_2 f(X) = -(-f(X)) = (-1)^2 f(X)\ ; \\ &\cdots\cdots \end{aligned}$$

每个对换改变一次符号, 故 $\alpha f(X) = (-1)^t f(X)$, 即 $\mathrm{sign}(\alpha) = (-1)^t$.

这就完成了 "另一方面" 的讨论. 把讨论结果与前面得到的 $\mathrm{sign}(\alpha) = (-1)^{\mathrm{R}(\alpha)}$ 相比较, 得到 $(-1)^t = (-1)^{\mathrm{R}(\alpha)}$, 即

$$\alpha \text{ 的对换分解的对换因子个数 } \equiv \mathrm{R}(\alpha) \pmod 2\ .$$

这个结论与 α 怎样分解为对换乘积无关. 而本证明第一段已指出 α 有一种对换分解的对换因子个数是 $\mathrm{T}(\alpha)$, 故 $\mathrm{T}(\alpha) \equiv \mathrm{R}(\alpha) \pmod 2$. 这就完成了证明. □

注　把置换写成对换之积的写法确实不唯一. 比如, 即使一个对换就还可以写成三个对换之积的形式:

$$(i\,j) = (1\,i)\,(1\,j)\,(1\,i).$$

注　从定理 2.9.1 知道, 线性代数 (高等代数) 中的数域上的行列式的定义可以写成

$$\begin{vmatrix} a_{11} & a_{12} & \cdots & a_{1n} \\ a_{21} & a_{22} & \cdots & a_{2n} \\ \vdots & \vdots & & \vdots \\ a_{n1} & a_{n2} & \cdots & a_{nn} \end{vmatrix} = \sum_{\alpha \in S_n} \mathrm{sign}(\alpha) \cdot a_{1,\alpha(1)} a_{2,\alpha(2)} \cdots a_{n,\alpha(n)}\ ,$$

其中

$$\mathrm{sign}(\alpha) = \begin{cases} 1, & \text{若 } \alpha \text{ 是偶置换;} \\ -1, & \text{若 } \alpha \text{ 是奇置换.} \end{cases}$$

这与用逆序数来定义行列式完全是等价的.

从定理 2.9.1 知道, 在 S_n 中, 偶置换与偶置换之积为偶置换; 奇置换与奇置换之积为偶置换; 奇置换与偶置换之积为奇置换 (参见习题 2.9 的第 3 题). 那么所有 n 次偶置换的集合

$$A_n := \{\ \alpha \mid \alpha \text{ 是 } n \text{ 次偶置换}\ \}$$

构成 S_n 的子群, 参见命题 2.3.1 的 (2).

定义 2.9.3 称 A_n 为 **n 次交错群**.

注意, 恒等置换 (1) 是偶置换. 前几个交错群如下:

$$A_1 = \{(1)\} = S_1\ ; \qquad A_2 = \{(1)\}\ ; \quad A_3 = \{(1),\ (123),\ (132)\}\ ;$$

$$A_4 = \{\ (1),\ (123),\ (132),\ (124),\ (142),\ (134),\ (143),$$
$$(234),\ (243),\ (12)(34),\ (13)(24),\ (14)(23)\ \}\ .$$

而且, 回想在数的乘法之下 $\{\pm 1\}$ 是一个 2 阶群, 称为正、负号群, 见例 2.3.1.

推论 2.9.1 设 $n > 1$, 则符号映射

$$\text{sign}: \quad S_n \longrightarrow \{\pm 1\}\ , \quad \alpha \longmapsto \text{sign}(\alpha)$$

是群的满同态, 同态核 $\text{Ker}(\text{sign}) = A_n$, 从而 $A_n \trianglelefteq S_n$, $|S_n : A_n| = 2$.

证 因为 $n > 1$, 所以 S_n 中有奇置换, 如对换 (12) 就是一个奇置换, 于是 $\text{sign}\Big((12)\Big) = -1$. 所以 sign 是满射. 以下证明 sign 是同态. 对 $\alpha, \beta \in S_n$ 有:

若 α, β 都是偶置换, 则 $\alpha\beta$ 是偶置换, 则 $\text{sign}(\alpha)\text{sign}(\beta) = 1 \cdot 1 = 1 = \text{sign}(\alpha\beta)$.

若 α, β 都是奇置换, 则 $\alpha\beta$ 是偶置换, 则 $\text{sign}(\alpha)\text{sign}(\beta) = (-1)\cdot(-1) = 1 = \text{sign}(\alpha\beta)$.

如果 α 是偶置换, β 是奇置换, 则 $\alpha\beta$ 是奇置换, 于是 $\text{sign}(\alpha)\text{sign}(\beta) = 1\cdot(-1) = -1 = \text{sign}(\alpha\beta)$.

如果 α 是奇置换, β 是偶置换, 则 $\alpha\beta$ 是奇置换, 同上得 $\text{sign}(\alpha)\text{sign}(\beta) = (-1)\cdot 1 = -1 = \text{sign}(\alpha\beta)$.

总之, 对任 $\alpha, \beta \in S_n$ 有 $\text{sign}(\alpha)\text{sign}(\beta) = \text{sign}(\alpha\beta)$, 即 sign 是同态.

按满同态 sign 的定义和交错群 A_n 的定义, 马上得同态核 $\text{Ker}(\text{sign}) = A_n$. 由命题 2.6.1, $A_n \trianglelefteq S_n$; 再由同态基本定理 2.6.1, $S_n/A_n \cong \{\pm 1\}$. 从而 $|S_n : A_n| = |S_n/A_n| = |\{\pm 1\}| = 2$. □

定义 2.9.4 如果群 $G \neq 1$, G 只有两个正规子群 1 和 G, 则称 G 为**单群**.

有限交换单群很容易确定, 见习题 2.9 的第 6 题. 历史上早在伽罗华 (Galois) 就已发现了交错群 A_n 在 $n \geqslant 5$ 时是非交换单群, 见选读选讲材料 X5.

内容小结关键词: 对换分解定理, 奇置换与偶置换, 交错群, 单群.

习 题 2.9

1. (1) 在 S_6 中, 求置换 $\begin{pmatrix} 1 & 2 & 3 & 4 & 5 & 6 \\ 6 & 5 & 4 & 3 & 2 & 1 \end{pmatrix}$ 的型;

(2) 在 S_7 中, 求置换 $\begin{pmatrix} 1 & 2 & 3 & 4 & 5 & 6 & 7 \\ 6 & 2 & 1 & 7 & 5 & 3 & 4 \end{pmatrix}$ 的型.

2. 设置换 α 的型是 $(\lambda_1, \cdots, \lambda_n)$. 证明: $\operatorname{ord}(\alpha) = \operatorname{lcm}\{\ \ell \mid 1 \leqslant \ell \leqslant n,\ \lambda_\ell \neq 0\ \}$. (参看习题 2.7 的第 5 题.)

3.$^+$ 证明: 偶置换与偶置换之积为偶置换; 奇置换与奇置换之积为偶置换; 奇置换与偶置换之积为奇置换.

4. (1) 对任置换 α, 平方 α^2 是偶置换;

(2) 奇阶的置换必为偶置换.

5. 设 G 是一个 n 次置换群, 即 $G \leqslant S_n$. 证明: 如果 G 有奇置换, 则奇置换的个数与偶置换的个数相等.

6.$^+$ 证明: 有限的交换的单群只有素数阶循环群.

第 3 章　环

§3.1　环

在第 2 章中学习的群是有一个运算的代数系统. 有一些人们很熟悉的代数运算系统有两个运算并满足一些运算律. 例如：

- 整数集合 $\mathbb{Z}$ 有加法 “$+$” 和乘法 “$\cdot$” 两个运算, $\mathbb{Z}$ 与加法 “$+$” 是一个加群, $\mathbb{Z}$ 与乘法 “$\cdot$” 是一个幺半群, 乘法对加法满足分配律.
- 复数集合 $\mathbb{C}$ 有加法 “$+$” 和乘法 “$\cdot$” 两个运算, $\mathbb{C}$ 与加法 “$+$” 是一个加群, $\mathbb{C}$ 与乘法 “$\cdot$” 是一个幺半群, 但所有非零的复数集合 $\mathbb{C}^*$ 是一个乘群, 乘法对加法满足分配律.
- 一元复多项式集合 $\mathbb{C}[x]$ 有加法 “$+$” 和乘法 “$\cdot$” 两个运算, $\mathbb{C}[x]$ 与加法 “$+$” 是一个加群, $\mathbb{C}[x]$ 与乘法 “$\cdot$” 是一个幺半群, 乘法对加法满足分配律.
- 所有 n 阶复矩阵集合 $\mathrm{M}_n(\mathbb{C})$ 有加法 “$+$” 和乘法 “$\cdot$” 两个运算, $\mathrm{M}_n(\mathbb{C})$ 与加法 “$+$” 是一个加群, $\mathrm{M}_n(\mathbb{C})$ 与乘法 “$\cdot$” 是一个幺半群, 乘法对加法满足左右两个分配律 (这里乘法不交换, 所以左右分配律是不同的运算律).

定义 3.1.1　(1) 设 R 是非空集合, 有两个运算, 一般记作加法 “$+$” 和乘法 “$\cdot$”. 如果以下 (R1)~(R3) 三条满足就称 $(R,+,\cdot)$ 是一个**环**, 简称 R 是一个环：

(R1) $(R,+)$ 是一个交换群;

(R2) $(R,\cdot)$ 是一个半群 (即运算 “$\cdot$” 满足结合律);

(R3) 乘法对加法满足左、右分配律.

(2) 如果 R 是环而且进一步满足以下 (R4) 就称 $(R,+,\cdot)$ 是一个**幺环**, 简称 R 是一个幺环, 或称 R 是一个有单位元的环：

(R4) $|R|>1$ 且 $(R,\cdot)$ 是一个幺半群, 即还有单位元, 一般记作 1_R.

(3) 如果 R 是环且进一步满足以下 (R5) 就称 $(R,+,\cdot)$ 是一个**交换环**, 简称 R 是一个交换环：

(R5) $(R,\cdot)$ 是一个交换半群, 即运算 “$\cdot$” 满足结合律以外还满足交换律.

例如, 下面是定义 3.1.1 前引述的例子.

- $(\mathbb{Z},+,\cdot)$ 是交换幺环;
- $(\mathbb{C},+,\cdot)$ 是交换幺环;
- $(\mathbb{C}[x],+,\cdot)$ 是交换幺环;
- $(\mathrm{M}_n(\mathbb{C}),+,\cdot)$ 在 $n>1$ 时是非交换幺环, 称为 n 级**复全矩阵环**.

它们可以引申出很多环的例子, 如 $(\mathbb{Q},+,\cdot)$、$(\mathbb{R},+,\cdot)$ 也都是交换幺环.

又如, 对任何数域都有相应的多项式环, 如实数域上的多项式环等; 还有相应的全矩阵环, 如实数域上的 n 级全矩阵环等.

上面熟悉的例子可以进一步引申出环的重要例子.

例 3.1.1 整数模 m 剩余类集合 $\mathbb{Z}_m$ 在剩余类加法和剩余类乘法下, $(\mathbb{Z}_m,+,\cdot)$ 是交换幺环. 这是因为在命题 2.3.3 中已证明 $(\mathbb{Z}_m,+)$ 是加群, 习题 2.8 的第 5 题已指出 $(\mathbb{Z}_m,\cdot)$ 是交换幺半群. 按定义 3.1.1, 只剩下验证乘法对加法的分配律:

$$[a]\big([b]+[c]\big)=[a][b+c]=\big[a(b+c)\big]=[ab+ac]=[ab]+[ac]=[a][b]+[a][c]\ .$$

例 3.1.2 设 R 是环, 令 $\mathrm{M}_n(R)$ 是元素在 R 中的所有 $n\times n$ 矩阵的集合, 即

$$\mathrm{M}_n(R)=\left\{\left.\begin{pmatrix} a_{11} & \cdots & a_{1n}\\ \vdots & & \vdots\\ a_{n1} & \cdots & a_{nn}\end{pmatrix}\right|\, a_{ij}\in R\right\}\ .$$

像线性代数课程中做的一样, 在 $\mathrm{M}_n(R)$ 中可定义矩阵加法和矩阵乘法; 而且像线性代数课程中做的一样, 可以验证加法结合律和交换律, 零矩阵 (记作 $\mathbf{0}$) 是零元, 乘法结合律, 乘法对加法的左、右分配律. 所以 $\mathrm{M}_n(R)$ 是一个环, 称为环 R 上的 n 阶**全矩阵环**.

而且, 如果 R 是幺环, 则 $\mathrm{M}_n(R)$ 是幺环, 单位元是单位矩阵 $\boldsymbol{E}=\begin{pmatrix} 1_R & & \\ & \ddots & \\ & & 1_R\end{pmatrix}$.

例 3.1.3 设 R 是环, 令 $R[x]$ 是所有的系数在 R 中的 x 的多项式的集合, 即

$$R[x]=\left\{a_nx^n+a_{n-1}x^{n-1}+\cdots+a_1x+a_0\ \middle|\ a_i\in R,\ \ n\geqslant 0\right\}\ .$$

像数域系数多项式一样, 在 $R[x]$ 中可定义两多项式相加为同次项合并系数相加, 两多项式相乘为

$$\left(\sum_{i=0}^{n}a_ix^i\right)\left(\sum_{j=0}^{m}b_jx^j\right)=\sum_{k=0}^{m+n}\left(\sum_{i+j=k}a_ib_j\right)x^k\ .$$

但注意, 这里 x^k 的系数不能写成 $\sum\limits_{i+j=k}b_ja_i$, 因为环 R 的乘法不一定交换. 次数公式也不一定成立.

如同初等代数课程和大学一年级代数课程一样, 可以验证: 加法结合律和交换律, 零多项式 0 是零元, 乘法结合律, 乘法对加法的分配律. 所以 $R[x]$ 是一个环, 称为环 R 上的**多项式环**.

而且, 如果 R 是幺环, 则 $R[x]$ 是幺环, 单位元是 "0 次多项式"1_R. 如果 R 是交换环则 $R[x]$ 是交换环.

需要注意的是$R[x]$ 的多项式 $\sum_{i=0}^{n} a_i x^i$ 中的 x 是一个形式符号它并不代表 R 中的元素, 所以称 x 是**不定元**. 两多项式相等是说它们所有对应系数相等, **并不是说**它们作为 R 的函数相等! 线性代数中讨论 λ-矩阵时所面对的其实就是矩阵环上的多项式环 (只不过不定元是用 λ 表示), 在那里这些注意事项都已出现. 后面 §3.6 会谈到这些问题.

一般地, 在环 R 中定义减法 $a-b=a+(-b)$. 如同群论中已证明的 $-(-a)=a$.

命题 3.1.1 (1) $0a=0=a0$, 这里的 0 都是零元;

(2) $(-a)b=-ab=a(-b)$;

(3) $(-a)(-b)=ab$;

(4) $a(b-c)=ab-ac$; $(b-c)a=ba-ca$.

证 (1) $0a=(0+0)a=0a+0a$, 两边加上 $-0a$, 得 $0a=0$.

(2) $(-a)b+ab=((-a)+a)b=0b=0$, 所以 $(-a)b=-ab$.

(3) $(-a)(-b)=-a(-b)=-(-ab)=ab$.

(4) $a(b-c)=a(b+(-c))=ab+a(-c)=ab+(-ac)=ab-ac$. □

还有很多东西可以简单推广到环. 先看 "整系数运算".

设 R 是一个环. 如同第 2 章已使用的符号 (见公式 2.7.1′), 对 $a\in R$ 和 $n\in\mathbb{Z}$:

$$na=\begin{cases} a+\cdots+a \quad (n\text{个}a\text{相加}), & \text{若}n>0;\\ 0, & \text{若}n=0;\\ (-a)+\cdots+(-a) \quad (-n\text{个}-a\text{相加}), & \text{若}n<0.\end{cases}$$

列举 "整系数" 运算公式如下. 对任 $m,n\in\mathbb{Z}$, 任 $a,b\in R$, 有

$$1\,a=a;\quad (-1)\,a=-a.$$

公式 3.1.1
$$(m+n)a=ma+na\,;\quad n(a+b)=na+nb\,;\quad m(na)=(mn)a\,.$$
$$n(ab)=(na)b=a(nb)\,;\qquad (ma)(nb)=(mn)(ab)\,.$$

证 第一行公式是整系数运算的定义中的 $n=\pm1$ 的特殊情形.

第二行公式就是第 2 章已证明的系数律公式 2.7.1′.

第三行的前一个公式可以从后一个公式导出, 过程如下: $n(ab)=(n\cdot1)(ab)=(na)(1b)=(na)b$.

第三行的后一个公式证明如下. 若 m, n 之一为整数 0, 则按定义 ma, nb 之一为元素 0, 由命题 3.1.1, $(ma)(nb)=0=(mn)(ab)$.

若 m, n 都是正整数, 则按分配律有

$$(ma)(nb) = (\overbrace{a+\cdots+a}^{m})(\overbrace{b+\cdots+b}^{n}) = \overbrace{ab+\cdots+ab}^{mn} = (mn)(ab)\ .$$

若 m, n 都是负整数, 写 $m = -m'$, $n = -n'$, 则从整系数运算的定义知道 $ma = m'(-a)$, $nb = n'(-b)$, 故

$$(ma)(nb) = \Big(m'(-a)\Big)\Big(n'(-b)\Big) = (m'n')\Big((-a)(-b)\Big) = (mn)(ab)\ .$$

若 m 是负整数, n 是正整数, 写 $m = -m'$, 则

$$(ma)(nb) = \Big(m'(-a)\Big)(nb) = (m'n)\Big((-a)b\Big) = (-mn)(-ab)\ .$$

因为 mn 是负整数, 按整系数运算的定义得 $(-mn)(-ab) = (mn)(ab)$, 即得 $(ma)(nb) = (mn)(ab)$. □

再看 “整幂运算”.

对 $a \in R$ 和正整数 n, 记

$$a^n = \overbrace{a\cdots a}^{n} \qquad (n\ 个\ a\ 相乘).$$

列举 “整幂” 运算公式如下. 其证明类似于整系数运算公式的证明, 留给读者完成.

公式 3.1.2

$$a^{m+n} = a^m a^n\ ; \quad a^{mn} = (a^m)^n\ ;$$
$$(ab)^n = a^n b^n\ , \quad 如果\ ab = ba;$$
$$(a+b)^n = \sum_{k=0}^{n} \binom{n}{k} a^{n-k} b^k\ , \quad 如果\ ab = ba;$$

最后一个就是二项式公式, 其中, $\binom{n}{k} = \frac{n!}{k!(n-k)!}$ 是组合数.

定义 3.1.2 (1) 如果环 R 的非空子集 $S \subseteq R$ 在 R 的运算 “+” 和 “·” 下也构成环, 就称 S 是 R 的**子环**;

(2) 如果 R 是幺环, S 是有单位元的子环而且 S 的单位元与 R 的单位元一致, 就称 S 是 R 的**幺子环**.

引理 环 R 的非空子集 S 是子环当且仅当对任 $a, b \in S$ 有 $a-b \in S$ 和 $ab \in S$.

证 “仅当”. 显然.

“当”. 对任 $a, b \in S$ 有 $a - b \in S$, 由命题 2.3.1 的 (1), S 为加群 $(R, +)$ 的子群; 又, 还有 $ab \in S$, 说明 $(S, \cdot)$ 是半群, 故 S 是环因而是 R 的子环. □

例子: (1) $2\mathbb{Z} = \{\, 2n \mid n \in \mathbb{Z}\,\}$ 是 $\mathbb{Z}$ 的子环但不是幺子环, 因为 $2\mathbb{Z}$ 没有单位元.

(2) 设 $n>1$, $R=\mathrm{M}_n(\mathbb{C})$, $\boldsymbol{e}=\begin{pmatrix}1&&&\\&0&&\\&&\ddots&\\&&&0\end{pmatrix}$, 则

$$\boldsymbol{e}R\boldsymbol{e}=\left\{\left.\begin{pmatrix}c&&&\\&0&&\\&&\ddots&\\&&&0\end{pmatrix}\right|\ c\in\mathbb{C}\right\}$$

是 R 的有单位元的子环, 但 S 不是 R 的幺子环, 因为 S 作为环的单位元是 $\boldsymbol{e}$, 它不是 R 的单位元.

(3) R 同上, $S=\{\,c\boldsymbol{E}\mid c\in\mathbb{C}\,\}$ 其中, $\boldsymbol{E}$ 为恒等矩阵, 则 S 是 R 的幺子环.

例 3.1.4 设 R 是环, $Z(R):=\{\,z\in R\mid za=az,\ \ \forall\, a\in R\,\}$, 则 $Z(R)$ 是 R 的子环, 称 $Z(R)$ 为 R 的**中心**.

如果 R 是幺环, 则 R 的单位元 1_R 满足 $a\cdot 1_R=a=1_R\cdot a$, $\forall\, a\in R$, 所以 $1_R\in Z(R)$, 即 R 是幺环时 $Z(R)$ 是 R 的幺子环.

显然，R 是交换环当且仅当 $Z(R)=R$.

例 3.1.5 设 R 是幺环, $\mathbb{Z}1_R:=\{\,n1_R\mid n\in\mathbb{Z}\,\}$ 是单位元 $1=1_R$ 的所有整系数倍的集合, 则 $\mathbb{Z}1_R$ 是 R 的幺子环 (称 $\mathbb{Z}1_R$ 是 R 的**素子环**).

证 对任 $m1_R$, $n1_R\in\mathbb{Z}1_R$, 有

$$(m1_R)-(n1_R)=(m-n)1_R\in\mathbb{Z}1_R\ ;$$
$$(m1_R)(n1_R)=(mn)(1_R1_R)=(mn)1_R\in\mathbb{Z}1_R\ .$$

又, $1_R=1\,1_R\in\mathbb{Z}1_R$, 所以 $\mathbb{Z}1_R$ 是幺子环. □

内容小结关键词: 环的定义, 例子, 整系数运算和幂运算, 子环.

习 题 3.1

1. (1) 设 $\mathrm{T}_n(\mathbb{C})$ 是所有 n 阶上三角复矩阵的集合, $n>1$. 证明: 在矩阵加法和矩阵乘法之下 $\mathrm{T}_n(\mathbb{C})$ 是一个非交换环; 它是 $\mathrm{M}_n(\mathbb{C})$ 的幺子环.

(2) 设 $\mathrm{R}_n(\mathbb{C})$ 是所有这种 n 阶复矩阵的集合, 它们的第一行以下全为零, 这里 $n>1$. 证明: 在矩阵加法和矩阵乘法之下 $\mathrm{R}_n(\mathbb{C})$ 是一个非交换环; 它是 $\mathrm{M}_n(\mathbb{C})$ 的子环但不是幺子环.

2. 设 G 是加群 (运算写作加法的交换群), $E:=\mathrm{End}(G)$ 是 G 的所有自同态的集合.

(1) 对 $\alpha,\beta\in E$, 定义 E 的变换 $\alpha+\beta$ 为 $(\alpha+\beta)(x)=\alpha(x)+\beta(x)$, $\forall\, x\in G$, 证明: $\alpha+\beta\in E$. 从而 E 有加法运算;

(2) 证明：对 $\alpha,\beta\in E$, 它们的积 (就是变换合成)$\alpha\beta\in E$, 从而 E 有乘法运算;

(3) 证明：E 与加法运算及乘法运算构成一个幺环. (注：称为加群 G 的**自同态环**.)

3. 环 R 的元素 a 称为**幂零元**(nilpotent element) 如果存在正整数 n 使得 $a^n=0$. 证明：

(1) 交换环的幂零元之和仍为幂零元;

(2) $\mathrm{M}_n(\mathbb{C})$ 的一个元素 A 是幂零元当且仅当 A 的特征根都是 0;

(3) 结论 (1) 对非交换环不正确.

4. 环 R 的元素 a 称为**幂等元**(idempotent) , 如果 $a^2=a$. 如果 R 的所有元都是幂等元, 就称 R 是**布尔环**(Boolean ring) . 证明：布尔环恒是交换环, 而且所有元满足 $2a=0$.

5. 令 $\mathbb{Z}[\mathrm{i}]:=\{a+b\,\mathrm{i}\mid a,b\in\mathbb{Z}\}\subseteq\mathbb{C}$. 证明：$\mathbb{Z}[\mathrm{i}]$ 是 $(\mathbb{C},+,\cdot)$ 的幺子环.

6. 设 R 是 (幺) 环, $S_i, i\in I$, 都是 R 的 (幺) 子环, 则 $\bigcap\limits_{i\in I}S_i$ 是 R 的 (幺) 子环. 设 R 是环, $T\subseteq R$ 为子集. 令 Σ 是 R 中所有包含 T 的子环的集合. 则称 $\bigcap\limits_{S\in\Sigma}S$ 为由子集 T 生成的子环.

7. 在复多项式环 $R=\mathbb{C}[x]$ 中 $\{x^2\}$ 生成的子环为 $\left\{\sum\limits_{i=1}^{k}a_ix^{2i}\mid k>0,a_i\in\mathbb{Z}\right\}$.

§3.2 同态, 理想

定义 3.2.1 设 R, R' 是环. 称映射 $\sigma:R\to R'$ 为**环同态**如果以下两条满足：

(H1) $\sigma(a+b)=\sigma(a)+\sigma(b),\quad\forall\,a,b\in R$;

(H2) $\sigma(ab)=\sigma(a)\sigma(b),\quad\forall\,a,b\in R$.

单的 (满的, 双射的) 环同态 σ 称为**单同态**(**满同态**, **同构**).

如果存在环同构 $\sigma:R\to R'$, 则称环 R 与 R' **同构**, 记作 $R\cong R'$.

如果 R, R' 都是幺环而且同态 σ 还满足：$\sigma(1_R)=1_{R'}$, 则称 σ 是**幺同态**.

注意：条件 (H1) 就是说 σ 是从加群 $(R,+)$ 到加群 $(R',+)$ 的群同态, 所以具备加群同态的一切性质, 如 $\sigma(na)=n\sigma(a)$; $\sigma(a-b)=\sigma(a)-\sigma(b)$ 等.

例子：(1) $\mathbb{Z}\to\mathbb{Z}_m$, $a\mapsto[a]$, 是满同态;

(2) $\mathbb{C}\to\mathrm{M}_n(\mathbb{C})$, $c\mapsto cE$, 是单同态, 其中 E 为恒等矩阵;

(3) 设 V 是 n 维实向量空间, $\mathrm{End}(V)$ 是 V 的所有线性变换的集合, 在线性变换加法和乘法之下是环. 取 V 的基底, 则任一线性变换 $\alpha\in\mathrm{End}(V)$ 对应唯一矩阵 $\boldsymbol{A}_\alpha\in\mathrm{M}_n(\mathbb{R})$, 那么线性代数 (高等代数) 中已证明了下述映射是环同构：

$$\mathrm{End}(V)\longrightarrow\mathrm{M}_n(\mathbb{R})\ ,\quad \alpha\longmapsto\boldsymbol{A}_\alpha\ .$$

定义 3.2.2 环 R 的非空子集 I 称为 R 的一个**理想**如果以下两条满足：

(I1) $(I,+)$ 是 $(R,+)$ 的子群;

(I2) 对任 $a\in I$ 和 $r\in R$ 有 $ra\in I$ 和 $ar\in I$.

引理 设 R 是环, $\varnothing \neq I \subseteq R$. 则 I 是理想当且仅当以下两条成立:

(1) 对任 $a, b \in I$ 有 $a - b \in I$;

(2) 对任 $a \in I$ 和 $r \in R$ 有 $ra \in I$ 和 $ar \in I$.

证 必要性. 如果 I 是理想, 则 $(I, +)$ 是环的加群 $(R, +)$ 的子群, 因此 (1) 成立; 而 (2) 就是理想定义条件 (I2).

充分性. 设条件 (1)、(2) 成立. 则由 (1), $(I, +)$ 是环的加群 $(R, +)$ 的子群 (见命题 2.3.1), 即理想定义条件 (I1) 成立. 而 (2) 即定义条件 (I2), 故 I 是理想. □

两点说明: (1) 一个非零环 R 至少有两个理想 0 和 R, 分别称为**零理想**和**单位理想**, 这两个都称为**平凡理想**;

(2) 只有平凡理想的幺环称为**单环**.

例如, 如果 p 是素数, 则 $\mathbb{Z}_p$ 是单环 (习题 3.2 的第 4 题).

又如, $\mathrm{M}_n(\mathbb{C})$ 是单环 (习题 3.2 的第 7 题).

命题 3.2.1 设 $\sigma: R \to R'$ 是环同态.

(1) 同态象 $\mathrm{Im}(\sigma) = \{\, r' \in R' \mid \text{存在 } r \in R \text{ 使得 } \sigma(r) = r' \,\}$ 是 R' 的子环. σ 是满同态当且仅当 $\mathrm{Im}(\sigma) = R'$.

(2) R 的子集 $\mathrm{Ker}(\sigma) := \sigma^{-1}(0) = \{\, r \in R \mid \sigma(r) = 0 \,\}$ 是 R 的理想, 称为**同态核**. σ 是单同态当且仅当 $\mathrm{Ker}(\sigma) = 0$.

证 (1) 对 $a', b' \in \mathrm{Im}(\sigma)$, 存在 $a, b \in R$ 使得 $\sigma(a) = a'$, $\sigma(b) = b'$. 那么 $a' - b' = \sigma(a) - \sigma(b) = \sigma(a - b) \in \mathrm{Im}(\sigma)$, 且 $a'b' = \sigma(a)\sigma(b) = \sigma(ab) \in \mathrm{Im}(\sigma)$. 由定义 3.2.2 后的引理, $\mathrm{Im}(\sigma)$ 是 R' 的子环.

因为环同态首先是加群同态, 引用命题 2.6.1 就得后一结论: σ 是满同态当且仅当 $\mathrm{Im}(\sigma) = R'$.

(2) 对任 $a, b \in \mathrm{Ker}(\sigma)$, $\sigma(a - b) = \sigma(a) - \sigma(b) = 0 - 0 = 0$, 所以 $a - b \in \mathrm{Ker}(\sigma)$. 又, 对 $a \in \mathrm{Ker}(\sigma)$ 和 $r \in R$, $\sigma(ra) = \sigma(r)\sigma(a) = \sigma(r)0 = 0$, 即 $ra \in \mathrm{Ker}(\sigma)$; 同理 $ar \in \mathrm{Ker}(\sigma)$. 由定义 3.2.2 后的引理, $\mathrm{Ker}(\sigma)$ 是 R 的理想.

同样引用命题 2.6.1 就得后一结论: σ 是单同态当且仅当 $\mathrm{Ker}(\sigma) = 0$. □

例子: (1) $\sigma_m: \mathbb{Z} \to \mathbb{Z}_m$, $a \mapsto [a]$ 是环同态. $\mathrm{Ker}(\sigma_m) = m\mathbb{Z}$, 它是 $\mathbb{Z}$ 的理想.

(2) $\mathbb{C}[x]$ 是所有复多项式构成的幺环. 给定 $c_0 \in \mathbb{C}$, 易验证映射

$$\nu_{c_0}: \quad \mathbb{C}[x] \longrightarrow \mathbb{C}, \quad f(x) \longmapsto f(c_0)$$

是环同态 (称为在 c_0 处的赋值同态). 由余式定理 (参看后面的余式定理 3.6.2), $f(c_0) = 0$ 当且仅当 $f(x)$ 被 $x - c_0$ 整除, 故同态核

$$\mathrm{Ker}(\nu_{c_0}) = \mathbb{C}[x] \cdot (x - c_0) := \{\, g(x)(x - c_0) \mid g(x) \in \mathbb{C}[x] \,\}.$$

(3) 取定 n 阶复矩阵 $\boldsymbol{A} \in \mathrm{M}_n(\mathbb{C})$, 则易验证下述映射是环同态:

$$\nu_{\boldsymbol{A}}: \quad \mathbb{C}[x] \longrightarrow \mathrm{M}_n(\mathbb{C}), \quad f(x) \longmapsto f(\boldsymbol{A}) ,$$

那么同态核是 $\mathbb{C}[x]$ 的理想, 它恰是复矩阵 $\boldsymbol{A}$ 的所有零化多项式的集合, 称为矩阵 $\boldsymbol{A}$ 的**零化理想**. 设 $f_{\boldsymbol{A}}(x)$ 是 $\boldsymbol{A}$ 的极小多项式, 那么线性代数 (高等代数) 已证明:

$$\mathrm{Ker}(\nu_{\boldsymbol{A}}) = \mathbb{C}[x] \cdot f_{\boldsymbol{A}}(x) := \{g(x) f_{\boldsymbol{A}}(x) \mid g(x) \in \mathbb{C}[x]\}.$$

命题 3.2.2　设 $\sigma: R \to R'$ 是环同态.

(1) 如果 I' 是 R' 的理想, 则 I' 的原象 $\sigma^{-1}(I')$ 是 R 的理想且 $\sigma^{-1}(I') \supseteq \mathrm{Ker}(\sigma)$;

(2) 如果 σ 是满同态, I 是 R 的理想, 则 $\sigma(I)$ 是 R' 的理想.

证　(1) 设 $a, b \in \sigma^{-1}(I')$, $r \in R$, 则 $\sigma(a), \sigma(b) \in I'$, 因而 $\sigma(a-b) = \sigma(a) - \sigma(b) \in I'$, 故 $\sigma(a-b) \in I'$, 即 $a - b \in \sigma^{-1}(I')$. 又, $\sigma(ra) = \sigma(r)\sigma(a) \in I'$, 故 $\sigma(ra) \in I'$, 即 $ra \in \sigma^{-1}(I')$. 同理, $ar \in \sigma^{-1}(I')$. 所以 $\sigma^{-1}(I')$ 是 R 的理想, 而且 $\sigma^{-1}(I') \supseteq \sigma^{-1}(0) = \mathrm{Ker}(\sigma)$.

(2) 设 $a', b' \in \sigma(I)$, $r' \in R'$, 则有 $a, b \in I$ 使得 $\sigma(a) = a'$ 和 $\sigma(b) = b'$. 而且因为 σ 是满同态, 存在 $r \in R$ 使得 $\sigma(r) = r'$. 那么 $a - b \in I$, $ra, ar \in I$, 从而

$$a' - b' = \sigma(a) - \sigma(b) = \sigma(a-b) \in \sigma(I) ,$$

$$r'a' = \sigma(r)\sigma(a) = \sigma(ra) \in \sigma(I) ;$$

同理 $a'r' \in \sigma(I)$. 所以 $\sigma(I)$ 是 R' 的理想.　□

注意, 如果 σ 不是满同态, 则理想的象不一定是理想. 例如

$$\sigma: \quad \mathbb{Q} \longrightarrow \mathbb{Q}[x], \quad q \longmapsto q$$

是环同态, 但单位理想 $\mathbb{Q}$ 的象是 $\mathbb{Q}[x]$ 中常数多项式的集合, 不是 $\mathbb{Q}[x]$ 的理想.

命题 3.2.3　(1) 设 Σ 是环 R 的一些理想的集合, 则交 $\bigcap\limits_{I \in \Sigma} I$ 是 R 的理想;

(2) 设 I, J, K 是环 R 的理想, 则 $I + J := \{\, a + b \mid a \in I,\ b \in J \,\}$ 是 R 的理想, 称为理想 I 与 J 的和, 且 $(I + J) + K = I + (J + K)$.

证　(1) 对任 $I \in \Sigma$ 有 $0 \in I$, 故 $0 \in \bigcap\limits_{I \in \Sigma} I$, 从而 $\bigcap\limits_{I \in \Sigma} I \neq \varnothing$. 设 $a, b \in \bigcap\limits_{I \in \Sigma} I$, 则对任 $I \in \Sigma$ 有 $a, b \in I$, 故 $a - b \in I$. 因此 $a - b \in \bigcap\limits_{I \in \Sigma} I$. 再设 $r \in R$, 则对任 $I \in \Sigma$ 有 $ra \in I$ 和 $ar \in I$, 所以有 $ra \in \bigcap\limits_{I \in \Sigma} I$ 和 $ar \in \bigcap\limits_{I \in \Sigma} I$. 因此 $\bigcap\limits_{I \in \Sigma} I$ 是 R 的理想.

(2) 对任 $a + b$, $a' + b' \in I + J$, 其中 $a, a' \in I$, $b, b' \in J$, 因为 I, J 是理想, 故 $a - a' \in I$, $b - b' \in J$, 故 $(a + b) - (a' + b') = (a - a') + (b - b') \in I + J$. 又, 对任 $r \in R$,

有 $ra, ar \in I$, $rb, br \in J$, 所以 $r(a+b) = ra + rb \in I + J$, $(a+b)r = ar + br \in I + J$. 故 $I + J$ 是 R 的理想.

对任 $(a+b)+c \in (I+J)+K$, 其中, $a \in I, b \in J, c \in K$, 有 $(a+b)+c = a+(b+c) \in I+(J+K)$, 得 $(I+J)+K \subseteq I+(J+K)$. 类似地, 可得 $I+(J+K) \subseteq (I+J)+K$. 故 $I + (J + K) = (I + J) + K$. □

定义 3.2.3 (1) 设 R 是环, $T \subseteq R$ 为子集. 令 Σ 是 R 中所有包含 T 的理想的集合, 则称 $\bigcap_{I\in\Sigma} I$ 为由子集 T 生成的理想.

(2) 由一个元 $a \in R$ 生成的理想称为 R 的**主理想**.

注 按定义, 环 R 的子集 T 生成的理想就是 R 中包含 T 的最小理想. 所以, 若要证明 I 是 T 生成的理想, 只要做两件事: 第一, I 是理想且 $I \supseteq T$; 第二, 只要 J 是理想且 $J \supseteq T$ 就必有 $J \supseteq I$.

由此可知命题 3.2.3 的 (2) 中, $I + J$ 就是由子集 $I \cup J$ 生成的理想. 因为命题 3.2.3 已证 $I + J$ 是理想, 且 $I + J \supseteq I \cup J$; 而且, 若 K 是理想且 $K \supseteq I \cup J$, 则对任 $a \in I$ 和 $b \in J$ 有 $a, b \in K$, 从而 $a + b \in K$, 即 $I + J \subseteq K$.

命题 3.2.4 设 R 是交换幺环, $a \in R$, 则 a 生成的理想是 $Ra := \{ ra \mid r \in R \}$.

证 作为习题. □

命题 3.2.1 后面的例子中的同态核都是主理想. §3.3 将继续论述有关问题.

以下的构造和定理都与群论情形类似.

设 R 是环, I 是 R 的理想. 对 $a, b \in R$, 如果 $a - b \in I$ 就称 a 模 I 同余于 b, 记作 $a \equiv b \pmod{I}$. 那么, 因为环 R 首先是一个加群, 群论中已证明 $\equiv \pmod{I}$ 是 R 上的等价关系, 元素 a 所在的等价类为 I 作为 $(R, +)$ 的子群的陪集 $a + I = \{ a + h \mid h \in I \}$. 商集记作 R/I. 在商集 R/I 上定义运算:

$$(a+I)+(b+I) = (a+b)+I\,, \qquad (a+I)(b+I) = (ab)+I\,.$$

群论中已验证上述加法定义是合理的 (即与代表元选取无关). 这里证明乘法定义的合理性. 如果 $a+I = a'+I$, $b+I = b'+I$, 则 $a' = a+c$, $b' = b+d$, 其中, $c, d \in I$, 则

$$a'b' = (a+c)(b+d) = (ab) + (ad + cb + cd)\,.$$

按理想的定义, $ad + cb + cd \in I$. 所以 $a'b' \equiv ab \pmod{I}$, 即 $(a'b') + I = (ab) + I$. 所以上述乘法定义也是合理的.

易验证 R/I 构成环: 群论中已验证 $(R/I,\ +)$ 是加群. 对 $a+I$, $b+I$, $c+I \in R/I$,

$$\begin{aligned}\Big((a+I)(b+I)\Big)(c+I) &= \Big((ab)+I\Big)(c+I) = ((ab)c)+I \\ &= (a(bc))+I = (a+I)\Big((bc)+I\Big) = (a+I)\Big((b+I)(c+I)\Big)\,,\end{aligned}$$

即乘法满足结合律, $(R/I,\ \cdot)$ 是半群. 类似地, 可验证 R/I 中乘法对加法满足左、右两个分配律.

定义 3.2.4 称上述构造的环 R/I 为环 R 模理想 I 的**商环**(或称**剩余环**). 而且**商映射**(或称**剩余映射**)

$$\rho:\quad R\longrightarrow R/I,\quad a\longmapsto a+I$$

是环的满同态, 称为**自然同态**.

也常把剩余环 R/I 记作 $\overline{R}:=R/I$, 其元素记作 $\bar{a}:=a+I$.

定理 3.2.1 (环同态基本定理) 设 $\sigma:R\to R'$ 是环同态, $I:=\mathrm{Ker}(\sigma)$, $\bar{R}:=R/I$, 令 $\rho:R\to\bar{R}$ 是自然同态.

(1) 存在唯一环同态 $\bar{\sigma}:\bar{R}\to R'$ 使得 $\sigma=\bar{\sigma}\cdot\rho$.

(2) 上述 $\bar{\sigma}$ 是单同态; 而 $\bar{\sigma}$ 是同构当且仅当 σ 是满同态.

$$\begin{array}{ccc} R & \xrightarrow{\sigma} & R' \\ {\scriptstyle\rho}\big\downarrow & \nearrow{\scriptstyle\bar{\sigma}} & \\ \bar{R} & & \end{array}$$

证 记 $\bar{a}=a+I$. 环同态首先是加群同态. 由群同态基本定理 2.6.1, 使得 $\sigma=\bar{\sigma}\cdot\rho$ 的加群同态 $\bar{\sigma}:\bar{R}\to R'$ 存在且唯一, 它就是 $\bar{\sigma}:\bar{R}\to R'$, $\bar{a}\mapsto\sigma(a)$. 而且这个 $\bar{\sigma}$ 是单射; 它是满射当且仅当 σ 是满射. 所以只需证明这个 $\bar{\sigma}$ 是环同态. 因为 $\bar{\sigma}$ 已经是加群同态, 只需验证它保持乘法: 对 $a,b\in R$ 有

$$\bar{\sigma}(\bar{a}\bar{b})=\bar{\sigma}(\overline{ab})=\sigma(ab)=\sigma(a)\sigma(b)=\bar{\sigma}(\bar{a})\bar{\sigma}(\bar{b})\ . \qquad \square$$

与群同态基本定理 2.6.1 的推论一样, 有

推论 记号同上. 则 $\bar{\sigma}:\bar{R}\to\mathrm{Im}(\sigma)$ 为环同构.

内容小结关键词: 同态, 理想, 子集生成的理想, 商环, 同态基本定理.

习 题 3.2

1. 举例说明: 即使 R, R' 都是幺环它们之间的同态也不一定是幺同态.

2. 设 R 是环但不是幺环. 令 $S=R\times\mathbb{Z}$ 并定义运算:

$$(a,\ m)+(b,\ n)=(a+b,\ m+n)\ ,\qquad \forall\, a,b\in R,\quad m,n\in\mathbb{Z}\ ;$$
$$(a,\ m)\cdot(b,\ n)=(ab+mb+na,\ mn)\ ,\qquad \forall\, a,b\in R,\quad m,n\in\mathbb{Z}\ .$$

证明: S 是一个幺环, 而且

$$R\ \longrightarrow\ S\ ,\quad a\ \longmapsto\ (a,\ 0)$$

是环的单同态.

3. 设 $\sigma: R \to S$ 是环 R 到环 S 的满同态. 证明:

(1) 如果 R 是幺环则 S 也是幺环, 且 $\sigma(1_R) = 1_S$;

(2) 如果 R 是交换环则 S 也是交换环.

4.[+] (1) 求出 $\mathbb{Z}$ 的所有理想;

(2) 求出 $\mathbb{Z}_6$ 的所有理想;

(3) 证明 $\mathbb{Z}_p$ 是单环, 其中, p 是素数.

5.[+] (1) 设 $\mathbb{Z}$ 的理想 $I = m\mathbb{Z}$, $J = n\mathbb{Z}$, 求 $I \cap J$, $I + J$;

(2) 设 $\mathbb{Z}$ 的理想 $I_j = m_j\mathbb{Z}$, $j = 1, \cdots, k$, 证明:

$$I_1 \cap \cdots \cap I_k = l\mathbb{Z}\ , \qquad I_1 + \cdots + I_k = d\mathbb{Z}\ ,$$

其中, $l = \mathrm{lcm}(m_1, \cdots, m_k)$, $d = \gcd(m_1, \cdots, m_k)$.

6. 设 R 是幺环. 若存在正整数使得 $m\,1_R = 0$, 则令 h 是使得 $h\,1_R = 0$ 的最小正整数, 否则令 $h = 0$. 证明以下映射

$$\gamma_R:\ \mathbb{Z} \longrightarrow R, \quad n \longmapsto n\,1_R$$

是幺环同态, 且

(1) $\mathrm{Im}(\gamma_R) = \mathbb{Z}\,1_R$ (参看例 3.1.5);

(2) $\mathrm{Ker}(\gamma_R) = h\mathbb{Z}$.

7.[+] 证明 $\mathrm{M}_n(\mathbb{C})$ 是单环.

8. 设 R 是环. 证明:

(1) 任给定 $a \in R$, 定义变换 $\lambda_a: R \to R$, $x \mapsto ax$, 则 λ_a 是加群 $(R, +)$ 的加群自同态, 即 $\lambda_a \in \mathrm{End}(R, +)$;

(2) 映射 $\lambda: R \to \mathrm{End}(R, +)$, $a \mapsto \lambda_a$ 是环同态 ($\mathrm{End}(R, +)$ 是幺环, 见习题 3.1 的第 2 题);

(3) 举例说明 λ 不一定是单的环同态;

(4) 如果 R 是幺环则 λ 一定是单的环同态.

9. (1) 设 I_1, I_2 是环 R 的理想, 证明并集 $I_1 \cup I_2$ 是 R 的理想的充要条件是: 或者 $I_1 \subseteq I_2$ 或者 $I_2 \subseteq I_1$;

(2) 设 I_j, $j = 1, 2, \cdots$, 都是环 R 的理想, 且 $I_1 \subseteq I_2 \subseteq \cdots$, 证明: $\bigcup\limits_{j=1}^{\infty} I_j$ 是 R 的理想.

10.[+] (1) 设 R 是交换幺环, $a \in R$, 则 a 生成的理想是 $Ra := \{\, ra \mid r \in R \,\}$;

(2) 举例说明当 R 不是交换幺环时, (1) 的结论不一定成立.

§3.3 整环, 域

重要约定 从本节开始, 无特别说明时, “环” 都是幺环, 单位元在不致混淆时记作 1; 而 “子环” 都是指幺子环; “环同态” 也都是幺环同态.

先看整环和域的定义和例子. 这是两类最接近于中小学数学的运算系统的环.

定义 3.3.1　(1) 环 R 的非零元 a 称为**左零因子**如果存在 $0 \neq b \in R$ 使得 $ab = 0$. 类似地定义**右零因子**. 如果 R 是交换环, 零因子就没有左右之分.

(2) 交换的无零因子的环称为**整环**.

所以, 整环就是交换的, 满足消去律的环, 见习题 3.3 的第 1 题.

例如, $\begin{pmatrix} 1 & 1 \\ 0 & 0 \end{pmatrix} \in \mathrm{M}_2(\mathbb{C})$ 是左零因子也是右零因子:

$$\begin{pmatrix} 1 & 1 \\ 0 & 0 \end{pmatrix}\begin{pmatrix} 1 & 0 \\ -1 & 0 \end{pmatrix} = 0 = \begin{pmatrix} 0 & 1 \\ 0 & 1 \end{pmatrix}\begin{pmatrix} 1 & 1 \\ 0 & 0 \end{pmatrix}.$$

所以, $\mathrm{M}_2(\mathbb{C})$ 既不是交换环, 也不是无零因子环.

例如, $\mathbb{Z}_6$ 不是整环, 因为剩余类 $[2]_6 \neq 0 \neq [3]_6$, 但是 $[2]_6 \cdot [3]_6 = 0$.

但是易看出, 整数环 $\mathbb{Z}$, 整系数多项式环 $\mathbb{Z}[x] = \{$整系数多项式$\}$, 有理多项式环 $\mathbb{Q}[x]$, 都是整环.

定义 3.3.2　环 R 的元素 a 称为可逆元如果存在 $a' \in R$ 使得 $aa' = 1 = a'a$. 此时 a' 称为 a 的**逆元**, 记作 $a' = a^{-1}$.

显然, 可逆元不是零因子, 见习题 3.3 的第 1 题.

命题 3.3.1　设 R 是环.

(1) 如果 $a \in R$ 可逆, 则 a 的逆元是唯一的, 记此唯一逆元为 a^{-1};

(2) $R^{\times} := \{R$ 的可逆元$\}$ 在乘法下构成一个群, 称为环 R 的**可逆元乘群.**

证　(1) 设 a', a'' 都满足定义 3.3.2 的要求, 则

$$a'' = a'' \cdot 1 = a''(aa') = (a''a)a' = 1 \cdot a' = a' .$$

(2) 若 $a, b \in R^{\times}$, 则 $(b^{-1}a^{-1})(ab) = b^{-1}(a^{-1}a)b = b^{-1}b = 1$; 类似地, $(ab)(b^{-1}a^{-1}) = 1$, 即 $ab \in R^{\times}$, 且

$$(ab)^{-1} = b^{-1}a^{-1} .$$

所以, $R^{\times}$ 在乘法下封闭, $1 \in R^{\times}$. 若 $a \in R^{\times}$, 则 a^{-1} 也是可逆元, 即 $a^{-1} \in R^{\times}$. 得 $R^{\times}$ 乘法下构成一个群.　□

因此可以扩张环的元素的幂的定义: $a^0 = 1$. 当 a 可逆时, 对负整数 n 还可定义 $a^n = a^{-1} \cdots a^{-1}$ ($-n$ 个 a^{-1} 相乘). §3.1 的幂运算公式同样成立.

例子: $\mathbb{Z}^{\times} = \{\pm 1\}$.

$\mathbb{Z}_m^{\times}$ 就是既约剩余系乘群, 见习题 2.8 的第 5 题.

$\mathbb{C}[x]^{\times} = \mathbb{C}^{\times}$.

$\mathrm{M}_n(\mathbb{C})^{\times} = \mathrm{GL}_n(\mathbb{C})$.

定义 3.3.3　(1) 称环 $\mathbb{D}$ 为**除环**如果 $\mathbb{D}$ 的非零元都可逆, 即 $\mathbb{D}^{\times} = \mathbb{D} - \{0\}$;

(2) 交换的除环称为**域**.

所以域是一类特殊的整环, 某种程度上说对我们已不陌生, 如 $\mathbb{Q}$、$\mathbb{R}$、$\mathbb{C}$ 都是域. 线性代数 (高等代数) 中说的 "数域" 是由一些复数构成的域, 换言之, 是 $\mathbb{C}$ 的子域. 如 $\{ a+b\sqrt{2} \mid a,b\in\mathbb{Q} \}$ 是数域.

但也有元素不是数的域, 其中某些也已不陌生.

例如, 复系数有理分式的集合 $\mathbb{C}(x)=\left\{\dfrac{f(x)}{g(x)}\,\middle|\, f(x),g(x)\in\mathbb{C}[x],\ g(x)\neq 0\right\}$, 在分式加法和乘法运算下是一个域.

例: 模素数 p 的整数剩余类环 $\mathbb{Z}_p$ 是域. 这种只含有限个元的域称为**有限域**.

证 因为 $\mathbb{Z}_p^{\times}=\mathbb{Z}_p-\{[0]\}$, 见习题 2.8 的第 6 题和命题 2.8.1. □

特殊例子: 整数模 2 剩余类环 $\mathbb{Z}_2=\{[0],[1]\}$ 是仅含两个元素的域. 习惯上也把它简写作 $\mathbb{Z}_2=\{0,1\}$. 它在现代计算机理论、通信理论中起到核心作用.

$\mathbb{Z}_3=\{[0],[1],[2]\}$ 是仅含三个元素的域.

非交换的除环的例子叙述稍长一点, 放在本节末尾, 它在数系发展的历史上有重要地位, 见选读选讲材料 X10.

以下讨论整环和域与两类理想的关系, 然后介绍两类重要的整环.

定义 3.3.4 (1) 如果环 R 的理想 I 满足 $I\neq R$, 且只要理想 $J\supseteq I$ 就或者 $J=I$ 或者 $J=R$, 那么称 I 为 R 的**极大理想**;

(2) 如果交换环 R 的理想 I 满足 $I\neq R$, 且对任 $a,b\in R$, 只要 $ab\in I$ 就或者 $a\in I$ 或者 $b\in I$(即差集 $R-I$ 非空且对乘法封闭), 那么称 I 是 R 的**素理想**.

引理 3.3.1 交换环 R 是域当且仅当 R 是单环 (即只有两个平凡理想).

证 设 R 是域, I 是非零理想. 取 $0\neq a\in I$, 则 $a\in R^{\times}$. 对任 $b\in R$, 有 $b=ba^{-1}a\in I$, 故 $I=R$.

设 R 是单环. 对任 $0\neq a\in R$, 理想 $Ra=\{ra\mid r\in R\}\neq 0$ (参看命题 3.2.4), 故 $Ra=R$. 而 $1\in R$, 故有 $b\in R$ 使得 $ba=1$, 即 $a\in R^{\times}$. 所以 R 是域. □

命题 3.3.2 设 I 是交换环 R 的理想, 且 $I\neq R$.

(1) 剩余环 R/I 是域当且仅当 I 是 R 的极大理想;

(2) 剩余环 R/I 是整环当且仅当 I 是素理想.

证 (1) 设 R/I 是域, 则 R/I 只有两个理想. 设 R 的理想 J 包含 I, 因为自然同态 $\rho: R\to R/I$ 是满同态, 由命题 3.2.2, $\rho(J)$ 是 R/I 的理想, 所以 $\rho(J)=0$ 或者 $\rho(J)=R/I$. 如果 $\rho(J)=0$, 那么 $J\subseteq \mathrm{Ker}(\rho)=I$, 从而 $J=I$. 如果 $\rho(J)=R/I$, 则对任 $r\in R$ 存在 $a\in J$ 使得 $\rho(r)=\rho(a)$, 因而 $\rho(r-a)=\rho(r)-\rho(a)=0$, 得 $r-a\in I$, $r\in a+I\subseteq J$, 即 $R=J$. 所以 I 是 R 的极大理想.

设 I 是 R 的极大理想. 设 $\bar{J}$ 是 R/I 的理想, 在自然同态 $\rho: R\to R/I$ 下 $\bar{J}$ 的原象记为 J. 由命题 3.2.2, J 是 R 的理想且 $J\supseteq I$. 那么或者 $J=I$, 此时

$\bar{J}=\rho(J)=\rho(I)=0$; 或者 $J=R$, 此时 $\bar{J}=\rho(J)=\rho(R)=R/I$. 所以 R/I 只有两个平凡理想. 由引理 3.3.1, R/I 是域.

(2) R/I 是整环当且仅当只要 $(a+I)(b+I)=I$ 那么 $a+I=I$ 或者 $b+I=I$. 由于 $(a+I)(b+I)=ab+I$, 所以这等于说: 只要 $ab\in I$ 那么 a,b 中至少一个在 I 中, 即 I 是素理想. □

定义 3.3.5 (1) 如果整环 R 的任何理想都是主理想, 即任何理想可由一个元素生成 (参看定义 3.2.3 和命题 3.2.4), 则称 R 为**主理想整环**, 简称 R 为p.i.d.

(2) 如果整环 R 有函数 $\delta: R-\{0\}\to\mathbb{Z}^+$ 满足以下两条就称 R 为**欧氏整环**:

(E1) $\delta(a)\leqslant\delta(ab)$, $\forall\, a,b\in R-\{0\}$;

(E2) (**欧氏除法**) 对任 $a,b\in R$ 且 $a\neq 0$, 存在 $q,r\in R$ 使得

$$b=aq+r\ ,\quad r=0\quad 或\quad \delta(r)<\delta(a)\ .$$

命题 3.3.3 欧氏整环是主理想整环.

证 设 R 是欧氏整环, I 是 R 的理想. 如果 $I=0$, 则 $I=R0$ 为主理想.

再设 $I\neq 0$. 取 $a\in I-\{0\}$ 使得 $\delta(a)$ 最小. 首先, 由理想的定义马上有 $Ra\subseteq I$. 反过来, 对任 $b\in I$, 因 $a\neq 0$, 存在 $q,r\in R$ 使得

$$b=aq+r\ ,\quad r=0\ 或\ \delta(r)<\delta(a).$$

如果 $r\neq 0$, 则 $\delta(r)<\delta(a)$, 且 $r=b-aq\in I$, $\delta(r)<\delta(a)$, 这与 a 是 $I-\{0\}$ 中使得 $\delta(a)$ 最小的元相矛盾. 所以 $r=0$, 从而 $b=aq\in Ra$. 因此 $I\subseteq Ra$. 故 $I=Ra$ 是主理想. □

推论 对欧氏整环 R 的非零理想 I, 使得 $\delta(a)$ 最小的 I 中的非零元 a 是 I 的生成元: $I=Ra$.

下面实际上是已熟知的两个例子.

例子: 整数环 $\mathbb{Z}$ 是欧氏整环, $\delta(n)=|n|$. 从而 $\mathbb{Z}$ 是主理想整环: $\mathbb{Z}$ 的任何理想形如 $I=m\mathbb{Z}$, 其中, m 是 I 中绝对值最小的整数, 实际上可取 I 的生成元 m 为非负整数.

例子: 一元复多项式环 $\mathbb{C}[x]$ 是欧氏整环, $\delta(f(x))=\deg f(x)$. 从而 $\mathbb{C}[x]$ 是主理想整环: $\mathbb{C}[x]$ 的任何理想形如 $I=\mathbb{C}[x]\cdot g(x)$, 其中 $g(x)$ 是 I 中次数最小的多项式, 实际上可取 I 的生成元 $g(x)$ 为首一多项式.

把这个例子用到命题 3.2.1 后面的复矩阵 $\boldsymbol{A}$ 的零化理想的例子, 可以马上知道: 矩阵 $\boldsymbol{A}$ 的零化理想是由极小多项式生成的主理想.

例 3.3.1 $\mathbb{Z}[\mathrm{i}]:=\{\,a+b\,\mathrm{i}\mid a,b\in\mathbb{Z}\,\}$ 是欧氏整环, 称为**高斯整数环**.

证 首先, 易验证 $\mathbb{Z}[\mathrm{i}]$ 是 $(\mathbb{C},+,\cdot)$ 的幺子环, 所以, $\mathbb{Z}[\mathrm{i}]$ 是整环.

对任复数 $u+v\mathrm{i}$, 其中, $u,v\in\mathbb{R}$, 令 $N(u+v\mathrm{i})=u^2+v^2=|u+v\mathrm{i}|^2$. 那么, 当 $a+b\mathrm{i}\in\mathbb{Z}[\mathrm{i}]$ 时 $N(a+b\mathrm{i})\in\mathbb{Z}^+$. 这就定义了映射

$$N:\quad \mathbb{Z}[\mathrm{i}]\longrightarrow\mathbb{Z}^+,\quad a+b\mathrm{i}\longmapsto N(a+b\mathrm{i}).$$

显然映射 N 满足定义 3.3.5 中的条件 (E1): 对任 $a+b\mathrm{i},\ a'+b'\mathrm{i}\in\mathbb{Z}[\mathrm{i}]-\{0\}$ 有

$$N(a+b\mathrm{i})=a^2+b^2\leqslant(a^2+b^2)(a'^2+b'^2)=N\Big((a+b\mathrm{i})(a'+b'\mathrm{i})\Big).$$

为证明定义 3.3.5 中的条件 (E2) 成立, 设 $\alpha,\ \beta\in\ \mathbb{Z}[\mathrm{i}]$, 其中, $\beta\neq0$, 要求 $\gamma,\delta\in\mathbb{Z}[\mathrm{i}]$ 使得

$$\alpha=\beta\gamma+\delta,\qquad 而且\quad N(\delta)<N(\beta). \tag{$*$}$$

前式即 $\alpha/\beta=\gamma+\delta/\beta$, 后式即 $N(\delta/\beta)<1$. 所以就是要求 $\gamma\in\mathbb{Z}[\mathrm{i}]$ 使得

$$N\left(\frac{\alpha}{\beta}-\gamma\right)<1.$$

令 $\alpha/\beta=u+v\mathrm{i}$, 其中, $u,v\in\mathbb{Q}$. 那么存在 $s,t\in\mathbb{Z}$ 使得 $|u-s|\leqslant1/2$ 和 $|v-t|\leqslant1/2$. 令 $\gamma=s+t\mathrm{i}\in\mathbb{Z}[\mathrm{i}]$, 就有

$$N\left(\frac{\alpha}{\beta}-\gamma\right)=N((u-s)+(v-t)\mathrm{i})\leqslant\left(\frac{1}{2}\right)^2+\left(\frac{1}{2}\right)^2<1.$$

再令 $\delta=\beta\cdot\left(\dfrac{\alpha}{\beta}-\gamma\right)=\alpha-\beta\gamma\in\mathbb{Z}[\mathrm{i}]$, 式 $(*)$ 就能成立. □

例 3.3.2 对 $a\in\mathbb{C}$ 记 $\bar{a}$ 是共轭复数. 令 $\mathbb{H}=\left\{\left(\begin{array}{cc}a&b\\-\bar{b}&\bar{a}\end{array}\right)\middle|\ a,b\in\mathbb{C}\right\}$, 则在矩阵加法和矩阵乘法之下 $\mathbb{H}$是一个除环但不是域 (从选读选讲材料 X10 可进一步了解这个除环).

证 易验证 $\mathbb{H}$ 在矩阵加法和矩阵乘法之下是封闭的, 从而易验证 $\mathbb{H}$ 构成一个环. 对任 $0\neq\boldsymbol{A}=\left(\begin{array}{cc}a&b\\-\bar{b}&\bar{a}\end{array}\right)$, 有 $\det\boldsymbol{A}=a\bar{a}+b\bar{b}$ 为非零实数, 故

$$\boldsymbol{A}^{-1}=\frac{1}{\det\boldsymbol{A}}\left(\begin{array}{cc}\bar{a}&-b\\\bar{b}&a\end{array}\right)\in\mathbb{H},$$

因此 $\mathbb{H}$ 的每个非零元可逆. 所以 $\mathbb{H}$ 是一个除环. $\mathbb{H}$ 非交换, 如 (其中 $\mathrm{i}=\sqrt{-1}$)

$$\left(\begin{array}{cc}&\mathrm{i}\\\mathrm{i}&\end{array}\right)\left(\begin{array}{cc}&-1\\1&\end{array}\right)\neq\left(\begin{array}{cc}&-1\\1&\end{array}\right)\left(\begin{array}{cc}&\mathrm{i}\\\mathrm{i}&\end{array}\right).$$ □

内容小结关键词：整环, 域, 极大理想, 素理想, 主理想整环, 欧氏整环.

习　题　3.3

1.[+] 如果环 R 的元素 a 满足：只要 $ab=ac$ 就有 $b=c$, 就说 a 是可以左消去元. 如果从 $ab=ac$ 及 $a\neq 0$ 恒可得出 $b=c$, 就说环 R 满足左消去律. 类似地定义右消去律. 如果 R 满足左右消去律, 就说环 R 满足消去律. 证明：

(1) 非零元 a 是可以左消去元当且仅当 a 不是左零因子;

(2) 如果元素 a 是可逆元则 a 是可以左消去元. 反过来不成立;

(3) 环 R 为整环当且仅当 R 交换且满足消去律;

(4) 域是整环.

2. 如果环 R 的子环 S 是域就称 S 是 R 的子域. 举例说明：

(1) 不是域的环可以有子域;

(2) 域的子环必为整环但不必为子域.

3. 证明：除环只有平凡理想; 但反过来不正确.

4.[+] 证明：交换环的极大理想是素理想.

5. 记 $\mathbb{Z}[x]$ 是所有整系数多项式构成的环. 证明：

(1) 一个元素 x 生成的主理想 $\mathbb{Z}[x]\cdot x=\{$常数项为 0 的多项式$\}$;

(2) $\mathbb{Z}[x]\cdot x$ 是素理想但不是极大理想.

6. 设 $p\in\mathbb{Z}$. 证明：$p\mathbb{Z}$ 是 $\mathbb{Z}$ 的素理想当且仅当 $p\mathbb{Z}$ 是 $\mathbb{Z}$ 的极大理想, 当且仅当 p 是素数.

7.[+] 有限的整环是域.

8. 设 $\mathrm{End}(V)$ 是复向量空间 V 的所有线性变换构成的幺环. 取定 $\alpha\in\mathrm{End}(V)$. 证明以下映射是环同态：

$$\nu_\alpha:\quad \mathbb{C}[x]\longrightarrow \mathrm{End}(V)\,,\quad f(x)\longmapsto f(\alpha)\,,$$

同态核可由一个元 $g(x)$ 生成, 满足 $g(\alpha)=0$, 而且, $f(x)\in\mathbb{C}[x]$ 使得 $f(\alpha)=0$ 的充要条件是 $g(x)\,|\,f(x)$.

9. 设环 R(不事先假设 R 是幺环) 满足对任 $0\neq a\in R$ 存在唯一 $b\in R$ 使得 $aba=a$. 证明：

(1) 环 R 没有非零的零因子;

(2) 如 $aba=a$ 且 $a\neq 0$, 则 $bab=b$;

(3) R 是幺环;

(4) R 是除环.

§3.4　整环的分式域

本节把从整数构造有理数的思想推广到一般整环.

设 R 是一个整环. 令 $\mathcal{Q} := \{ (a,b) \mid a,b \in R,\ b \neq 0 \}$. 在 $\mathcal{Q}$ 上定义关系 (即是"分数相等规则"):

$$(a,b) \sim (c,d) \qquad \text{如果} \quad ad = bc\,. \tag{$\sim$}$$

验证这是等价关系如下：自反性、对称性显然成立; 若 $(a,b) \sim (c,d)$ 且 $(c,d) \sim (e,f)$, 即 $ad = bc$ 且 $cf = de$, 那么 $adf = bcf = bde$, $d(af - be) = 0$, 由于 R 无零因子, $d \neq 0$, 所以 $af - be = 0$, $af = be$, 得 $(a,b) \sim (e,f)$.

令 $Q := \mathcal{Q}/\sim$ 为 $\mathcal{Q}$ 对等价关系 $\sim$ 的商集, 把 (a,b) 所在的等价类记作 $\frac{a}{b}$ (造出了所有 "分数"(fractions)). 利用 R 的两个运算在集合 Q 上定义运算：

$$\frac{a}{b} + \frac{c}{d} = \frac{ad+bc}{bd}\,; \tag{$+$}$$

$$\frac{a}{b} \cdot \frac{c}{d} = \frac{ac}{bd}\,. \tag{$\cdot$}$$

需要验证运算定义与代表元选取无关. 设 $(a,b) \sim (a',b')$, $(c,d) \sim (c',d')$, 即 $\frac{a}{b} = \frac{a'}{b'}$, $\frac{c}{d} = \frac{c'}{d'}$, 那么 $ab' = ba'$, $cd' = dc'$, 于是

$$\begin{aligned}(ad+bc)(b'd') &= adb'd' + bcb'd' = ab'dd' + bb'cd' = ba'dd' + bb'dc' \\ &= bda'd' + bdb'c' = bd(a'd' + b'c')\,,\end{aligned}$$

即

$$\frac{ad+bc}{bd} = \frac{a'd'+b'c'}{b'd'}.$$

加法的定义与代表元选取无关. 同理证明乘法的定义与代表元选取无关.

验证 Q 是一个交换幺环如下. $\frac{0}{1}$ 是 Q 的加法零元, $-\frac{a}{b} = \frac{-a}{b}$, 验证结合律：

$$\left(\frac{a}{b} + \frac{c}{d}\right) + \frac{e}{f} = \frac{ad+bc}{bd} + \frac{e}{f} = \frac{adf+bcf+bde}{bdf},$$

$$\frac{a}{b} + \left(\frac{c}{d} + \frac{e}{f}\right) = \frac{a}{b} + \frac{cf+de}{df} = \frac{adf+bcf+bde}{bdf},$$

故

$$\left(\frac{a}{b} + \frac{c}{d}\right) + \frac{e}{f} = \frac{a}{b} + \left(\frac{c}{d} + \frac{e}{f}\right),$$

即加法满足结合律. 类似地验证其他条件成立. 特别是, $\frac{1}{1}$ 是乘法单位元.

易见 Q 是一个域, 因为 $\frac{a}{b} \neq 0$ 就是说 $a \neq 0$, 那么 $\frac{b}{a} \in Q$ 而 $\frac{a}{b} \cdot \frac{b}{a} = \frac{ab}{ab} = \frac{1}{1}$.

最后, 把 R 嵌入 Q 作为 Q 的子环.

$$R \longrightarrow Q, \quad a \longmapsto \frac{a}{1}$$

由 Q 的运算定义, 易见这是幺环同态. 如果 $\frac{a}{1}=\frac{b}{1}$, 按等价关系定义 $(\sim)$, 得 $a=b$. 故这是单同态. 记 $\frac{a}{1}=a$. 实际上对任 $b\neq 0$ 都有 $\frac{ab}{b}=a$. 只要 $a\neq 0$, 在 Q 中 $a^{-1}=\frac{1}{a}$.

定义 3.4.1　上述构造的域 Q 称为整环 R 的**分式域**(fraction field), 或称整环 R 的**商域**(quotient field).

定理 3.4.1 (分式域的泛性质)　设 R 和 Q 如上. 如果交换环 S 以及幺环同态 $\sigma: R\to S$ 使得任 $0\neq a\in R$ 的象 $\sigma(a)$ 在 S 中可逆, 则存在唯一环同态 $\tilde{\sigma}: Q\to S$ 使得 $\tilde{\sigma}|_R=\sigma$, 这个 $\tilde{\sigma}$ 是单同态.

证　存在性. 令

$$\tilde{\sigma}:\ Q \longrightarrow S, \quad \frac{a}{b} \longmapsto \sigma(a)\sigma(b)^{-1}.$$

若 $\frac{a'}{b'}=\frac{a}{b}$, 即 $ab'=ba'$, 那么 $\sigma(a)\sigma(b')=\sigma(b)\sigma(a')$, 故 $\sigma(a')\sigma(b')^{-1}=\sigma(a)\sigma(b)^{-1}$, 知上述映射定义是合理的 (与代表元的选取无关). 易验证 $\tilde{\sigma}$ 是环同态而且 $\tilde{\sigma}(1_Q)=1_S$. 域 Q 只有两个平凡理想, 而 $\tilde{\sigma}$ 不是零同态, 所以 $\mathrm{Ker}(\tilde{\sigma})=0$, 即 $\tilde{\sigma}$ 是单的环同态.

唯一性. 设 $\sigma': Q\to S$ 也满足条件, 即 σ' 是环同态且 $\sigma'(a)=\sigma(a)$, $\forall\, a\in R$, 那么

$$\sigma'\left(\frac{a}{b}\right)\sigma(b)=\sigma'\left(\frac{a}{b}\right)\sigma'(b)=\sigma'\left(\frac{a}{b}\cdot b\right)=\sigma'(a)=\sigma(a)\,,$$

故 $\sigma'\left(\frac{a}{b}\right)=\sigma(a)\sigma(b)^{-1}=\tilde{\sigma}\left(\frac{a}{b}\right)$, 得 $\sigma'=\tilde{\sigma}$.　□

证明中指出: 使得 $\tilde{\sigma}|_R=\sigma$ 的唯一环同态是 $\tilde{\sigma}: Q\to S$, $a/b\mapsto\sigma(a)\sigma(b)^{-1}$.

例 3.4.1　整数环的分式域是有理数域.

例 3.4.2　域 F 的多项式环 $F[x]$ 的分式域是域 F 的有理分式域

$$F(x)=\left\{\left.\frac{f(x)}{g(x)}\ \right|\ f(x),g(x)\in F[x],\ g(x)\neq 0\right\}.$$

为了使得环中的一些不可逆元素变得可逆, 可以把环嵌入一个更大的环, 这种数学思想方法称为**局部化**. 从一般整环构造分式域就是让所有非零元在一个更大的环中成为可逆元, 最原始的重要模型是从整数构造有理数. 后面一组习题是稍微广泛的情形.

内容小结关键词: 整环的分式域的构造, 分式域的泛性质.

习 题 3.4

1. 设 F 是 $\mathbb{C}$ 的子集且 $0,1\in F$; 如果在数的加法、乘法运算之下 F 构成域, 就称 F 是一个数域.

证明: 任何数域 F 包含有理数域 $\mathbb{Q}$.

2. 如果环 R 的子集 S 满足: (i) $1\in S$; (ii) 若 $s_1,s_2\in S$ 则 $s_1s_2\in S$, 则称 S 是 R 的一个**乘闭子集**. 设 P 是环 R 的理想. 证明: $S=R-P$ 是乘闭子集当且仅当 P 是素理想.

3. 设 R 是一个整环, 设 S 是 R 的一个乘闭子集且 $0\notin S$. 在 $\mathcal{L}=\{\,(r,s)\mid r\in R,\ s\in S\,\}$ 上定义关系: $(r,s)\sim(r',s')$ 如果 $rs'=r's$.

(1) 证明: "$\sim$" 是 $\mathcal{L}$ 上的等价关系. 记 (r,s) 所在的等价类为 $\dfrac{r}{s}$, 记商集为

$$S^{-1}R:=\left\{\ \frac{r}{s}\ \middle|\ \ r\in R,\ s\in S\right\}\ ;$$

(2) 证明: 以下是 $S^{-1}R$ 上的合理定义的运算:

$$\frac{a}{b}+\frac{c}{d}\ =\ \frac{ad+bc}{bd},$$
$$\frac{a}{b}\cdot\frac{c}{d}\ =\ \frac{ac}{bd},$$

在这两运算下 $S^{-1}R$ 是一个整环;

(3) 证明: $R\to S^{-1}R$, $r\mapsto\dfrac{r}{1}$, 是幺环单同态;

(4) 设 T 是一个交换幺环. 如果 $f:R\to T$ 是幺环同态而且对任 $s\in S$ 象 $f(s)$ 是 T 的可逆元, 那么存在唯一幺环同态 $\tilde f:S^{-1}R\to T$ 使得 $\tilde f\left(\dfrac{r}{1}\right)=f(r)$.

4. 取 $R=\mathbb{Z}$, p 为一个素数. 令 $S=\mathbb{Z}-p\mathbb{Z}$, 求 $S^{-1}\mathbb{Z}$.

(下面一组习题讨论环的一个重要数量特性.)

5. 设 R 是幺环. 证明下述映射

$$\gamma_R:\ \mathbb{Z}\ \longrightarrow R\,,\quad n\longmapsto n1_R$$

是环同态, 而且

(1) 象 $\mathrm{Im}(\gamma_R)=\mathbb{Z}1_R$ (参看例 3.1.5);

(2) 存在唯一非负整数 h 使得核 $\mathrm{Ker}(\gamma_R)=h\mathbb{Z}$, 而且有环同构

$$\mathbb{Z}_h\ \xrightarrow{\cong}\ \mathbb{Z}1_R,\quad n+h\mathbb{Z}\ \longmapsto\ n1_R\ .$$

(称 (2) 中的非负整数 h 为幺环 R 的特征, 记作 $h=\mathrm{char}\,R$.)

6. 设 R 是整环. 证明: 或者 $\mathrm{char}\,R=0$ 或者 $\mathrm{char}\,R$ 是个素数; 而且

(1) 如果 $\mathrm{char}\,R=p$ 为素数, 则 R 的任何非零元 a 在加群 $(R,+)$ 中的阶等于 p, 而且 R 的子环 $\mathbb{Z}1_R\cong\mathbb{Z}_p$.

(2) 如果 $\mathrm{char}\,R=0$, 则 R 的任何非零元 a 在加群 $(R,+)$ 中的阶等于 ∞, 而且 R 的子环 $\mathbb{Z}1_R\cong\mathbb{Z}$.

7. 证明: 域 F 的特征或者为 0 或者为素数记作 p; 而且

(1) 如果域 F 的特征为素数 p, 则 F 有一个子域同构于 $\mathbb{Z}_p$.

(2) 如果域 F 的特征为 0, 则 F 有一个子域同构于 $\mathbb{Q}$.

8. 设交换环 R 的特征 $\mathrm{char}R = p$ 是一个素数, 则

$$(a+b)^{p^n} = a^{p^n} + b^{p^n}, \qquad \forall\, a, b \in R, \forall \text{ 正整数 } n.$$

§3.5 直　和

可从已有的几个环以一种简单的方式构造一个新环.

设 $R_1, \cdots, R_n$ 都是环. 作集合积 (即卡氏积):

$$R = R_1 \times \cdots \times R_n = \{\, (r_1, \cdots, r_n) \mid r_j \in R_j,\ j = 1, \cdots, n \,\},$$

再定义运算:

$$(r_1, \cdots, r_n) + (r_1', \cdots, r_n') = (r_1 + r_1', \ \cdots, \ r_n + r_n'),$$

$$(r_1, \cdots, r_n) \cdot (r_1', \cdots, r_n') \ = \ (r_1 r_1', \ \cdots, \ r_n r_n').$$

对 $r_i, r_i', r_i'' \in R_i$, 有

$$\begin{aligned}
&\Big((r_1, \cdots, r_n) + (r_1', \cdots, r_n')\Big) + (r_1'', \cdots, r_n'') \\
=&\Big((r_1 + r_1') + r_1'', \ \cdots, \ (r_n + r_n') + r_n''\Big) \\
=&\Big(r_1 + (r_1' + r_1''), \ \cdots, \ r_n + (r_n' + r_n'')\Big) \\
=&(r_1, \cdots, r_n) + \Big((r_1', \cdots, r_n') + (r_1'', \cdots, r_n'')\Big).
\end{aligned}$$

即加法满足结合律. 类似地可以验证:

- $(0_{R_1}, \cdots, 0_{R_n})$ 是加法零元;
- $(-r_1, \cdots, -r_n)$ 是 $(r_1, \cdots, r_n)$ 的负元, 即 $-(r_1, \cdots, r_n) = (-r_1, \cdots, -r_n)$;
- 加法满足交换律;
- 乘法满足结合律;
- $(1_{R_1}, \cdots, 1_{R_n})$ 是乘法的单位元;
- 乘法对加法满足左、右分配律.

所以, R 是一个环.

定义 3.5.1　称上述环 R 为环 $R_1, \cdots, R_n$ 的**外直和**, 记作 $R = R_1 \oplus \cdots \oplus R_n$.

例 3.5.1　设 $R_1 = \mathbb{Z}_3 = \{\, [0]_3, \ [1]_3, \ [2]_3 \}$, 其中, $[1]_3$ 表示 1 所在模 3 剩余类, 为简单, 记作 1_3, 即 $R_1 = \mathbb{Z}_3 = \{\, 0_3, \ 1_3, \ 2_3 \}$. 再设 $R_2 = \mathbb{Z}_2 = \{\, 0_2, \ 1_2 \}$, 那么

$$R = \mathbb{Z}_3 \oplus \mathbb{Z}_2 = \{\, (0_3, 0_2), \ (0_3, 1_2), \ (1_3, 0_2), \ (1_3, 1_2), \ (2_3, 0_2), \ (2_3, 1_2) \}.$$

进一步观察这个例子. 在 $R = \mathbb{Z}_3 \oplus \mathbb{Z}_2$ 中, 令

$$I_1 = \{\, (0_3, \ 0_2), \ (1_3, \ 0_2), \ (2_3, \ 0_2) \},$$

$$I_2 = \{ (0_3,\ 0_2),\ (0_3,\ 1_2)\}\ .$$

那么, 因为运算都是在对应分量进行, 易看出 I_1 在加法之下封闭. 而且对任 $a = (r, r') \in R$ 和任 $a_1 = (s, 0) \in I_1$, 乘积 $aa_1 \in I_1$, 即 I_1 是 R 的理想. 同样可以证明 I_2 是 R 的理想. 详细验证见习题 3.5 的第 1 题.

而且 $I_1 \cong \mathbb{Z}_3$, 因为 I_1 的元素的第一分量就是 $\mathbb{Z}_3$ 的全部元素而第二分量全为零. 同理 $I_2 \cong \mathbb{Z}_2$. 详细验证见习题 3.5 的第 1 题.

进而, 对任 $(r, r') \in \mathbb{Z}_3 \oplus \mathbb{Z}_2$, 有

$$(r, r') = (r, 0) + (0, r')\ .$$

而且如果

$$(r, r') = (s, 0) + (0, s'),$$

则按卡氏积定义得 $(s, s') = (r, r')$, $s = r$, $s' = r'$, 即

$$(s, 0) = (r, 0)\,, \qquad (0, s') = (0, r')\ .$$

也就是对任 $a \in R$ 存在唯一 $a_1 \in I_1$ 和唯一 $a_2 \in I_2$ 使得 $a = a_1 + a_2$.

命题 3.5.1 设 $R = R_1 \oplus \cdots \oplus R_n$ 是环 $R_1, \cdots, R_n$ 的外直和. 令

$$I_j = \{\ (0, \cdots, 0, r_j, 0, \cdots, 0) \mid r_j \in R_j\ \}\,, \qquad j = 1, \cdots, n,$$

则 I_j, $j = 1, \cdots, n$, 都是 R 的理想, 而且对任 $a \in R$ 有

(1) 存在 $a_j \in I_j$, $j = 1, \cdots, n$, 使得 $a = a_1 + \cdots + a_n$;

(2) 若 $a'_j \in I_j$, $j = 1, \cdots, n$, 也使得 $a = a'_1 + \cdots + a'_n$, 则 $a'_j = a_j$, $j = 1, \cdots, n$.

证 对任 $(0, \cdots, 0, r_j, 0, \cdots, 0)$, $(0, \cdots, 0, r'_j, 0, \cdots, 0) \in I_j$, 有

$$(0, \cdots, 0, r_j, 0, \cdots, 0) - (0, \cdots, 0, r'_j, 0, \cdots, 0) = (0, \cdots, 0, r_j - r'_j, 0, \cdots, 0) \in I_j\ ;$$

并且对任 $(s_1, \cdots, s_{j-1}, s_j, s_{j+1}, \cdots, s_n) \in R$, 有

$$(s_1, \cdots, s_{j-1}, s_j, s_{j+1}, \cdots, s_n)\,(0, \cdots, 0, r_j, 0, \cdots, 0) = (0, \cdots, 0, s_j r_j, 0, \cdots, 0) \in I_j\ ;$$

$$(0, \cdots, 0, r_j, 0, \cdots, 0)\,(s_1, \cdots, s_{j-1}, s_j, s_{j+1}, \cdots, s_n) = (0, \cdots, 0, r_j s_j, 0, \cdots, 0) \in I_j\ .$$

所以, I_j 是 R 的理想.

下设 $a = (r_1, \cdots, r_n) \in R$, 证明 (1)、(2) 两条成立.

(1) 取 $a_j = (0, \cdots, 0, r_j, 0, \cdots, 0) \in I_j$, 则 (1) 成立.

(2) 设 $a'_j = (0, \cdots, 0, r'_j, 0, \cdots, 0) \in I_j$, 则

$$a'_1 + \cdots + a'_n = (r'_1,\ \cdots,\ r'_j,\ \cdots,\ r'_n),$$

所以 $a = a'_1 + \cdots + a'_n$ 就是

$$(r_1, \cdots, r_j, \cdots, r_n) = (r_1', \cdots, r_j', \cdots, r_n').$$

因此 $r_j = r_j'$, $j = 1, \cdots, n$. 那么 $a_j' = a_j$, $j = 1, \cdots, n$. □

如同例 3.5.1, 在命题 3.5.1 中易看出, 作为环来说 $I_j \cong R_j$.

定义 3.5.2 设 R 是环. 如果理想 $I_1, \cdots, I_n$ 满足对任 $a \in R$ 有:

(1) 存在 $a_j \in I_j$ $(j = 1, \cdots, n)$, 使得 $a = a_1 + \cdots + a_n$;

(2) 如果 $a_j' \in I_j$ $(j = 1, \cdots, n)$, 也使 $a = a_1' + \cdots + a_n'$, 则 $a_j' = a_j$, $j = 1, \cdots, n$;

就称环 R 是理想 $I_1, \cdots, I_n$ 的**内直和**, 记作 $R = I_1 \oplus \cdots \oplus I_n$.

对群有完全类似的构造如下, 有关验证作为习题.

定义 3.5.3 设 $G_1, \cdots, G_n$ 都是群 (运算写作乘法), 作集合积 (即卡氏积):

$$G = G_1 \times \cdots \times G_n = \{ (g_1, \cdots, g_n) \mid g_j \in G_j, \ j = 1, \cdots, n \},$$

再定义运算:

$$(g_1, \cdots, g_n) \cdot (g_1', \cdots, g_n') = (g_1 g_1', \cdots, g_n g_n'),$$

则 $(G, \cdot)$ 是群, 称为群 $G_1, \cdots, G_n$ 的**外直积**, 记作 $G = G_1 \times \cdots \times G_n$.

命题 3.5.2 设 $R_1, \cdots, R_n$ 都是环, $R_1^\times, \cdots, R_n^\times$ 是相应的可逆元乘群, 则

$$(R_1 \oplus \cdots \oplus R_n)^\times = R_1^\times \times \cdots \times R_n^\times .$$

证 $R_1 \oplus \cdots \oplus R_n$ 的单位元为 $(1_1, \cdots, 1_n)$, 其中, 位置 j 上的 1_j 是 R_j 的单位元. 如果 $(a_1, \cdots, a_n)$, $(a_1', \cdots, a_n') \in R_1 \oplus \cdots \oplus R_n$ 使得

$$(a_1, \cdots, a_n)(a_1', \cdots, a_n') = (1_1, \cdots, 1_n),$$

则因为左边 $= (a_1 a_1', \cdots, a_n a_n')$, 故得 $a_j a_j' = 1_j$, $j = 1, \cdots, n$. 同理 $a_j' a_j = 1_j$. 故

$$\begin{aligned}(a_1, \cdots, a_n) \in (R_1 \oplus \cdots \oplus R_n)^\times &\iff a_j \in R_j^\times, \ \forall j = 1, \cdots, n; \\ &\iff (a_1, \cdots, a_n) \in R_1^\times \times \cdots \times R_n^\times .\end{aligned}$$

由此得命题的等式. □

例如, 继续例 3.5.1. 则 $\mathbb{Z}_3^\times = \{1_3, 2_3\}$, $\mathbb{Z}_2^\times = \{1_2\}$. 那么

$$(\mathbb{Z}_3 \oplus \mathbb{Z}_2)^\times = \{(1_3, 1_2), (2_3, 1_2)\} = \mathbb{Z}_3^\times \times \mathbb{Z}_2^\times .$$

命题 3.5.3 设 $I_1, \cdots, I_n$ 是环 R 的理想, 令 $I := I_1 \cap \cdots \cap I_n$. 则有下述单的环同态:

$$\bar{\rho}: \quad R/I \longrightarrow R/I_1 \oplus \cdots \oplus R/I_n, \quad a + I \longmapsto (a + I_1, \cdots, a + I_n).$$

证 易验证下述映射是环同态

$$\rho: \quad R \longrightarrow R/I_1 \oplus \cdots \oplus R/I_n, \quad a \longmapsto (a+I_1, \cdots, a+I_n).$$

而且

$$\begin{aligned}\mathrm{Ker}(\rho) &= \{ a \in R \mid a+I_j = I_j, \ j=1,\cdots,n \} \\ &= \{ a \in R \mid a \in I_j, \ j=1,\cdots,n \} \\ &= I_1 \cap \cdots \cap I_n = I.\end{aligned}$$

由同态基本定理, 得本命题. □

一般地, 环 R 的理想 I_1 和 I_2 称为**互素的理想**如果 $I_1 + I_2 = R$.

例: $\mathbb{Z}$ 的理想 $\mathbb{Z}k_1$ 和 $\mathbb{Z}k_2$ 互素当且仅当 $\gcd(k_1, k_2) = 1$.

证 $\mathbb{Z}k_1 + \mathbb{Z}k_2 = \mathbb{Z}$, 当且仅当存在 $h_1, h_2 \in \mathbb{Z}$ 使得 $h_1k_1 + h_2k_2 = 1$, 当且仅当 $\gcd(k_1, k_2) = 1$. □

定理 3.5.1 (中国剩余定理) 设环 R 的理想 $I_1, \cdots, I_n$ 两两互素, 令 $I := I_1 \cap \cdots \cap I_n$, 那么有环同构:

$$\bar{\rho}: \quad R/I \xrightarrow{\cong} R/I_1 \oplus \cdots \oplus R/I_n, \quad a+I \longmapsto (a+I_1, \cdots, a+I_n).$$

证 命题 3.5.3 已指出有下述环同态, 它的同态核是 I:

$$\rho: \quad R \longrightarrow R/I_1 \oplus \cdots \oplus R/I_n, \quad a \longmapsto (a+I_1, \cdots, a+I_n).$$

因而按同态基本定理上述定理中的 $\bar{\rho}$ 是单的环同态. 所以只需证明在本定理条件之下 ρ 是满射.

任给定 k, $1 \leqslant k \leqslant n$. 那么对任 $j \neq k$ 都有 $I_j + I_k = R$, 则 $1 \in I_j + I_k$. 按理想加法的定义 (见命题 3.2.3), 有 $a_j \in I_j$ 和 $b_j \in I_k$ 使得 $a_j + b_j = 1$, 那么

$$(a_1+b_1)\cdots(a_{k-1}+b_{k-1})(a_{k+1}+b_{k+1})\cdots(a_n+b_n) = 1 . \tag{CRT0}$$

将左边 $n-1$ 个括号乘积展开, 共得 2^{n-1} 个乘积项之和:

$$(a_1 \cdots a_{k-1}a_{k+1} \cdots a_n) + \Big(\cdots + (\cdots b_j \cdots) + \cdots \Big) = 1,$$

其中

- 一个乘积项是 $a_1 \cdots a_{k-1}a_{k+1} \cdots a_n$, 把这一项记作 ℓ_k;
- 而其他任一乘积项至少一个因子形如 b_j, 即形如 $\cdots b_j \cdots$, 把所有这些项之和记作 s_k, 即 $s_k = \Big(\cdots + (\cdots b_j \cdots) + \cdots \Big)$.

那么

$$\ell_k + s_k = 1 .$$

对任 $j \neq k$, 乘积 $\ell_k = a_1 \cdots a_{k-1}a_{k+1} \cdots a_n$ 中因子 $a_j \in I_j$. 按理想的定义 3.2.2 的条件 (I2), 得 $\ell_k \in I_j$. 再看 $s_k = (\cdots + (\cdots b_j \cdots) + \cdots)$: 和式中任一项 $\cdots b_j \cdots$

有因子 $b_j \in I_k$, 仍按理想的定义 3.2.2 的条件 (I2), 得 $\cdots b_j \cdots \in I_k$, 所以这些项之和 $s_k \in I_k$.

小结上述, 任给定 k, $1 \leqslant k \leqslant n$, 存在元素 ℓ_k, s_k 满足

$$\ell_k + s_k = 1\,, \quad 且 \quad s_k \in I_k\,, \quad 而\ \ell_k \in I_j\,,\ \forall\, j \neq k\,.$$

因此

$$\ell_k + I_j = \begin{cases} 1 + I_j, & 若\ j = k, \\ I_j, & 若\ j \neq k. \end{cases}$$

或按同余式记号写作

$$\ell_k \equiv \begin{cases} 1 \pmod{I_j}, & 若\ j = k, \\ 0 \pmod{I_j}, & 若\ j \neq k. \end{cases} \tag{CRT1}$$

对任 $(a_1 + I_1,\ \cdots,\ a_n + I_n) \in R/I_1 \oplus \cdots \oplus R/I_n$, 令

$$a = a_1\ell_1 + \cdots + a_n\ell_n\,. \tag{CRT2}$$

则对任何 k, $1 \leqslant k \leqslant n$, 都有

$$\begin{aligned} a &= a_1\ell_1 + \cdots + a_{k-1}\ell_{k-1} + a_k\ell_k + a_{k+1}\ell_{k+1} + \cdots + a_n\ell_n \\ &\equiv a_1 \cdot 0 + \cdots + a_{k-1} \cdot 0 + a_k \cdot 1 + a_{k+1} \cdot 0 + \cdots + a_n \cdot 0 \pmod{I_k} \\ &\equiv a_k \pmod{I_k}, \end{aligned}$$

也就是 $a + I_k = a_k + I_k$. 所以

$$\rho(a) = (a + I_1,\ \cdots,\ a + I_n) = (a_1 + I_1,\ \cdots,\ a_n + I_n)\,,$$

即 ρ 是满射. □

证明中的式 (CRT0)、(CRT1)、(CRT2) 给出了满射 ρ 的原象的构造方法.

推论 3.5.1 设正整数 $m_1, \cdots, m_k$ 两两互素, 记 $m = m_1 \cdots m_k$. 则有环同构:

$$\mathbb{Z}_m \xrightarrow{\cong} \mathbb{Z}_{m_1} \oplus \cdots \oplus \mathbb{Z}_{m_k}\,, \quad [a]_m \longmapsto ([a]_{m_1},\ \cdots,\ [a]_{m_k})\,.$$

证 $\mathbb{Z}$ 的理想 $m_1\mathbb{Z}, \cdots, m_k\mathbb{Z}$ 两两互素, 故 $\operatorname{lcm}(m_1, \cdots, m_k) = m$, 由此 (参看习题 3.2 的第 5 题) 得出 $m_1\mathbb{Z} \cap \cdots \cap m_k\mathbb{Z} = m\mathbb{Z}$. 从中国剩余定理 3.5.1 得出本结论. □

推论 记号同上, 则 Euler 函数

$$\varphi(m_1 \cdots m_k) = \varphi(m_1) \cdots \varphi(m_k)\,.$$

证 从上推论的同构和命题 3.5.2 得

$$\mathbb{Z}_m^\times = \mathbb{Z}_{m_1}^\times \times \cdots \times \mathbb{Z}_{m_k}^\times,$$

所以

$$\varphi(m)=|\mathbb{Z}_m^\times|=|\mathbb{Z}_{m_1}^\times|\cdots|\mathbb{Z}_{m_k}^\times|=\varphi(m_1)\cdots\varphi(m_k)\ . \qquad \square$$

推论 设 $p_1, \cdots, p_k$ 是两两不同的素数. 则

$$\varphi(p_1^{n_1}\cdots p_k^{n_k})=p_1^{n_1-1}(p_1-1)\cdots p_k^{n_k-1}(p_k-1)\ .$$

证 从上述推论以及命题 2.8.1 得

$$\varphi(p_1^{n_1}\cdots p_k^{n_k})=\varphi(p_1^{n_1})\cdots\varphi(p_k^{n_k})=p_1^{n_1-1}(p_1-1)\cdots p_k^{n_k-1}(p_k-1)\ . \qquad \square$$

作为例子, 继续看例 3.5.1. 由中国剩余定理的推论 3.5.1,

$$\mathbb{Z}_6 \xrightarrow{\cong} \mathbb{Z}_3\oplus\mathbb{Z}_2\ ,\quad [a]_6 \longmapsto ([a]_3,\ [a]_2)\ .$$

通过辗转相除, 得知

$$\ell_1=4\equiv\begin{cases}1 & (\mathrm{mod}\ 3),\\ 0 & (\mathrm{mod}\ 2);\end{cases}\qquad \ell_2=3\equiv\begin{cases}0 & (\mathrm{mod}\ 3),\\ 1 & (\mathrm{mod}\ 2).\end{cases}$$

通过 ℓ_1、ℓ_2 可以计算 $\mathbb{Z}_3\oplus\mathbb{Z}_2$ 的任意元在 $\mathbb{Z}_6$ 中的原象.

$\mathbb{Z}_3$ 在 $\mathbb{Z}_3\oplus\mathbb{Z}_2$ 中对应的理想是 $I_1=\{([0]_3,[0]_2),\ ([1]_3,[0]_2),\ ([2]_3,[0]_2)\}$, 它在 $\mathbb{Z}_6$ 中的原象为 $I_1'=\{[0]_6,\ [4]_6,\ [2]_6\}$. 计算过程列如下表 (为简单, 没写表示剩余类的方括号):

$\mathbb{Z}_3\oplus\mathbb{Z}_2$中的理想$I_1$	在$\mathbb{Z}_6$中的原象理想I_1'
(0, 0)	$0\cdot4+0\cdot3=0$
(1, 0)	$1\cdot4+0\cdot3=4$
(2, 0)	$2\cdot4+0\cdot3=8\equiv2\ (\mathrm{mod}\ 6)$

$\mathbb{Z}_2$ 在 $\mathbb{Z}_3\oplus\mathbb{Z}_2$ 中对应的理想是 $I_2=\{([0]_3,[0]_2),\ ([0]_3,[1]_2)\}$, 它在 $\mathbb{Z}_6$ 中的原象为 $I_2'=\{[0]_6,\ [3]_6\}$. 计算过程列如下表:

$\mathbb{Z}_3\oplus\mathbb{Z}_2$ 中的理想 I_2	在 $\mathbb{Z}_6$ 中的原象理想 I_2'
(0, 0)	$0\cdot4+0\cdot3=0$
(0, 1)	$0\cdot4+1\cdot3=3$

所以 $\mathbb{Z}_6$ 对应分解为两个非零理想的内直和 $\mathbb{Z}_6=I_1'\oplus I_2'$, 即

$$\mathbb{Z}_6=\{\,[0],\ [4],\ [2]\,\}\ \oplus\ \{\,[0],\ [3]\,\}\ .$$

验证每个元素的唯一表写如下:

$$[0]=[0]+[0]\ ,\qquad [1]=[4]+[3]\ ,\qquad [2]=[2]+[0]\ ,$$
$$[3]=[0]+[3]\ ,\qquad [4]=[4]+[0]\ ,\qquad [5]=[2]+[3]\ .$$

注　"孙子算经"(作者和年代不详) 下卷第 26 题: "今有物不知其数，三三数之剩二，五五数之剩三，七七数之剩二，问物几何？答曰：二十三." 有文献称中国剩余定理 3.5.1 为**孙子定理**.

韩信点兵的故事: 韩信点兵, 约数十人. 汉王问, 有多少兵? 韩信说, 三人三人一列, 余一人; 五人五人一列, 余二人; 七人七人一列, 余四人. 问兵多少?

这里 $3\cdot5\cdot7=105$, 要求 $a\in\mathbb{Z}_{105}$ 使得 $\big([a]_3,[a]_5,[a]_7\big)=\big([1]_3,[2]_5,[4]_7\big)\in\mathbb{Z}_3\oplus\mathbb{Z}_5\oplus\mathbb{Z}_7$. 按照中国剩余定理证明中的式 (CRT1) 和式 (CRT2), 需要先求出整数 ℓ_1,ℓ_2,ℓ_3 使得

$$\ell_1\equiv\begin{cases}1, & \pmod 3\\ 0, & \pmod 5\\ 0, & \pmod 7\end{cases}\qquad \ell_2\equiv\begin{cases}0, & \pmod 3\\ 1, & \pmod 5\\ 0, & \pmod 7\end{cases}\qquad \ell_3\equiv\begin{cases}0, & \pmod 3\\ 0, & \pmod 5\\ 1, & \pmod 7\end{cases}$$

然后知道 $(a_1,a_2,a_3)\in\mathbb{Z}_3\oplus\mathbb{Z}_5\oplus\mathbb{Z}_7$ 在 $\mathbb{Z}_{105}$ 中的原象是 $a=a_1\ell_1+a_2\ell_2+a_3\ell_3$.

中国剩余定理证明中的整数 ℓ_1,ℓ_2,ℓ_3 来自式 (CRT0). 所以先对 3, 5 通过辗转相除求出 $2\cdot5+(-3)\cdot3=1$, 即 $10+(-9)=1$; 再对 3, 7 通过辗转相除求出 $(-2)\cdot7+5\cdot3=1$, 即 $(-14)+15=1$; 那么 $\ell_1\equiv10\cdot(-14)\equiv70\pmod{105}$. 所以可以取 $\ell_1=70$. 类似地求出 ℓ_2 和 ℓ_3, 即

$$\ell_1=70,\qquad \ell_2=21,\qquad \ell_3=15.$$

所以韩信点兵的答案是: $1\cdot70+2\cdot21+4\cdot15=172$, 模 105, 得 67 人.

宋朝数学家秦九韶把这种算法叫做"大衍求一术". 对上述韩信点兵的算法表以歌诀曰:

三人同行七十稀，
五树梅花廿一枝，
七子团圆正半月，
除百零五便得知.

内容小结关键词: 直和, 内直和, 中国剩余定理.

习　题　3.5

1.[+] 设 $R=R_1\oplus R_2$ 是环 R_1,R_2 的外直和. 设

$$I_1=\{\,(r_1,0)\mid r_1\in R_1\,\},\qquad I_2=\{\,(0,\ r_2)\mid r_2\in R_2\,\}.$$

证明:

(1) I_1 和 I_2 都是 R 的非零理想;

(2) I_1 是 R 的子环但不是幺子环;

(3) 作为环 $I_1 \cong R_1$.

2. 设 R_1, R_2 是环. 证明: 直和 $R = R_1 \oplus R_2$ 不是整环.

3. 设 $G_1, \cdots, G_n$ 是群 (运算写作乘法). 作集合积

$$G = G_1 \times \cdots \times G_n = \{\ (g_1, \cdots, g_n) \mid g_j \in G_j,\ j = 1, \cdots, n\ \},$$

定义运算

$$(g_1, \cdots, g_n) \cdot (g_1', \cdots, g_n') = (g_1 g_1', \cdots, g_n g_n').$$

证明:

(1) G 是群 (称为群 $G_1, \cdots, G_n$ 的**外直积**).

(2) $H_j = \{\ (1, \cdots, 1, g_j, 1, \cdots, 1) \mid g_j \in G_j\ \}, j = 1, \cdots, n$, 都是正规子群, 而且 $H_j \cong G_j$; 又, 对 $1 \leqslant i \neq j \leqslant n$, H_i 与 H_j 的元素相乘可交换.

4. 证明: 环 R 的两个理想 I_1, I_2 互素当且仅当存在 $a_1 \in I_1$ 和 $a_2 \in I_2$ 使得 $a_1 + a_2 = 1$.

5. 利用中国剩余定理验证本节末尾注解中 “孙子算经” 下卷第 26 题答案.

6. (1) 利用中国剩余定理把 $\mathbb{Z}_{12}$ 分解为两个非零理想的直和;

(2) 利用中国剩余定理把 $\mathbb{Z}_{30}$ 分解为三个非零理想的直和.

7. 设 $H_1, \cdots, H_n$ 是群 G 的正规子群, 记 $H = H_1 \cap \cdots \cap H_n$, 那么有单同态

$$\bar{\gamma}: G/H \longrightarrow G/H_1 \times \cdots \times G/H_n, \quad xH \longmapsto (xH_1, \cdots, xH_n).$$

§3.6 多项式环

在此前的数学课程中, 讨论复数系数多项式时, 往往把一个多项式 $f(x) = a_0 + a_1 x + \cdots + a_n x^n$ 作为一个复函数: $\mathbb{C} \to \mathbb{C}, c \mapsto f(c)$.

讨论实多项式、有理多项式时也往往如此.

但在任意交换环 R 上讨论多项式时, 这种看法有极大局限性. 例如, $R = \mathbb{Z}_2 = \{0, 1\}$ 时, 多项式 $x^2 - x$ 与零多项式 0 作为 R 到 R 的函数是相等的, 见习题 3.6 的第 1 题.

因此采用一种形式化的办法构造多项式环.

以下恒设 R 是交换环.

称表达式

$$f(x) = a_0 + a_1 x + \cdots + a_n x^n, \qquad a_i \in R,\ a_n \neq 0$$

是 R- 系数的多项式 (简称 R- 多项式) 时, 是把其中的 x 作为一个形式符号, 称为**不定元** (而不称为未知数); 称这个多项式的次数为 n, 记作 $\deg f(x) = n$; 称 a_n 为 $f(x)$ 的首项系数.

为方便, 沿用数字系数多项式的说法, 对 $a \in R$, 称 a 为**常数多项式**. 有一个特殊情形. R 的零元 0 作为常数多项式称为**零多项式**. 对非零的常数多项式 a, 就是 $a = ax^0$, 按上述规定, $\deg a = 0$, a 就是首项系数. 但是零多项式 $0 = 0x^0$, 它**没有首项**, 因此约定零多项式 0 的次数为 $-\infty$.

称两个 R- 多项式

$$f(x) = a_0 + a_1x + \cdots + a_nx^n\ , \qquad a_n \neq 0$$

和

$$g(x) = b_0 + b_1x + \cdots + b_mx^m\ , \qquad b_m \neq 0$$

相等, 记作 $f(x) = g(x)$, 如果 $m = n$ 且 $a_i = b_i$, $i = 0, 1, \cdots, n$. 这样就构造了集合 (其中, $n = -\infty$ 是表示按约定零多项式在集合中)

$$R[x] = \{\ a_0 + a_1x + \cdots + a_nx^n \mid a_i \in R\ ,\ \ a_n \neq 0\ ,\ \ n \geqslant 0\ ,\ \text{或}\ n = -\infty\ \}.$$

对 $R[x]$, 如同数字系数多项式完全一样地定义加法和乘法运算.

加法运算:

$$\sum_{i=0}^{n} a_ix^i + \sum_{i=0}^{n} b_ix^i = \sum_{i=0}^{n}(a_i + b_i)x^i\ .$$

这里两多项式次数不相同时, 例如, 后一多项式次数 $m < n$ 时把它的高于 m 次的项看作零系数的项. 如 $(a_0+a_1x+a_2x)+(b_0+b_1x) = (a_0+b_0)+(a_1+b_1)x+(a_2+b_2)x^2$, 其中 $b_2 = 0$, 也就是看作 $b_0 + b_1x = b_0 + b_1x + 0x^2$.

乘法运算:

$$\left(\sum_{i=0}^{n} a_ix^i\right)\left(\sum_{j=0}^{m} b_jx^j\right) = \sum_{k=0}^{n+m}\left(\sum_{i+j=k} a_ib_j\right)x^k\ .$$

按定义计算就可证明 $R[x]$ 是一个交换环. 这里演示乘法结合律的验证过程如下, 其他运算律的验证可类似地完成.

$$\left(\left(\sum_{i=0}^{n} a_ix^i\right)\left(\sum_{j=0}^{m} b_jx^j\right)\right)\left(\sum_{k=0}^{l} c_kx^k\right) = \left(\sum_{p=0}^{n+m}\left(\sum_{i+j=p} a_ib_j\right)x^p\right)\left(\sum_{k=0}^{l} c_kx^k\right)$$

$$= \sum_{q=0}^{n+m+l}\left(\sum_{p+k=q}\left(\sum_{i+j=p} a_ib_j\right)c_k\right)x^q = \sum_{q=0}^{n+m+l}\left(\sum_{i+j+k=q} a_ib_jc_k\right)x^q\ .$$

类似地计算得

$$\left(\sum_{i=0}^{n} a_ix^i\right)\left(\left(\sum_{j=0}^{m} b_jx^j\right)\left(\sum_{k=0}^{l} c_kx^k\right)\right) = \sum_{q=0}^{n+m+l}\left(\sum_{i+j+k=q} a_ib_jc_k\right)x^q\ .$$

所以

$$\left(\left(\sum_{i=0}^{n} a_i x^i\right)\left(\sum_{j=0}^{m} b_j x^j\right)\right)\left(\sum_{k=0}^{l} c_k x^k\right) = \left(\sum_{i=0}^{n} a_i x^i\right)\left(\left(\sum_{j=0}^{m} b_j x^j\right)\left(\sum_{k=0}^{l} c_k x^k\right)\right).$$

定义 3.6.1 称上面构造的交换环 $R[x]$ 为交换环 R 上的不定元 x 的**一元多项式环**.

以下介绍多项式环的性质. 首先是次数公式.

引理 3.6.1 设 $f(x), g(x) \in R[x]$, $g(x)$ 的首项系数不是零因子, 则

$$\deg(f(x)g(x)) = \deg f(x) + \deg g(x) .$$

证 参见习题 3.6 的第 2 题. □

推论 (次数公式) 如果 R 是整环, 则

$$\deg\big(f(x)g(x)\big) = \deg f(x) + \deg g(x) , \qquad \forall \quad f(x),\ g(x) \in R[x] .$$

证 如果 $g(x) = 0$, 则 $f(x)g(x) = 0$, 故左边 $\deg\big(f(x)g(x)\big) = -\infty$, 右边 $\deg g(x) = -\infty$, 故右边 $= \deg f(x) + (-\infty) = -\infty$, 等式成立.

如果 $g(x) \neq 0$ 则它的首项系数非零, 而 R 是整环, 故 $g(x)$ 的首项系数不是零因子, 由上述引理得本结论. □

注意, 若 R 不是整环, 则次数公式不成立. 例如, 在 $\mathbb{Z}_6[x]$ 中:

$$[2]x \neq 0 , \quad [3]x \neq 0 , \quad 但 \quad ([2]x)\cdot([3]x) = 0 .$$

再看带余除法.

引理 3.6.2 (带余除法) 设 R 是交换环; 设 $f(x), g(x) \in R[x]$, 其中, $g(x)$ 的首项系数是 R 的可逆元, 则存在唯一 $q(x) \in R[x]$ 和唯一 $r(x) \in R[x]$ 满足

$$f(x) = g(x)q(x) + r(x) , \qquad \deg r(x) < \deg g(x) .$$

证 设 $f(x) = a_n x^n + a_{n-1}x^{n-1} + \cdots + a_0$, $g(x) = b_m x^m + b_{m-1}x^{m-1} + \cdots + b_0$, 其中, b_m 可逆.

先证存在性. 若 $n < m$, 则

$$f(x) = 0 \cdot g(x) + f(x) , \qquad \deg f(x) < \deg g(x).$$

否则 $n \geqslant m$, 令

$$h(x) = f(x) - (a_n b_m^{-1} x^{n-m})g(x),$$

则 $\deg h(x) < \deg f(x)$. 按对次数的归纳法, 得

$$h(x) = q_1(x)g(x) + r(x)\ , \qquad \deg r(x) < \deg g(x)\ ,$$

令 $q(x) = a_n b_m^{-1} x^{n-m} + q_1(x)$, 就有

$$f(x) = (a_n b_m^{-1} x^{n-m})g(x) + h(x) = q(x)g(x) + r(x)\ .$$

再证唯一性. 如果还有 $f(x) = g(x)q'(x) + r'(x)$, $\deg r'(x) < \deg g(x)$, 则 $g(x)q'(x) + r'(x) = f(x) = g(x)q(x) + r(x)$, 得出

$$g(x)(q'(x) - q(x)) = r(x) - r'(x)\ .$$

若 $q'(x) - q(x) \neq 0$, 由于 $g(x)$ 的首项系数可逆, 由引理 3.6.1 知: 左端次数 $= \deg g(x) + \deg(q'(x) - q(x)) > \deg(r(x) - r'(x))$, 这是矛盾的. 所以 $q'(x) - q(x) = 0$ 随之 $r'(x) - r(x) = 0$, 即 $q'(x) = q(x)$ 且 $r'(x) = r(x)$. □

注意, 这个带余除法必须满足一个条件: "除式" $g(x)$ 的首项系数是 R 的可逆元. 对一般的整环这一条件无法保证满足. 所以引理 3.6.2 并不意味一般整环上的多项式环是欧氏整环.

定理 3.6.1 域上的多项式环是欧氏整环, 从而是主理想整环.

证 设 F 是域. 定义 $\delta : F[x] - \{0\} \to \mathbb{Z}^+$ 为 $\delta(g(x)) = \deg g(x)$. 对任 $f(x) \in F[x]$ 和 $0 \neq g(x) \in F[x]$, 则 $g(x)$ 的首项系数非零, 从而是 F 的可逆元, 由上述引理, 存在 $q(x) \in F[x]$ 和 $r(x) \in F[x]$ 满足

$$f(x) = q(x)g(x) + r(x)\ , \qquad \deg r(x) < \deg g(x)\ . \qquad \square$$

一般整环上的多项式环不一定是主理想整环.

例如, 在 $\mathbb{Z}[x]$ 中, 3 和 x 两个元素生成的如下理想不是主理想:

$$I = \mathbb{Z}[x] \cdot 3 + \mathbb{Z}[x] \cdot x = \{a_n x^n + \cdots + a_1 x + a_0 \mid n \geqslant 0,\ \ a_i \in \mathbb{Z},\ \ 3|a_0\}\ .$$

证 反证法. 如果理想 I 由一个 $g(x)$ 生成, 即 $I = \mathbb{Z}[x] \cdot g(x)$, 则存在 $f(x)$ 使得 $3 = f(x)g(x)$, 所以 $f(x)$, $g(x)$ 都得是常数多项式, 而 $g(x) \in I$, 故只能是 $g(x) = 3$. 但是 $x \in I$, 即 $x = h(x) \cdot 3$, 但这是不可能的. □

现在讨论多项式的根.

定义 3.6.2 (1) 设 $f(x) = \sum_{i=0}^{n} a_i x^i$ 是 R 上的多项式. 对任 $r \in R$, 令 $f(r) = \sum_{i=0}^{n} a_i r^i \in R$. 称 $f(r)$ 为多项式 $f(x)$ 在 r 处的值.

(2) 如果 $f(r)=0$ 则称 r 是多项式 $f(x)$ 的**根**.

按定义, 常数多项式 $a=ax^0$ 在任何 $r\in R$ 处的值是 a. 特别是, 任何 $r\in R$ 是零多项式的根.

定理 3.6.2 (余式定理) 设 R 是交换环. 设 $f(x)\in R[x]$, $r\in R$. 那么存在唯一 $q(x)\in R[x]$ 和 $s\in R$ 使得 $f(x)=(x-r)q(x)+s$, 此时必有 $s=f(r)$, 即

$$f(x)=(x-r)q(x)+f(r)\ . \tag{RT}$$

证 因 $x-r$ 是首一多项式, 由引理 3.6.2 存在唯一 $q(x)\in R[x]$ 和 $s\in R$ 使得

$$f(x)=(x-r)q(x)+s\ .$$

在 $f(x)=(x-r)q(x)+s$ 中让 $x=r$, 得 $f(r)=s$. □

推论 设 R 是整环, $0\neq f(x)\in R[x]$. 如果 $r_1,\cdots,r_k\in R$ 是 $f(x)$ 的两两不同的根，则有 $g(x)\in R[x]$ 使得 $f(x)=(x-r_1)\cdots(x-r_k)g(x)$.

证 对 k 归纳. $k=1$ 时, 就是上述余式定理. 设 $k>1$. 由余式定理, $f(x)=(x-r_1)q(x)$. 对 $j\neq 1$, 在 R 中有 $(r_j-r_1)q(r_j)=f(r_j)=0$, 但是 R 没有零因子, 而 $r_j-r_1\neq 0$, 所以

$$q(r_j)=0\ ,\qquad j=2,\cdots,k,$$

即 r_2, $\cdots$, r_k 是 $q(x)$ 的 $k-1$ 个两两不同的根. 由归纳法, 有 $g(x)\in R[x]$ 使得 $q(x)=(x-r_2)\cdots(x-r_k)g(x)$. 故 $f(x)=(x-r_1)(x-r_2)\cdots(x-r_k)g(x)$. □

定理 3.6.3 设 R 为整环, $f(x)$, $g(x)\in R[x]$.

(1) 如果 $n=\deg f(x)\geqslant 0$, 则 $f(x)$ 在 R 中最多有 n 个互不相同的根.

(2) 设 $n=\max\{\deg f,\ \deg g\}$, 如果有 $n+1$ 个互不相同的 $r_1,\cdots,r_n,r_{n+1}\in R$ 使得 $f(r_i)=g(r_i)$, $i=1,\cdots,n,n+1$, 则在 $R[x]$ 中 $f(x)=g(x)$. 从而对所有 $r\in R$ 有 $f(r)=g(r)$.

证 (1) 反证法. $n=\deg f(x)\geqslant 0$ 表明 $f(x)\neq 0$. 若 $f(x)$ 在 R 中有 $n+1$ 个不相同的根 $r_1,\cdots,r_n,r_{n+1}$, 由上推论, $f(x)=(x-r_1)\cdots(x-r_n)(x-r_{n+1})g(x)$. 其中 $g(x)\neq 0$ (否则 $f(x)=0$), 从而 $\deg g(x)\geqslant 0$. 按次数公式, $\deg f(x)\geqslant n+1$, 与 $\deg f(x)=n$ 相矛盾.

(2) 令 $h(x)=f(x)-g(x)\in R[x]$, 则 $\deg h(x)\leqslant n$. 按条件,

$$h(r_j)=0\ ,\qquad j=1,\cdots,n,n+1,$$

由 (1), 只能是 $\deg h(x)=-\infty$, 即 $h(x)=0$ 为零多项式, 所以 $f(x)=g(x)$. □

推论 整环 R 的乘法群 $R^\times$ 的有限子群一定是循环群.

证 设 $G \leqslant R^{\times}$, $|G| = n < \infty$. 对任 $d|n$, 考虑方程 $x^d = 1$. 由上定理, $x^d - 1$ 在 R 中最多 d 个不同根, 那么在 G 中 $x^d = 1$ 最多也只有 d 个不同根. 由定理 2.8.2, G 是循环群. □

本节开头说到, 交换环上的多项式环是按一种形式的方式构造的, 多项式是一个形式表达式. 定义 3.6.2 又指出一个多项式也可以产生一个函数. 在选读选讲材料 X6 中进一步展开这个问题.

内容小结关键词: 不定元, 多项式环, 次数公式, 带余除法, 域上多项式环, 多项式的根.

习 题 3.6

1.$^{+}$ (1) 验证: 作为 $\mathbb{Z}_2 = \{0, 1\}$ 到 $\mathbb{Z}_2$ 的函数 $x^2 - x$ 与零函数 0 是相等的;

(2) 设 p 是素数, 证明: 作为 $\mathbb{Z}_p = \{0, 1, \cdots, p-1\}$ 的函数 $x^p - x$ 是零函数.

2.$^{+}$ 设 $f(x), g(x) \in R[x]$, 设 $g(x)$ 的首项系数不是零因子. 则

$$\deg(f(x)g(x)) = \deg f(x) + \deg g(x) \ .$$

3. 证明: $R[x]$ 是整环当且仅当 R 是整环.

4.$^{+}$ 设 $g(x) \in R[x]$, 设 $g(x)$ 的首项系数是 R 的可逆元, $k = \deg g(x)$. 证明:

(1) $g(x)$ 生成的理想 $R[x]g(x)$ 的任一剩余类 $f(x) + R[x]g(x)$ 中有唯一一个次数 $< k$ 的多项式;

(2) 下列多项式是剩余类环 $R[x]/R[x]g(x)$ 的一个完全代表系:

$$\sum_{i=0}^{k-1} a_i x^i \ , \qquad a_i \in R \ , \quad i = 0, 1, \cdots, k-1 \ .$$

5. 设 $R = \mathbb{Z}_6$, $f(x) = x^3 - x \in R[x]$.

(1) 证明 R 的 6 个元都是 $f(x)$ 的根;

(2) 验证余式定理: 对任 $r \in R$ 都有 $q(x) \in R[x]$ 使得 $f(x) = (x - r)q(x)$;

(3) 证明对任 $g(x) \in R[x]$, 有 $f(x) \neq g(x)\prod_{r \in R}(x - r)$, 以此说明余式定理 3.6.2 的推论中条件 "R 是整环" 是必要的.

6. 证明: 在 $\mathbb{Z}[x]$ 中由 $2x$, x^2 两个元素生成的理想 $I = \mathbb{Z}[x] \cdot (2x) + \mathbb{Z}[x] \cdot x^2$ 不能由一个元素生成.

7.$^{+}$ 设 $a \in R$. 证明: 下述映射 (称为赋值映射) 是满的环同态

$$\nu_a : \quad R[x] \longrightarrow R \ , \quad f(x) \longmapsto f(a).$$

它的同态核是由 $x - a$ 生成的理想 $R[x](x - a)$. 以此证明: $R[x]/R[x](x - a) \cong R$.

§3.7 对称多项式

仍然始终设 R 是一个交换环.

两个不定元 x_1, x_2 的二元多项式环 $R[x_1,x_2]$ 可以作为一元多项式环 $R[x_1]$ 上的多项式环 $R[x_1][x_2]$. 例如, 多项式

$$\begin{aligned} f_2(x_1,x_2) &= ax_1^2x_2 + bx_1x_2 + cx_1x_2^2 + dx_2^2 + ex_1^3 \\ &= (d+cx_1)\cdot x_2^2 + (bx_1 + ax_1^2)\cdot x_2 + (ex_1^3)\cdot x_2^0 \end{aligned}$$

就写成了按 x_2 的降幂排列的以 $R[x_1]$ 的元素为系数的 x_2 的多项式.

递归地，交换环 R 上的 n 个不定元 $x_1, \cdots, x_n$ 的多元多项式环

$$R[x_1,\cdots,x_{n-1},x_n] = R[x_1,\cdots,x_{n-1}][x_n]\ .$$

交换环 R 上的 n 个不定元 $x_1, \cdots, x_n$ 的多项式另一方便的表达形式为

$$f(x_1,\cdots,x_n) = \sum_{(i_1,\cdots,i_n)} a_{i_1,\cdots,i_n} x_1^{i_1}\cdots x_n^{i_n}\ , \qquad a_{i_1,\cdots,i_n}\in R\ ,$$

其中, 跑动标识是单项式的指标序列 $(i_1,\cdots,i_n)$ 在一个由长 n 的非负整数序列构成的有限集中跑动. 例如, 上面的二元多项式 $f_2(x_1,x_2)$, 指标序列集为

$$I_2 = \{\,(2,1),\ (1,1),\ (1,2),\ (0,2),\ (3,0)\,\}\ ;$$

各相应系数分别为

$$a_{2,1}=a\,,\quad a_{1,1}=b\,,\quad a_{1,2}=c\,,\quad a_{0,2}=d\,,\quad a_{3,1}=e;$$

则上面的二元多项式表写为

$$f_2(x_1,x_2) = \sum_{(i_1,i_2)\in I_2} a_{i_1,i_2} x_1^{i_1} x_2^{i_2}\ .$$

又例如, 当 $n=3$ 时, 如果指标序列集为 $\{(1,2,0),\ (0,1,2),\ (2,0,1)\}$, 系数为 $a_{1,2,0}=a_{0,1,2}=a_{2,0,1}=1$, 则多项式为

$$f_3(x_1,x_2,x_3) = x_1x_2^2 + x_2x_3^2 + x_3x_1^2\ .$$

对所有长 n 的非负整数序列的集合

$$\left\{ (i_1,\cdots,i_n) \,\middle|\, \text{所有 } i_k \text{ 是非负整数} \right\}$$

的成员, 按**字典排列**规则予以排序:

$$(i_1,\cdots,i_n)\succ(j_1,\cdots,j_n)\quad \text{如果}\quad i_1=j_1,\ \cdots,\ i_t=j_t\,,\ \text{但}\ i_{t+1}>j_{t+1}\,.$$

按照这个字典顺序, 长 n 的非负整数序列的集合的任一有限子集可以排成升序, 也可以排成降序.

设多项式 $f(x_1,\cdots,x_n)=\sum\limits_{(i_1,\cdots,i_n)}a_{i_1\cdots i_n}x_1^{i_1}\cdots x_n^{i_n}$. 为方便, 把 $(i_1,\cdots,i_n)$ 也称为多项式 f 的单项 $a_{i_1,\cdots,i_n}x_1^{i_1}\cdots x_n^{i_n}$ 的"次数". 把 f 的所有项按次数的字典顺序"降幂"排列, 即如果 $(i_1,\cdots,i_n)\succ(j_1,\cdots,j_n)$ 则把 $a_{i_1,\cdots,i_n}x_1^{i_1}\cdots x_n^{i_n}$ 排在 $a_{j_1,\cdots,j_n}x_1^{j_1}\cdots x_n^{j_n}$ 之前, 也说项 $a_{j_1,\cdots,j_n}x_1^{j_1}\cdots x_n^{j_n}$ 在项 $a_{i_1,\cdots,i_n}x_1^{i_1}\cdots x_n^{i_n}$ 之后.

按降幂排列的多项式的第一非零项称为该多项式的首项.

例如, 上面提到的多项式的降幂排列为

$$f_2(x_1,x_2)=ex_1^3+ax_1^2x_2+cx_1x_2^2+bx_1x_2+dx_2^2\,,$$

首项为 ex_1^3, 因为 $(3,0)\succ(2,1)\succ(1,2)\succ(1,1)\succ(0,2)$.

上面提到的另一个多项式的降幂排列是

$$f_3(x_1,x_2,x_3)=x_1x_2^2+x_2x_3^2+x_3x_1^2=x_1^2x_3+x_1x_2^2+x_2x_3^2\,,$$

首项为 $x_1^2x_3$, 因为 $(2,0,1)\succ(1,2,0)\succ(0,1,2)$.

下面讨论对称多项式.

设 $\alpha\in S_n$ 是一个 n 次置换. 用 α 来把 n 元多项式 $f(x_1,\cdots,x_n)$ 中的不定元按脚标予以置换就得到一个 n 元多项式, 记作 $\alpha f(x_1,\cdots,x_n)$, 即

$$\alpha f(x_1,\cdots,x_n)=f(x_{\alpha(1)},\cdots,x_{\alpha(n)})\,.$$

例如, $n=3$ 时, 置换 $\alpha=(12)$ 把 $f_3(x_1,x_2,x_3)=x_1x_2^2+x_2x_3^2+x_3x_1^2$ 变为

$$\begin{aligned}\alpha f_3(x_1,x_2,x_3)&=f_3(x_{\alpha(1)},x_{\alpha(2)},x_{\alpha(3)})\\&=x_{\alpha(1)}x_{\alpha(2)}^2+x_{\alpha(2)}x_{\alpha(3)}^2+x_{\alpha(3)}x_{\alpha(1)}^2\\&=x_2x_1^2+x_1x_3^2+x_3x_2^2\,.\end{aligned}$$

它就是把 $f_3(x_1,x_2,x_3)$ 中的 x_1 与 x_2 对换得到的多项式.

定义 3.7.1 称 $f(x_1,\cdots,x_n)\in R[x_1,\cdots,x_n]$ 为**对称多项式**, 如果

$$\alpha f(x_1,\cdots,x_n)=f(x_1,\cdots,x_n),\qquad \forall\ \alpha\in S_n\,.$$

例如, $n=3$ 时, 上述多项式 $f_3(x_1,x_2,x_3)=x_1x_2^2+x_2x_3^2+x_3x_1^2$ 不是对称多项式, 因为置换 $\alpha=(12)$ 把它变为 $x_2x_1^2+x_1x_3^2+x_3x_2^2\neq x_1x_2^2+x_2x_3^2+x_3x_1^2$.

而以下都是对称多项式:

$$x_1+x_2+x_3\,,\qquad x_1x_2+x_2x_3+x_3x_1\,,\qquad x_1x_2x_3\,;$$

$$x_1^2+x_2^2+x_3^2\,,\qquad x_1^3+x_2^3+x_3^3\,,\qquad x_1^4+x_2^4+x_3^4\,.$$

引理 3.7.1 对称多项式的和、积仍然是对称多项式.

证 设 $f(x_1,\cdots,x_n)$ 与 $g(x_1,\cdots,x_n)$ 都是对称多项式. 对任 n 次置换 $\alpha\in S_n$, 因为 $\alpha f(x_1,\cdots,x_n)=f(x_1,\cdots,x_n)$ 且 $\alpha g(x_1,\cdots,x_n)=g(x_1,\cdots,x_n)$, 所以

$$\begin{aligned}&\alpha\big(f(x_1,\cdots,x_n)+g(x_1,\cdots,x_n)\big)\\=&\alpha f(x_1,\cdots,x_n)+\alpha g(x_1,\cdots,x_n)\\=&f(x_1,\cdots,x_n)+g(x_1,\cdots,x_n)\,,\end{aligned}$$

故 $f(x_1,\cdots,x_n)+g(x_1,\cdots,x_n)$ 是对称多项式.

同理证明 $f(x_1,\cdots,x_n)\cdot g(x_1,\cdots,x_n)$ 是对称多项式. □

重要例子 把下式按 x 的降幂展开:

$$(x-x_1)(x-x_2)\cdots(x-x_n)=x^n-\sigma_1x^{n-1}+\sigma_2x^{n-2}+\cdots+(-1)^n\sigma_n,$$

所得系数 σ_k 都是 $x_1,\cdots,x_n$ 的多项式, 而且, 因为左边任意置换 $x_1,\cdots,x_n$ 都不发生变化, 所以右边也不发生变化, 故 σ_k 都是对称多项式.

$$\sigma_1=\sum_{1\leqslant i_1\leqslant n}x_{i_1}\,,$$

$$\sigma_2=\sum_{1\leqslant i_1<i_2\leqslant n}x_{i_1}x_{i_2}\,,$$

$$\cdots$$

$$\sigma_k=\sum_{1\leqslant i_1<\cdots<i_k\leqslant n}x_{i_1}\cdots x_{i_k}\,,$$

$$\cdots$$

$$\sigma_n=x_1x_2\cdots x_n\,.$$

定义 3.7.2 上述对称多项式 $\sigma_1,\cdots,\sigma_n$ 称为 $x_1,\cdots,x_n$ 的**初等对称多项式**.

引理 3.7.2 对称多项式 $\sigma_1^{i_1}\sigma_2^{i_2}\cdots\sigma_n^{i_n}$ 的首项是 $x_1^{i_1+\cdots+i_n}x_2^{i_2+\cdots+i_n}\cdots x_n^{i_n}$.

证 $\sigma_1=x_1+x_2+\cdots$ 的首项是 x_1, 那么 $\sigma_1^{i_1}=(x_1+x_2+\cdots)^{i_1}$ 的首项是 $x_1^{i_1}$.

$\sigma_2 = x_1x_2 + x_1x_3 + \cdots$ 的首项是 x_1x_2, 那么 $\sigma_2^{i_2} = (x_1x_2 + x_1x_3 + \cdots)^{i_2}$ 的首项是 $(x_1x_2)^{i_2} = x_1^{i_2}x_2^{i_2}$.

依此类推, 直至得到 $\sigma_n^{i_n}$ 的首项是 $x_1^{i_n}\cdots x_n^{i_n}$.

所以 $\sigma_1^{i_1}\sigma_2^{i_2}\cdots\sigma_n^{i_n}$ 的首项是

$$(x_1^{i_1})(x_1^{i_2}x_2^{i_2})\cdots(x_1^{i_n}\cdots x_n^{i_n}) = x_1^{i_1+\cdots+i_n}x_2^{i_2+\cdots+i_n}\cdots x_n^{i_n}\ . \qquad \square$$

初等对称多项式具有基本重要性. 例如, $n=3$ 时, $x_1^2+x_2^2+x_3^2 = \sigma_1^2 - 2\sigma_2$. 就是说, 对称多项式 $x_1^2+x_2^2+x_3^2$ 写成了初等对称多项式的形式 $\sigma_1^2 - 2\sigma_2$.

这实际上是一个普遍结论.

定理 3.7.1 (对称多项式基本定理)　对 $x_1, \cdots, x_n$ 的任一对称多项式 $f(x_1, \cdots, x_n) \in R[x_1, \cdots, x_n]$ 存在唯一多项式 $g(y_1, \cdots, y_n) \in R[y_1, \cdots, y_n]$ 使得

$$f(x_1, \cdots, x_n) = g(\sigma_1, \cdots, \sigma_n)\,.$$

证　设 $f(x_1, \cdots, x_n) = \sum\limits_{(i_1, \cdots, i_n)} a_{i_1\cdots i_n}x_1^{i_1}\cdots x_n^{i_n}$.

证明存在性. 设 $a_{l_1\cdots l_n}x_1^{l_1}\cdots x_n^{l_n}$, 其中, $a_{l_1\cdots l_n} \neq 0$, 是 f 的首项. 可写成

$$f(x_1, \cdots, x_n) \ = \ a_{l_1\cdots l_t l_{t+1}\cdots l_n}x_1^{l_1}\cdots x_t^{l_t}x_{t+1}^{l_{t+1}}\cdots x_n^{l_n} \ + \ \cdots.$$

首先, 断言 $l_1 \geqslant l_2 \geqslant \cdots \geqslant l_n$. 因为否则有指标 t 使得 $l_1 \geqslant \cdots \geqslant l_t < l_{t+1}$. 那么, 取对换 $\alpha = (t, t+1)$, 由 f 的对称性知

$$f = \alpha f \ = \ a_{l_1\cdots l_t l_{t+1}\cdots l_n}x_1^{l_1}\cdots x_t^{l_{t+1}}x_{t+1}^{l_t}\cdots x_n^{l_n} \ + \ \cdots,$$

即 f 有非零项 $a_{l_1\cdots l_n}x_1^{l_1}\cdots x_t^{l_{t+1}}x_{t+1}^{l_t}\cdots x_n^{l_n}$. 但

$$(l_1, \cdots, l_{t+1}, l_t, \cdots, l_n) \succ (l_1, \cdots, l_t, l_{t+1}, \cdots, l_n)\ ,$$

这与 $a_{l_1\cdots l_n}x_1^{l_1}\cdots x_t^{l_t}x_{t+1}^{l_{t+1}}\cdots x_n^{l_n}$ 是 f 的首项相矛盾.

令 $g_1(y_1, \cdots, y_n) = a_{l_1\cdots l_n}y_1^{j_1}y_2^{j_2}\cdots y_n^{j_n} \in R[y_1, \cdots, y_n]$, 其中

$$j_1 = l_1 - l_2, \quad j_2 = l_2 - l_3, \quad \cdots, \quad j_{n-1} = l_{n-1} - l_n, \quad j_n = l_n,$$

即 $(j_1, \cdots, j_n)$ 是非负整数序列, 且

$$j_1 + j_2 + \cdots + j_n = l_1\,, \quad j_2 + \cdots + j_n = l_2\,, \quad \cdots, \quad j_n = l_n\ .$$

再令

$$\begin{aligned}f_1(x_1,\cdots,x_n) &= f(x_1,\cdots,x_n) - g_1(\sigma_1,\cdots,\sigma_n)\\ &= f(x_1,\cdots,x_n) - a_{l_1\cdots l_n}\sigma_1^{j_1}\sigma_2^{j_2}\cdots\sigma_n^{j_n} .\end{aligned}$$

由引理 3.7.1 得知 f_1 仍然是对称多项式. 再由引理 3.7.2 得知 $a_{l_1\cdots l_n}\sigma_1^{j_1}\sigma_2^{j_2}\cdots\sigma_n^{j_n}$ 的首项是

$$a_{l_1\cdots l_n}x_1^{j_1+\cdots+j_n}x_2^{j_2+\cdots+j_n}\cdots x_n^{j_n} = a_{l_1\cdots l_n}x_1^{l_1}x_2^{l_2}\cdots x_n^{l_n}.$$

与 f 的首项相同. 所以, 如果 $f_1 \neq 0$ 则它的首项次数真正小于 f 的首项次数.

若 $f_1 = 0$, 则 $f(x_1,\cdots,x_n) = g_1(\sigma_1,\cdots,\sigma_n) = a_{l_1\cdots l_n}\sigma_1^{j_1}\sigma_2^{j_2}\cdots\sigma_n^{j_n}$, 定理成立.

否则 $f_1 \neq 0$ 但其次数真小于 f 的次数. 重复上述过程, 得到 $g_2(y_1,\cdots,y_n) \in R[y_1,\cdots,y_n]$ 和

$$f_2(x_1,\cdots,x_n) = f_1(x_1,\cdots,x_n) - g_2(\sigma_1,\cdots,\sigma_n),$$

使得 f_2 是一个零多项式或者次数真小于 f_1 的多项式.

依此类推, 直至得到 $f_k = 0$, 即

$$\begin{aligned}f_1(x_1,\cdots,x_n) &= f(x_1,\cdots,x_n) - g_1(\sigma_1,\cdots,\sigma_n) ,\\ f_2(x_1,\cdots,x_n) &= f_1(x_1,\cdots,x_n) - g_2(\sigma_1,\cdots,\sigma_n) ,\\ &\cdots\cdots\\ 0 = f_k(x_1,\cdots,x_n) &= f_{k-1}(x_1,\cdots,x_n) - g_k(\sigma_1,\cdots,\sigma_n) .\end{aligned}$$

将这一组等式左、右分别相加, 并令

$$g(y_1,\cdots,y_n) = g_1(y_1,\cdots,y_n) + \cdots + g_k(y_1,\cdots,y_n) ,$$

得到

$$f(x_1,\cdots,x_n) = g(\sigma_1,\cdots,\sigma_n) .$$

再证明唯一性. 反证法. 设

$$g(y_1,\cdots,y_n) \neq g'(y_1,\cdots,y_n) \in R[y_1,\cdots,y_n]$$

都使得

$$g(\sigma_1,\cdots,\sigma_n) = g'(\sigma_1,\cdots,\sigma_n) \in R[x_1,\cdots,x_n].$$

令 $h(y_1,\cdots,y_n) = g(y_1,\cdots,y_n) - g'(y_1,\cdots,y_n)$. 那么在 $R[y_1,\cdots,y_n]$ 中

$$h(y_1,\cdots,y_n) \neq 0 ,$$

但是在 $R[x_1,\cdots,x_n]$ 中

$$h(\sigma_1,\cdots,\sigma_n)=0\,.$$

然而, 如果 $ay_1^{i_1}\cdots y_n^{i_n}$ 和 $by_1^{j_1}\cdots y_n^{j_n}$ 是 $h(y_1,\cdots,y_n)$ 的两个不同"次数"的项, 从引理 3.7.2 知道, 在 $R[x_1,\cdots,x_n]$ 中 $a\sigma_1^{i_1}\cdots\sigma_n^{i_n}$ 和 $b\sigma_1^{j_1}\cdots\sigma_n^{j_n}$ 的首项"次数"也不相同因而不可能合并. 因此, 只要 $h(y_1,\cdots,y_n)\neq 0$ 则 $h(\sigma_1,\cdots,\sigma_n)\neq 0$. 这个矛盾完成了唯一性的证明. □

以上存在性的证明同时提供了把对称多项式表达为初等对称多项式的多项式的方法.

例如, $n=3$, $f(x_1,x_2,x_3)=x_1^3+x_2^3+x_3^3$. 其首项是 x_1^3, 故

$$f_1=f-\sigma_1^{3-0}\sigma_2^{0-0}\sigma_3^0=-3\sum_{i\neq j}x_i^2x_j-6x_1x_2x_3.$$

而 f_1 的首项是 $-3x_1^2x_2$, 所以

$$f_2=f_1+3\sigma_1^{2-1}\sigma_2^1=-6\sigma_3+9\sigma_3=3\sigma_3.$$

最后得到: $f=\sigma_1^3-3\sigma_1\sigma_2+3\sigma_3$.

内容小结关键词: 多元多项式, 字典排列顺序, 对称多项式, 基本定理.

习 题 3.7

1. 把下列对称多项式表达为初等对称多项式的多项式:

(1) $(x_1+x_2)(x_2+x_3)(x_3+x_1)$;

(2) $(2x_1-x_2-x_3)(2x_2-x_3-x_1)(2x_3-x_1-x_2)$.

2. 证明: 复一元三次方程 $x^3+a_1x^2+a_2x+a_3=0$ 的三个根成等差序列的充要条件是 $2a_1^3-9a_1a_2+27a_3=0$.

3. 把对称多项式 $\sum\limits_{i=1}^n x_i+\sum\limits_{i=1}^n x_i^2+\sum\limits_{i=1}^n x_i^3$ 表达为初等对称多项式的多项式.

4. (牛顿公式) 设 σ_j 如定义 3.7.2. 令 $s_j=\sum\limits_{i=1}^n x_i^j$, $j=1,2,\cdots$. $0<k\leqslant n$, 则

$$s_k-\sigma_1s_{k-1}+\sigma_2s_{k-2}+\cdots+(-1)^{k-1}\sigma_{k-1}s_1+(-1)^k\sigma_kk=0\,.$$

§3.8 整环的整除理论

整数环 $\mathbb{Z}$, 域 F 上的多项式环 $F[x]$, 都是能做因子分解的整环. 现在介绍一般整环的整除理论和因子分解理论.

始终设 R 是一个整环, 用 $R^\times$ 记 R 中所有可逆元构成的乘法群, 可逆元也称为**单位**(unit).

在 R 中, 称元素 a 与 b **相伴**, 记作 $a \sim b$, 如果存在 $u \in R^\times$ 使得 $a = bu$. 易验证相伴关系是等价关系 (参见习题 3.8 的第 1 题), 相伴关系的等价类称为**相伴类**.

例如, 所有可逆元 $R^\times$ 是一个相伴类. $\{0\}$ 是一个相伴类. 对任 $0 \neq a \in R$, a 所在的相伴类 $[a] = aR^\times = \{\, au \mid u \in R^\times \,\}$.

设 $a, b, c \in R$. 如果 $a = bc$, 那么称 a 是 b 的**倍元**, 称 b 是 a 的**约元**; 也称 a 被 b 整除, 称 b 整除 a, 记作 $b \,|\, a$.

显然, 0 是任何元的倍元; 0 不是任何非零元的约元.

另一方面, 一个可逆元仅以可逆元为约元, 没有其他约元.

任何非零不可逆元 a 至少有两类约元：可逆元、与 a 相伴的元.

引理 3.8.1 (整除、相伴的基本性质) 在整环 R 中：

(1) 整除关系 “$b|a$” 满足自反性和传递性 (但不满足对称性, 见下面 (4));

(2) 如果 $a \,|\, b$, $\widetilde{a} \,|\, \widetilde{b}$, 则 $a\widetilde{a} \,|\, b\,\widetilde{b}$;

(3) 如果 $a|b$ 且 $a' \sim a$ 和 $b' \sim b$, 则 $a'|b'$;

(4) $a \sim b$ 当且仅当 $a|b$ 且 $b|a$.

证 (1) $a = a \cdot 1$, 所以 $a|a$.

如果 $a|b$, $b|c$, 就是 $b = aa'$, $c = bb'$, 那么 $c = bb' = a(a'b')$, 所以 $a|c$.

(2) 从 $b = ac$ 和 $\widetilde{b} = \widetilde{a}\widetilde{c}$, 得 $b\widetilde{b} = ac\widetilde{a}\widetilde{c} = (a\widetilde{a})(c\widetilde{c})$, 即 $a\widetilde{a} \,|\, b\widetilde{b}$.

(3) $a|b$, 就是 $b = ac$; $a' \sim a$, $b' \sim b$, 就是有 $u, v \in R^\times$ 使得 $a' = ua$, $b' = vb$. 那么 $b' = vb = vac = vu^{-1}a'c = a'(vu^{-1}c)$, 即 $a'|b'$.

(4) 必要性. 设 $a \sim b$, 即有 $u \in R^\times$ 使得 $a = bu$. 按定义, 此式表明 $b|a$, 同时, $b = au^{-1}$, 所以还有 $a|b$.

充分性. 若 $a = 0$, 则从 $a|b$ 即 $b = ac$, 知 $b = 0$, 故 $a \sim b$. 再设 $a \neq 0$. 设 $a|b$ 且 $b|a$, 就是 $a = bc$, $b = ad$, 那么 $a \cdot 1 = a = bc = (ad)c = a(dc)$. 因为 R 是整环, 从两边消去 a 得 $1 = dc$, 所以 $d, c \in R^\times$, 而 $a = bc$, 即 $a \sim b$. □

上述 (3) 说明整除关系是相伴类集合上的关系, 所以倍元、约元以及下面做的事情都是关于相伴类的事情.

定义 3.8.1 设 $a \in R$ 是非零的不可逆元.

(1) 除了可逆元、与 a 相伴的元以外的 a 的其他约元称为 a 的**真约元**.

(2) 如果 a 没有真约元, 就称 a 为**不可约元**(irreducible element), 或称**既约元**. 否则称 a 为**可约元**(reducible element).

(3) 如果只要 $a|(bc)$ 就必有或者 $a|b$ 或者 $a|c$, 就称 a 为**素元**(prime element).

例子：(1) $\mathbb{Z}^\times = \{\pm 1\}$; 2 是不可约元也是素元; 2 所在相伴类是 $\{\pm 2\}$.

(2) $\mathbb{Q}[x]^\times = \mathbb{Q}^\times = \mathbb{Q} - \{0\}$; x^2-2 是不可约元也是素元; x^2-2 所在相伴类是 $\{a(x^2-2) \mid a \in \mathbb{Q}^\times\}$.

"不可约元"、"素元" 也都是相伴类的属性, 参见习题 3.8 的第 4 题.

引理 3.8.2 素元必为不可约元.

证 设 $p \in R$ 是素元. 若 $p = bc$, 那么或者 $p|b$ 或者 $p|c$. 由引理 3.8.1 的 (4), $p|b$ 时 $p \sim b$, 有 $u \in R^\times$ 使得 $p = bu = bc$, 消去 b 得 $c = u$ 是可逆元. 同理 $p|c$ 时得 b 是可逆元, 所以 p 是不可约元. □

下面例子说明不可约元不必为素元. 但后面将看到主理想整环的不可约元必为素元 (见推论 3.8.1).

例 3.8.1 在整环 $R = \{\, m + n\sqrt{-5} \mid m, n \in \mathbb{Z} \,\}$ 中, 证明:

(1) $R^\times = \{\pm 1\}$;

(2) 3 是不可约元, 但不是素元;

(3) $9 = 3 \cdot 3 = (2+\sqrt{-5})(2-\sqrt{-5})$ 是两个不可约分解.

证 (1) 设 $(m+n\sqrt{-5})(m'+n'\sqrt{-5}) = 1$. 两边取范数 (即复数的模的平方), 得 $(m^2+5n^2)(m'^2+5n'^2) = 1$, 故 $m = \pm 1$, $m' = \pm 1$, $n = n' = 0$. 即只有 ± 1 是可逆元.

(2) 若 $3 = (m+n\sqrt{-5})(k+\ell\sqrt{-5})$, 取范数, 得 $3^2 = (m^2+5n^2)(k^2+5\ell^2)$. 此式只能在 $m = \pm 1$ 且 $n = 0$, 或者 $k = \pm 1$ 且 $\ell = 0$ 时成立. 在前者 $m + n\sqrt{-5} = \pm 1$ 是 R 的可逆元, 在后者 $k + \ell\sqrt{-5} = \pm 1$ 是 R 的可逆元. 所以 3 是 R 的不可约元.

类似地, 若 $2+\sqrt{-5} = (m+n\sqrt{-5})(k+\ell\sqrt{-5})$, 取范数后可知: 或者 $m+n\sqrt{-5} = \pm 1$ 是 R 的可逆元, 或者 $k+\ell\sqrt{-5} = \pm 1$ 是 R 的可逆元. 所以 $2+\sqrt{-5}$ 是 R 的不可约元. 同样证明 $2-\sqrt{-5}$ 是 R 的不可约元.

显然 $3 \,|\, 9 = (2+\sqrt{-5})(2-\sqrt{-5})$. 因为 $3 \neq \pm(2 \pm \sqrt{-5})$, 由 (1), $3 \not\sim (2 \pm \sqrt{-5})$. 由于 $2 \pm \sqrt{-5}$ 只以可逆元和它们自己为约元, 故 3 不整除 $2 \pm \sqrt{-5}$ 中的任何一个. 即 3 不是素元.

(3) 由 (2), 3, $2 \pm \sqrt{-5}$ 都是 R 的不可约元, 但 $3 \not\sim 2+\sqrt{-5}$, 所以 (3) 所列是 9 在 R 中的两个不相伴的不可约分解. □

使用主理想概念是一种方便的表达形式. 注意: 称 R 的主理想 Ra 是**极大的主理想**. 如果 $Ra \neq R$ 且只要主理想 $Rb \supseteq Ra$ 就或者 $Rb = R$ 或者 $Rb = Ra$.

命题 3.8.1 (1) $b \,|\, a$ 当且仅当 $a \in Rb$, 当且仅当 $Ra \subseteq Rb$;

(2) $a \sim b$ 当且仅当 $Ra = Rb$;

(3) $a \in R^\times$ 当且仅当 $Ra = R$;

(4) b 是 a 的真约元当且仅当 $Ra \subsetneqq Rb \subsetneqq R$;

(5) a 是不可约元当且仅当 Ra 是 R 的非零的极大的主理想;

(6) a 是素元当且仅当 Ra 是 R 的非零的素理想.

证 (1) 注意 $Rb = \{ rb \mid r \in R \}$, 那么 $b|a \iff a = cb \iff a \in Rb$. 如 $a \in Rb$, 则 $a = cb$, 故任 $ra = rcb \in Rb$, 即 $Ra \subseteq Rb$. 反过来, 如 $Ra \subseteq Rb$, 则 $a = 1a \in Ra$ 从而 $a \in Rb$.

(2) $a \sim b \iff a|b$ 且 $b|a \iff Rb \subseteq Ra$ 且 $Ra \subseteq Rb \iff Ra = Rb$.

(3) $a \in R^{\times} \iff a \sim 1 \iff Ra = R1$, 显然 $R1 = R$.

(4) b 是 a 的真约元就是说 $1|b|a$ 但 $1 \not\sim b$, $b \not\sim a$. 由 (1) 和 (2), 这等价于 $Ra \subsetneqq Rb \subsetneqq R$.

(5) a 是不可约元是说: 只要 $b|a$ 就或者 $b \sim 1$ 或者 $b \sim a$. 由 (1) 和 (2), 这等于说只要 $Rb \supseteq Ra$ 就或者 $Rb = R$ 或者 $Rb = Ra$, 即 Ra 是极大的主理想.

(6) 作为习题. □

推论 3.8.1 设 R 是主理想整环, $0 \neq a \in R$, $I = Ra$. 以下四条等价:

① I 是素理想; ② a 是素元; ③ a 是不可约元; ④ I 是极大理想.

证 ① $\Leftrightarrow$ ②. 命题 3.8.1 的 (6).

② $\Rightarrow$ ③. 引理 3.8.2.

③ $\Rightarrow$ ④. 由命题 3.8.1 的 (5), I 是 R 的极大的主理想. 但 R 的所有理想都是主理想, 所以 I 是 R 的极大理想.

④ $\Rightarrow$ ①. 习题 3.3 的第 4 题 (提示: 域一定是整环, 引用命题 3.3.2). □

定义 3.8.2 称整环 R 是**因子分解整环**, 如果它的任何非零的不可逆元 a 满足以下两条:

因子分解存在性 a 可以写成不可约元之积, 即可写 $a = p_1 p_2 \cdots p_n$, 其中, 每个 p_i 都是不可约元.

因子分解唯一性 如果还可写 $a = q_1 q_2 \cdots q_m$, 其中, q_i 都是不可约元, 则 $m = n$, 且适当重标号后有 $q_i \sim p_i$, $i = 1, \cdots, n$.

此时称 $a = p_1 p_2 \cdots p_n$, 其中, 每 p_i 都是不可约元, 为 a 的**不可约分解**, 称 p_i 是 a 的不可约因子, 称 n 为**分解长度**.

定义 3.8.3 设 R 是整环, $a_1, \cdots, a_n \in R$.

(1) 称 $c \in R$ 是 $a_1, \cdots, a_n$ 的**公因子**如果 $c|a_i$, $i = 1, \cdots, n$.

(2) 称 $d \in R$ 是 $a_1, \cdots, a_n$ 的**最大公因子**如果 d 是 $a_1, \cdots, a_n$ 的公因子而且只要 c 是 $a_1, \cdots, a_n$ 的公因子就有 $c|d$.

两点说明. (1) $a_1, \cdots, a_n$ 的最大公因子如果存在, 则所有最大公因子恰构成一个相伴类. 因为如果 d, d' 都是 $a_1, \cdots, a_n$ 的最大公因子, 按定义就有 $d|d'$ 且 $d'|d$. 由引理 3.8.1 的 (4), 就得 $d \sim d'$.

(2) 记 $a_1, \cdots, a_n$ 的最大公因子为 $\gcd(a_1, \cdots, a_n)$, 它是空集或者是一个相伴类. 如果 $\gcd(a_1, \cdots, a_n) \in R^{\times}$ 是可逆元类, 即 $\gcd(a_1, \cdots, a_n) \sim 1$, 或按习惯记作 $\gcd(a_1, \cdots, a_n) = 1$, 就称 $a_1, \cdots, a_n$ 互素.

例 3.8.2 在整环 $\mathbb{Z}[\sqrt{-5}] = \{ m + n\sqrt{-5} \mid m, n \in \mathbb{Z} \}$ 中：

(1) $(2+\sqrt{-5})(2-\sqrt{-5}) = 9 = 3 \cdot 3$ 是不相伴的不可约分解, 见例 3.8.1. 所以 $\mathbb{Z}[\sqrt{-5}]$ 不是因子分解整环.

(2) 假若 $a = 3(2+\sqrt{-5})$, $b = 9$ 的最大公因子存在, 设 d 是一个最大公因子. 因 3 是 a, b 的公因子, 所以 $3|d$, 因此 $d = 3c$. 因 $(3c) \mid 3(2+\sqrt{-5})$, 所以 $c \mid 2+\sqrt{-5}$, 见习题 3.8 的 2(4), 但 $2+\sqrt{-5}$ 是不可约元, 故 $c \sim 1$ 或者 $c \sim 2+\sqrt{-5}$. 同理, 从 $(3c) \mid (3 \cdot 3)$ 得 $c \sim 1$ 或者 $c \sim 3$. 由于 $3 \not\sim 2+\sqrt{-5}$, 所以只能是 $c \sim 1$ 为可逆元. 因此 $3 \sim d$, 3 也是 a, b 的最大公因子. 但是 $2+\sqrt{-5}$ 也是 a, b 的公因子, 就得有 $2+\sqrt{-5} \mid 3$, 这是不可能的. 矛盾的产生是因为假设了 a, b 的最大公因子存在, 所以 a, b 没有最大公因子.

如同一般高等代数课程中的论证, 可得如下定理.

定理 3.8.1 域 F 的多项式环 $F[x]$ 是因子分解整环.

证明梗概 因子分解存在性. 如果非常数多项式 $f(x)$ 可约, 就有 $f(x) = f_1(x)f_2(x)$, $0 < \deg f_1 < \deg f$, $0 < \deg f_2 < \deg f$. 按对次数的归纳法, $f_1(x)$ 与 $f_2(x)$ 的不可约分解存在, 得 $f(x)$ 的不可约分解存在.

因子分解唯一性. 如果 $p_1(x) \cdots p_n(x) = f(x) = q_1(x) \cdots q_m(x)$, 其中, 各 $p_i(x)$, $q_j(x)$ 都不可约, 则由推论 3.8.1, 它们都是素元. 由 $p_1(x) \mid q_1(x) \cdots q_m(x)$, 知存在 $q_j(x)$ 使 $p_1(x) \mid q_j(x)$, 重编号后设 $p_1(x) \mid q_1(x)$, 则 $q_1(x) = up_1(x)$, 其中, $u \in F^{\times}$. 得 $p_2(x)p_3(x) \cdots p_n(x) = q_2'(x)q_3(x) \cdots q_m(x)$, 其中, $q_2'(x) = uq_2(x)$ 仍不可约. 按归纳法, $m-1 = n-1$, $q_2'(x) \sim p_2(x)$, $q_3(x) \sim p_3(x)$, $\cdots$, $q_n(x) \sim p_n(x)$. □

同样按一般高等代数中的论证, 可知因子分解整环中元素的最大公因子存在.

本节只是介绍了术语和问题. 关于因子分解的基本理论包含在选读选讲材料 X7 和 X8 之中. 前者给出了一个整环是因子分解整环的充要条件, 后者证明了因子分解整环上的多项式环仍为因子分解整环.

内容小结关键词: 相伴, 整除, 素元与不可约元, 主理想表述, 因子分解整环.

习 题 3.8

1.$^+$ 证明: 整环上的相伴关系是等价关系.

2.$^+$ 证明:

(1) 0 是任何元的倍元, 但不是任何非零元的约元;

(2) 可逆元仅以可逆元为约元, 没有其他约元;

(3) 任何非零不可逆元 a 至少有两类约元: 可逆元、与 a 相伴的元;

(4) 设 $c \neq 0$; 则 $a|b$ 当且仅当 $(ac)|(bc)$.

3. 如果 a 是非零不可逆元且 $a = bc$, 则以下三条等价:

(i) b 是 a 的真约元;

(ii) c 是 a 的真约元;

(iii) b 和 c 都是不可逆元.

4.$^+$ 证明：

(1) 如果 p 是素元则与 p 相伴的元是素元;

(2) 如果 p 是不可约元则与 p 相伴的元是不可约元.

5.$^+$ 证明命题 3.8.1(6).

6. 不引用推论 3.8.1, 直接证明：主理想整环的不可约元是素元.

7. (1) 求 Gauss 整数环 $\mathbb{Z}[i]$ 中的所有可逆元;

(2) 求 Gauss 整数环 $\mathbb{Z}[i]$ 中的所有不可约元.

8. 举例说明因子分解环的子环不必为因子分解环.

9. 在 $\mathbb{Z}[\sqrt{-5}]$ 中, $a=9$, $b=3(2+\sqrt{-5})$.

(1) 证明：a, b 所有公因子为 ± 1, ± 3, $\pm(2+\sqrt{-5})$;

(2) 利用 (1) 证明 a, b 没有最大公因子.

10. 在整环 R 中, 证明：

(1) a 是 $0, a$ 的最大公因子;

(2) $u \in R^{\times}$, 则 $\gcd(u,a) \sim 1$;

(3) 如果 p 是不可约元, 则 $\gcd(p,a) \sim \begin{cases} 1, & 若 p \nmid a; \\ p, & 若 p \mid a. \end{cases}$

11. 设 R 是整环, 如果 R 的任意两个元素的最大公因子存在, 证明：R 的任意 $n>2$ 个元素 $a_1, \cdots, a_n$ 的最大公因子存在.

第 4 章　域

§4.1　扩域的次数

回顾在第 3 章中已建立的本章将用到的域的知识.

- 每个非零元都可逆的交换幺环称为域;
- 域上的一元多项式环是欧氏环从而是主理想整环, 是因子分解整环;
- 域 F 上的一元多项式环 $F[x]$ 的不可约多项式 $p(x)$ 生成的理想 $F[x]p(x)$ 是极大理想 (推论 3.8.1), 因而剩余环 $F[x]/F[x]p(x)$ 是一个域 (命题 3.3.2).

设 K 是域. 如果 K 的非空子集 F 在 K 的运算之下构成幺环, 则称 F 是 K 的子环 (F 若构成幺子环则 F 的单位元 1_F 必为 K 的单位元 1_K, 见习题 4.1 的第 1 题).

如果 K 的子环 F 的每个非零元在 F 中可逆 (即 F 在 K 的运算之下构成域), 则称 F 是 K 的子域. 但是在域论中, 常采用以下术语.

若 F 是域 K 的子域, 则称 K 是域 F 的**扩域**, 或称 K 是域 F 的**扩张**.

例如, 在线性代数 (高等代数) 课程中, 把复数域 $\mathbb{C}$ 的子域都称为**数域**. 在那里常见的例子：$\mathbb{Q}$ 是数域, $\{a+b\sqrt{2} \mid a,b\in\mathbb{Q}\}$ 是数域.

但是在复数域 $\mathbb{C}$ 中, $\mathbb{Z}$ 是子环, 不是子域. 尽管 $\mathbb{Z}$ 的非零元, 如 2, 在 $\mathbb{C}$ 中可逆：$2^{-1}\in\mathbb{C}$, 但是 2 在 $\mathbb{Z}$ 中不可逆, 因 $2^{-1}\notin\mathbb{Z}$. 所以在 $\mathbb{C}$ 的运算之下 $\mathbb{Z}$ 只是子环而不是子域.

同理, 在复数域 $\mathbb{C}$ 中, $\{a+b\sqrt{2} \mid a,b\in\mathbb{Z}\}$ 是子环, 不是子域.

引理　设 K 是域 F 的扩张, 则 K 有加法运算, 再把 $F\times K\to K$, $(f,k)\mapsto fk$, 作为系数乘法, 那么 K 成为 F 上的向量空间.

证　按域的定义, $(K,+)$ 是加群. 而且系数乘法满足向量空间的要求：对任 $f,f'\in F$ 和任 $k,k'\in K$ 有

$$f(k+k')=fk+fk', \quad (f+f')k=fk+f'k\ ; \quad (ff')k=f(f'k)\ ; \quad 1k=k\ .$$

所以, K 是 F- 向量空间.　□

定义 4.1.1　设 K 是域 F 的扩张. 称 K 作为域 F 上的向量空间的维数 $\dim_F K$ 为扩域 K 在子域 F 上的**扩张次数**, 记作 $|K:F|$.

如果 $|K:F|=n<\infty$ 就称 K 是 F 的**有限扩张**(finite extension), 或更确切地, 称 K 为**域 F 的 n 次扩张**.

如果 $|K:F|=\infty$, 就称 K 是 F 的**无限扩张**(infinite extension).

例如, $\mathbb{C} \supseteq \mathbb{R}$, 即 $\mathbb{C}$ 是 $\mathbb{R}$ 的扩张, 所以 $\mathbb{C}$ 可作为 $\mathbb{R}$- 向量空间. 记 $\mathrm{i} = \sqrt{-1}$ 是虚数单位. $\mathbb{C}$ 的任一元 $a + b\mathrm{i} = a \cdot 1 + b \cdot \mathrm{i}$ 是 1, i 的 $\mathbb{R}$- 系数线性组合, 且如果 $a, b \in \mathbb{R}$ 使得 $a \cdot 1 + b \cdot \mathrm{i} = 0$, 则 $a = b = 0$ (否则 i 是实数而这是不正确的). 所以 $\mathbb{C}$ 作为 $\mathbb{R}$-向量空间以 1, i 为基底, 故 $|\mathbb{C} : \mathbb{R}| = 2$.

例如, $\mathbb{R} \supseteq \mathbb{Q}$, 即 $\mathbb{R}$ 是 $\mathbb{Q}$ 的扩张, 所以 $\mathbb{R}$ 可作为 $\mathbb{Q}$- 向量空间. 但 $|\mathbb{R} : \mathbb{Q}| = \infty$, 因为若 $|\mathbb{R} : \mathbb{Q}| = n < \infty$, 则基数 $|\mathbb{R}| = |\mathbb{Q}^n|$, 而 $\mathbb{Q}$ 是可数的, 从而 $|\mathbb{Q}^n|$ 是可数的, 这与 $|\mathbb{R}|$ 不可数相矛盾 (后面还将看到其他简单证明).

例如, 令 $F = \mathbb{Q}$, $K = \{a + b\sqrt{2} \mid a, b \in \mathbb{Q}\}$. 前面已说过, 在线性代数 (高等代数) 课程中已证明过 K 是域. 而域 $\mathbb{Q} \subseteq K$, 所以 K 是 F 的扩域. 类似于上面的例子, 易证: K 作为 F- 向量空间以 1, $\sqrt{2}$ 为基底, 故 $|K : F| = 2$.

实际上, 有下述很一般的结论.

引理 4.1.1 (二次扩张结构) (1) 设 $\beta \in \mathbb{C}$ 满足: $\beta \notin \mathbb{Q}$ 但 $\beta^2 = s \in \mathbb{Q}$, 则 $K := \{a + b\beta \mid a, b \in \mathbb{Q}\}$ 是 $\mathbb{Q}$ 的 2 次扩域;

(2) 如果 K 是 $\mathbb{Q}$ 的 2 次扩域, 则存在 $\beta \in K$ 满足: $\beta \notin \mathbb{Q}$ 但 $\beta^2 = s \in \mathbb{Q}$ 而且 $K = \{a + b\beta \mid a, b \in \mathbb{Q}\}$.

证 (1) 首先, 对任 $a + b\beta, a' + b'\beta \in K$ 有

$$(a + b\beta) - (a' + b'\beta) = (a - a') + (b - b')\beta \ \in \ K,$$

$$(a + b\beta)(a' + b'\beta) = (aa' + bb's) + (ab' + a'b)\beta \ \in \ K,$$

所以, K 是一个环. 显然 K 包含 $\mathbb{Q}$.

设 $a + b\beta \in K$ 且 $a + b\beta \neq 0$, 即 a, b 不全为零, 那么

$$(a + b\beta)(a - b\beta) = a^2 - b^2 s \in \mathbb{Q}.$$

而且可断言 $a^2 - b^2 s \neq 0$, 因为若 $a^2 - b^2 s = 0$, 则因 $a + b\beta \neq 0$, 故必 $a - b\beta = 0$, 那么 $\beta = \dfrac{a}{b} \in \mathbb{Q}$, 与 $\beta \notin \mathbb{Q}$ 相矛盾. 所以

$$(a + b\beta) \cdot \frac{a - b\beta}{a^2 - b^2 s} = 1 ,$$

即

$$(a + b\beta)^{-1} = \frac{a - b\beta}{a^2 - b^2 s} = \frac{a}{a^2 - b^2 s} - \frac{b}{a^2 - b^2 s}\beta \in K .$$

故 K 的任非零元在 K 中可逆. 即 K 是域, 那么就是 $\mathbb{Q}$ 的扩域.

最后, 按 K 的定义, K 的任何元 $a + b\beta$ 是以 $a, b \in \mathbb{Q}$ 为系数的 1, β 的线性组合. 如果 $a + b\beta = 0$, $a, b \in \mathbb{Q}$, 则可断言 $a = b = 0$. 因为若不然, 则 $b \neq 0$ (因 $b = 0$ 则 $a = -b\beta = 0$), 那么 $\beta = -\dfrac{a}{b} \in \mathbb{Q}$, 与 $\beta \notin \mathbb{Q}$ 相矛盾. 即得到 1, β 在 $\mathbb{Q}$ 上线性无

关, 因此 1, β 构成 K 作为 $\mathbb{Q}$- 向量空间的基底, 所以 $|K:\mathbb{Q}| = \dim_{\mathbb{Q}} K = 2$.

(2) 设 K 是域 $\mathbb{Q}$ 的 2 次扩张. 以下证明存在 $\beta \in K - \mathbb{Q}$ 使得 $\beta^2 = s \in \mathbb{Q}$ 且 $K = \{a + b\beta \mid a, b \in \mathbb{Q}\}$.

因 $|K:\mathbb{Q}| = 2$, 故 $K \supsetneqq \mathbb{Q}$, 因而可取 $\alpha \in K - \mathbb{Q}$.

现在断言：1, α 在 $\mathbb{Q}$ 上是线性无关的. 因为否则有不全为零的 $a, b \in \mathbb{Q}$ 使得 $a + b\alpha = 0$, 那么 $b \neq 0$ ($b = 0$ 导致 $a = -b\alpha = 0$ 与 a, b 不全为零相矛盾), 因而 $\alpha = -\dfrac{a}{b} \in \mathbb{Q}$, 与 $\alpha \notin \mathbb{Q}$ 相矛盾. 那么 1, α 就是 2 维 $\mathbb{Q}$- 向量空间 K 的基底, 即 $K = \{a + b\alpha \mid a, b \in \mathbb{Q}\}$.

由于 $\alpha \in K$, 故 $\alpha^2 \in K$, 那么 α^2 可写成 1, α 的有理线性组合, 即存在 $c, d \in \mathbb{Q}$ 使得 $\alpha^2 = c + d\alpha$, 也就是 $\alpha^2 - d\alpha - c = 0$. 则

$$0 = \alpha^2 - d\alpha - c = \left(\alpha - \frac{d}{2}\right)^2 - \frac{d^2 + 4c}{4}\ .$$

令 $s = \dfrac{c^2 + 4d}{4} \in \mathbb{Q}$, 再令 $\beta = \alpha - \dfrac{d}{2}$, 则 $\beta \notin \mathbb{Q}$ (否则 $\alpha = \beta + \dfrac{d}{2} \in \mathbb{Q}$ 与 $\alpha \notin \mathbb{Q}$ 相矛盾), 但是 $\beta^2 = s \in \mathbb{Q}$. 类似前段证明 (见习题 4.1 的第 2 题), 1, β 在 $\mathbb{Q}$ 上线性无关, 所以构成 2 维 $\mathbb{Q}$- 向量空间 K 的基底，所以 $K = \{a + b\beta \mid a, b \in \mathbb{Q}\}$. □

上述引理中, 把 $\mathbb{Q}$ 换为任何数域 F, 结论都是对的, 证明完全一样. 即如果 $\beta \notin F$ 但是 $\beta^2 = s \in F$, 那么 $K := \{a + b\beta \mid a, b \in F\}$ 是 F 的 2 次扩张. 反过来, F 的任何 2 次扩域可以写成这个形状. 证明细节留作习题.

引理 4.1.2 (次数公式) 设 $E \supseteq K \supseteq F$ 都是域, 则 $|E:F| = |E:K| \cdot |K:F|$.

证 设 U 是 E 作为 K- 向量空间的基底, 从而 $|U| = |E:K|$.

设 V 是 K 作为 F- 向量空间的基底, 从而 $|V| = |K:F|$.

下面来证明：下列元素恰构成 E 作为 F- 向量空间的基底：

$$uv\,, \qquad u \in U\,, \quad v \in V\,. \tag{BS}$$

一旦这个结论被证明了, 因扩张次数定义为该扩张的维数, 故马上就得到 $|E:F| = |U| \cdot |V| = |E:K| \cdot |K:F|$.

首先, 对任 $w \in E$, 有 $u_1, \cdots, u_m \in U$ 和 $b_1, \cdots, b_m \in K$ 使得 $w = \sum\limits_{i=1}^{m} b_i u_i$; 然后, 每个 $b_i \in K$ 是 V 中元的有限 F- 线性组合, 即可以找到有限个 $v_1, \cdots, v_n \in V$ 使得 $b_i = \sum\limits_{j=1}^{n} a_{ij} v_j$, 其中, $a_{ij} \in F$. 那么

$$w = \sum_{1 \leqslant i \leqslant m,\ 1 \leqslant j \leqslant n} a_{ij} u_i v_j\,,$$

所以, E 作为 F- 向量空间时, 式 (BS) 列出的元素生成 E.

剩下只需证明式 (BS) 中的元素是 F- 线性无关的. 设 $u_1,\cdots,u_m\in U$ 和 $v_1,\cdots,v_n\in V$ 以及 $a_{ij}\in F$ 使得 $\sum\limits_{1\leqslant i\leqslant m,\ 1\leqslant j\leqslant n} a_{ij}u_iv_j=0$, 那么

$$\sum_{i=1}^{m}\Big(\sum_{j=1}^{n}a_{ij}v_j\Big)u_i=0\,,\qquad \text{其中, 每}\ \sum_{j=1}^{n}a_{ij}v_j\ \in\ K\,.$$

由于集合 U 是 K- 线性无关的, 就得

$$\sum_{j=1}^{n}a_{ij}v_j=0\,,\qquad i=1,\cdots,m.$$

再根据集合 V 是 F- 线性无关的, 得出

$$a_{ij}=0\,,\qquad \forall\ j=1,\cdots,n,\ \ i=1,\cdots,m\,.$$

所以式 (BS) 中的任意有限个元素是 F- 线性无关的. 因此 $\{\,uv\mid u\in U,\ v\in V\,\}$ 是 F- 线性无关集合.

这就证明了式 (BS) 中的元素恰构成 E 作为 F- 向量空间的基底. □

推论 如果 $K_n\supseteq K_{n-1}\supseteq\cdots\supseteq K_1\supseteq F$ 是域扩张链, 其中 $n>1$, 则

$$|K_n:F|=|K_n:K_{n-1}|\cdot|K_{n-1}:K_{n-2}|\cdots|K_1:F|\,.$$

证 $n=2$ 时, 即引理 4.1.2. 下面设 $n>2$. 那么由引理 4.1.2, 得 $|K_n:F|=|K_n:K_{n-1}|\cdot|K_{n-1}:F|$. 由归纳假设 $|K_{n-1}:F|=|K_{n-1}:K_{n-2}|\cdots|K_1:F|$, 代入上式即得到所要求证的结论. □

内容小结关键词: 域与扩域, 2次扩张, 次数公式.

习 题 4.1

1.$^+$ 设 K 是域. 设 K 的非空子集 R 在 K 的运算之下构成幺子环. 证明: R 的单位元 1_R 必为 K 的单位元 1_K.

2.$^+$ 设 K 是域 F 的扩张, 设 $\beta\in K-F$. 证明: 对任 $b\in F$, $b\neq 0$, 作为 F- 向量空间的元素, b, β 线性无关.

3.$^+$ 设 F 是数域. 如果 K 是 F 的 2 次扩域, 则存在 $\beta\in K$ 满足: $\beta\notin F$ 但 $\beta^2=s\in F$ 而且 $K=\{a+b\beta\mid a,b\in F\}$.

4.$^+$ 设 K 是域 F 的有限扩域, 设 $u\in K$. 证明: 存在 $0\neq f(x)\in F[x]$ 使得 $f(u)=0$.

5. 设 E 是域 F 的扩域. 证明:

(1) 如果 K_1, K_2 都是 E 中包含 F 的子域, 则 $K_1\cap K_2$ 也是 E 中包含 F 的子域;

(2) 如果 R_1, R_2 都是 E 中包含 F 的幺子环, 则 $R_1 \cap R_2$ 也是 E 中包含 F 的幺子环.

6.[+] 设 E 是域 F 的扩域, S 是 E 的子集.

(1) 设 $R_j, j \in J$, 是 E 中所有的既包含 F 也包含 S 的子环. 证明: $F[S] := \bigcap\limits_{j \in J} R_j$ 也是 E 中既包含 F 也包含 S 的子环, 它是 E 中既包含 F 也包含 S 的最小子环.

(2) 设 $K_j, j \in J$, 是 E 中所有的既包含 F 也包含 S 的子域. 证明: $F(S) := \bigcap\limits_{j \in J} K_j$ 也是 E 中既包含 F 也包含 S 的子域, 它是 E 中既包含 F 也包含 S 的最小子域.

(3) 证明: $F[S] \subseteq F(S)$.

§4.2　扩域的生成元

定义 4.2.1　设 E 是域 F 的扩张, S 是 E 的子集.

(1) E 中既包含 F 也包含 S 的所有子环的交集仍然是既包含 F 也包含 S 的子环 (习题 4.1 的第 6 题), 它是 E 中既包含 F 也包含 S 的最小子环, 称为由子集 S 在 F 上**生成的环**, 记作 $F[S]$.

(2) E 中既包含 F 也包含 S 的所有子域的交集仍然是既包含 F 也包含 S 的子域 (习题 4.1 的第 6 题), 它是 E 中既包含 F 也包含 S 的最小子域, 称为由子集 S 在 F 上**生成的域**, 记作 $F(S)$.

若 $S = \{\alpha_1, \cdots, \alpha_n\}$, 简记 $F[S]$ 为 $F[\alpha_1, \cdots, \alpha_n]$; 简记 $F(S)$ 为 $F(\alpha_1, \cdots, \alpha_n)$.

一个元生成的域 $F(\alpha)$ 称为域 F 的**单扩域**, 或称**单扩张**.

注意, 恒有 $F[S] \subseteq F(S)$, 这是因为按定义, $F(S)$ 是既包含 F 也包含 S 的子域, 子域也是子环, 所以 $F(S)$ 是一个既包含 F 也包含 S 的子环. 那么按 $F[S]$ 的定义, 就有 $F[S] \subseteq F(S)$ (参看习题 4.1 的第 6 题).

但反之不一定成立, 因为子环不一定是子域.

另一注意事项. "生成的域"$F(S)$ 是域 F 的扩张. 但注意, "生成的环"$F[S]$ 不称为域 F 的扩张, 但可以称为环 F 的扩张, 或称 F 的环扩张.

下面引理更准确地描述了 "生成的环" 与 "生成的域" 的差别.

引理 4.2.1　设 E 是域 F 的扩张, 设 $\alpha \in E$.

(1) $F[\alpha] = \{\, f(\alpha) \mid f(x) \in F[x] \,\}$;

(2) $F(\alpha) = \left\{ \left. \dfrac{f(\alpha)}{g(\alpha)} \;\right|\; f(x), g(x) \in F[x],\ \ g(\alpha) \neq 0 \right\}$.

证　(1) 令 $F_\alpha := \{\, f(\alpha) \mid f(x) \in F[x] \,\}$.

首先, 证明 F_α 是既包含 F 也包含 α 的一个子环. 取 $f(x) = a \in F$ 是常数多项式, 就知道 $a = f(\alpha) \in F_\alpha$, 即 $F_\alpha \supseteq F$. 再取 $f(x) = x$, 就知道 $\alpha = f(\alpha) \in F_\alpha$. 对任 $f(\alpha), g(\alpha) \in F_\alpha$, 这里 $f(x), g(x) \in F[x]$, 由于 $f(x) - g(x)$ 仍是 F- 多项式, 即

$f(x)-g(x)\in F[x]$, 故 $f(\alpha)-g(\alpha)\in F_\alpha$; 同理, $f(\alpha)g(\alpha)\in F_\alpha$. 最后, $1\in F\subseteq F_\alpha$, 所以 F_α 是 E 的子环.

由于 $F[\alpha]$ 是 E 中既包含 F 也包含 α 的最小子环, 因而 $F_\alpha\supseteq F[\alpha]$.

再证明 E 中任何既包含 F 也包含 α 的子环 R 必包含 F_α. 对任 $f(x)=\sum\limits_i a_ix^i\in F[x]$, 因为 a_i,α 都在 R 中, 故 R 包含 $\sum\limits_i a_i\alpha^i=f(\alpha)$, 所以 $R\supseteq F_\alpha$.

由于 $F[\alpha]$ 是一个既包含 F 也包含 α 的子环, 因而 $F[\alpha]\supseteq F_\alpha$.

综上所述两方面论证得 $F[\alpha]=F_\alpha$.

(2) 类似于 (1) 的证明. 令 $\tilde{F}_\alpha:=\left\{\dfrac{f(\alpha)}{g(\alpha)}\,\middle|\, f(x),g(x)\in F[x],\quad g(\alpha)\neq 0\right\}$.

完全类似于 (1) 的第一方面的论证, 可得 $\tilde{F}_\alpha$ 既包含 F 也包含 α; 而且可得只要 $\dfrac{f(\alpha)}{g(\alpha)}$, $\dfrac{h(\alpha)}{k(\alpha)}\in\tilde{F}_\alpha$, 就有

$$\frac{f(\alpha)}{g(\alpha)}-\frac{h(\alpha)}{k(\alpha)}=\frac{f(\alpha)k(\alpha)-h(\alpha)g(\alpha)}{g(\alpha)k(\alpha)}\in\tilde{F}_\alpha\,,$$

$$\frac{f(\alpha)}{g(\alpha)}\cdot\frac{h(\alpha)}{k(\alpha)}=\frac{f(\alpha)\,h(\alpha)}{g(\alpha)\,k(\alpha)}\in\tilde{F}_\alpha.$$

而且, 只要 $\dfrac{f(\alpha)}{g(\alpha)}\neq 0$, 就有 $f(\alpha)\neq 0$, 从而 $\dfrac{g(\alpha)}{f(\alpha)}\in\tilde{F}_\alpha$, 即

$$\left(\frac{f(\alpha)}{g(\alpha)}\right)^{-1}=\frac{g(\alpha)}{f(\alpha)}\in\tilde{F}_\alpha\,.$$

所以, $\tilde{F}_\alpha$ 是 E 的一个既包含 F 也包含 α 的子域.

由于 $F(\alpha)$ 是 E 中既包含 F 也包含 α 的最小子域, 因而 $\tilde{F}_\alpha\supseteq F(\alpha)$.

也完全类似于 (1) 的第二方面的论证, 如果 E 的子域 K 既包含 F 也包含 α, 则 K 必包含 $\tilde{F}_\alpha$.

而 $F(\alpha)$ 是既包含 F 也包含 α 的子域, 所以又得到 $F(\alpha)\supseteq\tilde{F}_\alpha$. □

对多个元素的环扩张、域扩张易得类似的结论. 以下仅对 “生成的域” 叙述.

引理 4.2.2 设 E 是域 F 的扩张, 设 $S\subseteq E$ 是任意非空子集, 则

$$F(S)=\left\{\frac{f(\alpha_1,\cdots,\alpha_n)}{g(\alpha_1,\cdots,\alpha_n)}\,\middle|\, \begin{array}{l} f(x_1,\cdots,x_n),g(x_1,\cdots,x_n)\in F[x_1,\cdots,x_n]\,,\\ \alpha_1,\cdots,\alpha_n\in S\,,\ g(\alpha_1,\cdots,\alpha_n)\neq 0\,,n\geqslant 0\end{array}\right\}.$$

证 类似于引理 4.2.1 的证明. 用 $\tilde{F}_S$ 记右边的集合.

一方面, 易验证 $\tilde{F}_S$ 本身构成一个子域且它包含 F 和 S. 而 $F(S)$ 是包含 F 和 S 的最小子域, 所以 $\tilde{F}_S\supseteq F(S)$.

另一方面, 易验证 E 的任何包含 F 和 S 的子域必包含 $\tilde{F}_S$. 而 $F(S)$ 是包含 F 和 S 的子域, 所以 $F(S) \supseteq \tilde{F}_S$. □

推论 4.2.1 记号同上. 对任 $u \in F(S)$ 存在有限子集 $S_0 \subseteq S$ 使得 $u \in F(S_0)$.

证 由引理 4.2.2, 存在有限个 $\alpha_1, \cdots, \alpha_n \in S$ 和 $f(x_1, \cdots, x_n) \in F[x_1, \cdots, x_n]$, $g(x_1, \cdots, x_n) \in F[x_1, \cdots, x_n]$, 使得 $g(\alpha_1, \cdots, \alpha_n) \neq 0$ 且

$$u = \frac{f(\alpha_1, \cdots, \alpha_n)}{g(\alpha_1, \cdots, \alpha_n)},$$

那么 $u \in F(\alpha_1, \cdots, \alpha_n)$. □

扩张 $F(\alpha_1, \cdots, \alpha_n)$ 可以逐步单扩张生成.

引理 4.2.3 $F(\alpha_1, \cdots, \alpha_n) = F(\alpha_1, \cdots, \alpha_{n-1})(\alpha_n) = F(\alpha_1)(\alpha_2, \cdots, \alpha_n)$.

证 按定义 4.2.1 的 (2) 可知 $F(\alpha_1, \cdots, \alpha_n)$ 是既包含 $F(\alpha_1, \cdots, \alpha_{n-1})$ 也包含 α_n 的子域, 所以 $F(\alpha_1, \cdots, \alpha_n) \supseteq F(\alpha_1, \cdots, \alpha_{n-1})(\alpha_n)$. 另一方面, 同样按定义 4.2.1 的 (2) 知道: $F(\alpha_1, \cdots, \alpha_{n-1})(\alpha_n)$ 既包含 F 也包含所有 $\alpha_1, \cdots, \alpha_{n-1}, \alpha_n$, 所以 $F(\alpha_1, \cdots, \alpha_n) \subseteq F(\alpha_1, \cdots, \alpha_{n-1})(\alpha_n)$.

类似地证明另一等式 $F(\alpha_1, \cdots, \alpha_n) = F(\alpha_1)(\alpha_2, \cdots, \alpha_n)$. □

例 4.2.1 设 $F = \mathbb{Q}$, 取 $E = \mathbb{Q}(x)$ 是所有有理系数的分式构成的域 (有理系数分式域), 则 E 是 F 的扩张. 取 $\alpha = x \in E$, 则:

- $\mathbb{Q}[\alpha] = \mathbb{Q}[x]$ 是有理系数多项式环. 作为 $\mathbb{Q}$- 向量空间, $\dim_{\mathbb{Q}} \mathbb{Q}[\alpha] = \infty$.
- $\mathbb{Q}(\alpha) = \mathbb{Q}(x)$ 是有理系数分式域.

显然, $\mathbb{Q}[\alpha] \subsetneqq \mathbb{Q}(\alpha)$, $|\mathbb{Q}(\alpha) : \mathbb{Q}| = \dim_{\mathbb{Q}} \mathbb{Q}(\alpha) = \infty$.

另一方面, 引理 4.1.1 给出了使得 $\mathbb{Q}(\beta) = \mathbb{Q}[\beta]$ 的例子: 如果复数 β 满足 $\beta \notin \mathbb{Q}$ 但 $\beta^2 = s \in \mathbb{Q}$, 则 $K := \{a + b\beta \mid a, b \in \mathbb{Q}\}$ 是 $\mathbb{C}$ 中既包含 $\mathbb{Q}$ 也包含 β 的子域, 由定义 4.2.1, $K = \mathbb{Q}(\beta)$; 但是由引理 4.2.1 的 (1), 还有 $K = \mathbb{Q}[\beta]$, 即 $\mathbb{Q}(\beta) = \mathbb{Q}[\beta]$.

更一般地, 如同引理 4.1.1 后的注解和习题 4.1 的第 3 题所说, 有下述结论: 对任数域 F 有 K 是 F 的 2 次扩域当且仅当存在 $\beta \in K - F$ 使得 $\beta^2 = s \in F$ 且 $K = \{a + b\beta \mid a, b \in F\}$. 习惯上把满足 $\beta^2 = s$ 的 β 记作 $\sqrt{s}$, 称为 s 的平方根. 那么这个一般结论陈述为:

命题 4.2.1 (二次扩张结构) 设 F 是数域. 则 F 的扩张 K 是 2 次扩张当且仅当 $K = F(\sqrt{s})$, 其中, $s \in F$ 但 $\sqrt{s} \notin F$. □

同上分析, 对二次扩张都有 $F(\sqrt{s}) = F[\sqrt{s}]$.

例 4.2.2 设 $F = \mathbb{Q}$, 取 $E = \mathbb{C}$ 是复数域, 则 E 是 F 的扩张. 取 $\alpha = \sqrt[3]{3} \in E$, 则单扩张 $\mathbb{Q}(\sqrt[3]{3}) = \mathbb{Q}[\sqrt[3]{3}] = \left\{a + b\sqrt[3]{3} + c\left(\sqrt[3]{3}\right)^2 \mid a, b, c \in \mathbb{Q}\right\}$ 是 $\mathbb{Q}$ 的 3 次扩域.

证 利用 $(\sqrt[3]{3})^3 - 3 = 0$, 对任 $f(x) \in \mathbb{Q}[x]$, 做欧氏带余除法:

$$f(x)=(x^3-3)q(x)+(a+bx+cx^2)\ ,\qquad a,\ b,\ c\in\mathbb{Q}.$$

则

$$f(\sqrt[3]{3})=\Big((\sqrt[3]{3})^3-3\Big)q\Big(\sqrt[3]{3}\Big)+\Big(a+b\sqrt[3]{3}+c\big(\sqrt[3]{3}\big)^2\Big)=a+b\sqrt[3]{3}+c\big(\sqrt[3]{3}\big)^2\ .$$

所以

$$\mathbb{Q}[\sqrt[3]{3}]=\big\{\,a+b\sqrt[3]{3}+c\big(\sqrt[3]{3}\big)^2\,\big|\,a,b,c\in\mathbb{Q}\,\big\}\ .$$

因为多项式 x^3-3 没有有理根, 所以在 $\mathbb{Q}[x]$ 中 x^3-3 是不可约多项式 (3 次多项式如果可约则必有一次因式, 从而有根). 如果有理数 a,b,c 不全为零, 则 $a+bx+cx^2$ 是非零有理多项式, 于是 $a+bx+cx^2$ 与 x^3-3 互素 (因为后者是不可约多项式), 所以有 $h(x),g(x)\in\mathbb{Q}[x]$ 使得

$$(a+bx+cx^2)h(x)+(x^3-3)g(x)=1\ .$$

那么

$$\Big(a+b\sqrt[3]{3}+c\big(\sqrt[3]{3}\big)^2\Big)h\big(\sqrt[3]{3}\big)+\Big(\big(\sqrt[3]{3}\big)^3-3\Big)g\big(\sqrt[3]{3}\big)=1\ .$$

左边前一项中的 $\beta:=h\big(\sqrt[3]{3}\big)\in\mathbb{Q}[\sqrt[3]{3}]$, 而 $\big(\sqrt[3]{3}\big)^3-3=0$, 所以左边后一项为零. 即得结论：只要 $a,b,c\in\mathbb{Q}$ 不全为零就存在 $\beta\in\mathbb{Q}[\sqrt[3]{3}]$ 使得

$$\Big(a+b\sqrt[3]{3}+c\big(\sqrt[3]{3}\big)^2\Big)\cdot\beta=1\ .$$

由此可推出两个断言. 如果 $a,b,c\in\mathbb{Q}$ 不全为零, 则 $a+b\sqrt[3]{3}+c\big(\sqrt[3]{3}\big)^2\neq0$. 也就是说, $\mathbb{Q}[\sqrt[3]{3}]$ 中的元素 1, $\sqrt[3]{3}$, $\big(\sqrt[3]{3}\big)^2$ 在 $\mathbb{Q}$ 上线性无关, 所以 $\dim_{\mathbb{Q}}\mathbb{Q}[\sqrt[3]{3}]=3$.

而且, 只要 $0\neq a+b\sqrt{3}+c\big(\sqrt[3]{3}\big)^2\in\mathbb{Q}[\sqrt[3]{3}]$, 则 a,b,c 不全为零, 因而存在 $\beta\in\mathbb{Q}[\sqrt[3]{3}]$ 使得 $\Big(a+b\sqrt[3]{3}+c\big(\sqrt[3]{3}\big)^2\Big)\cdot\beta=1$. 也就是说, $\mathbb{Q}[\sqrt[3]{3}]$ 的任意非零元在 $\mathbb{Q}[\sqrt[3]{3}]$ 中可逆, 所以 $\mathbb{Q}[\sqrt[3]{3}]$ 是一个域. 因此

$$\mathbb{Q}(\sqrt[3]{3})=\mathbb{Q}[\sqrt[3]{3}]=\big\{\,a+b\sqrt{3}+c\big(\sqrt[3]{3}\big)^2\,\big|\,a,b,c\in\mathbb{Q}\,\big\}\ .$$

而 $|\mathbb{Q}(\sqrt[3]{3}):\mathbb{Q}|=\dim_{\mathbb{Q}}\mathbb{Q}(\sqrt[3]{3})=3$. □

上述证明的第二段就是**分母有理化**. 再举一例如下.

例 4.2.3 做分母有理化：$\dfrac{1+\sqrt[3]{3}}{3+\sqrt[3]{3}+(\sqrt[3]{3})^2}$.

解 由于 x^3-3 是不可约有理多项式, 故与有理多项式 x^2+x+3 互素. 通过辗转相除法, 可求得

$$(x^2+x+3)(x^3-x^2)+(x^3-3)(-x^2-2)=6\ .$$

代入 $x=\sqrt[3]{3}$, 得

$$(3+\sqrt[3]{3}+(\sqrt[3]{3})^2)(3-(\sqrt[3]{3})^2)=6\ .$$

所以

$$\frac{1+\sqrt[3]{3}}{3+\sqrt[3]{3}+(\sqrt[3]{3})^2}=\frac{(1+\sqrt[3]{3})(3-(\sqrt[3]{3})^2)}{(3+\sqrt[3]{3}+(\sqrt[3]{3})^2)(3-(\sqrt[3]{3})^2)}$$
$$=\frac{3\sqrt[3]{3}-(\sqrt[3]{3})^2}{6}=\frac{1}{2}\sqrt[3]{3}-\frac{1}{6}(\sqrt[3]{3})^2 . \quad \square$$

例 4.2.4　证明：$\mathbb{Q}(\sqrt{2},\ \sqrt{3})=\mathbb{Q}(\sqrt{2}+\sqrt{3})$，并求次数 $|\mathbb{Q}(\sqrt{2}+\sqrt{3}):\mathbb{Q}|$.

解　因为 $\sqrt{2}+\sqrt{3}\in\mathbb{Q}(\sqrt{2},\ \sqrt{3})$，所以 $\mathbb{Q}(\sqrt{2}+\sqrt{3})\subseteq\mathbb{Q}(\sqrt{2},\ \sqrt{3})$.

反过来，$(\sqrt{2}+\sqrt{3})^2\in\mathbb{Q}(\sqrt{2}+\sqrt{3})$，即 $5+2\sqrt{6}\in\mathbb{Q}(\sqrt{2}+\sqrt{3})$. 那么 $\sqrt{6}=\frac{1}{2}((5+2\sqrt{6})-5)\in\mathbb{Q}(\sqrt{2}+\sqrt{3})$，所以

$$3\sqrt{2}+2\sqrt{3}=\sqrt{6}(\sqrt{2}+\sqrt{3})\in\mathbb{Q}(\sqrt{2}+\sqrt{3}) .$$

所以

$$\sqrt{2}=(3\sqrt{2}+2\sqrt{3})-2(\sqrt{2}+\sqrt{3})\in\mathbb{Q}(\sqrt{2}+\sqrt{3}) ,$$
$$\sqrt{3}=(\sqrt{2}+\sqrt{3})-\sqrt{2}\in\mathbb{Q}(\sqrt{2}+\sqrt{3}) .$$

因此 $\mathbb{Q}(\sqrt{2},\ \sqrt{3})\subseteq\mathbb{Q}(\sqrt{2}+\sqrt{3})$.

以上证明了 $\mathbb{Q}(\sqrt{2},\ \sqrt{3})=\mathbb{Q}(\sqrt{2}+\sqrt{3})$.

因为 $\sqrt{3}\notin\mathbb{Q}$ 但 $(\sqrt{3})^2=3\in\mathbb{Q}$，由引理 4.1.1，$|\mathbb{Q}(\sqrt{3}):\mathbb{Q}|=2$ 且 $\mathbb{Q}(\sqrt{3})=\{a+b\sqrt{3}\mid a,b\in\mathbb{Q}\}$.

以下证明 $\sqrt{2}\notin\mathbb{Q}(\sqrt{3})$. 反证法. 假设 $\sqrt{2}\in\mathbb{Q}(\sqrt{3})$，则存在 $a,b\in\mathbb{Q}$ 使得 $\sqrt{2}=a+b\sqrt{3}$，那么 $a\neq 0\neq b$，且 $2=a^2+3b^2+2ab\sqrt{3}$，得 $\sqrt{3}=(2-a^2-3b^2)/2ab\in\mathbb{Q}$，与 $\sqrt{3}\notin\mathbb{Q}$ 相矛盾. 但 $(\sqrt{2})^2=2\in\mathbb{Q}(\sqrt{3})$. 所以仍由引理 4.1.1，$|\mathbb{Q}(\sqrt{3})(\sqrt{2}):\mathbb{Q}(\sqrt{3})|=2$.

最后可完成计算：

$$|\mathbb{Q}(\sqrt{2}+\sqrt{3}):\mathbb{Q}|=|\mathbb{Q}(\sqrt{2},\ \sqrt{3}):\mathbb{Q}|=|\mathbb{Q}(\sqrt{3})(\sqrt{2}):\mathbb{Q}|$$
$$=|\mathbb{Q}(\sqrt{3})(\sqrt{2}):\mathbb{Q}(\sqrt{3})|\cdot|\mathbb{Q}(\sqrt{3}):\mathbb{Q}|$$
$$=2\cdot 2=4 . \qquad \square$$

内容小结关键词：生成子环，生成子域，多项式，分式.

习　题　4.2

1.⁺ 设 F 是域. 证明：如果 $F(\alpha)=F[\alpha]$，则存在 $0\neq f(x)\in F[x]$ 使得 $f(\alpha)=0$.

2. (1) 证明：$\mathbb{Q}(\sqrt{3})=\mathbb{Q}[\sqrt{3}]$.

(2) 求：$|\mathbb{Q}(\sqrt{3}):\mathbb{Q}|$.

3. (1) 证明：$\mathbb{Q}(\sqrt[3]{2})=\mathbb{Q}[\sqrt[3]{2}]$.

(2) 求：$|\mathbb{Q}(\sqrt[3]{2}):\mathbb{Q}|$.

4. 做分母有理化：(1) $\dfrac{1}{(\sqrt[3]{2})^2+\sqrt[3]{2}+1}$.　　(2) $\dfrac{\sqrt[3]{2}-1}{(\sqrt[3]{2})^2+2\sqrt[3]{2}+1}$.

5. (1) 证明：$\mathbb{Q}(\sqrt{2},\ \sqrt{5})=\mathbb{Q}(\sqrt{2}+\sqrt{5})$.

(2) 求：$|\mathbb{Q}(\sqrt{2}+\sqrt{5}):\mathbb{Q}|$.

§4.3 单 扩 张

设 F 是域. 设 R 是环. 设 $\sigma: F\to R$ 是环同态, 即对任 $a,b\in F$ 满足：

$$\sigma(a+b)=\sigma(a)+\sigma(b)\,,\quad \sigma(a\cdot b)=\sigma(a)\cdot\sigma(b)\,,$$

且 $\sigma(1_F)=1_R$. 那么同态核 $\operatorname{Ker}\sigma$ 是 F 的理想. 域只有零理想和单位理想. 若 $\operatorname{Ker}\sigma=F$ 是单位理想, 则 $\sigma=0$ 是零映射, 这与 $\sigma(1)=1\neq 0$ 相矛盾. 所以只能是 $\operatorname{Ker}\sigma=0$, 即 σ 是单同态.

因此从域 F 到环 R 的环同态若存在则恒为单同态, 通过单同态可以认为域 F 嵌入环 R 之中成为 R 的子域.

例如, $\mathbb{C}\to \mathrm{M}_n(\mathbb{C})$, $c\mapsto c\cdot \boldsymbol{I}$, 其中, $\boldsymbol{I}$ 记单位矩阵, 这是域 $\mathbb{C}$ 到全矩阵环 $\mathrm{M}_n(\mathbb{C})$ 的嵌入, 通过它可以认为 $\mathbb{C}\subseteq \mathrm{M}_n(\mathbb{C})$.

例如, $\mathbb{C}\to\mathbb{C}[x]$, $c\mapsto c$, 其中, 右端的复数 c 是常值多项式 c, 这是域 $\mathbb{C}$ 到多项式环 $\mathbb{C}[x]$ 的嵌入, 通过它可以认为 $\mathbb{C}\subseteq\mathbb{C}[x]$.

例如, $\mathbb{C}\to\mathbb{C}(x)$, $c\mapsto c$, 其中, 右端 c 是常值多项式 c, 这是域 $\mathbb{C}$ 到复分式域 $\mathbb{C}(x)$ 的嵌入, 故认可 $\mathbb{C}\subseteq\mathbb{C}(x)$, 复分式域 $\mathbb{C}(x)$ 是复数域 $\mathbb{C}$ 的扩张. 参看例 4.2.1.

设 E 和 K 都是域 F 的扩域. 如果同态 $\sigma: E\to K$ 还满足：$\sigma(a)=a$, $\forall\, a\in F$, 就称 σ 是一个 F-**同态**. 因为这时对任 $\alpha\in E$, $a\in F$ 有 $\sigma(a\alpha)=\sigma(a)\sigma(\alpha)=a\cdot\sigma(\alpha)$, 即这种 σ 不仅是环同态, 而且把 E, K 作为 F- 向量空间时它还是 F- 线性映射.

引理 4.3.1 设 K 是域 F 的扩域, $\alpha\in K$. 则下述映射

$$\nu_\alpha:\ F[x]\ \longrightarrow\ K\,,\quad f(x)\ \longmapsto\ f(\alpha)\,,$$

是环同态而且是 F- 线性映射 (称为**赋值同态**), 同态象 $\mathrm{Im}(\nu_\alpha)=F[\alpha]$.

证 直接验证 ν_α 是环同态 (参见习题 3.6 的 7). 对 $a\in F$ 和 $f(x)\in F[x]$, 有 $\nu_\alpha(af(x))=af(\alpha)=a\nu_\alpha(f(x))$. 所以 ν_α 还是 F- 线性映射. 而 $\mathrm{Im}(\nu_\alpha)=\{\,f(\alpha)\mid f(x)\in F[x]\,\}$, 由引理 4.2.1, 得 $\mathrm{Im}(\nu_\alpha)=F[\alpha]$. □

通过引理 4.3.1 中的赋值同态 ν_α 和同态基本定理可有效地研究单扩张 $F(\alpha)$.

同态核 $\mathrm{Ker}(\nu_\alpha)$ 是 $F[x]$ 的理想. 回想：如果多项式 $h(x)\in F[x]$ 使得 $h(\alpha)=0$, 就称 $h(x)$ 是 α 的 F-**零化多项式**. 仍按 ν_α 的定义即知, 同态核理想

$$\mathrm{Ker}(\nu_\alpha) = \{\, h(x) \in F[x] \mid h(\alpha) = 0 \,\}$$

就是 α 的所有 F- 零化多项式的集合, 称为 α 在域 F 上的**零化理想**.

因为 $F[x]$ 是主理想整环, 核 $\mathrm{Ker}(\nu_\alpha)$ 可由一个元 $g(x)$ 生成, 即零化理想是 $g(x)$ 的所有倍式的集合:

$$\mathrm{Ker}(\nu_\alpha) = F[x]g(x) = \{\, f(x)g(x) \mid f(x) \in F[x] \,\}\ .$$

定义 4.3.1　记号如上.

(1) 如果 $g(x) = 0$, 即 $\mathrm{Ker}(\nu_\alpha) = 0$, 亦即只有零多项式能零化 α, 则称 α 是 F 上的**超越元**; 称 $F(\alpha)$ 是域 F 的**超越单扩张**.

(2) 如果 $g(x) \neq 0$, 即 α 的 F 上的零化理想 $\mathrm{Ker}(\nu_\alpha) \neq 0$, 则称 α 是 F 上的**代数元**, 称零化理想的生成元 $g(x)$ 为 α 在 F 上的**极小多项式**; 称 $F(\alpha)$ 是域 F 的**代数单扩张**.

引理 4.3.2　设 α 是域 F 上的代数元, $0 \neq p(x) \in F[x]$. 以下三条等价:

① $p(x)$ 是 α 在 F 上的极小多项式, 即 α 的最低次数的非零的零化多项式;

② $p(x)$ 零化 α 且 $p(x)$ 是任何 α 的 F- 零化多项式的因式;

③ $p(x)$ 零化 α 且 $p(x)$ 在 $F[x]$ 中不可约 (即 $F[x]$ 中的素多项式, 见推论 3.8.1).

证　① $\Rightarrow$ ②. 从①, 按极小多项式的定义, α 的任何 F- 零化多项式形如 $f(x)p(x)$, 其中 $f(x) \in F[x]$, 即②成立.

② $\Rightarrow$ ③. 设②成立, 则 $p(\alpha) = 0$. 若 $p(x)$ 写成了两个次数更低的 F- 多项式之积, 即 $p(x) = p_1(x)p_2(x)$, 则 $p_1(\alpha)p_2(\alpha) = p(\alpha) = 0$. 但 $p(x)$ 不是 $p_1(x)$ 的因式, 由②, $p_1(\alpha) \neq 0$, 同理 $p_2(\alpha) \neq 0$. 因而 $p_1(\alpha)p_2(\alpha) \neq 0$, 这是矛盾的, 故 $p(x)$ 不可约.

③ $\Rightarrow$ ①. 反证法. 如果 $p(x)$ 不是 α 在 F 上的极小多项式, 则因为③已说 $p(x)$ 零化 α, 按定义 α 的极小多项式整除 $p(x)$ 而且次数低于 $p(x)$ 的次数, 这与 $p(x)$ 是不可约多项式相矛盾.　□

定理 4.3.1 (代数单扩张结构定理)　设 α 是域 F 上的代数元, $p(x)$ 是 α 在 F 上的极小多项式, 且 $\deg p(x) = n$. 则

(1) $F(\alpha) = F[\alpha] \cong F[x]/\big(F[x]p(x)\big)$;

(2) $|F(\alpha) : F| = n$, 而 $1, \alpha, \cdots, \alpha^{n-1}$ 构成 $F(\alpha)$ 在 F 上的基底.

证　(1) 从引理 4.3.1 中的赋值同态, 以及 $\mathrm{Im}(\nu_\alpha) = F[\alpha] \subseteq K$ 和 $\mathrm{Ker}(\nu_\alpha) = F[x]p(x)$, 考虑剩余类环 $F[x]/\big(F[x]p(x)\big)$, 利用同态基本定理得

$$\begin{array}{ccc} F[x] & \xrightarrow{\nu_\alpha} & F[\alpha] \\ \text{bar}\big\downarrow & \nearrow \bar{\nu}_\alpha & \\ F[x]/\big(\mathrm{Ker}(\nu_\alpha)\big) = F[x]/\big(F[x]p(x)\big) & & \end{array} \tag{HT}$$

其中, bar : $F[x] \to F[x]/\big(F[x]p(x)\big)$ 是自然同态, 它把 $f(x)$ 映射为 $f(x)$ 所在剩余类

$$\begin{aligned}\overline{f(x)} &= \big\{f(x)+u(x)p(x) \mid u(x)\in F[x]\big\}\\ &= \big\{h(x)\in F[x] \mid h(x)\equiv f(x) \pmod{p(x)}\big\}\ .\end{aligned}$$

而其中 $\bar{\nu}_\alpha$ 是环同构映射:

$$\bar{\nu}_\alpha : F[x]/\big(F[x]p(x)\big) \xrightarrow{\cong} F[\alpha]\ , \quad \overline{f(x)} \longmapsto f(\alpha)\ . \tag{IT}$$

由引理 4.3.2, $p(x)$ 是 $F[x]$ 中不可约多项式, 由推论 3.8.1, $p(x)$ 生成的理想 $F[x]p(x)$ 是 $F[x]$ 的极大理想, 所以 $K = F[x]/\big(F[x]p(x)\big)$ 是一个域 (见命题 3.3.2). 由同构式 (IT), $F[\alpha]$ 也是一个域. 而 $F(\alpha)$ 是既包含 F 也包含 α 的最小的子域, 所以 $F(\alpha)\subseteq F[\alpha]$. 而定义 4.2.1 后的注表明 $F(\alpha)\supseteq F[\alpha]$, 就得 $F(\alpha)=F[\alpha]$.

(2) 先证 $1, \alpha, \cdots, \alpha^{n-1}$ 在 F 上线性无关. 对任意不全为零的 $a_0, a_1, \cdots, a_{n-1}\in F$, $a_0+a_1x+\cdots+a_{n-1}x^{n-1}$ 是 $F[x]$ 中的次数 $<n$ 的非零多项式, 故它不是 $p(x)$ 的倍式, 因而不零化 α, 即

$$a_0\cdot 1+a_1\alpha+\cdots+a_{n-1}\cdot\alpha^{n-1}\neq 0\ .$$

所以, $1, \alpha, \cdots, \alpha^{n-1}$ 在 F 上线性无关.

又, 对任意一个 $f(\alpha)\in F[\alpha]$, 其中 $f(x)\in F[x]$, 由习题 3.6 的第 4 题, 在剩余类 $\overline{f(x)} = f(x)+F[x]p(x)$ 中有一个 $r(x)\equiv f(x) \pmod{p(x)}$ 使得 $\deg r(x)<n$, 那么可设 $r(x)=a_0+a_1x+\cdots+a_{n-1}x^{n-1}$, 每 $a_i\in F$, 而

$$f(\alpha)=r(\alpha)=a_0+a_1\alpha+\cdots+a_{n-1}\alpha^{n-1}\ .$$

所以, $F[\alpha]$ 的任意元素可以写成 $1, \alpha, \cdots, \alpha^{n-1}$ 在 F 上的线性组合.

所以 $1, \alpha, \cdots, \alpha^{n-1}$ 是 $F[\alpha]$ 作为 F- 向量空间的基底. 也就是

$$|F(\alpha):F| = |F[\alpha]:F| = n = \deg p(x)\ .$$

□

如同例 4.2.2 一样, 可以用 "分母有理化" 的方法给出定理 4.3.1 中的结论 $F(\alpha)=F[\alpha]$ 的另一个证明. 简述如下.

首先, 由引理 4.3.2, α 的极小多项式 $p(x)=x^n+a_{n-1}x^{n-1}+\cdots+a_0$ 是不可约多项式. 然后因 $\alpha^n+a_{n-1}\alpha^{n-1}+\cdots+a_0=p(\alpha)=0$, 故 $\alpha^n=-a_{n-1}\alpha^{n-1}-\cdots-a_0$ 用 $1, \alpha, \cdots, \alpha^{n-1}$ 的 F- 线性组合表示出来, 所以 $F[\alpha]=\{c_0+c_1\alpha+\cdots+c_{n-1}\alpha^{n-1} \mid c_i\in F\}$. 设 $c_0+c_1\alpha+\cdots+c_{n-1}\alpha^{n-1}\in F[\alpha]$ 不是零元, 那么多项式 $f(x)=c_0+c_1x+\cdots+c_{n-1}x^{n-1}$ 不是零多项式. 由于 $\deg f(x)<\deg p(x)$ 故 $p(x)\nmid f(x)$.

而 $p(x)$ 是不可约多项式, 故 $f(x)$ 必与 $p(x)$ 互素, 故有 $u(x), v(x) \in F[x]$ 使得 $f(x)u(x) + p(x)v(x) = 1$. 由于 $p(\alpha) = 0$, 所以, $f(\alpha)u(\alpha) = 1$, 即

$$\frac{1}{c_0 + c_1\alpha + \cdots + c_{n-1}\alpha^{n-1}} = \frac{1}{f(\alpha)} = \frac{u(\alpha)}{f(\alpha)u(\alpha)} = u(\alpha) \in F[\alpha] \ .$$

所以, $F[\alpha]$ 是 F 的子域, 从而 $F(\alpha) = F[\alpha]$.

上面从引理 4.3.1 开始直到定理 4.3.1 给出代数单扩张的结构, 都是在 α 已经存在的前提下进行的. 但是同构式 (IT) 中的剩余类环是域这件事说明：在单扩张尚不存在 (即 α 尚不存在) 的前提下, 对素多项式 $p(x) \in F[x]$ 可以构造出单扩张 $F(\alpha)$ 使得 α 是 F 上的代数元, 它以 $p(x)$ 为极小多项式.

引理 4.3.3 设 $p(x)$ 是域 F 上的素多项式, 则剩余类环 $K := F[x]/\big(F[x]p(x)\big)$ 是 F 的扩域. 且令 $\alpha := \overline{x} \in K$ 是多项式 x 所在剩余类, 则 $K = F(\alpha)$, α 是 F 上的代数元, $p(x)$ 是 α 的极小多项式.

证 由推论 3.8.1, 素多项式生成的理想 $F[x]p(x)$ 是 $F[x]$ 的极大理想, 所以, 由命题 3.3.2, $K = F[x]/\big(F[x]p(x)\big)$ 是域.

现在把域 F 嵌入 K 作为子域. 对 $c \in F$, 可把 c 作为常值多项式 $c \in F[x]$. 这就把 F 嵌入 $F[x]$ 作为子域, 本节开头已介绍这个方法. 现在进一步通过自然同态, 即满同态

$$\text{bar} : F[x] \longrightarrow F[x]/\big(F[x]p(x)\big)\ , \quad f(x) \longmapsto \overline{f(x)}\ .$$

就把 $c \in F$ 映射为常值多项式 c 的剩余类 $\bar{c}$ 成为 $K = F[x]/\big(F[x]p(x)\big)$ 的元素, 即把 c 等同于剩余类 $\bar{c}$. 这就把 F 嵌入 K 作为 K 的子域. 故 K 就是域 F 的扩张.

由于 $\alpha = \bar{x}$ 是 x 的剩余类, 对任 $f(x) = \sum\limits_i a_i x^i \in F[x]$, 在 K 中有

$$\overline{f(x)} = \overline{\sum_i a_i x^i} = \sum_i \overline{a}_i \overline{x}^i = \sum_i \overline{a}_i \alpha^i\ , \tag{B}$$

而这里已把 $a_i \in F$ 嵌入等同于 $\overline{a}_i \in K$, 所以在 K 中式 (B) 表达为

$$\overline{f(x)} = \sum_i a_i \alpha^i = f(\alpha)\ , \tag{D}$$

即 $K = F[\alpha]$. 由于 K 已是域, 故 $K = F[\alpha] = F(\alpha)$.

最后, 在 K 中 $\overline{p(x)} = 0$, 由式 (D), $p(\alpha) = 0$, 即 $p(x)$ 是 α 的零化多项式. 在 F 上 α 有非零的零化多项式, 故 α 是 F 上的代数元. 进一步, 任意次数 $< \deg p(x)$ 的非零多项式 $r(x)$ 都不是 $p(x)$ 的倍式, 所以在 K 中 $\overline{r(x)} \neq 0$, 仍由式 (D), $r(\alpha) \neq 0$. 因此, $p(x)$ 是 α 在 F 上的极小多项式. □

定理 4.3.2 设 $f(x)$ 是域 F 上的 n 次多项式. 则存在扩域 $K \supseteq F$ 使得：

(1) 在 $K[x]$ 中 $f(x)$ 可以分解为一次因式之积, 即 $f(x)=a(x-\alpha_1)\cdots(x-\alpha_n)$, 其中, $a\in F$, $\alpha_1,\cdots,\alpha_n\in K$;

(2) $K=F(\alpha_1,\cdots,\alpha_n)$.

证 对 $\deg f(x)$ 进行归纳. $\deg f(x)=1$ 时显然正确, 取 $K=F$ 即可.

设 $\deg f(x)=n>1$. 令 $p(x)\in F(x)$ 是 $f(x)$ 的不可约因式, $f(x)=p(x)q(x)$. 由引理 4.3.3, 存在代数扩张 $K'=F(\alpha_1)$ 使得 $p(x)$ 是 α_1 在 F 上的极小多项式, 特别有 $p(\alpha_1)=0$. 由余式定理, 在 $K'[x]$ 中有 $p(x)=(x-\alpha_1)p'(x)$. 从而在 $K'[x]$ 中有 $f(x)=(x-\alpha_1)g(x)$. 由此, $\deg g(x)=n-1$. 按归纳法, 对 $g(x)$ 存在有限扩张 $K\supseteq K'$ 满足 (1)、(2) 两条, 即在 $K[x]$ 中 $g(x)=a(x-\alpha_2)\cdots(x-\alpha_n)$ 且 $K=K'(\alpha_2,\cdots,\alpha_n)$. 而 $\alpha_1\in K'\subseteq K$, $K'=F(\alpha_1)$. 所以, 一方面在 $K[x]$ 中

$$f(x)=(x-\alpha_1)g(x)=a(x-\alpha_1)(x-\alpha_2)\cdots(x-\alpha_n)\ ;$$

另一方面

$$K=K'(\alpha_2,\cdots,\alpha_n)=F(\alpha_1)(\alpha_2,\cdots,\alpha_n)=F(\alpha_1,\alpha_2,\cdots,\alpha_n)\ .$$

即对 $f(x)$, 扩张 K 满足 (1)、(2) 两条. □

例 4.3.1 (1) 取 $F=\mathbb{Q}$, $K=\mathbb{Q}(x)$, 参看例 4.2.1, 取 $\alpha=x$. 则引理 4.3.1 中的 ν_α 是单射, 只有 0 是 α 的零化多项式, 即 $\alpha=x$ 是 $\mathbb{Q}$ 上的超越元.

(2) 取 $F=\mathbb{Q}$, $K=\mathbb{C}$, $\alpha=\pi$ (圆周率). 则 π 是 $\mathbb{Q}$ 上的超越元 (这结论的证明很不容易).

例 4.3.2 设 $F(\alpha)$, 其中, $\alpha\neq 0$, 是域 F 的单扩张. 证明：以下三条等价：

① α 是 F 上的代数元; ② $|F(\alpha):F|<\infty$; ③ $F(\alpha)=F[\alpha]$.

证 ① ⇒ ②. 设 $p(x)$ 是 α 在 F 上的极小多项式, 由定理 4.3.1, $|F(\alpha):F|=\deg p(x)<\infty$.

② ⇒ ①. 设 $n=|F(\alpha):F|<\infty$. 那么 $n+1$ 个元素 $1,\alpha,\cdots,\alpha^n$ 在 F 上线性相关, 即有不全为零的 $a_0,a_1,\cdots,a_n\in F$, 使得 $a_0\cdot 1+a_1\alpha+\cdots+a_n\alpha^n=0$. 所以 $f(x)=a_0+a_1x+\cdots+a_nx^n\in F[x]$ 是非零多项式使得 $f(\alpha)=0$. 即 α 是 F 上的代数元 (这一段就是习题 4.1 的第 4 题的解答).

① ⇒ ③. 即定理 4.3.1 的 (1).

③ ⇒ ①. 因为 $F[\alpha]=F(\alpha)$ 是一个域, α 在 $F[\alpha]$ 中可逆, 即有 $g(x)\in F[x]$ 使得 $\alpha\cdot g(\alpha)=1$. 那么 $g(x)\neq 0$, 从而 $\deg xg(x)\geqslant 1$, 故 F-多项式 $f(x)\coloneqq xg(x)-1\neq 0$ 使得 $f(\alpha)=0$. 所以 α 是 F 上的代数元 (这一段就是习题 4.2 的第 1 题的解答). □

例 4.3.3 (1) 求 $\sqrt{2}+\sqrt{3}$ 在 $\mathbb{Q}$ 上的极小多项式.

(2) 求 $\sqrt{2}+\sqrt{3}$ 在 $\mathbb{Q}(\sqrt{3})$ 上的极小多项式.

解 (1) 记 $\alpha=\sqrt{2}+\sqrt{3}$. 两边平方得 $\alpha^2=5+2\sqrt{6}$, 即 $\alpha^2-5=2\sqrt{6}$. 两边平方得 $\alpha^4-10\alpha^2+25=24$, 即 $\alpha^4-10\alpha^2+1=0$. 所以 x^4-10x^2+1 是 α 的

在 $\mathbb{Q}$ 上的零化多项式. 那么 α 的在 $\mathbb{Q}$ 上的极小多项式 $p(x)$ 是 x^4-10x^2+1 的因式, 且 $\deg p(x)=|\mathbb{Q}(\alpha):\mathbb{Q}|$. 已知 $|\mathbb{Q}(\alpha):\mathbb{Q}|=4$, 所以 α 的在 $\mathbb{Q}$ 上的极小多项式 $p(x)=x^4-10x^2+1$.

(2) 记 $\alpha=\sqrt{2}+\sqrt{3}$, 则 $\alpha-\sqrt{3}=\sqrt{2}$, 两边平方得 $\alpha^2-2\sqrt{3}\alpha+3=2$, 即 $\alpha^2-2\sqrt{3}\alpha+1=0$. 所以 $x^2-2\sqrt{3}x+1$ 是 α 的在 $\mathbb{Q}(\sqrt{3})$ 上的零化多项式. 而 α 在 $\mathbb{Q}(\sqrt{3})$ 上的极小多项式次数 $=|\mathbb{Q}(\sqrt{3})(\alpha):\mathbb{Q}(\sqrt{3})|$. 但 $|\mathbb{Q}(\sqrt{3})(\alpha):\mathbb{Q}(\sqrt{3})|=2$, 所以 $x^2-2\sqrt{3}x+1$ 是 α 在 $\mathbb{Q}(\sqrt{3})$ 上的极小多项式. □

内容小结关键词: 域的嵌入, 超越元与代数元, 代数单扩张的结构, 代数单扩张的存在性.

习 题 4.3

1. 利用定理 4.3.1 证明引理 4.1.1 的 (1): 如果 F 是域, $\beta\notin F$ 但是 $\beta^2=s\in F$, 则单扩张 $F(\beta)=\{a+b\beta\mid a,b\in F\}$ 是 2 次扩张.

2. 证明: x^2+1 是 $\mathbb{R}$ 上的不可约多项式; $\mathbb{C}\cong\mathbb{R}[x]\Big/\Big(\mathbb{R}[x](x^2+1)\Big)$; 即 $\mathbb{C}$ 是 $\mathbb{R}$ 上的二次扩张.

3. (1) 求 $\sqrt[3]{2}$ 在 $\mathbb{Q}$ 上的极小多项式;

(2) 求 $\sqrt[3]{2}$ 在 $\mathbb{R}$ 上的极小多项式.

4. 求 $1/(\mathrm{i}-1)$ 在 $\mathbb{Q}$ 上的极小多项式.

5. 求 $\sqrt{2}+\sqrt{5}$ 在 $\mathbb{Q}$ 上的极小多项式.

6. 设 E 是 F 的扩域, $\alpha,\ \beta\in E$, $|F(\alpha):F|<\infty$, $|F(\beta):F|<\infty$. 证明:

(1) $|F(\alpha,\ \beta):F(\beta)|\leqslant|F(\alpha):F|$;

(2) $|F(\alpha,\ \beta):F|\leqslant|F(\alpha):F|\cdot|F(\beta):F|$;

(3) 若 $|F(\alpha):F|$ 与 $|F(\beta):F|$ 互素, 则 $|F(\alpha,\ \beta):F|=|F(\alpha):F|\cdot|F(\beta):F|$.

7.† 设 p 是素数; 令 $\zeta=\mathrm{e}^{2\pi\mathrm{i}/p}$. 证明: $|\mathbb{Q}(\zeta):\mathbb{Q}|=p-1$(参看习题 X8 第 7 题).

8. 设 $F(x)$ 是域 F 上的不定元 x 的分式域 (即 x 是 F 上的超越元), $F\subsetneqq K\subseteq F(x)$. 证明: x 是 K 上的代数元.

§4.4 直尺圆规作图

直尺圆规作图, 以下简称**尺规作图**, 是在平面上从一些已知图形出发用直尺和圆规按两条规则作新图形: 通过已知两点作直线, 通过已知点和已知半径作圆.

仔细分析会发现: 第一, 所谓已知半径并非从度量仪器取得的长度, 而是从两已知点决定的线段; 第二, 所谓作直线作圆只是形象说法, 并非所作的直线所作的圆上任意点都可用作下一步作图的已知点, 只是作的直线作的圆的交点可用作下一步作图的已知点; 第三, 所谓作出新图形如三角形或者圆, 实际上是作出决定该图形的点, 如三角形就是 3 个点, 圆也是 3 个点 (一个圆心一条线段).

因此可叙述如下 (以点 P 为圆心线段 P_1P_2 为半径的圆写作圆 $(P, \overline{P_1P_2})$):

尺规作图规则

操作对象 平面上的一个已知有限点集 Ω_0, $|\Omega_0| \geqslant 2$. 从 $\Omega = \Omega_0$ 开始操作.

操作步骤 对 $P_1, P_2, P_3, P_4, P_5, P_6 \in \Omega$.

(1) 如果直线 P_1P_2 与直线 P_3P_4 相交则将交点作为新的已知点加入 Ω;

(2) 如果直线 P_1P_2 与圆 $(P_3, \overline{P_4P_5})$ 相交则将交点作为新的已知点加入 Ω;

(3) 如果圆 $(P_1, \overline{P_2P_3})$ 与圆 $(P_4, \overline{P_5P_6})$ 相交则将交点作为新的已知点加入 Ω.

尺规作图问题 给定初始点集 Ω_0, 给定求作点 Q(或求作线段 $Q'Q''$), 从点集 $\Omega = \Omega_0$ 开始, 能否经有限步操作使得 $Q \in \Omega$ (或有 $P', P'' \in \Omega$ 使得 (线段 $P'P''$ 长)=(线段 $Q'Q''$ 长))?

三个古典尺规作图问题

(A) 三等分角 已知点 O, U, P, 求点 Q 使得$\angle QOU = \frac{1}{3}(\angle POU)$. 图示:

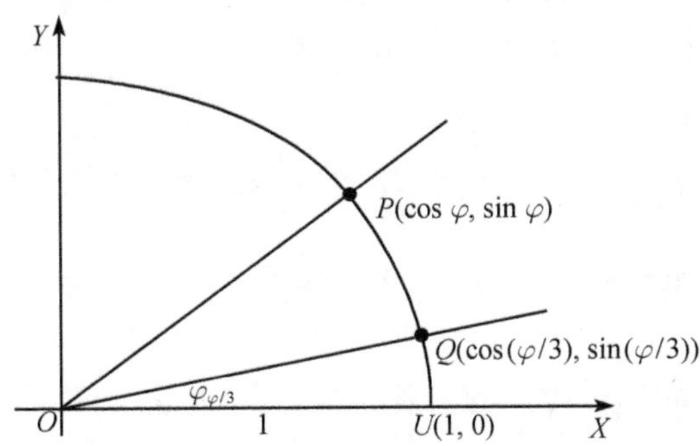

(B) 倍立方 给定点 O, U, 求点 A 使得 (线段 $OA)^3 = 2$(线段 $OU)^3$. 图示:

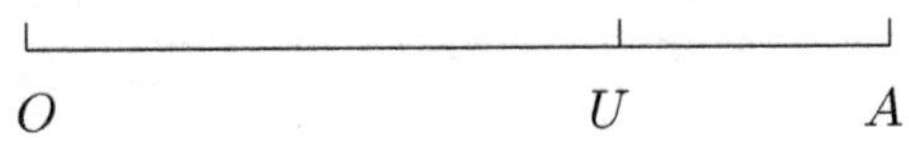

(C) 化圆为方 已知点 O, U, 求作线段其长度 x 满足 $x^2 = \pi \cdot$ (线段$OU)^2$, 这里 π 是圆周率.

通过建立适当坐标系把尺规作图问题从几何语言转化为代数语言.

初始点集 Ω_0 至少有两个点 O, U. 以 O 为原点、以线段 OU 为单位长建立直角坐标系让 U 在 OX 轴正方向上. 这样任 $P \in \Omega_0$ 的坐标 $P(x_P, y_P)$ 作为初始数据, 得到有限个实数的集合 $\Gamma_0 = \{ x_P, y_P \mid P \in \Omega_0\}$. 特别地, $O(0,0), U(1,0) \in \Omega_0$, 故 $0, 1 \in \Gamma_0$. 求作点 (或求作线段) 当然也由坐标决定, 故可称为求作数. 例如, 上面

"三等分角" 问题的示意图, $\Gamma_0=\{0,1,\cos\varphi,\sin\varphi\}$. 求作数是 $\cos(\varphi/3)$, $\sin(\varphi/3)$. 再把本节第一个注解中的操作步骤转化为代数语言, 注意: 通过点 (a_1,b_1), (a_2,b_2) 的直线方程是 $(b_2-b_1)(x-a_1)=(a_2-a_1)(y-b_1)$. 以点 (a_1,b_1) 为圆心、以点 (a_2,b_2) 到点 (a_3,b_3) 线段为半径的圆的方程是 $(x-a_1)^2+(y-b_1)^2=(a_3-a_2)^2+(b_3-b_2)^2$. 就可陈述如下.

尺规作图规则 (代数陈述)

操作对象　有限集 $\Gamma_0\subseteq\mathbb{R}$, $0,1\in\Gamma_0$. 从 $\Gamma=\Gamma_0$ 开始操作.

操作步骤　对 $a_1,b_1,a_2,b_2,a_3,b_3,a_4,b_4,a_5,b_5,a_6,b_6\in\Gamma$.

(1) 如果方程组 $\begin{cases}(b_2-b_1)(x-a_1)=(a_2-a_1)(y-b_1),\\(b_4-b_3)(x-a_3)=(a_4-a_3)(y-b_3)\end{cases}$ 有解则将解作为新的已知实数加入 Γ.

(2) 如果方程组 $\begin{cases}(b_2-b_1)(x-a_1)=(a_2-a_1)(y-b_1),\\(x-a_3)^2+(y-b_3)^2=(a_5-a_4)^2+(b_5-b_4)^2\end{cases}$ 有解则将解作为新的已知实数加入 Γ.

(3) 如果方程组 $\begin{cases}(x-a_1)^2+(y-b_1)^2=(a_3-a_2)^2+(b_3-b_2)^2,\\(x-a_4)^2+(y-b_4)^2=(a_6-a_5)^2+(b_6-b_5)^2\end{cases}$ 有解则将解作为新的已知实数加入 Γ.

尺规作图问题　给定初始实数集 Γ_0, 给定求作实数 r, 从点集 $\Gamma=\Gamma_0$ 开始, 能否经有限步操作使得 $r\in\Gamma$?

定义 4.4.1　如果答案是 "能", 就说实数 r 可从 Γ_0 尺规作出. 在默认初始数集 Γ_0 时, 简称 r 可作.

引理 4.4.1　如果实数 a,b 可作, 则 $a+b$, $a-b$, ab 可作, 而且, $b\neq0$ 时 a/b 可作.

证　$a+b$ 和 $a-b$ 作法如下:

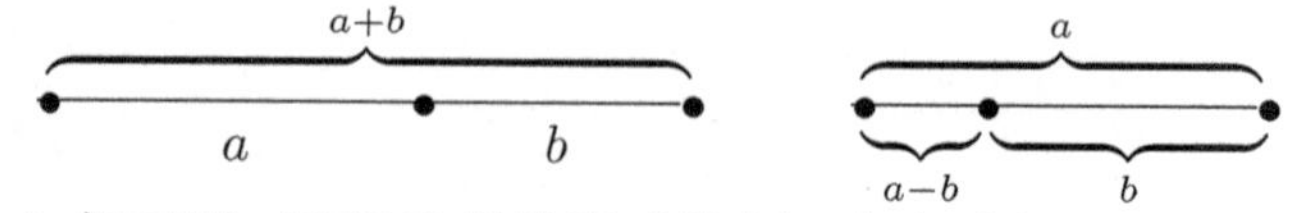

ab 和 a/b 都可用 "平行线截线段成比例" 来完成如下:

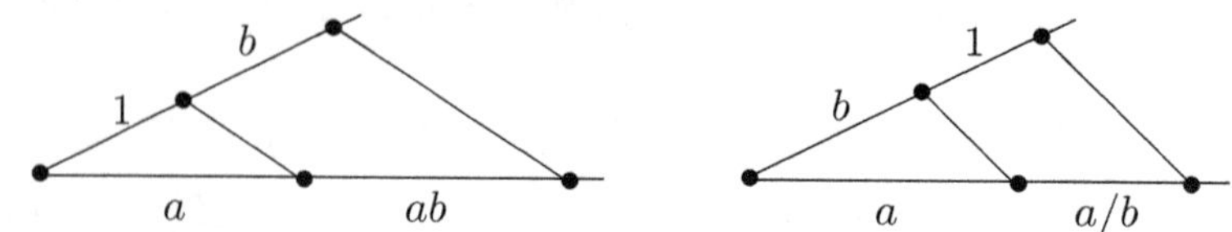

推论　有理数域上由 Γ_0 生成的扩张 $K_0:=\mathbb{Q}(\Gamma_0)$ 的每个数可作.

证　任何有理数可作. 因为 $0,1\in\Gamma_0$, 对任正整数 n, 1 反复加 n 次得到 $n\in\Gamma$, 对负整数类似地做. 对 m/n 按引理也只需有限步可做出.

再设 $\alpha \in K_0$. 由引理 4.2.2, 存在 $f(x_1, \cdots, x_n), g(x_1, \cdots, x_n) \in \mathbb{Q}[x_1, \cdots, x_n]$ 和 $\gamma_1, \cdots, \gamma_n \in \mathit{\Gamma}_0$ 使得 $\alpha = \dfrac{f(\gamma_1, \cdots, \gamma_n)}{g(\gamma_1, \cdots, \gamma_n)}$. 因为 $f(x_1, \cdots, x_n), g(x_1, \cdots, x_n)$ 的系数只涉及有限个有理数, 它们经有限步操作做出来, 而 α 通过 $\gamma_1, \cdots, \gamma_n$ 与这有限个有理数经过有限次加、减、乘、除得出, 那么由引理 4.4.1, α 是可作的. □

完全相同的论证可证明下述更一般结论.

命题 4.4.1 设 $K \subseteq \mathbb{R}$, $\alpha \in \mathbb{R}$. 如果 K 的每个数可作而且 α 可作, 则 $K(\alpha)$ 的每个数可作. □

现在从初始有限集 $\mathit{\Gamma}_0 \subseteq \mathbb{R}$ $(0, 1 \in \mathit{\Gamma}_0)$, 开始. 虽然尺规作图规则 (代数陈述) 的每种操作所产生的实数不一定是一个, 但为了简单不妨每次只添加一个作出的实数到 $\mathit{\Gamma}$ 中. 假定经过有限步操作添加了 $\alpha_1, \cdots, \alpha_n$ 到 $\mathit{\Gamma}$ 中, 最后的 α_n 是求作的实数. 从 $K_0 = \mathbb{Q}(\mathit{\Gamma}_0)$ 开始, 令

$$K_1 = K_0(\alpha_1), \quad K_2 = K_1(\alpha_2), \quad \cdots, \quad K_n = K_{n-1}(\alpha_n),$$

这就得到 $\mathbb{R}$ 内的域扩张链

$$K_0 \subseteq K_1 \subseteq \cdots \subseteq K_{i-1} \subseteq K_i \subseteq \cdots \subseteq K_n \,. \tag{$*$}$$

考察其中从任 K_{i-1} 到 $K_i = K_{i-1}(\alpha_i)$ 的单扩张, α_i 是尺规作图规则 (代数陈述) 中 (1), (2), (3) 三类方程组之一的解, 方程的系数都在 K_{i-1} 中. 分别讨论.

如果 α_i 是尺规作图规则 (代数陈述) 中方程组 (1) 的解, 因为 (1) 是线性方程组, 所以 $\alpha_i \in K_{i-1}$, 故 $K_i = K_{i-1}$.

如果 α_i 是尺规作图规则 (代数陈述) 中方程组 (2) 的解, 从方程组的第一个线性方程可消去第二个方程的一个未知数得到一个一元二次方程 (或一元一次方程)$f(x) = 0$, 则 α_i 是它的解, 即 $f(\alpha_i) = 0$, 所以 α_i 是 K_{i-1} 上的代数元, 而且根据引理 4.3.2②, α_i 的极小多项式是 $f(x)$ 的因式, 故为一次的或二次的多项式. 根据定理 4.3.1, $|K_i : K_{i-1}| = |K_{i-1}(\alpha) : K_{i-1}| \leqslant 2$.

最后, 设 α_i 是尺规作图规则 (代数陈述) 中方程组 (3) 的解, 为简单, 把方程组写为

$$\begin{cases} (x - c_1)^2 + (y - d_1)^2 - e_1^2 &= 0, \\ (x - c_2)^2 + (y - d_2)^2 - e_2^2 &= 0, \end{cases} \qquad c_1, d_1, e_1, c_2, d_2, e_2 \in K_{i-1} \,.$$

两方程相减产生一个一次方程

$$(c_1 - c_2)(2x - c_1 - c_2) + (d_1 - d_2)(2x - d_1 - d_2) - (e_2^2 - e_1^2) = 0 \,.$$

用它消去二次方程的一个未知元, 像上面一样得一个一元二次方程 (或一元一次方程) $f(x) = 0$, 于是仍然得到 $|K_i : K_{i-1}| = |K_{i-1}(\alpha) : K_{i-1}| \leqslant 2$.

总之扩张链 $(*)$ 的任一项对前项的次数 $\leqslant 2$. 当然可以去掉 $(*)$ 中的重复项使得任一项对前项的次数 $= 2$.

这样, 就已经得到了一个实数可作的必要条件, 即已证得下述定理的必要性部分.

定理 4.4.1 设有限集 $\Gamma_0 \subseteq \mathbb{R}$, $0, 1 \in \Gamma_0$. 令 $K_0 := \mathbb{Q}(\Gamma_0)$, 那么实数 α 可从 Γ_0 尺规作出当且仅当存在实数域内的域扩张链

$$K_0 \subseteq K_1 \subseteq K_2 \subseteq \cdots \subseteq K_n ,$$

使得 $|K_i : K_{i-1}| = 2$, 其中, $i = 1, \cdots, n$, 且 $\alpha \in K_n$.

证 必要性已论证如上. 对 n 归纳证明充分性如下.

设 $n = 0$. 引理 4.4.1 的推论已指出 K_0 的每个元都可作出. 而 $\alpha \in K_n = K_0$, 故 α 可作.

再设 $n > 0$, 按归纳假设 K_{n-1} 的每个元都可作出. 因为 $|K_n : K_{n-1}| = 2$, 由命题 4.2.1, 存在 $s \in K_{n-1}$ 使得 $K_n = K_{n-1}(\sqrt{s})$, 那么 s 已经是可作的. 按以下图示逐步操作:

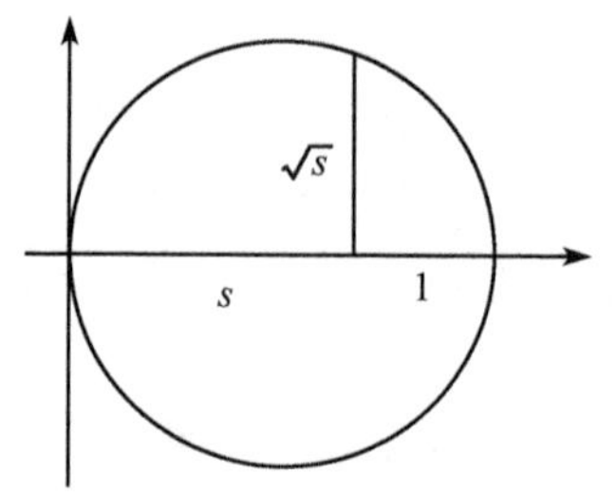

- $s + 1$ 可作;
- 已知线段的中点可作, 于是以 $s + 1$ 为直径的圆可作;
- 过直线上定点的直线的垂线可作, 于是垂线与圆的交点可作, 它的纵坐标就是 $\sqrt{s}$, 即 $\sqrt{s}$ 是可作的.

最后, 由命题 4.4.1, $K_n = K_{n-1}(\sqrt{s})$ 的每个元可作. 而 $\alpha \in K_n$, 所以 α 可从 Γ_0 尺规作出. □

上述定理中, 因为 $\alpha \in K_n$, 所以 $K_0 \subseteq K_0(\alpha) \subseteq K_n$. 由次数公式

$$|K_n : K_0(\alpha)| \cdot |K_0(\alpha) : K_0| = |K_n : K_0| = 2^n ,$$

所以

$$|K_0(\alpha) : K_0| = 2^k .$$

也就是说, 证明了下述定理的必要性部分.

定理 4.4.2 实数 α 可从含 0 与 1 的实数有限集 Γ_0 尺规作出的充分必要条件是 $|K_0(\alpha) : K_0| = 2^k$ 是 2 的幂, 其中, $K_0 = \mathbb{Q}(\Gamma_0)$. □

从域扩张的 Galois 理论很容易推出充分性. 但介绍 Galois 理论需要较大篇幅, 这里不可能做这件事了.

现在就可以指出: 三个古典尺规作图问题中的 “倍立方” 和 “化圆为方” 都是直尺圆规不可作问题.

例 4.4.1 ("倍立方" 问题不可作) 对古典尺规则作图问题 (B)"倍立方" 问题, 取立方体的边长为单位长, 即那里图示中的线段 OU 长度 1, 则 $K_0=\mathbb{Q}$. 要作的线段 OA 长 $\sqrt[3]{2}$. 但 $|\mathbb{Q}(\sqrt[3]{2}):\mathbb{Q}|=3$ 不是 2 的幂, 所以 $\sqrt[3]{2}$ 不能用直尺圆规作出.

例 4.4.2 ("化圆为方" 问题不可作) 对古典尺规作图问题 (C)"化圆为方" 问题, 取圆半径是单位长, 同样得 $K_0=\mathbb{Q}$, 要作 α 使得 $\alpha^2=\pi$, 即 $\alpha=\sqrt{\pi}$. 但由例 4.3.1(2), $|\mathbb{Q}(\pi):\mathbb{Q}|=\infty$, 故

$$|\mathbb{Q}(\sqrt{\pi}):\mathbb{Q}|=|\mathbb{Q}(\sqrt{\pi}):\mathbb{Q}(\pi)|\cdot|\mathbb{Q}(\pi):\mathbb{Q}|=\infty\ .$$

所以, $\sqrt{\pi}$ 不能用直尺圆规作出.

对 "三等分角" 问题, 则有

命题 4.4.2 一个角 φ 可以三等分当且仅当 $4x^3-3x+\sin\varphi$ 是 $\mathbb{Q}(\sin\varphi,\cos\varphi)$ 上的可约多项式.

证 由条件, $\varGamma_0=\{0,1,\sin\varphi,\cos\varphi\}$, 即 $K_0=\mathbb{Q}(\sin\varphi,\cos\varphi)$. 将 φ 三等分就是求作 $\sin(\varphi/3)$. 由三角公式, $\sin(\varphi/3)$ 是多项式 $4x^3-3x+\sin\varphi$ 的根, 所以 $\sin(\varphi/3)$ 在 K_0 上的极小多项式是 $4x^3-3x+\sin\varphi$ 在 $K_0[x]$ 的不可约因式. 而 $|K_0(\sin(\varphi/3)):K_0|$ 等于这个极小多项式的次数, 因此 $|K_0(\sin(\varphi/3)):K_0|\leqslant 2$ 当且仅当 $4x^3-3x+\sin\varphi$ 是 $\mathbb{Q}(\sin\varphi,\cos\varphi)$ 上的可约多项式. □

例 4.4.3 (90° 角可三等分) 如果 $\varphi=90^\circ$, 那么 $\sin\varphi=1$ 而 $4x^3-3x+1=(2x-1)(2x^2+x-1)$, 故 $\varphi=90^\circ$ 可以直尺圆规三等分.

例 4.4.4 (30° 角不可三等分) 设 $\varphi=30^\circ$, 则$\sin\varphi=1/2$, $\cos\varphi=\sqrt{3}/2$, $K_0=\mathbb{Q}(\sqrt{3})$. 求作 $\beta=\sin(\varphi/3)$, 就要看 $4x^3-3x+\dfrac{1}{2}$ 在 K_0 上是否可约, 等价地, 要看 $f(x)=8x^3-6x+1$ 在 K_0 上是否可约. 若 $f(x)$ 在 K_0 上可约, 则 $|K_0(\beta):K_0|=1$ 或 2, 由次数公式,

$$|\mathbb{Q}(\sqrt{3},\beta):\mathbb{Q}|=|\mathbb{Q}(\sqrt{3},\beta):\mathbb{Q}(\sqrt{3})|\cdot|\mathbb{Q}(\sqrt{3}):\mathbb{Q}|=2\ \text{或}\ 4\ .$$

而 $|\mathbb{Q}(\beta):\mathbb{Q}|\ \big|\ |\mathbb{Q}(\sqrt{3},\beta):\mathbb{Q}|$. 且 $f(x)$ 零化 β, 故 $|\mathbb{Q}(\beta):\mathbb{Q}|\leqslant 3$. 所以 $|\mathbb{Q}(\beta):\mathbb{Q}|=2$ 或 1. 那么 $f(x)$ 在 $\mathbb{Q}[x]$ 中有 2 次或 1 次因式. 总之 $f(x)$ 在 $\mathbb{Q}$ 有根. 设 $a/b\in\mathbb{Q}$ 是它的根, 则必有 $a=\pm1$ 而 $b=1,2,4,8$, 但马上可验证这些都不是 $f(x)$ 的根, 所以 $\varphi=30^\circ$ 不能用直尺圆规三等分.

再讨论正多边形的几何作图.

命题 4.4.3 设 p 是一个素数. 那么正 p 边形可以用直尺圆规作出的必要充分条件是 $p=2^{2^m}+1$ 是 Fermat 素数.

证 正 p 边形可以用直尺圆规作出, 就是说 $\cos\dfrac{2\pi}{p}$, $\sin\dfrac{2\pi}{p}$ 可以用直尺圆规作

出. 由定理 4.4.2, 得正 p 边形尺规可作当且仅当 $\left|\mathbb{Q}\left(\cos\dfrac{2\pi}{p},\sin\dfrac{2\pi}{p}\right):\mathbb{Q}\right|=2^n$.

设$\left|\mathbb{Q}\left(\cos\dfrac{2\pi}{p},\sin\dfrac{2\pi}{p}\right):\mathbb{Q}\right|=k$. 令 $\zeta=\cos\dfrac{2\pi}{p}+\mathrm{i}\sin\dfrac{2\pi}{p}$ 是 p 次本原单位根, 那么 $\mathbb{Q}(\zeta,\mathrm{i})=\mathbb{Q}\left(\cos\dfrac{2\pi}{p},\sin\dfrac{2\pi}{p},\mathrm{i}\right)$, 但 $\mathrm{i}^2=-1\in\mathbb{Q}$, 故

$$|\mathbb{Q}(\zeta,\mathrm{i}):\mathbb{Q}(\zeta)|=2=\left|\mathbb{Q}\left(\cos\frac{2\pi}{p},\sin\frac{2\pi}{p},\mathrm{i}\right):\mathbb{Q}\left(\cos\frac{2\pi}{p},\sin\frac{2\pi}{p}\right)\right|.$$

那么从

$$\begin{aligned}&|\mathbb{Q}(\zeta,\mathrm{i}):\mathbb{Q}(\zeta)|\cdot|\mathbb{Q}(\zeta):\mathbb{Q}|=|\mathbb{Q}(\zeta,\mathrm{i}):\mathbb{Q}|\\=&\left|\mathbb{Q}\left(\cos\frac{2\pi}{p},\sin\frac{2\pi}{p},\mathrm{i}\right):\mathbb{Q}\right|\\=&\left|\mathbb{Q}\left(\cos\frac{2\pi}{p},\sin\frac{2\pi}{p},\mathrm{i}\right):\mathbb{Q}\left(\cos\frac{2\pi}{p},\sin\frac{2\pi}{p}\right)\right|\cdot\left|\mathbb{Q}\left(\cos\frac{2\pi}{p},\sin\frac{2\pi}{p}\right):\mathbb{Q}\right|\end{aligned}$$

得到

$$|\mathbb{Q}(\zeta):\mathbb{Q}|=\left|\mathbb{Q}\left(\cos\frac{2\pi}{p},\sin\frac{2\pi}{p}\right):\mathbb{Q}\right|=k.$$

由于 $x^p-1=(x-1)(x^{p-1}+\cdots+x+1)$, 可知 ζ 是 $x^{p-1}+\cdots+x+1$ 的根. 从爱森斯坦判别法知 $x^{p-1}+\cdots+x+1$ 是有理不可约多项式, 所以它是 ζ 在 $\mathbb{Q}$ 上的极小多项式, 由定理 4.3.1 得 $|\mathbb{Q}(\zeta):\mathbb{Q}|=p-1$ (见习题 4.3 的第 7 题).

综合上述两段, 得 $p-1=k$, 即 $p=k+1$.

正 p 边形尺规可作当且仅当 $k=2^n$, 当且仅当 $p=2^n+1$. 若 $n=st$ 且 $t>1$ 是奇数, 则 $2^n+1=(2^s+1)((2^s)^{t-1}-(2^s)^{t-2}+\cdots+(-1)^{t-1})$ 就不是素数. 因而 $n=2^m$, 即 $p=2^{2^m}+1$ 是 Fermat 素数. □

从这命题, 马上知道正 7 边形、正 11 边形和正 13 边形都是不能用尺规作出的. 另一方面, 前三个 Fermat 素数是 3, 5, 17. 正 3 边形和正 5 边形的尺规作图法是早已知道的. 高斯 (Gauss) 给出了正 17 边形的尺规作图法.

习 题 4.4

1. 证明：60° 角和 120° 角都不能用直尺圆规三等分.
2. 证明：72° 可以直尺圆规三等分.
3. 证明：正 9 边形不能用直尺圆规作出.

§4.5 代数基本定理

复数域 $\mathbb{C}$ 是实数域 $\mathbb{R}$ 的二次代数扩张 $\mathbb{C}=\mathbb{R}(\mathrm{i})$, 其中, $\mathrm{i}=\sqrt{-1}$ 是虚数单位.

所以, $\mathbb{C}$ 作为实向量空间, 1, i 构成基底, 即 $\mathbb{C}=\mathbb{R}\oplus\mathbb{R}\mathrm{i}$.

定理 4.5.1 (代数基本定理) 复数域上的非常数多项式一定有复根.

证 设 $f(x)=\sum\limits_{k=0}^{n}a_kx^k\in\mathbb{C}[x]$, $a_n=1$, $n>0$. 记 $\bar f(x)=\sum\limits_{k=0}^{n}\bar a_kx^k$, 它是 $f(x)$ 的复共轭多项式, 其中, $\bar a_k$ 是复数 a_k 的共轭复数. 那么

$$\overline{f(x)\bar f(x)}=\bar f(x)f(x)=f(x)\bar f(x)\,,$$

所以, $f(x)\bar f(x)$ 是实多项式. 如果 $f(x)\bar f(x)$ 有复根 α, 即

$$f(\alpha)\bar f(\alpha)=\left(\sum_{k=0}^{n}a_k\alpha^k\right)\left(\sum_{k=0}^{n}\bar a_k\alpha^k\right)=0\,,$$

那么, 或者 $f(\alpha)=0$, 即 α 是 $f(x)$ 的根; 或者 $\bar f(\alpha)=0$, 即 $\sum\limits_{k=0}^{n}\bar a_k\alpha^k=0$, 从而

$$0=\bar 0=\overline{\sum_{k=0}^{n}\bar a_k\alpha^k}=\sum_{k=0}^{n}\overline{\bar a_k\alpha^k}=\sum_{k=0}^{n}\bar{\bar a}_k\bar\alpha^k=\sum_{k=0}^{n}a_k\bar\alpha^k\,,$$

即 $f(\bar\alpha)=0$, 亦即 $\bar\alpha$ 是 $f(x)$ 的根. 故只要证明非常数首一实多项式一定有复根就可以完成证明.

以下设 $f(x)$ 是非常数首一实多项式, 设 $\deg f(x)=n=2^\ell d$, 其中, d 是奇数, $\ell\geqslant 0$. 对 ℓ 归纳证明: $f(x)$ 有复根.

先设 $\ell=0$, 即 $f(x)$ 是奇次数的首一实多项式, 它作为实函数在全实数轴上连续. 而且, 在 $x\to+\infty$ 时 $f(x)\to+\infty$, 即 x 为足够大的正值时 $f(x)>0$; 而在 $x\to-\infty$ 时 $f(x)\to-\infty$, 即 x 为足够小的负值时 $f(x)<0$. 那么由连续函数的性质, 存在实数 r 使得 $f(r)=0$. 结论成立.

再设 $\ell>0$. 由定理 4.3.2, 存在 $\mathbb{C}$ 的一个扩张 E 使得 $f(x)$ 在 E 中有 n 个根 $\alpha_1,\cdots,\alpha_n$, 即

$$f(x)=x^n+a_{n-1}x^{n-1}+\cdots+a_1x+a_0=(x-\alpha_1)\cdots(x-\alpha_n)\,. \tag{A}$$

任给定 $r\in\mathbb{R}$. 令

$$\beta_{ij}=\alpha_i\alpha_j+r(\alpha_i+\alpha_j)\,,\qquad 1\leqslant i<j\leqslant n\,; \tag{B}$$

并且令

$$g(x)=\prod_{1\leqslant i<j\leqslant n}(x-\beta_{ij}). \tag{G}$$

那么

$$\deg g(x) = \frac{1}{2}n(n-1) = 2^{\ell-1}\big(d(2^{\ell}d-1)\big),$$

其中, $d(2^{\ell}d-1)$ 是一个奇数而 2 的幂指数为 $\ell-1$. 以下证明 $g(x)$ 是实多项式, 那么按归纳法, 就可得出 $g(x)$ 有复根.

$g(x)$ 的任一系数是 β_{ij} 的初等对称多项式 $\sigma(\beta_{12},\cdots)$. 以式 (B) 代入后就是 α_i 的实系数多项式 $d(\alpha_1,\cdots)$, 即 $\sigma(\beta_{12},\cdots)=d(\alpha_1,\cdots)$. 任意对换 α_k, α_l, 引起式 (B) 中各 β_{ij} 之间的一个置换, 所以不改变系数 $\sigma(\beta_{12},\cdots)$, 即 α_k, α_l 的对换不改变系数 $d(\alpha_1,\cdots)$. 总之, $g(x)$ 的任一系数用式 (B) 代换以后可以表示成 α_i 的实系数对称多项式. 再由对称多项式基本定理 3.7.1 以及式 (A), α_i 的实系数对称多项式都可以表示成 α_i 的初等对称多项式的实系数表达式, 也就是 $f(x)$ 的系数 a_i 的实系数多项式. 而 $f(x)$ 的系数 a_i 都是实数, 因此 $g(x)$ 的任一系数一定是实数.

所以按归纳法, 得出 $g(x)$ 有复根. 由 $g(x)$ 的构造式 (G), 至少一个 $\beta_{ij}\in\mathbb{C}$.

小结以上论证, 就是说对任一 $r\in\mathbb{R}$ 有一对指标 (i,j) 使得 $\alpha_i\alpha_j+r(\alpha_i+\alpha_j)\in\mathbb{C}$. 指标对 (i,j) 只有 $n(n-1)/2$ 个, 然而实数 r 有无限多, 所以一定有指标对 (i,j) 使得至少有两个不相等的实数 $r\neq r'\in\mathbb{R}$ 满足

$$c=\alpha_i\alpha_j+r(\alpha_i+\alpha_j)\in\mathbb{C} \qquad 且 \qquad c'=\alpha_i\alpha_j+r'(\alpha_i+\alpha_j)\in\mathbb{C}.$$

那么

$$\alpha_i+\alpha_j=\frac{c-c'}{r-r'}\in\mathbb{C} \qquad 且 \qquad \alpha_i\alpha_j=\frac{rc'-r'c}{r-r'}\in\mathbb{C}.$$

所以, α_i 和 α_j 是二次复多项式 $x^2-(\alpha_i+\alpha_j)x+\alpha_i\alpha_j$ 的根. 由二次多项式的求根公式得 $\alpha_i,\alpha_j\in\mathbb{C}$. 也就是说, α_i 和 α_j 是 $f(x)$ 的复根. □

代数基本定理可以有一些形式上不同的表述方式.

命题 4.5.1 以下陈述彼此等价:

① 复数域上的非常数多项式一定有复根;

② 复数域上的不可约多项式只有一次多项式;

③ 复数域没有真有限扩张 (即如果 E 是 $\mathbb{C}$ 的有限扩张则 $E=\mathbb{C}$).

证 ① ⇒ ②. 一次多项式不可能有真因式, 当然是不可约多项式. 如果复多项式 $f(x)$ 的次数 $\deg f(x)>1$, 由①, $f(x)$ 有复根 α, 那么 $x-\alpha\,|\,f(x)$, $f(x)=(x-\alpha)g(x)$. 按次数公式, $\deg g(x)>0$, 所以 $f(x)$ 可约. 所以②成立.

② ⇒ ③. 设 E 是 $\mathbb{C}$ 的有限扩张, 设 $\alpha\in E$. 那么 α 是 $\mathbb{C}$ 的代数元, 它的极小多项式 $g(x)$ 是 $\mathbb{C}$ 上的不可约多项式. 由②, $g(x)=ax+b$ 是一次多项式, 其中 $a,b\in\mathbb{C}$ 且 $a\neq 0$. 而 $g(\alpha)=0$, 故 $\alpha=-b/a\in\mathbb{C}$. 所以 $E=\mathbb{C}$, 即 $\mathbb{C}$ 没有真有限扩张.

③ ⇒ ①. 设 $f(x)\in\mathbb{C}[x]$, $n=\deg f(x)\geqslant 1$. 由定理 4.3.2, 存在扩域 $E\supseteq\mathbb{C}$ 使得 $f(x)=a(x-\alpha_1)\cdots(x-\alpha_n)$, 其中每 $\alpha_i\in E$. 那么 α_1 是 $f(x)$ 的根, α_1 在 $\mathbb{C}$ 上

的极小多项式次数 $\leqslant \deg f(x) = n$. 由定理 4.3.1, $|\mathbb{C}(\alpha_1):\mathbb{C}| \leqslant n$. 由③, $\mathbb{C}(\alpha_1) = \mathbb{C}$, 即 $\alpha_1 \in \mathbb{C}$. 所以 $f(x)$ 有复根. □

因此, 命题 4.5.1 中的任何一条都可作为 "代数基本定理" 的陈述方式.

由于复数域上多项式环因式分解定理成立, 所以命题 4.5.1 的陈述②还意味着任何 n $(n > 0)$ 次多项式 $f(x)$ 可以分裂为 n 个一次多项式之积, 也就是 $f(x)$ 的 n 个根 (计重数) 全在复数域中. 所以代数基本定理还可陈述为: "任何非常数复多项式可以分裂为一次多项式之积".

习 题 4.5

1. 设 $f(x) \in \mathbb{R}[x]$, $\alpha = a + b\mathrm{i}$ 其中 $a, b \in \mathbb{R}$, $b \neq 0$. 设 α 是 $f(x)$ 的根. 证明: $\bar{\alpha} = a - b\mathrm{i}$ 也是 $f(x)$ 的根. 由此推出: 实多项式 $x^2 - 2ax + (a^2 + b^2)$ 是 $f(x)$ 的因式.

2. 证明不可约实多项式只有两类: 1 次多项式和形如 ax^2+bx+c, 其系数满足 $b^2-4ac<0$ 的 2 次实多项式. (所以实数域上的代数元要么是 1 次的要么是 2 次的.)

3. 如果 $\mathbb{R}(\gamma)$ 是 $\mathbb{R}$ 的真代数扩张, 那么 $\mathbb{R}(\gamma) = \mathbb{R}(\sqrt{-1}) = \mathbb{C}$.

选读选讲材料

X1 集合的基数

第 1 章基本上是使用朴素的集合语言. 朴素集合语言会产生悖论. 最有名的悖论之一是罗素悖论：令 $A=\{a \mid a \notin a\}$, 即 A 是以所有这样的集合为成员的集合, 这些集合不以自己为成员. 问：$A \in A$ 吗?

— 若 $A \in A$, 按 A 的定义有 $A \notin A$.

— 若 $A \notin A$, 按 A 的定义有 $A \in A$.

这是悖论.

罗素用生活故事讲述他的悖论：在一个小岛上有一个理发师 A, 他声称他为而且只为小岛上所有不给自己理发的人理发. 有人 B 听说了, 就去问理发师 A："你给你自己理发吗?" 理发师 A 答："不."

B 说："按你的说法你该给你自己理发." A 只得说："那就给我自己理吧."

B 说："按你的说法你就不得给你自己理发."

这个故事称为罗素的 "理发师悖论".

为使集合论严格化, 发展了公理集合论. 从 Ernst Zermelo(1908) 和 Abraham Fraenkel(1922) 产生了 Zermelo-Fraenkel 公理系统, 简称 ZF 公理.

再来看如何比较两个集合 A、B 的元素个数多少.

如果有单射 $f: A \to B$, 就说 A 的**基数**(cardinality) $|A|$ 不大于 B 的基数, 记作 $|A| \leqslant |B|$.

如果有双射 $f: A \to B$, 就说 A 的基数等于 B 的基数, 记作 $|A|=|B|$.

怎么计数 A 的元素? 实际中这样数 1, 2, $\cdots$, n 步后数完了, 就说 A 有 n 个元, 记作 $|A|=n$. 否则就说 A 有无数个元, 记作 $|A|=\infty$.

对无限基数, 有时候数学家也可以按正整数 (自然数) 的结构, 把 A 的元素 "一个一个数完", 就说 A 是**可列举的**(is listed), 更常用说法是：称 A 是**可数的**(countable). 例如, 整数集合 $\mathbb{Z}=\mathbb{Z}^{+} \bigcup\{-1,-2, \cdots\}$, 就可以这样列举：

$$\mathbb{Z}=\{0,-1,1,-2,2,-3, \cdots\}.$$

这个例子同时说明：**只要 A 和 B 都是可数的则并集 $A \bigcup B$ 也是可数的.**

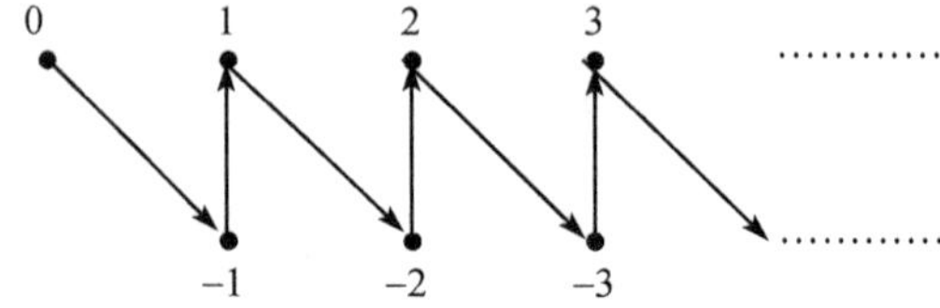

另一典型例子：有理数集合 $\mathbb{Q}$ 是可数的. 事实上, 有了上面的结论, 只要证明正有理数集合 $\mathbb{Q}^{(+)} = \left\{\frac{n}{m} \mid m, n \in \mathbb{Z}^+ - \{0\}\right\}$ 可数. 可以这样列举：

$$\mathbb{Q}^{(+)} = \left\{ \frac{1}{1}, \frac{1}{2}, \frac{2}{1}, \frac{1}{3} \left(\frac{2}{2} = \frac{1}{1}\text{跳过}\right), \frac{3}{1}, \frac{1}{4}, \frac{2}{3}, \cdots \right\}.$$

这个例子同时说明：**只要 $\boldsymbol{A}$ 和 $\boldsymbol{B}$ 都是可数的, 则卡氏积 $\boldsymbol{A \times B}$ 也是可数的.**

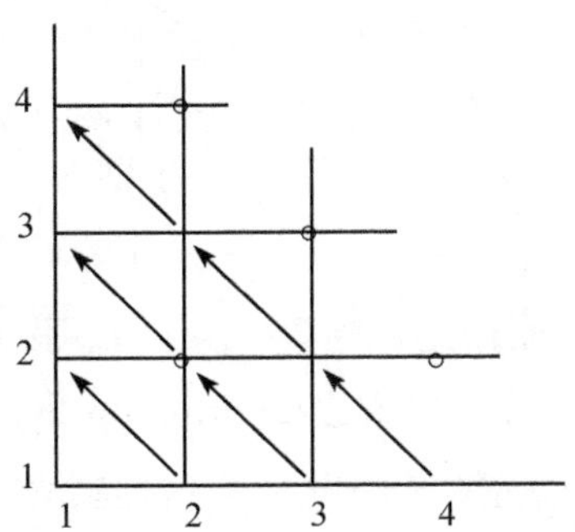

但是, 任何无限集 A 都可以这样 “数” 吗? 不是!

考虑 0 与 1 之间的实数集合 $[0,1]$, 它的任何元可以表示为无限小数 $0.d_1d_2d_3\cdots$, 其中, 每个 $d_i \in D=\{0,1,2,3,4,5,6,7,8,9\}$, 如 $0 = 0.000\cdots$, $1 = 0.999\cdots$, $\log 2 = 0.301\cdots$ 等. 假若 $[0,1]$ 的全部元素可列举为

$$a_1,\ a_2,\ a_3,\ \cdots,\ a_n,\ \cdots. \tag{L}$$

那么,

—— 对 $a_1 = 0.d_{11}d_{12}d_{13}\cdots$ 取 $c_1 \in D$ 使 $c_1 \neq d_{11}$;

—— 对 $a_2 = 0.d_{21}d_{22}d_{23}\cdots$ 取 $c_2 \in D$ 使 $c_2 \neq d_{22}$;

—— 依此继续;

—— 若对 $a_n = d_{n1}d_{n2}d_{n3}\cdots$ 已取 $c_n \in D$ 使 $c_n \neq d_{nn}$, 则对 $a_{n+1} = d_{n+1,1}d_{n+1,2}d_{n+1,3}\cdots$ 取 $c_{n+1} \in D$ 使 $c_{n+1} \neq d_{n+1,n+1}$.

由数学归纳法, 对所有 $n \in \mathbb{Z}^+$ 都有了 $c_n \in D$ 使 c_n 与 a_n 的小数第 n 位 d_{nn} 不同. 令 $c = 0.c_1c_2c_3\cdots$, 这是一个无限小数, 显然 $c \in [0,1]$, 于是 c 就是式 (L) 中的一个, 设 $c = a_k$, $k \in \mathbb{Z}^+$; 但是由构造过程, 小数 c 的第 k 位 c_k 与小数 a_k 的第 k 位 d_{kk} 不同, 因而 $c \neq a_k$. 这是矛盾的. 这就证明了下述定理.

定理 X1.1 集合 $[0,1]$ 是不可数的, 即 $|[0,1]| \gneqq |\mathbb{Q}|$. □

所以, 确实存在本质上不同的 “无限”: **可数的**(countable) 和**不可数的**(uncountable). 可数的无限是最小的无限.

把 $[0,1]$ 中的数 r 表达为小数时也可用二进制, 即 $r = 0.d_1d_2d_3\cdots$, 其中, 每个 $d_i \in \{0,1\}$, 那么 r 的二进制表达由那些 1 占用的位置完全决定 (因为剩下的位置就是零), 即 r 的二进制表达由 $\mathbb{Z}^+$ 的下述子集决定 $P_r = \{k \in \mathbb{Z}^+ \mid d_{k+1} = 1\} \subseteq \mathbb{Z}^+$. 以这种方式, $\mathbb{Z}^+$ 的任何子集对应于一个真二进制小数, 所以 $|[0,1]| = |\mathcal{P}(\mathbb{Z}^+)|$.

类似的推理说明, 集合 A 的子集 B 对应于 A 到 $\{0,1\}$ 的函数 f_B,

$$f_B(a) = \begin{cases} 1, & \text{若} a \in B; \\ 0, & \text{若} a \notin B. \end{cases}$$

称为子集 B 的特征函数. 所以幂集 $\mathcal{P}(A)$ 也记作 $2^A := \{ f : A \to \{0,1\} \}$.

类似地, 可证明下述康托于 1873 年发表的定理.

康托定理 对任一集合 A 有 $|A| \lneqq |2^A|$.

证 显然 $A \to \mathcal{P}(A)$, $a \mapsto \{a\}$, 是单射, 故 $|A| \leqslant |2^A|$. 以下只需证明任映射 $f : A \to \mathcal{P}(A)$ 不是满射. 令 $B = \{a \in A \mid a \notin f(a)\}$, 则 $B \in \mathcal{P}(A)$, 只需证明 $B \notin \mathrm{Im}(f)$. 反证之. 设 $a_0 \in A$ 使 $B = f(a_0)$. 那么, 若 $a_0 \notin B$ 则按 B 的定义应有 $a_0 \in B$, 矛盾; 若 $a_0 \in B$ 则按 B 的定义应有 $a_0 \notin B$, 还是矛盾. □

最小的无穷基数是可数无穷 $|\mathbb{Z}^+|$, 记为 $\aleph_0$, 读作阿列夫零. 再记 $|2^{\mathbb{Z}^+}| = 2^{\aleph_0} =: \aleph_1$. 康托定理断言 $\aleph_0 < \aleph_1$. 康托有以下猜想.

连续统假设(continuum hypothesis) 不存在集合 A 使得 $\aleph_0 < |A| < \aleph_1$.

连续统假设是希尔伯特 (David Hilbert) 提出的 23 个数学问题中的第一个. 1939 年, 奥地利数学家哥德尔 (Kurt Gödel) 证明了连续统假设与 ZF 公理是相容 (即在 ZF 公理系统中证明不出连续统假设不对, 或者说连续统假设与 ZF 公理不矛盾). 1963 年, 美国数学家柯亨 (Paul Cohen) 证明了连续统假设与 ZF 公理是独立的 (即在 ZF 公理系统中证明不出连续统假设正确).

最后简单介绍一下偏序集.

带一个偏序关系 "$\leqslant$" 的集合 A 称为**偏序集**(partial ordered set). 如果 A 的任意两元 a, b 可比较 (即或者 $a \leqslant b$ 或者 $b \leqslant a$), 则称 A 是**全序集**(total ordered set).

偏序集 A 中元素 a_0 称为**极大元**(maximal element) 如果没有元素真大于 a_0, 即只要 $a_0 \leqslant a$ 就必有 $a_0 = a$. 类似地定义**极小元**(minimal element).

偏序集 A 中 $a_1 \leqslant a_2 \leqslant a_3 \leqslant \cdots$ 称为一个**升链**(ascending chain).

下述断言常常作为公理.

左恩引理 设 A 是偏序集. 如果 A 的任何升链都有上界, 则 A 有极大元.

X2 关于运算和广义结合律

这是关于 §2.1 中的运算和广义结合律的补充材料.

集合 A 上的一个运算, 记作 "$*$"(可以有多种运算符号), 就是对 A 的任意二元序列 (a, b) 有 A 中唯一元素与之对应, 记作 $a * b$, 称为 a 与 b 的运算结果. 也就是说集合 A 上的运算 "$*$" 就是一个映射 $A \times A \to A$, $(a, b) \mapsto a * b$.

因此, 对一个 n 元有限集 $A = \{a_1, a_2, \cdots, a_n\}$, 作 $(n+1) \times (n+1)$ 表格, 左上角标示要定义的运算符号 (这里用的 "$*$"), 如下所示, 在表格的第一列和第一行都

依次放上 A 的元素, 在余下的 $n \times n$ 空格的 (i,j) 处填上任意 $a_{ij} \in A$:

$*$	a_1	a_2	$\cdots$	a_n
a_1	a_{11}	a_{12}	$\cdots$	a_{1n}
a_2	a_{21}	a_{22}	$\cdots$	a_{2n}
$\vdots$	$\vdots$	$\vdots$		$\vdots$
a_n	a_{n1}	a_{n2}	$\cdots$	a_{nn}

就定义了一个运算 “$*$”, 即 $a_i * a_j = a_{ij}$. 这个表就是运算 “$*$” 的运算表.

下设 M 是半群, 运算写作乘法, 设 $a_1, a_2, \cdots, a_n$ 是 M 的元素序列. 半群的定义只说了两个元的乘积, 在 $n > 2$ 时乘积 $a_1a_2\cdots a_n$ 没有定义. 可以加括号运算, 但加括号方式不唯一. 如 $n = 3$ 时有两种加括号方式: $a_1(a_2a_3)$, $(a_1a_2)a_3$. 半群定义中结合律说这两个运算结果相同. 因此三个元的 “连乘积”$a_1a_2a_3$ 就有意义了, 它就是加括号运算结果. 这样规定的前提是: 加括号运算结果与加括号方式无关!

对半群 M 中 4 个元的序列加括号运算方式有 5 种:

$$a_1(a_2(a_3a_4)),\quad (a_1a_2)(a_3a_4),\quad a_1((a_2a_3)a_4),\quad (a_1(a_2a_3))a_4,\quad ((a_1a_2)a_3)a_4.$$

其中, 第一个就是从右往左顺序做乘法. 这 5 种运算方式的运算结果相同吗?

至于半群 M 中 5 个元, 6 个元, $\cdots$, n 个元的加括号运算方式就更复杂了. 对它们加括号运算结果与加括号方式无关吗?

下述命题称为**广义结合律**, 它对此给出了肯定的回答. 根据它就可以定义元素连乘积 $a_1a_2\cdots a_n$ 为加括号运算结果.

命题 X2.1 设 M 是半群, $a_1, a_2, \cdots, a_n$ 是 M 的元素序列, $n > 2$. 如果从右往左顺序运算的结果是 $a = a_1(a_2(\cdots(a_{n-2}(a_{n-1}a_n))\cdots))$, 则任意加括号运算的结果都是 a. 因而定义连乘积 $a_1a_2\cdots a_n = a$.

证 对 n 归纳, $n = 3$ 时就是半群的定义中的结合律. 设 $n > 3$. 对一个加括号运算方式, 考虑运算的最后一步, 它一定是两个括号之积 $(\cdots)(\cdots)$, 设前一括号中序列长度是 m, 则 $1 \leqslant m < n$, 两个括号里序列长度都小于 n, 按归纳假设, 可以分别记为

$$b = a_1\cdots a_m,\quad c = a_{m+1}\cdots a_n.$$

按归纳假设, 可完成证明如下:

$$\begin{aligned} bc &= (a_1\cdots a_m)(a_{m+1}\cdots a_n) = \big(a_1(a_2\cdots a_m)\big)(a_{m+1}\cdots a_n) \\ &= a_1\big((a_2\cdots a_m)(a_{m+1}\cdots a_n)\big) = a_1(a_2\cdots a_m a_{m+1}\cdots a_n) \\ &= a_1(a_2(\cdots(a_{n-2}(a_{n-1}a_n))\cdots)) = a. \qquad \square \end{aligned}$$

按算术习惯, 可以把 $a_1, a_2, \cdots, a_n$ 的连乘积写成 $\prod_{i=1}^{n} a_i$. 在交换半群中现在可以同样采用这个记号. 但在乘法不交换时这个写法有歧义: 因为连乘积与元素的次序有关 (这就是使用名词 "元素序列" 的原因), 它代表哪一个次序的连乘积? 当然可以约定它代表依脚标跑动次序的连乘积, 但是在很多场合还是容易混淆, 所以乘法非交换时应慎用它.

X3　群与对称

本节谈群的概念与对称现象的密切联系. 可在 §2.3 之后阅读.

考虑欧氏平面上的一个正三角形, 用 1, 2, 3 来把它的 3 个顶点分别标上号. 某些欧氏变换可把这正三角形变得重合于它自己, 如绕它的中心旋转 $2\pi/3$; 某些欧氏变换则不能, 如一个非平凡的平移就不能把正三角形变得重合于自己.

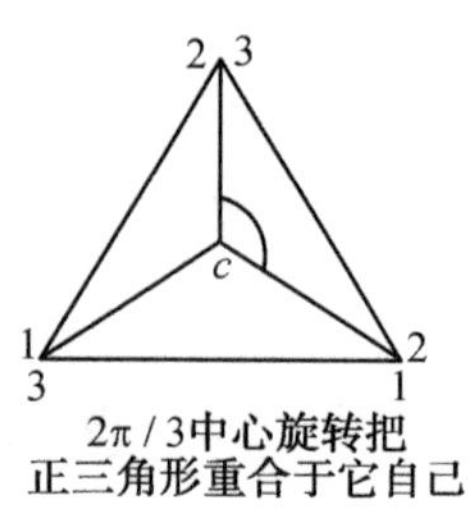

2π / 3中心旋转把
正三角形重合于它自己

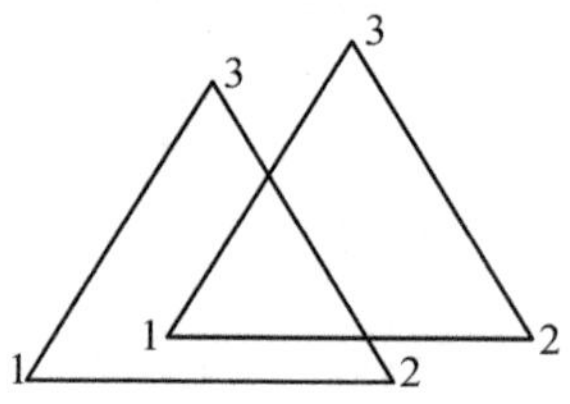

非平凡平移不能把
正三角形重合于它自己

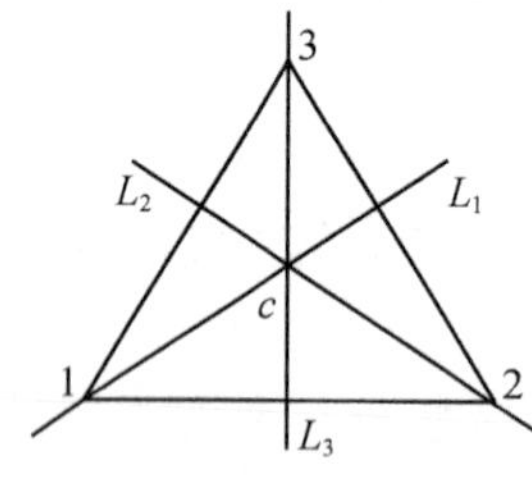

显然, 使此正三角形不变的欧氏变换只能是如下形式: 绕中心 c 的旋转 ρ_0, $\rho_{2\pi/3}$, $\rho_{4\pi/3}$, 旋转角分别是 0, $\dfrac{2\pi}{3}$, $\dfrac{4\pi}{3}$, 以及反射 $\sigma_{L_1}, \sigma_{L_2}, \sigma_{L_3}$, 反射轴分别是直线 L_1, L_2, L_3, 如左图所示.

所以使此正三角形不变的全体欧氏变换的集合 D_3 共含 6 个元:

$$D_3 = \{\rho_0, \rho_{2\pi/3}, \rho_{4\pi/3}, \sigma_{L_1}, \sigma_{L_2}, \sigma_{L_3}\}.$$

不用计算仅从几何直观就可看出: 只要 $\alpha, \beta \in D_3$, 就有 $\alpha\beta \in D_3$, 因为使此正三角形不变的欧氏变换的合成变换显然仍使此正三角形不变. 同理, 使此正三角形不变的欧氏变换的逆变换显然仍使此正三角形不变等. 那么易见 D_3 是一个群.

当正三角形重合于它自己时, 它的三个顶点肯定重合于三个顶点. 已经用 1, 2, 3 来把它的三个顶点分别标上了号, 就可以把使得它变得重合于它自己的变换表达为 3 次置换. 例如, $\rho_{2\pi/3}$ 对应于 3 次置换 (123), σ_{L_1} 对应于 3 次置换 (32) 等. 以这种

方式可以把使此正三角形不变的全体变换写成

$$D_3 = \{(1),(123),(132),(23),(13),(12)\} = S_3,$$

它就是 3 次对称群.

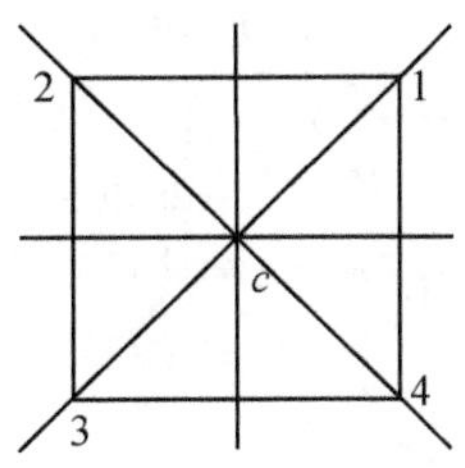

再考虑使欧氏平面上的正方形不变的全部欧氏变换. 如右图所示, 使此正方形不变的全体欧氏变换的集合 D_4 是 4 个绕中心 c 的旋转 ρ_0, $\rho_{\pi/2}$, ρ_{π}, $\rho_{3\pi/2}$ 和 4 个反射 $\sigma_{L_1}, \sigma_{L_2}, \sigma_{L_3}, \sigma_{L_4}$, 即

$$D_4 = \{\rho_0,\ \rho_{\pi/2},\ \rho_{\pi},\ \rho_{3\pi/2},\ \sigma_{L_1},\ \sigma_{L_2},\ \sigma_{L_3},\ \sigma_{L_4}\}$$

在变换合成运算下它是一个群.

用 1, 2, 3, 4 标记正方形的顶点, 使正方形不变的全部欧氏变换就写为 (如旋转 $\rho_{\pi/2}$ 就对应于 $\binom{1234}{2341} = (1234)$)

$$D_4 = \{(1),\ (1234),\ (13)(24),\ (1432),\ (12)(34),\ (14)(23),\ (13),\ (24)\}.$$

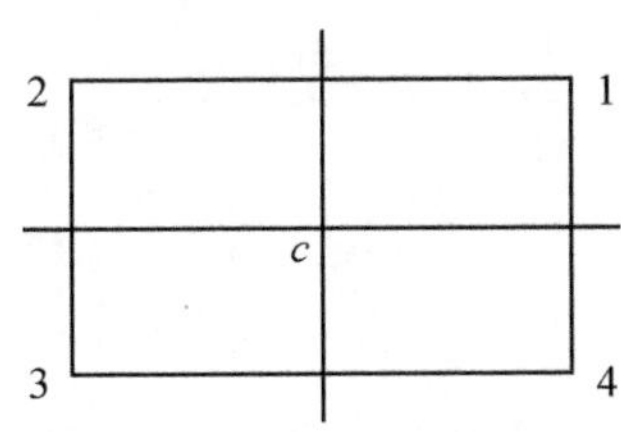

可以看出, 对欧氏平面的任何一个几何体, 使它不变的欧氏变换的集合在合成运算之下构成一个群, 称为几何体的**对称群**.

几何体的对称群刻画了该几何体的对称性质, 这是 "群" 这个概念的直观来源. 为说明这一点, 考虑边长不等的矩形的对称群. 用 1, 2, 3, 4 给它的顶点标号, 易见, 它的对称群是

$$K_4 = \{(1),\quad (13)(24),\quad (12)(34),\quad (14)(23)\},$$

显然 K_4 是上述 D_4 的真子集, 但它们的运算是一致的, 单位元也是一样的, 即 K_4 是 D_4 的真子群. 直观来看, 这就说明长方形确实比正方形的 "对称" 少了很多.

再来看代数例子.

考虑变元集合 $X = \{x_1, x_2, x_3, x_4\}$ 上的任意多项式 $f(X)$, 例如

$$f_1(X) = x_1x_2 + x_3x_4 - x_1x_4 - x_2x_3,$$

$$f_2(X) = x_1x_2 + x_2x_3 + x_3x_4 + x_4x_1,$$

$$f_3(X) = x_1^2 + x_2^2 + x_3^2 + x_4^2 - 3x_1x_2x_3x_4$$

等. 对任一 $\alpha \in S_4$, α 可作为 $X = \{x_1, x_2, x_3, x_4\}$ 的置换: 变 x_1 为 $x_{\alpha(1)}$, 变 x_2 为 $x_{\alpha(2)}$ 等. 则 α 把多项式 $f(X)$ 变为一个多项式, 记作 $\alpha f(X)$.

例如, 若 $\gamma=(123)$ 而 $f_1(X)$ 如上, 则 $\gamma f_1(X)=x_2x_3+x_1x_4-x_2x_4-x_1x_3$.

如果 $\alpha f(X)=f(X)$, 就说 α 使 $f(X)$ 不变. 找出使 f 不变的所有置换的集合 G_f. 与上述几何例子类似, 使多项式 $f(X)$ 不变的变换的合成变换显然还使多项式 $f(X)$ 不变. 使多项式 $f(X)$ 不变的变换的逆变换显然还使多项式 $f(X)$ 不变等.

所以 G_f 是一个群, 而且它刻画了多项式 f 的对称性质.

例如, 对上面的多项式 $f_1(X)$, $f_2(X)$, $f_3(X)$, 很容易得出:

$G_{f_1}=K_4=\{(1),\ (12)(34),\ (13)(24),\ (14)(23)\}$;

$G_{f_2}=D_4=\{(1),\ (1234),\ (13)(24),\ (1432),\ (12)(34),\ (14)(23),\ (13),\ (24)\}$;

$G_{f_3}=S_4$.

容易看出, 上面的多项式 $f_3(X)$ 真正是通常所说的 "对称多项式", 它拥有的对称已达到了最多, 即全部 4 次置换. 而多项式 $f_1(X)$ 的 "对称" 就比 $f_2(X)$ 少很多, 比 $f_3(X)$ 的 "对称" 就差得更远.

粗想之下, 代数例子应比几何例子抽象, 但从本质上说, 它们与前面几何例子真是完全类似.

历史上群的概念实质萌芽于 19 世纪初伽罗瓦 (Galois) 研究一元代数方程的根式解, 他的理论后来被称为伽罗瓦理论 (Galois theory).

习　题　X3

1. 求正 n 边形的对称群.

2. (1) 求等腰但不等边的三角形 (下左图) 的对称群;

(2) 求三边彼此不等的三角形 (下右图) 的对称群;

(3) 说明等边三角形最对称, 等腰但不等边的三角形次之, 三边彼此不等的三角形最不对称.

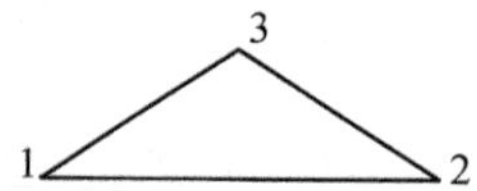

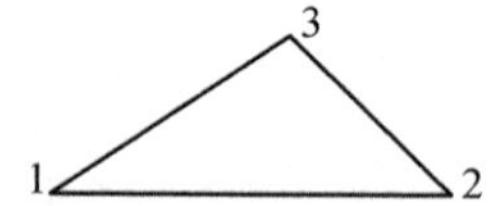

3. 设 L_1, L_2 是两条过原点的直线, 从 L_1 到 L_2 夹角 γ, 设 σ_{L_i} 是以直线 L_i 为轴的反射变换, $i=1,2$. 再设 ρ_θ 是绕原点角 θ 的旋转变换. 证明:

(1) $\sigma_{L_2}\sigma_{L_1}=\rho_{2\gamma}$;

(2) $\rho_\theta\,\sigma_{L_1}=\sigma_{\rho_{\theta/2}(L_1)}$;　　$\sigma_{L_1}\,\rho_\theta=\sigma_{\rho_{-\theta/2}(L_1)}$.

X4　同态, 同构

本节前一部分是群的同态基本定理的继续, 主要是同构定理和子群对应定理, 也提到环的理想对应定理. 后一部分是自同构问题, 特别是循环群的自同构问题.

定理 X4.1(第二同构定理)　设 G 是群, $H \leqslant G$, $N \trianglelefteq G$. 那么

$$H \cap N \trianglelefteq H, \qquad H/H \cap N \cong HN/N.$$

证　首先, HN 是 G 的子群, 见习题 2.5 第 4 题的 (1). 而 $N \subseteq HN$ (见定义 2.4.1 后的性质 (4)), 所以 N 也是群 HN 的正规子群, 从而有商群 HN/N.

考虑自然同态 $\rho : G \to G/N$, $a \mapsto aN$, 限制到 H 得同态

$$\rho|_H : \quad H \longrightarrow G/N, \quad h \longmapsto hN,$$

那么它的象为 $\mathrm{Im}(\rho|_H) = \{ hN \mid h \in H \}$. 而 $HN/N = \{ hn \cdot N \mid h \in H, n \in N \}$, 但 $hn \cdot N = h \cdot nN = hN$, 得 $HN/N = \{ h \cdot N \mid h \in H \}$, 所以 $\mathrm{Im}(\rho|_H) = HN/N$. 因此得到满同态

$$\rho|_H : \quad H \longrightarrow HN/N, \quad h \longmapsto hN.$$

它的核为 $\mathrm{Ker}(\rho|_H) = \{ b \mid b \in H \text{ 且 } \rho(b) = \bar{1} \} = \{ b \mid b \in H \text{ 且 } b \in \mathrm{Ker}(\rho) \} = H \cap \mathrm{Ker}(\rho)$. 但由例 2.6.2, $\mathrm{Ker}(\rho) = N$, 故得到 $\mathrm{Ker}(\rho|_H) = H \cap N$. 从同态基本定理 2.6.1, 得下述群同构:

$$\overline{(\rho|_H)} : \quad H/H \cap N \xrightarrow{\cong} HN/N, \quad h(H \cap N) \longmapsto hN. \qquad \square$$

定理 X4.2(子群对应定理)　设 $\sigma : G \to G'$ 是群的满同态, $K := \mathrm{Ker}(\sigma)$ 是同态核. 那么下述对应

$$\begin{aligned} \sigma^* : \quad \{ H \mid K \subseteq H \leqslant G \} \quad &\longrightarrow \quad \{ H' \mid H' \leqslant G' \}, \\ H \quad &\longmapsto \quad \sigma(H) \end{aligned}$$

是双射. 而且

(1) 对任 $K \subseteq H_1, H_2 \leqslant G$ 有 $H_1 \leqslant H_2$, 当且仅当 $\sigma(H_1) \leqslant \sigma(H_2)$;

(2) 设 $K \subseteq H \leqslant G$, 则 $|G : H| = |G' : \sigma(H)|$;

(3) (第三同构定理) 设 $K \subseteq H \leqslant G$, 则 $H \trianglelefteq G$ 当且仅当 $\sigma(H) \trianglelefteq G$, 且

$$G/H \xrightarrow{\cong} G'/\sigma(H), \quad aH \longmapsto \sigma(a)\sigma(H).$$

证　首先指出下述断言正确:

(4) 对任 $T \subseteq G$ 有: $\sigma(T)$ 在 G 中的原象 $= TK = KT$.

因为 $\sigma(T)$ 的原象 $= \bigcup\limits_{t \in T}$ ($\sigma(t)$ 的原象, 由引理 2.6.1, $\sigma(t)$ 的原象 $= tK$, 故 $\sigma(T)$ 的原象 $= \bigcup\limits_{t \in T} tK = TK$.

对 $H' \leqslant G'$, 把 H' 在 G 中的全原象记作 $\sigma^{-1}(H')$ (注意这仅仅是记号并不是 σ 的逆映射). 易验证 $H' \leqslant G'$ 在 G 中的全原象是 G 的子群, 而且因 $1_{G'} \in H'$, 故 $K = \sigma^{-1}(1_{G'}) \subseteq \sigma^{-1}(H')$. 故可以定义映射

$$\begin{aligned} \tau^* : \quad \{ H' \mid H' \leqslant G' \} \quad &\longrightarrow \quad \{ H \mid K \subseteq H \leqslant G \}, \\ H' \quad &\longmapsto \quad \sigma^{-1}(H'). \end{aligned}$$

对任 $H' \leqslant G'$, 因 σ 是满射, 故 $\sigma(\sigma^{-1}(H')) = H'$, 即 $\sigma^*\tau^* = \mathrm{id}$.

对 $H \leqslant G$, $H \supseteq K$, 由上述结论 (4) 有 $\sigma^{-1}(\sigma(H)) = HK = H$, 也就是 $\tau^*\sigma^* = \mathrm{id}$.

所以, τ^* 与 σ^* 是互逆的映射, 从而 σ^* 是双射. 下面证明结论 (1)、(2)、(3).

(1) 显然.

(2) 对 $aH \in G/H$, $\sigma(aH) = \{\, \sigma(ah) \mid h \in H \,\} = \{\, \sigma(a)\sigma(h) \mid \sigma(h) \in \sigma(H) \,\} = \sigma(a)\sigma(H)$, 它是 G' 中关于 $\sigma(H)$ 的左陪集. 这就建立了映射:

$$\alpha: \quad G/H \longrightarrow G'/\sigma(H), \qquad aH \longmapsto \sigma(aH) = \sigma(a)\sigma(H).$$

对任 $a'\sigma(H) \in G'/\sigma(H)$, 因 σ 是满射, 存在 $a \in G$ 使得 $\sigma(a) = a'$, 那么 $\alpha(aH) = \sigma(a)\sigma(H) = a'\sigma(H)$, 即 α 是满射.

再设 $\alpha(aH) = \alpha(bH)$, 即 $\sigma(a)\sigma(H) = \sigma(b)\sigma(H)$, 则 $\sigma(H) = \sigma(a)^{-1}\sigma(b)\sigma(H) = \sigma(a^{-1}b)\sigma(H)$, 得 $\sigma(a^{-1}b) \in \sigma(H)$, 那么 $a^{-1}b \in \sigma^{-1}(\sigma(H)) = H$, 得 $aH = bH$, 即 α 是单射. 总之 α 是双射.

(3) 设 $H \trianglelefteq G$. 对任 $a' \in G'$ 存在 $a \in G$ 使得 $\sigma(a) = a'$, 那么

$$a'^{-1}\sigma(H)a' = \sigma(a)^{-1}\sigma(H)\sigma(a) = \sigma(a^{-1})\sigma(H)\sigma(a) = \sigma(a^{-1}Ha) = \sigma(H).$$

所以, $\sigma(H) \trianglelefteq G'$.

再设 $\sigma(H) \trianglelefteq G'$. 对任 $a \in G$, 因为 $K = a^{-1}Ka \subseteq a^{-1}Ha$, 所以 $K(a^{-1}Ha) = a^{-1}Ha$, 那么由本证明开头的结论 (4), 有

$$\begin{aligned} a^{-1}Ha &= K(a^{-1}Ha) = \sigma^{-1}\Big(\sigma(a^{-1}Ha)\Big) = \sigma^{-1}\Big(\sigma(a^{-1})\sigma(H)\sigma(a)\Big) \\ &= \sigma^{-1}\Big(\sigma(a)^{-1}\sigma(H)\sigma(a)\Big) = \sigma^{-1}\Big(\sigma(H)\Big) = KH = H. \end{aligned}$$

得 $H \trianglelefteq G$.

剩下只需指出结论 (2) 的证明中的 α 是群同态, 这可直接验证:

$$\begin{aligned} \alpha\Big((aH)(bH)\Big) &= \alpha\Big((ab)H\Big) = \sigma(ab)\sigma(H) = \Big(\sigma(a)\sigma(b)\Big)\cdot\sigma(H) \\ &= \Big(\sigma(a)\sigma(H)\Big)\Big(\sigma(a)\sigma(H)\Big) = \alpha(aH)\,\alpha(bH). \end{aligned}$$

即 α 是同态. □

对环就有理想对应定理.

定理 X4.3(理想对应定理) 设 $\sigma: R \to R'$ 是从环 R 到环 R' 的满同态, 记 $K := \mathrm{Ker}(\sigma)$. 令 $L(R') = \{I' \mid I'$是 R' 的理想$\}$, 令 $L(R, K) = \{I \mid I$ 是 R 的理想且 $I \supseteq K\}$. 则映射

$$\sigma^*: \quad L(R,K) \longrightarrow L(R'), \quad I \longmapsto \sigma(I)$$

是双射, 而且对 $I, J \in L(R, K)$ 有

(1) $I \subseteq J$ 当且仅当 $\sigma(I) \subseteq \sigma(J)$;

(2) $R/I \cong R'/\sigma(I)$.

证 由命题 3.2.2 的(2), 对 $I \in L(R,K)$ 有 $\sigma(I) \in L(R')$, 即 σ^* 定义合理. 对 $I' \in L(R')$, 从子群对应定理 X4.2 (同态 σ 的核首先是加群同态的核) 知道 $\sigma^{-1}(I') \supseteq K$, 而且, 由命题 3.2.2 的 (1), $\sigma^{-1}(I')$ 是 R 的理想, 所以有合理定义的映射:

$$\tau^*: \quad L(R') \longrightarrow L(R,K), \quad I' \longrightarrow \sigma^{-1}(I').$$

在子群对应定理中已知, τ^* 与 σ^* 互逆, 故 σ^* 是双射.

(1) 可以直接从子群对应定理得出.

(2) 子群对应定理已指出, 存在加群同构 $\sigma_I : R/I \to R'/\sigma(I)$, $a + I \mapsto \sigma(a) + \sigma(I)$. 进一步, 对 $a+I, b+I \in R/I$ 有

$$\begin{aligned}\sigma_I\Big((a+I)(b+I)\Big) &= \sigma_I\Big((ab)+I\Big) = \sigma(ab) + \sigma(I) = \sigma(a)\sigma(b) + \sigma(I) \\ &= \Big(\sigma(a)+\sigma(I)\Big)\Big(\sigma(b)+\sigma(I)\Big) = \sigma_I(a+I)\sigma_I(b+I).\end{aligned}$$

所以, σ_I 是环同构. □

同样地, 还有子环对应定理.

仍回到讨论群.

定义 X4.1 设 G 为群, 如果 $\sigma: G \to G$ 是同态, 就称为 G 的**自同态**. 如果 $\sigma: G \to G$ 是同构, 就称为 G 的**自同构**.

记 $\mathrm{End}(G) = \{G \text{ 的自同态}\}$, 称为群 G 的**自同态幺半群** (见命题 X4.1).

记 $\mathrm{Aut}(G) = \{G \text{ 的自同构}\}$, 称为群 G 的**自同构群** (见命题 X4.1).

命题 X4.1 (1) 在变换乘法下, $\mathrm{End}(G)$ 构成幺半群.

(2) 在变换乘法下, $\mathrm{Aut}(G)$ 构成群.

证 作为习题. □

命题 X4.2 设 G 是群. 记 $Z(G) = \{\ z \in G \mid zx = xz, \quad \forall\, x \in G\ \}$, 称为群 G 的**中心**.

(1) 对 $a \in G$, 映射 $\gamma_a : G \to G$, $x \mapsto axa^{-1}$, 是 G 的自同构, 称为由 a 决定的 G 的**内自同构**. 记 $\mathrm{Inn}(G) = \{G \text{ 的内自同构}\}$.

(2) $\gamma: G \to \mathrm{Aut}(G)$, $a \mapsto \gamma_a$, 是群同态; 且 $\mathrm{Im}(\gamma) = \mathrm{Inn}(G)$ 和 $\mathrm{Ker}(\gamma) = Z(G)$.

证 作为习题. □

引理 X4.1 设 G 是加群.

(1) 对任一整数 $n \in \mathbb{Z}$, 集合 G 的变换 $\tau_n : G \to G$, $a \mapsto na$ 是 G 的自同态.

(2) $\tau : \mathbb{Z} \to \mathrm{End}(G)$, $n \mapsto \tau_n$ 是乘法幺半群同态, 即

$$\tau_{mn} = \tau_m \tau_n, \qquad \forall\, m, n \in \mathbb{Z}.$$

证　(1) 对任 $a,b\in G$, 有 $\tau_n(a+b)=n(a+b)=na+nb=\tau_n(a)+\tau_n(b)$.

(2) 对任 $a\in G$, 有

$$\tau_{mn}(a)=(mn)a=m(na)=\tau_m(na)=\tau_m(\tau_n(a))=(\tau_m\tau_n)(a),$$

即得 $\tau_{mn}=\tau_m\tau_n$.　□

定理 X4.4　(1) $\mathrm{Aut}(\mathbb{Z})=\{\ \mathrm{id}_{\mathbb{Z}}=\tau_1,\ \tau_{-1}\ \}\cong\{\pm1\}$.

(2) $\mathrm{Aut}(\mathbb{Z}_r)=\{\ \tau_n\mid \gcd(n,r)=1\ \}\cong\mathbb{Z}_r^{\times}:=\{\ [n]_r\mid\gcd(n,r)=1\ \}$.

证　(1) 使用上面引理 X4.1 中的符号. 对于非零整数 n, $\tau_n(a)=na=0$ 当且仅当 $a=0$, 所以 τ_n 总是加群 $\mathbb{Z}$ 的单自同态. 由于 $\tau_n(a)=n\,a$, 故 τ_n 是 $\mathbb{Z}$ 的满自同态当且仅当对任 $b\in\mathbb{Z}$ 存在 $a\in\mathbb{Z}$ 使得 $an=b$, 而这只在 $n=\pm1$ 能成立. 这样得到 $\{\ \tau_1,\ \tau_{-1}\ \}\subseteq\mathrm{Aut}(\mathbb{Z})$.

设 $\sigma\in\mathrm{Aut}(\mathbb{Z})$, 由引理 2.8.1, $\sigma(1)$ 是 $\mathbb{Z}$ 的循环生成元, 根据命题 2.8.2 的 (1), 加群 $\mathbb{Z}$ 恰有两个循环生成元 1, −1, 故 $\sigma(1)=\pm1$. 若 $\sigma(1)=1$, 则

$$\sigma(n)=\sigma(n\,1)=n\,\sigma(1)=n\,1=1\,n=\tau_1(n),$$

即 $\sigma=\tau_1=\mathrm{id}_{\mathbb{Z}}$. 若 $\sigma(1)=-1$, 则

$$\sigma(n)=\sigma(n\,1)=n\,\sigma(1)=n\,(-1)=(-1)\,n=\tau_{-1}(n),$$

则 $\sigma=\tau_{-1}$. 总之 $\mathrm{Aut}(\mathbb{Z})\subseteq\{\ \tau_1,\ \tau_{-1}\ \}$.

(2) 由于$\mathbb{Z}_r$是有限群, 所以τ_n是$\mathbb{Z}_r$的自同构当且仅当τ_n是$\mathbb{Z}_r$的满自同态. 而引理 2.8.1 说,τ_n的象是$\tau_n([1])$生成的循环子群, 故τ_n是$\mathbb{Z}_r$的满自同态当且仅当$\tau_n([1])$是循环加群 $\mathbb{Z}_r$ 的循环生成元. 因为 $\tau_n([1])=n\,1=n$, 再根据命题 2.8.2 的 (2) 得 τ_n 是 $\mathbb{Z}_r$ 的满自同态当且仅当 $\gcd(n,r)=1$. 所以 $\{\ \tau_n\mid\gcd(n,r)=1\ \}\subseteq\mathrm{Aut}(\mathbb{Z}_r)$.

设 $\sigma\in\mathrm{Aut}(\mathbb{Z}_r)$, 由上述分析知 $\sigma([1])$ 是 $\mathbb{Z}_r$ 的循环生成元, 由命题 2.8.2 的 (2), $\sigma([1])=[n]$, 其中 n 满足 $\gcd(n,r)=1$. 类似于 (1) 中的计算得出 $\sigma=\tau_n$, 于是得出 $\mathrm{Aut}(\mathbb{Z}_r)=\{\ \tau_n\mid\gcd(n,r)=1\ \}$.　□

习　题　X4

1. 利用子群对应定理找出 $\mathbb{Z}_m$ 的所有子群, 这里 m 是一正整数.
2. 证明命题 X4.1, 命题 X4.2.
3. 记号同命题 X4.2. 证明: $\mathrm{Inn}(G)\trianglelefteq\mathrm{Aut}(G)$. ($\mathrm{Aut}(G)/\mathrm{Inn}(G)$ 称为 G 的**外自同构群**.)
4. 设 $n\in\mathbb{Z}$, 设 G 是群 (运算写作乘法). 则集合 G 有变换 $\sigma_n:G\to G,\ a\mapsto a^n$. 证明:

(1) 不论 G 是什么群, σ_{-1} 是双射变换 (注意: $\sigma_{-1}(a)=a^{-1}$, 就是取逆元的变换);

(2) 如果 G 是阶为 r 的有限群, 且 $\gcd(n,r)=1$, 则 σ_n 是双射变换;

(3) 不论 n 是什么整数, 只要 G 是交换群 σ_n 就是 G 的自同态;

(4) σ_{-1} 是 G 的自同构当且仅当 G 是交换群.

5. 考虑有理数加群 $\mathbb{Q}$. 证明:

(1) 对任 $q \in Q$, $\tau_q : \mathbb{Q} \to \mathbb{Q}$, $a \mapsto qa$ 是 $\mathbb{Q}$ 的自同态;

(2) $\mathrm{End}(\mathbb{Q}) = \{\tau_q \mid q \in \mathbb{Q}\}$;

(3) $\mathrm{Aut}(\mathbb{Q}) = \{\tau_q \mid q \in \mathbb{Q}^\times\}$.

X5 交错群 $A_n, n \geqslant 5$, 是单群

定理 2.9.1 指出, S_n 的任何元 α 可以表达为对换之积. 而任一对换 $(ij) = (1j)(1i)(1j)$, 见定理 2.9.1 后的第一个注解. 所以 S_n 的任何元 α 可以表示为形如 $(1i)$ 的对换之积, 也就是 S_n 的任何元 α 可以表示为集合 $\{\ (12),\ (13),\ \cdots,\ (1n)\ \}$ 上的一个序列的积.

定义 X5.1 设 G 是群, $g_1, \cdots, g_r \in G$. 如果对任 $a \in G$ 存在有限序列 $x_1, x_2, \cdots, x_m$, 其中, 每个 $x_i \in \{g_1, \cdots, g_r, g_1^{-1}, \cdots, g_r^{-1}\}$ 使得 $a = x_1x_2\cdots x_m$, 就说群 G 由元素 $g_1, \cdots, g_r$ **生成**.

例如, $\mathbb{Z}$ 由元素 1 生成.

例如, 循环群 $G = \langle a \rangle = \{\, a^n \mid n \in \mathbb{Z} \,\}$ 是由元素 a 生成.

命题 X5.1 (1) 设 $n > 1$. 对称群 S_n 可由 (12), (13), $\cdots$, $(1n)$ 生成.

(2) 设 $n > 2$. 交错群 A_n 可由 (123), (124), $\cdots$, $(12n)$ 生成.

证 (1) 已证明如上.

(2) 由 (1), 任何偶置换表示为形如 $(1i)$ 的对换之积, 由于是偶置换, 表示中形如 $(1i)$ 的对换必为偶数个. 把这偶数个形如 $(1i)$ 的对换两两分组, 就只要证明 $(1i)(1j)$ 可以表示为形如 $(12k)$ 的 3- 轮换之积. 这从下面的计算可以得证:

$$(1i)(12) = (12i), \qquad (12)(1j) = (12j)^2,$$

$$(1i)(1j) = (1i)(12)(12)(1j) = (12i)(12j)^2. \qquad \square$$

定理 X5.1 交错群 $A_n, n \geqslant 5$, 是非交换单群.

证 设 $1 \neq H \trianglelefteq A_n$, 以下证明 $H = A_n$. 为此先指出: 只要能证明 H 中有一个 3- 轮换就行了. 这是因为若 $(i_1\, i_2\, i_3) \in H$, 则因任 3- 轮换 $(j_1\, j_2\, j_3) \in A_n$, 而

$$\begin{pmatrix} i_1 & i_2 & i_3 \\ j_1 & j_2 & j_3 \end{pmatrix} (i_1\ \ i_2\ \ i_3) \begin{pmatrix} i_1 & i_2 & i_3 \\ j_1 & j_2 & j_3 \end{pmatrix}^{-1} = (j_1\ \ j_2\ \ j_3),$$

所以在 $\begin{pmatrix} i_1 & i_2 & i_3 \\ j_1 & j_2 & j_3 \end{pmatrix}$ 是偶置换时就可断言 $(j_1\, j_2\, j_3) \in H$. 若 $\begin{pmatrix} i_1 & i_2 & i_3 \\ j_1 & j_2 & j_3 \end{pmatrix}$ 是

奇置换, 因为 $n \geqslant 5$, 可取 $k, \ell \notin \{j_1, j_2, j_3\}$, 那么 $(k\,\ell)\begin{pmatrix} i_1 & i_2 & i_3 \\ j_1 & j_2 & j_3 \end{pmatrix}$ 是偶置换而

$$(k\ \ \ell)\begin{pmatrix} i_1 & i_2 & i_3 \\ j_1 & j_2 & j_3 \end{pmatrix}(i_1\ \ i_2\ \ i_3)\begin{pmatrix} i_1 & i_2 & i_3 \\ j_1 & j_2 & j_3 \end{pmatrix}^{-1}(k\ \ \ell)^{-1} = (j_1\ \ j_2\ \ j_3),$$

仍得 $(j_1\,j_2\,j_3) \in H$. 总之可断言 H 包含所有 3 - 轮换. 而由命题 X5.1, A_n 由 3 - 轮换生成, 因此 $H = A_n$.

下面用反证法证明 H 中有一个 3 - 轮换. 设 H 不含 3 - 轮换.

如果 H 有一个元的轮换分解含大于 3 的轮换: $\alpha = (i_1\ i_2\ i_3\ i_4\ \cdots\ i_\ell)\cdots$, 其中可能 $\ell = 4$. 因 $(i_1\ i_2\ i_3) \in A_n$, 故 H 含下述元素 (以下计算参看习题 2.2 的第 7 题):

$$\beta := (i_1\ i_2\ i_3)\,\alpha\,(i_1\ i_2\ i_3)^{-1} = (i_2\ i_3\ i_1\ i_4\ \cdots\ i_\ell)\cdots$$

那么 H 含元素 (注意 $(i_2\ i_3\ i_1\ i_4\ \cdots\ i_\ell)^{-1} = (i_\ell\ \cdots\ i_4\ i_1\ i_3\ i_2)$)

$$\alpha\beta^{-1} = (i_1\ i_2\ i_3\ i_4\ \cdots\ i_\ell)\cdots\ (i_2\ i_3\ i_1\ i_4\ \cdots\ i_\ell)^{-1}\cdots = (i_1\ i_4\ i_2) \in H.$$

与 H 不含 3-轮换相矛盾. 所以 H 的任一元的轮换分解只含 2-轮换和 3-轮换.

如果 H 有元恰含一个 3-轮换, 即有元 $\alpha = (i_1\ i_2\ i_3)(a_1\ a_2)\cdots$, 则 H 含有 3-轮换

$$\alpha^2 = (i_1\ i_2\ i_3)^2(a_1\ a_2)^2\cdots = (i_1\ i_3\ i_2) \in H,$$

与 H 不含 3-轮换相矛盾.

如果 H 有元至少含两个 3-轮换, 即有元 $\alpha = (i_1\ i_2\ i_3)(j_1\ j_2\ j_3)\cdots$, 则

$$\beta = (j_1\ j_2\ i_3)\,\alpha\,(j_1\ j_2\ i_3)^{-1} = (i_1\ i_2\ j_1)(j_2\ i_3\ j_3)\cdots \in H,$$

$$\alpha\beta = (i_1\ i_3\ j_1\ i_2\ j_2)\cdots \in H.$$

这与 H 的任何元的轮换分解只含 2-轮换和 3-轮换相矛盾.

所以 H 的任何元的轮换分解只能含 2-轮换 (当然是偶数个).

如果 H 有元素其轮换分解恰含两个 2-轮换 $\alpha = (i_1\ i_2)(j_1\ j_2)$, 因为 $n \geqslant 5$, 所以存在 $k \notin \{i_1,\ i_2,\ j_1,\ j_2\}$, 那么

$$\beta = (i_1\ k\ i_2)\,\alpha\,(i_1\ k\ i_2)^{-1} = (k\ i_1)(j_1\ j_2) \in H,$$

$$\alpha\beta = (i_1\ i_2)(j_1\ j_2)\ (k\ i_1)(j_1\ j_2) = (i_1\ k\ i_2) \in H.$$

仍然与 H 不含 3-轮换相矛盾.

最后一种情形, H 有元素 α 其轮换分解由至少 4 个 2-轮换构成: $\alpha=(i_1\ i_2)(j_1\ j_2)(k_1\ k_2)(l_1\ l_2)\cdots$, 则

$$\beta=(i_2\ j_1)(j_2\ k_1)\,\alpha\,((i_2\ j_1)(j_2\ k_1))^{-1}=(i_1\ j_1)(i_2\ k_1)(j_2\ k_2)(l_1\ l_2)\cdots\ \in\ H,$$

$$\alpha\beta=(i_1\ j_2\ k_1)(j_1\ i_2\ k_2)\ \in\ H.$$

这与 H 的元的轮换分解只含 2-轮换相矛盾. □

习　题　X5

1. 证明: S_n 可以由两个元素生成.

X6　关于多项式环的两个问题

两个问题, 一是从中国剩余定理来看牛顿 - 拉格朗日插值定理; 二是不定元多项式与多项式函数之间的关系.

定理 X6.1(牛顿 - 拉格朗日插值)　设 F 是域, $F[x]$ 是多项式环, $a_1,\cdots,a_n\in F$ 两两不等. 则对任 $b_1,\cdots,b_n\in F$ 存在唯一次数小于 n 的 $h(x)\in F[x]$ 使得:

(1) $h(a_i)=b_i,\quad i=1,\cdots,n;$

(2) 如果 $f(x)\in F[x]$ 使得 $f(a_i)=b_i,\ i=1,\cdots,n$, 则存在唯一 $g(x)\in F[x]$ 使 $f(x)=h(x)+g(x)t(x)$, 其中, $t(x)=\prod\limits_{i=1}^{n}(x-a_i)$.

证　记 $I_i=F[x](x-a_i)\ (i=1,\cdots,n)$ 是 $F[x]$ 的由 $x-a_i$ 生成的理想.

对 $i\neq j$, 有 $(x-a_i)-(x-a_j)=a_j-a_i\neq 0$. 对任 $f(x)\in F[x]$,

$$\begin{aligned}f(x)=&f(x)(a_j-a_i)^{-1}\big((x-a_i)-(x-a_j)\big)\\=&(a_j-a_i)^{-1}f(x)(x-a_i)-(a_j-a_i)^{-1}f(x)(x-a_j)\\&\in F[x](x-a_i)+F[x](x-a_j)=I_i+I_j.\end{aligned}$$

所以, $I_i+I_j=F[x]$, 即理想 $I_i=F[x](x-a_i)$ 与理想 $I_j=F[x](x-a_j)$ 互素.

按 $t(x)$ 的定义, 它生成的理想 $F[x]t(x)\subseteq I_i,\ i=1,\cdots,n$, 故 $F[x]t(x)\subseteq\bigcap\limits_{i=1}^{n}I_i$. 反之, 设 $f(x)\in\bigcap\limits_{i=1}^{n}I_i$, 则对 $1\leqslant i\leqslant n$, 有 $f(x)\in I_i=F[x](x-a_i)$, 故可写 $f(x)=q(x)(x-a_i)$, 从而 $f(a_i)=0$. 由余式定理 3.6.2 的推论, 有 $g(x)\in F[x]$ 使 $f(x)=g(x)t(x)$, 得 $f(x)\in F[x]t(x)$. 综上得 $F[x]t(x)=\bigcap\limits_{i=1}^{n}I_i$.

由中国剩余定理 3.5.1 得环同构:

$$\begin{array}{ccc}F[x]/F[x]t(x) & \xrightarrow{\cong} & F[x]/I_1\ \oplus\cdots\oplus\ F[x]/I_n,\\ f(x)+F[x]t(x) & \longmapsto & \big(f(x)+I_1,\ \cdots,\ f(x)+I_n\big).\end{array}\qquad(*)$$

对每 a_i, 易验证下述映射是满的环同态

$$\nu_{a_i} : F[x] \longrightarrow F, \quad f(x) \longmapsto f(a_i).$$

它的同态核是由 $x - a_i$ 生成的理想 $I_i = F[x](x - a_i)$ (习题 3.6 的第 7 题). 由同态基本定理, ν_{a_i} 诱导同构

$$\bar{\nu}_{a_i} : F[x]/I_i \xrightarrow{\cong} F, \quad f(x) + I_i \longmapsto f(a_i).$$

(定理 3.6.2 中的式 (RT) 是这个同构映射的直接表达：$f(x) \equiv f(a_i) \bmod (x - a_i)$.) 那么得到环同构 (右端 n 个 F)：

$$\begin{gathered} F/I_1 \ \oplus \cdots \oplus \ F/I_n \xrightarrow{\cong} F \ \oplus \cdots \oplus \ F, \\ \big(f(x) + I_1, \ \cdots, \ f(x) + I_n\big) \longmapsto \big(f(a_1), \ \cdots, \ f(a_n)\big). \end{gathered}$$

把它与上述由中国剩余定理得到的同构 $(*)$ 合成, 就得到环同构

$$\begin{gathered} F[x]/F[x]t(x) \xrightarrow{\cong} F \ \oplus \cdots \oplus \ F, \\ f(x) + F[x]t(x) \longmapsto \big(f(a_1), \ \cdots, \ f(a_n)\big). \end{gathered}$$

因此, 任 $(b_1, \cdots, b_n) \in F \oplus \cdots \oplus F$ 对应于剩余环 $F[x]/F[x]t(x)$ 中的唯一一个剩余类, 其中, 任何多项式 $f(x)$ 都满足 $f(a_i) = b_i$, $i = 1, \cdots, n$. 由习题 3.6 的第 4 题, 此剩余类含有唯一一个次数小于 n 的多项式 $h(x)$. 那么此剩余类可表示为 $h(x) + F[x]t(x)$. 这样 (1)、(2) 两条都获证. □

对 $(b_1, \cdots, b_n) \in F \oplus \cdots \oplus F$, 如何具体找出 $h(x)$ 满足插值定理中 (1)、(2) 两条? 由中国剩余定理证明中的式 (CRT1), 关键是要找多项式 $\ell_k(x)$ 使得

$$\ell_k(x) \equiv \begin{cases} 1 \pmod{x - a_j}, & \text{如} j = k; \\ 0 \pmod{x - a_j}, & \text{如} j \neq k. \end{cases}$$

令 $t_k(x) = t(x)/(x - a_k)$, 其中, $t(x)$ 如上述定理所设, 则 $t_k(a_k) \neq 0$. 下述多项式即满足上述要求, 它们被称为**拉格朗日多项式**：

$$\ell_k(x) = t_k(x)/t_k(a_k) = \prod_{j \neq k}(x - a_j) \Big/ \prod_{j \neq k}(a_k - a_j), \qquad k = 1, \cdots, n.$$

那么 $h(x) = \sum\limits_{i=1}^{n} b_i \ell_i(x)$.

再来看不定元多项式与多项式函数的关系.

设 R 是任意交换环. 任意一个 R-多项式 $f(x)$ 是一个形式表达式, 其中, x 是不定元. 但是它可以决定一个从 R 到 R 的函数：$R \to R$, $r \mapsto f(r)$. 为了与不定元多项式相区别, 把这个函数记作 $f^*(x)$, 称为**多项式函数**.

把所有的 R 到 R 的函数的集合记作 Fun(R). 对 $\alpha, \beta \in \text{Fun}(R)$, 定义 "和函数" $\alpha+\beta$ 为

$$(\alpha+\beta)(r)=\alpha(r)+\beta(r), \qquad \forall\, r \in R;$$

定义 "函数的点积" $\alpha \cdot \beta$ 为

$$(\alpha \cdot \beta)(r)=\alpha(r)\beta(r), \qquad \forall\, r \in R.$$

注意: 这不是变换的合成运算. 所以, 尽管 R 到 R 的函数就是 R 的变换, 但是在这里宁愿使用另一记号 Fun(R), 以示区别于前面使用的记号 Tran(R).

引理 X6.1 Fun(R) 是一个交换环, 而映射

$$R[x] \longrightarrow \text{Fun}(R), \quad f(x) \longmapsto f^*(x) \tag{PF}$$

是环同态.

证 证明作为习题. □

定理 X6.2 (1) 如果 R 是无限整环, 则上述环同态 (PF) 是单同态.

(2) 如果 R 是有限整环, 则上述环同态 (PF) 是满同态.

证 (1) 如果 $f^*(x)=g^*(x)$, 即对任 $r \in R$ 有 $f(r)=g(r)$, 这样的 r 有无数个, 由定理 3.6.3 的 (2), 在 $R[x]$ 中得 $f(x)=g(x)$, 即同态 (PF) 是单同态.

(2) 有限整环一定是域, 见习题 3.3 的第 7 题. 写 $R=\{a_0=0,\ a_1=1,\ a_2,\ \cdots,\ a_{n-1}\}$. 对任意函数 $\alpha \in \text{Fun}(R)$, 记 $b_i=\alpha(a_i)$, $i=0,1,\cdots,n-1$. 由牛顿–拉格朗日插值定理 X6.1, 存在 $f(x) \in R[x]$ 使得 $f(a_i)=b_i=\alpha(a_i)$, $i=0,1,\cdots,n-1$. 所以作为 R 的函数有 $f^*(x)=\alpha$, 即同态 (PF) 是满同态. □

习 题 X6

1. 证明引理 X6.1.

X7 因子分解整环

本节与 X8 是 §3.8 的继续, 展开因子分解整环理论的两个基本问题. 本节讨论因子分解整环的性质, 一个整环是因子分解整环的条件. X8 证明: 因子分解整环上的多项式环仍是因子分解整环.

引理 X7.1 设 R 是因子分解整环, a 是 R 的非零不可逆元, $a=p_1p_2\cdots p_n$ 是不可约分解. 则 a 的任何约元 b 相伴于一些不可约因子之积, 即 $b \sim p_{i_1}\cdots p_{i_s}$. 特别是, 在相伴意义下 a 只有有限个约元.

证 因为 b 是 a 的约元, 故 $a=bc$. 而 b, c 有不可约分解式 $b=q_1\cdots q_s$, $c=q_1'\cdots q_{s'}'$, 所以 $a=bc=q_1\cdots q_sq_1'\cdots q_{s'}'$ 也是 a 的不可约分解. 由因子分解唯一性, 存在 $p_{i_1}, \cdots, p_{i_s}$ 使得 $q_j \sim p_{i_j}$, $j=1,\cdots,s$. 所以 $b=q_1\cdots q_s \sim p_{i_1}\cdots p_{i_s}$. □

注 记号如上. 在因子分解整环中, 对不可约分解 $a = p_1 p_2 \cdots p_n$ 做一个技术处理: 不妨设 $p_1, \cdots, p_r$ 是分解式中出现的所有彼此不相伴的不可约因子. 把与 p_1 相伴的不可约因子表示为 p_1 与可逆元之积, 把与 p_2 相伴的不可约因子表示为 p_2 与可逆元之积等. 则可把分解式写成

$$a = u p_1^{m_1} \cdots p_r^{m_r}, \quad u \in R^{\times}, \quad m_i > 0 \quad (p_1, \cdots, p_r\text{是互不相伴的不可约元}),$$

称为元素 a 的**标准分解式**. 那么引理 X7.1 就是说, a 的所有约元如下:

$$v p_1^{t_1} \cdots p_r^{t_r}, \quad v \in R^{\times}, \quad 0 \leqslant t_i \leqslant m_i.$$

元素序列 a_1, a_2, $\cdots$ 称为真约元序列如果任 a_i 是 a_{i-1} 的真约元.

命题 X7.1 设 R 是因子分解整环. 则 R 满足以下各条件:

(1) **因子链条件** R 中没有无限长的真约元序列;

(2) **素元条件** R 的不可约元必为素元;

(3) **最大公因子条件** R 的任意两个元素的最大公因子存在.

证 (1) 反证法. 假设存在无限长的真约元序列 a_1, a_2, $\cdots$. 可设 $a_1 \neq 0$, 否则去掉 a_1 仍然是无限长的真约元序列. 那么 $a_1, a_2, \cdots$, 都是 a_1 的约元且互不相伴, 即 a 有无数个互不相伴的约元. 但是, 若 a 可逆则 a 只以可逆元为约元, 这是矛盾的. 若 a 不可逆, 由引理 X7.1, a 只有有限个互不相伴的约元, 仍是矛盾的.

(2) 设 p 是不可约元, 证明它是素元. 设 $p\,|\,ab$. 而 a, b 有不可约分解式 $a = p_1 \cdots p_s$, $b = p'_1 \cdots p'_{s'}$, 得到 ab 的不可约分解式 $ab = p_1 \cdots p_s p'_1 \cdots p'_{s'}$. 由引理 X7.1, p 相伴于其中某个不可约因子. 若 $p \sim p_i$, 则 $p\,|\,a$; 若 $p \sim p'_i$, 则 $p\,|\,b$. 总之, 或者 $p\,|\,a$ 或者 $p\,|\,b$. 所以 p 是素元.

(3) 设 a, $b \in R$. 如果 $a = 0$, 则 $\gcd(a, b) \sim b$. 如果 $a \in R^{\times}$, 则 $\gcd(a, b) = 1$. 下设 a, b 都非零且不可逆. 由引理 X7.1 后面的注解, 有互不相伴的不可约元 $p_1, \cdots, p_k$ 使得

$$a = u p_1^{m_1} \cdots p_k^{m_k}, \qquad u \in R^{\times}, \quad m_i \geqslant 0, \quad i = 1, \cdots, k,$$

$$b = v p_1^{n_1} \cdots p_k^{n_k}, \qquad v \in R^{\times}, \quad n_i \geqslant 0, \quad i = 1, \cdots, k,$$

其中, $m_i \geqslant 0$ 是因为这里取的 p_i 有可能不在 a 的分解式中出现而只在 b 的分解式中出现; 对 $n_i \geqslant 0$ 是同样的原因. 那么由引理 X7.1 后面的注解,

$$d = p_1^{s_1} \cdots p_k^{s_k}, \qquad s_i = \min\{m_i, n_i\}, \quad i = 1, \cdots, k,$$

是 a, b 的公因子, 而且对 a, b 的任公因子 c 有

$$c \sim p_1^{t_1} \cdots p_k^{t_k}, \qquad 0 \leqslant t_i \leqslant m_i \text{ 且 } 0 \leqslant t_i \leqslant n_i, \quad i = 1, \cdots, k.$$

也就是 $0 \leqslant t_i \leqslant s_i$, $i = 1, \cdots, k$, 因而 $c|d$. 故 d 是 a, b 的最大公因子. □

注 虽然命题 X7.1 中的最大公因子条件只是对两个元素叙述, 但是易见, 任两个元素的最大公因子存在就可以保证任 n 个元素 $a_1, \cdots, a_{n-1}, a_n$ 的最大公因子存在. 因为按归纳法 $a_1, \cdots, a_{n-1}$ 的最大公因子 d' 存在, 然后 d', a_n 的最大公因子 d 存在, 易验证 d 就是 $a_1, \cdots, a_{n-1}, a_n$ 的最大公因子, 即

$$\gcd(a_1, \cdots, a_{n-1}, a_n) \sim \gcd\big(\gcd(a_1, \cdots, a_{n-1}),\ a_n\big).$$

现在探讨哪些条件可以保证 R 是因子分解整环.

引理 X7.2 满足因子链条件的整环 R 的任意非零不可逆元的因子分解存在.

证 反证法. 设 a 是非零不可逆元但 a 的因子分解不存在. 那么 a 可约 (否则 a 就是不可约分解), 即 $a = a_1 a_1'$ 使得 a_1, a_1' 都是 a 的真约元 (即都是不可逆元, 见习题 3.8 的第 3 题), 而且 a_1, a_1' 中至少一个的因子分解不存在 (否则把 a_1 和 a_1' 的不可约分解合起来就得到了 a 的不可约分解). 不妨设 a_1 的因子分解不存在.

那么 $a_1 = a_2 a_2'$, 其中 a_2, a_2' 都是不可逆元, 而且 a_2, a_2' 中至少一个的因子分解不存在. 不妨设 a_2 的因子分解不存在.

如此继续. 到第 n 步得 $a_{n-1} = a_n a_n'$, 其中 a_n 和 a_n' 都不可逆, 而且 a_n, a_n' 中至少一个的因子分解不存在. 不妨设 a_n 的因子分解不存在, 于是得 $a_n = a_{n+1} a_{n+1}'$, 其中, a_{n+1}, a_{n+1}' 都不可逆, 且不妨设 a_{n+1} 的因子分解不存在.

这样, 按数学归纳法, 对每正整数 n 得到了元素 a_n 它是 a_{n-1} 的真约元. 因此 a, a_1, a_2, $\cdots$ 就构成一个真约元的无限序列, 这与引理的条件矛盾. □

引理 X7.3 设 R 是整环, $a, b, c \in R$, $c \neq 0$. 如果 ca, cb 的最大公因子 d 存在, 则 a,b 的最大公因子 d' 存在且 $d \sim cd'$ (即 $\gcd(ca, cb) \sim c \cdot \gcd(a, b)$).

证 因为 c 是 ca, cb 的公因子, 所以 $c|d$. 令 $d = cd'$, 因为 $cd'|ca$, 故 $d'|a$, 同理 $d'|b$. 得知 d' 是 a, b 的公因子. 若 e 是 a, b 的公因子, 则 ce 是 ca, cb 的公因子, 故 $ce|d = cd'$, 那么 $e|d'$. 所以, d' 是 a,b 的最大公因子. □

反过来, $\gcd(a, b)$ 的存在性不能保证 $\gcd(ca, cb)$ 的存在性. 像例 3.8.2 中, $R = \mathbb{Z}[\sqrt{-5}]$, $\gcd(3,\ 2 + \sqrt{-5}) = 1$, 但是 $\gcd\big(3 \cdot 3,\ 3(2 + \sqrt{-5})\big)$ 不存在.

定理 X7.1 设 R 是整环. 以下三论断彼此等价:

① R 是因子分解整环;

② R 满足因子链条件和素元条件;

③ R 满足因子链条件和最大公因子条件.

证 命题 X7.1 已证明了① ⇒ ②, 和① ⇒ ③.

② ⇒ ①. 设 a 是非零不可逆元. 引理 X7.2 已证明了因子分解的存在性. 下证因子分解的唯一性. 设 $p_1 p_2 \cdots p_n = a = q_1 q_2 \cdots q_m$, 其中, $p_1, p_2, \cdots, p_n$, $q_1, q_2, \cdots, q_m$ 都是不可约元, 不妨设 $n \leqslant m$. 对 n 归纳. $n = 1$ 时 $a = p_1$ 是不

可约元, 因而只能是 $m=1$, $q_1=p_1$. 再设 $n>1$. 因 $q_1\,|\,p_1p_2\cdots p_n$, 而由条件②, q_1 是素元, q_1 整除 p_1, p_2, $\cdots$, p_n 中的一个. 适当重编号, 可设 $q_1\,|\,p_1$. 由于 p_1 是不可约元, 所以 $q_1\sim p_1$, 即有可逆元 u_1 使得 $q_1=u_1p_1$, 于是 $p_1p_2\cdots p_n=p_1u_1q_2\cdots q_m$. 消去 p_1 得 $p_2\cdots p_n=(u_1q_2)\cdots q_m$. 按归纳法, $n-1=m-1$ 即 $n=m$, 而且适当重编号后有 $p_i\sim q_i$, $i=2,\cdots,n$.

③ $\Rightarrow$ ①. 设 a 是非零不可逆元. 同上, 只需证因子分解的唯一性. 同上设 $p_1p_2\cdots p_n=a=q_1q_2\cdots q_m$, 其中, $p_1,p_2,\cdots,p_n$, $q_1,q_2,\cdots,q_m$ 都是不可约元, 不妨设 $n\leqslant m$, 对 n 归纳. $n=1$ 时, 同上论证唯一性成立. 设 $n>1$. 由③ 假设的最大公因子存在性, 设 d 是 a, p_1q_1 的最大公因子. 因为 p_1 是 a, p_1q_1 的公因子, 所以 $p_1|d$. 令 $d=p_1c$. 因为 $a=p_1p_2\cdots p_n$, 由引理 X7.3, 得 c 是 $a':=p_2\cdots p_n$ 与 q_1 的最大公因子. 而 q_1 只有两类约元, 所以 $c\sim 1$ 或者 $c\sim q_1$.

情形 1: $c\sim 1$ 是可逆元. 则 $d\sim p_1$, 而 q_1 是 a 与 p_1q_1 的公因子, 故 $q_1|d$ 从而 $q_1|p_1$; 但是 p_1, q_1 都是不可约元, 故 $q_1\sim p_1$.

情形 2: $c\sim q_1$. 则 $q_1\,|\,a'$. 于是 $a'=q_1a''$, a'' 的因子分解存在 $a''=q_2'\cdots q_k'$, 得 $a'=q_1q_2'\cdots q_k'$. 得到 $p_2\cdots p_n=a'=q_1q_2'\cdots q_k'$ 是 a' 的两个不可约分解, 其中一个分解长度 $=n-1$. 按归纳法, a' 的因子分解唯一性成立, 所以 q_1 相伴于某 p_i.

综合两种情形的分析, q_1 恒相伴于某 p_i. 适当重编号, 可设 $q_1\sim p_1$. 剩下的证明与上述② $\Rightarrow$ ① 的证明完全一样. □

在 §3.3 已经看到: **欧氏环必为主理想整环**.

定理 X7.2 主理想整环是因子分解整环.

证 设 R 是主理想整环. 证明 R 满足因子链条件和素元条件即可. 推论 3.8.1 已指出 R 满足素元条件, 以下用反证法证明因子链条件满足.

设 R 有无限长真约元序列 a_1, a_2, a_3, $\cdots$, 则有理想构成的无限严格升链:

$$Ra_1\subsetneqq Ra_2\subsetneqq Ra_3\subsetneqq\cdots$$

并集 $I=\bigcup\limits_{i=1}^{\infty}Ra_i$ 也是 R 的理想 (见习题 3.2 第 9 题的 (2)), 故可以由一个元 a 生成 $I=Ra$. 那么存在指标 k 使得 $a\in Ra_k$, 即有 $b\in R$ 使 $a=ba_k$. 于是对任 $n\geqslant k$ 有

$$Ra_n\subseteq Ra\subseteq Ra_k\subseteq Ra_n,$$

即 $Ra_n=Ra_k$. 这与上述理想的序列是严格升链相矛盾. □

推论 域上的一元多项式环是因子分解整环.

证 因为域上的一元多项式环是欧氏整环, 见定理 3.6.1 或见定理 3.8.1. □

但是因子分解整环不必是主理想整环. 例如, X8 将证明 $\mathbb{Z}[x]$ 是因子分解整环, 而定理 3.6.1 后面的例子中指出 $\mathbb{Z}[x]$ 不是主理想整环.

主理想整环不必是欧氏环. 这类例子比较复杂, 这里不再列举.

习 题 X7

1. 验证命题 X7.1 后注解中的结论: $\gcd(a_1,\cdots,a_{n-1},a_n)=\gcd\Big(\gcd(a_1,\cdots,a_{n-1}),\ a_n\Big)$.

2. 设 R 是整环, $a_1,\cdots,a_n\in R$, $0\neq c\in R$. 如 ca_1, $\cdots$, ca_n 的最大公因子 d 存在, 则 a_1, $\cdots$, a_n 的最大公因子 d' 存在且 $d\sim cd'$, 即 $\gcd(ca_1,\cdots,ca_n)\sim c\cdot\gcd(a_1,\cdots,a_n)$.

3. 设 R 是整环, $a_1,\cdots,a_n\in R$. 设 d 是 $a_1,\cdots,a_n$ 的最大公因子. 记 $a_i'=a_i/d$ (即 $a=a'd$), $i=1,\cdots,n$. 证明: $\gcd(a_1',\cdots,a_n')=1$.

4. 在整环 R 中, 证明:

(1) 如果 $\gcd(a,b)=1$, $\gcd(a,c)=1$, 则 $\gcd(a,bc)=1$; (提示: $\gcd(a,bc)\sim\gcd\Big(a\cdot\gcd(1,c),\ bc\Big)\sim\gcd(a,ac,bc)$.)

(2) 如果最大公因子条件满足, 则素元条件满足. (提示: 利用 (1).)

5. 在整环 R 中, 称 b 为 $a_1,\cdots,a_n$ 的公倍子如果 b 是每个 a_i 的倍元; 称 m 为 $a_1,\cdots,a_n$ 的最小公倍子如果 m 是 $a_1,\cdots,a_n$ 的公倍子而且只要 b 是 $a_1,\cdots,a_n$ 的公倍子就有 $m|b$.

(1) 证明: 因子分解整环 R 中任意两个元素的最小公倍子存在;

(2) 进而证明: 因子分解整环 R 中任意 $n>2$ 个元素的最小公倍子存在.

6. 设 R 是主理想整环, $0\neq a\in R$. 证明 R 只有有限个理想包含 a.

7. 设 R 是主理想整环. $a,b\in R$ 是非零不可逆元, d 是 a, b 的最大公因子, m 是 a, b 的最小公倍子. 证明:

(1) 理想之和 $(Ra)+(Rb)=Rd$;

(2) 理想之交 $(Ra)\cap(Rb)=Rm$;

(3) R 的任一非平凡理想 I 可以写成素理想之交, 即 $I=P_1\cap\cdots\cap P_k$, 其中, P_i, $i=1,\cdots,k$, 都是素理想; 而且这种写法在不计顺序意义下是唯一的.

8. 设 R 和 $\delta: R-\{0\}\to\mathbb{Z}^+$ 是欧氏整环. 证明:

(1) $\delta(1)=\min\{\ \delta(a)\mid 0\neq a\in R\ \}$;

(2) $u\in R$ 是可逆元当且仅当 $\delta(u)=\delta(1)$;

(3) 设 $v\in R$ 使得 $\delta(v)=\min\{\ \delta(a)\mid 0\neq a\in R-R^\times\ \}$, 则 R/Rv 是域, 从而 v 是不可约元.

X8 整系数多项式环

$\mathbb{Z}[x]$ 的非常数多项式 $f(x)=\sum\limits_{i=0}^{n}a_ix^i$ 称为**本原多项式**, 如果它的系数互素即最大公因子 $\gcd(a_0,a_1,\cdots,a_n)=1$.

引理 X8.1(高斯引理) $\mathbb{Z}[x]$ 中, 两非常数多项式之积是本原多项式当且仅当两多项式都是本原多项式.

证 设 $f(x)$, $g(x)\in\mathbb{Z}[x]$ 均非常数多项式.

必要性. 如果 $f(x)$ 不是本原多项式, 则有素数 p 整除 $f(x)$ 的各项系数, 即 $f(x)=pf_1(x)$, 其中, $f_1(x)\in\mathbb{Z}[x]$, 那么 $f(x)g(x)=pf_1(x)g(x)$, 而 $f_1(x)g(x)$ 仍是整系数, 所以 p 整除 $f(x)g(x)$ 的各项系数, 即 $f(x)g(x)$ 不是本原多项式.

充分性. 设 $f(x)g(x)$ 不是本原多项式. 要证 $f(x)$ 与 $g(x)$ 至少一个不是本原多项式. 设素数 p 是 $f(x)g(x)$ 的各系数的公因子. 设 $f(x)=\sum\limits_{i=0}^{m}a_ix^i$, $g(x)=\sum\limits_{j=0}^{n}b_jx^j$. 对 $a\in\mathbb{Z}$ 用 $\bar{a}$ 表示整数 a 的模 p 剩余, 即 $\bar{a}\in\mathbb{Z}_p$. 进一步, 用 $\overline{f(x)}$ 表示把 $f(x)$ 的各系数模 p 剩余得到的多项式, 即 $\overline{f(x)}=\sum\limits_{i=0}^{m}\bar{a}_ix^i\in\mathbb{Z}_p[x]$. 那么

$$\begin{aligned}\overline{f(x)g(x)}&=\overline{\Big(\sum_{i=0}^{m}a_ix^i\Big)\Big(\sum_{j=0}^{n}b_jx^j\Big)}=\overline{\sum_{k=0}^{m+n}\Big(\sum_{i+j=k}a_ib_j\Big)x^k}\\&=\sum_{k=0}^{m+n}\Big(\overline{\sum_{i+j=k}a_ib_j}\Big)x^k=\sum_{k=0}^{m+n}\Big(\sum_{i+j=k}\bar{a}_i\bar{b}_j\Big)x^k\\&=\Big(\sum_{i=0}^{m}\bar{a}_i\,x^i\Big)\Big(\sum_{j=0}^{n}\bar{b}_j\,x^j\Big)=\overline{f(x)}\cdot\overline{g(x)}.\end{aligned}$$

在 $\mathbb{Z}_p[x]$ 中 $\overline{f(x)g(x)}=0$, 因为 $f(x)g(x)$ 的各系数都被 p 整除, 也就是 $\overline{f(x)}\cdot\overline{g(x)}=0$. 而 $\mathbb{Z}_p$ 是一个域从, 而 $\mathbb{Z}_p[x]$ 是整环, 所以 $\overline{f(x)}$ 与 $\overline{g(x)}$ 至少一个是零多项式. 若 $\overline{f(x)}=0$ 则 $f(x)$ 各项系数被 p 整除, 从而 $f(x)$ 不是本原多项式. 若 $\overline{g(x)}=0$ 则 $g(x)$ 不是本原多项式. 即证得 $f(x)$ 与 $g(x)$ 至少一个不是本原多项式. □

引理 X8.2 (1) $\mathbb{Z}[x]$ 的可逆元乘群 $(\mathbb{Z}[x])^\times=\mathbb{Z}^\times=\{\pm1\}$;

(2) $\mathbb{Z}[x]$ 的本原多项式的相伴多项式还是本原多项式.

证 (1) 设 $f(x)g(x)=1$; 因为 $\mathbb{Z}[x]$ 是整环, 故

$$\deg f(x)+\deg g(x)=\deg\big(f(x)\cdot g(x)\big)=0,$$

因此 $\deg f(x)=\deg g(x)=0$, 即 $f(x)$ 与 $g(x)$ 都是非零常数多项式. $\mathbb{Z}$ 中两非零元之积等于 1, 所以只能是 $f(x)\in\mathbb{Z}^\times=\{\pm1\}$.

(2) 如果 $f(x)=\sum\limits_{i=0}^{n}a_ix^i$ 是本原多项式, 与 $f(x)$ 相伴的多项式是 $\varepsilon f(x)=\sum\limits_{i=0}^{n}(\varepsilon a_i)x^i$, 其中, $\varepsilon\in(\mathbb{Z}[x])^\times=\{\pm1\}$. 而

$$\gcd(\varepsilon a_0,\varepsilon a_1,\cdots,\varepsilon a_n)=\gcd(a_0,a_1,\cdots,a_n)=1,$$

即 $\varepsilon f(x)$ 是本原多项式. □

现在把 $\mathbb{Z}[x]$ 放到 $\mathbb{Q}[x]$ 中来考虑. $\mathbb{Z}[x]$ 的元简称 $\mathbb{Z}$-多项式, $\mathbb{Q}[x]$ 的元简称 $\mathbb{Q}$-多项式.

引理 X8.3 对任非常数 $f(x)\in\mathbb{Q}[x]$, 存在本原 $\mathbb{Z}$-多项式 $f^*(x)\in\mathbb{Z}[x]$ 和 $\dfrac{d}{c}\in\mathbb{Q}$ 使得 $f(x)=\dfrac{d}{c}\cdot f^*(x)$. 这种本原 $\mathbb{Z}$-多项式 $f^*(x)$ 在相伴意义下唯一.

证 存在性. 把 $f(x)$ 的各系数写成分母相同的分数:

$$f(x)=\sum_{i=0}^{n}\frac{d_i}{c}x^i\in\mathbb{Q}[x]=\frac{1}{c}\cdot\sum_{i=0}^{n}d_ix^i.$$

再令 $d=\gcd(d_0,d_1,\cdots,d_n)$, $d_i^*=d_i/d$, $i=0,1,\cdots,n$, 那么 $f^*(x):=\sum\limits_{i=0}^{n}d_i^*x^i$ 是整系数多项式且各系数的最大公因子

$$\gcd(d_0^*,d_1^*,\cdots,d_n^*)=\gcd(d_0,d_1,\cdots,d_n)/d=1,$$

即 $f^*(x)$ 是本原整系数多项式. 现在 $f(x)=\dfrac{d}{c}f^*(x)$ 符合要求.

唯一性. 如果还有 $f(x)=\dfrac{d'}{c'}f'(x)$, 其中, $0\neq c',d'\in\mathbb{Z}$, $f'(x)=\sum\limits_{i=0}^{n}d_i'x^i$ 是本原 $\mathbb{Z}$-多项式, 那么 $\dfrac{d}{c}f^*(x)=f(x)=\dfrac{d'}{c'}f'(x)$, 即

$$c'd\sum_{i=0}^{n}d_i^*x^i=c'd\,f^*(x)=cd'\,f'(x)=cd'\sum_{i=0}^{n}d_i'x^i.$$

因为 $\gcd(d_0^*,d_1^*,\cdots,d_n^*)=1=\gcd(d_0',d_1',\cdots,d_n')$, 这个等式两边表示同一个整系数多项式, 从左边表达式来看 $c'd$ 是各系数的最大公因子, 从右边表达式来看 cd' 是各系数的最大公因子. 这两个最大公因子在 $\mathbb{Z}$ 中相伴, 即 $c'd=\varepsilon cd'$, 其中, $\varepsilon\in\mathbb{Z}^\times$. 代入上式, 两边消去 cd', 得 $\varepsilon f^*(x)=f'(x)$, 即 $f'(x)$ 与 $f^*(x)$ 在 $\mathbb{Z}[x]$ 中相伴. □

对 $f(x)\in\mathbb{Z}[x]$, 如果 $f(x)$ 在 $\mathbb{Q}[x]$ 中可约则称 $f(x)$ 是 $\mathbb{Q}$-可约; 如果在 $\mathbb{Z}[x]$ 中可约则称 $f(x)$ 是 $\mathbb{Z}$-可约.

引理 X8.4 设 $f(x)$, $g(x)\in\mathbb{Z}[x]$ 是本原多项式.

(1) $f(x)$ 是 $\mathbb{Z}$-不可约当且仅当 $f(x)$ 是 $\mathbb{Q}$-不可约;

(2) $f(x)$ 与 $g(x)$ 在 $\mathbb{Z}[x]$ 中相伴当且仅当 $f(x)$, $g(x)$ 在 $\mathbb{Q}[x]$ 中相伴.

证 (1) 设 $f(x)$ 在 $\mathbb{Z}[x]$ 中可约, 即 $f(x)=g(x)h(x)$, 其中 $g(x)$ 和 $h(x)$ 都在 $\mathbb{Z}[x]$ 中不可逆. 若 $g(x)=c$ 是常数多项式, 则 $c\neq0$, $c\neq\pm1$, 这与 $f(x)$ 的所有系数互素相矛盾, 所以 $\deg g(x)>0$. 同理, $\deg h(x)>0$. $f(x)=g(x)h(x)$ 当然也是在 $\mathbb{Q}[x]$ 中的分解式, 即在 $\mathbb{Q}[x]$ 中可约.

反过来, 设在 $\mathbb{Q}[x]$ 中 $f(x)=g(x)h(x)$, 其中, $g(x)$, $h(x)\in\mathbb{Q}[x]$ 是非常数多项式. 由引理 X8.3, 存在本原 $\mathbb{Z}$-系数 $g^*(x),h^*(x)\in\mathbb{Z}[x]$ 和分数 $\dfrac{b}{a}\in\mathbb{Q}$ 使得 $f(x)=\dfrac{b}{a}g^*(x)h^*(x)$. 可以设分母、分子 a, b 互素. 但 $f(x)$ 是 $\mathbb{Z}$-系数, 所以 a 整除 $g^*(x)h^*(x)$ 的各系数. 由高斯引理 X8.1, $g^*(x)h^*(x)$ 仍是本原 $\mathbb{Z}$-系数多项式, 它的各系数最大公因子是 $\mathbb{Z}$ 的可逆元 ±1, 所以 $a=\pm1$. 那么 $f(x)=(\pm b)g^*(x)\cdot h^*(x)$ 是在 $\mathbb{Z}[x]$ 中的分解.

(2) 如果 $f(x)$ 与 $g(x)$ 在 $\mathbb{Z}[x]$ 中相伴, 即 $f(x)=\varepsilon g(x), \varepsilon\in(\mathbb{Z}[x])^\times=\{\pm1\}$. 此等式也表明它们在 $\mathbb{Q}[x]$ 中相伴, 因为 $(\mathbb{Z}[x])^\times=\{\pm1\}\subseteq\mathbb{Q}^\times=(\mathbb{Q}[x])^\times$.

反过来, 设 $f(x)$ 与 $g(x)$ 在 $\mathbb{Q}[x]$ 中相伴, 即有 $\dfrac{d}{c}\in\mathbb{Q}^\times$ 使得 $f(x)=\dfrac{d}{c}g(x)$, 并可设分母、分子 c, d 互素. 那么 $\dfrac{d}{c}g(x)$ 是整系数多项式, 因而 c 整除 $g(x)$ 的所有系数, 但 $g(x)$ 的所有系数互素, 所以 $c\in\{\pm1\}$. 又 $f(x)$ 的所有系数互素, 得 $d\in\{\pm1\}$. 故 $f(x)=\varepsilon g(x)$, 其中, $\varepsilon\in\{\pm1\}=(\mathbb{Z}[x])^\times$, 即 $f(x)$ 与 $g(x)$ 在 $\mathbb{Z}[x]$ 中相伴. □

推论 本原 $\mathbb{Z}$-多项式可以分解为 $\mathbb{Q}$-不可约本原 $\mathbb{Z}$- 多项式之积.

证 本原 $\mathbb{Z}$-多项式 $f(x)$ 若 $\mathbb{Q}$-不可约则 $\mathbb{Z}$- 不可约, 分解已存在. 若 $f(x)$ 是 $\mathbb{Q}$-可约, 则 $\mathbb{Z}$-可约: $f(x)=g(x)h(x)$. 由高斯引理 X8.1, $g(x)$ 和 $h(x)$ 也都是本原多项式, 次数均小于 $\deg f(x)$. 按对次数的归纳法, $g(x)$ 和 $h(x)$ 都可写成 $\mathbb{Q}$- 不可约本原 $\mathbb{Z}$- 多项式之积, 于是 $f(x)$ 也写成了 $\mathbb{Q}$- 不可约本原 $\mathbb{Z}$- 多项式之积. □

定理 X8.1 (1) $\mathbb{Z}[x]$ 中的不可约元只有两类: $\mathbb{Z}$ 中的不可约元 (即素数), 或者是 $\mathbb{Q}$- 不可约的本原 $\mathbb{Z}$ 多项式.

(2) $\mathbb{Z}[x]$ 是因式分解环.

证 (1) 首先, 由引理 X8.4, $\mathbb{Q}$- 不可约的本原 $\mathbb{Z}$- 多项式是 $\mathbb{Z}[x]$ 中的不可约元, 而 $\mathbb{Z}$ 的不可约元 (即素数)p 在 $\mathbb{Z}[x]$ 中不可约, 因为如果 $p=g(x)h(x)$ 则 $g(x)$, $h(x)$ 也得是常数多项式, 即是两个整数, 故其中之一必为 $\mathbb{Z}$ 的可逆元.

现在设 $p(x)$ 是 $\mathbb{Z}[x]$ 的不可约元. 如果 $p(x)=p$ 是常数多项式, 则 p 在 $\mathbb{Z}$ 中必不可约, 因它在 $\mathbb{Z}$ 中的分解式也是在 $\mathbb{Z}[x]$ 中的分解式. 再设 $\deg p(x)>0$. 设 d 是 $p(x)$ 的所有系数的最大公因子, 那么从各系数提取公因子 d, 得到 $p(x)=d\,p^*(x)$, 其中, $p^*(x)$ 就是本原 $\mathbb{Z}$- 多项式, 如果 $d\notin\mathbb{Z}^\times$ 则 $d\notin(\mathbb{Z}[x])^\times$, 那么表达式 $p(x)=d\,p^*(x)$ 说明 $p(x)$ 在 $\mathbb{Z}[x]$ 中可约, 矛盾. 所以 $d\in\mathbb{Z}^\times=(\mathbb{Z}[x])^\times$. 由引理 X8.2 的 (2), $p(x)$ 是本原 $\mathbb{Z}$- 多项式. 但已假设 $p(x)$ 在 $\mathbb{Z}[x]$ 中不可约, 由引理 X8.4(1), $p(x)$ 在 $\mathbb{Q}[x]$ 中不可约, 即 $p(x)$ 是 $\mathbb{Q}$- 不可约的本原 $\mathbb{Z}$ 多项式.

(2) 设 $f(x)\in\mathbb{Z}[x]$ 是非零不可逆元, 即 $f(x)\neq0$, $f(x)\notin(\mathbb{Z}[x])^\times=\{\pm1\}$.

因子分解存在性. 提取 $f(x)$ 的各系数的最大公因子 d 得 $f(x)=d\,f^*(x)$, 其中, $f^*(x)$ 就是本原多项式. 在 $\mathbb{Z}$ 中分解 d 为不可约元之积 $d=p_1\cdots p_r$. 由引理 X8.4 的推论, 在 $\mathbb{Z}[x]$ 中分解 $f^*(x)$ 为 $\mathbb{Q}$- 不可约本原 $\mathbb{Z}$- 多项式之积 $f^*(x)=q_1(x)\cdots q_s(x)$.

由 (1), $f(x)=p_1\cdots p_r q_1(x)\cdots q_s(x)$ 就是 $\mathbb{Z}[x]$ 中的不可约分解.

因子分解唯一性. 设 $f(x)=p'_1\cdots p'_{r'}q'_1(x)\cdots q'_{s'}(x)$ 也是 $\mathbb{Z}[x]$ 中的不可约分解, 其中, $p'_1, \cdots, p'_{r'}$ 是 $\mathbb{Z}$ 的不可约元, 而 $q'_1(x), \cdots, q'_{s'}(x)$ 是 $\mathbb{Q}$- 不可约本原 $\mathbb{Z}$ 多项式, 那么

$$p_1\cdots p_r q_1(x)\cdots q_s(x)=f(x)=p'_1\cdots p'_{r'}q'_1(x)\cdots q'_{s'}(x). \tag{D}$$

由高斯引理 X8.1, $q'_1(x)\cdots q'_{s'}(x)$ 与 $q_1(x)\cdots q_s(x)$ 是本原 $\mathbb{Z}$ 多项式. 由引理 X8.3 的唯一性, 存在 $\varepsilon\in(\mathbb{Z}[x])^\times=\{\pm1\}$ 使得

$$q_1(x)\cdots q_s(x)=\varepsilon q'_1(x)\cdots q'_{s'}(x), \tag{DP}$$

从而按照式 (D) 还有

$$\varepsilon p_1\cdots p_r=p'_1\cdots p'_{r'}. \tag{DC}$$

因为 $\mathbb{Q}[x]$ 是因子分解整环, 从式 (DP), 在 $\mathbb{Q}[x]$ 中得 $s=s'$ 且适当重编号后有

$$q_1(x)\sim\varepsilon q'_1(x)\sim q'_1(x),\quad q_2(x)\sim q'_2(x),\quad \cdots,\quad q_s(x)\sim q'_s(x);$$

再引用引理 X8.4 的 (2), 在 $\mathbb{Z}[x]$ 中也有

$$q_1(x)\sim q'_1(x),\quad q_2(x)\sim q'_2(x),\quad \cdots,\quad q_s(x)\sim q'_s(x).$$

最后, 因 $\mathbb{Z}$ 是因子分解整环, 从式 (DC), 在 $\mathbb{Z}$ 中得 $r=r'$ 且适当重编号后有

$$p_1\sim\varepsilon p_1\sim p'_1,\quad p_2\sim p'_2,\quad \cdots,\quad p_r\sim p'_r. \qquad \square$$

例如, 在 $\mathbb{Z}[x]$ 中, $6x^3-18x+12=2\cdot3\cdot(x-1)^2(x+2)=(-2)3(-x+1)(x-1)(x+2)$ 等都是不可约分解.

但在 $\mathbb{Q}[x]$ 中, $6x^3-18x+12=(x-1)^2(6x+12)=(2x-2)(3x-3)(x+2)$ 等都是不可约分解.

定理 X8.1 可推广为下述定理 X8.2, 其证明与上述证明完全相同, 只需把上述的 $\mathbb{Z}$ 换为 R, 把 $\mathbb{Q}$ 换为 R 的分式域 Q. 以上只是为了便于理解才对整数环 $\mathbb{Z}$ 进行叙述证明.

定理 X8.2 若 R 是因式分解整环, 则多项式环 $R[x]$ 是因式分解整环. $\square$

定理 X8.3 域 F 上的 n 元多项式环 $F[x_1,\cdots,x_n]$ 是因式分解整环.

证 对 n 归纳. $n=1$ 时, 即定理 X7.2 的推论或见定理 3.8.1. 再设 $n>1$. 按归纳假设, $F[x_1,\cdots,x_{n-1}]$ 是因式分解整环. 而 $F[x_1,\cdots,x_{n-1},x_n]$ 可以作为 $F[x_1,\cdots,x_{n-1}]$ 上的不定元 x_n 的一元多项式环:

$$F[x_1,\cdots,x_{n-1},x_n]=F[x_1,\cdots,x_{n-1}][x_n],$$

按定理 X8.2, $F[x_1, \cdots, x_{n-1}, x_n]$ 是因式分解整环. □

习　题　X8

1. 证明: 在 $\mathbb{Z}_6[x]$ 中 $x^2+[3]x+[2]=(x+[2])(x+[1])=(x-[1])(x-[2])$.

2. 设 $f(x)=\sum_{i=0}^{n} a_i x^i \in \mathbb{Z}[x]$, $g(x)=\sum_{j=0}^{m} b_j x^j \in \mathbb{Z}[x]$. 设 $f(x)g(x)=\sum_{k=0}^{m+n} c_k x^k$. 设素数 p, 指标 $0 \leqslant i_1 \leqslant n$, $0 \leqslant j_1 \leqslant m$, 满足:

(i) $p|a_i$ 对 $0 \leqslant i < i_1$ 但 $p \nmid a_{i_1}$;

(ii) $p|b_j$ 对 $0 \leqslant j < j_1$ 但 $p \nmid b_{j_1}$.

证明: $p \nmid c_{i_1+j_1}$. 由此给出高斯引理 X8.1 的另一证明.

3. 如果 $\dfrac{d}{c} \in \mathbb{Q}$, 其中, c 与 d 是互素的整数, 是 $\sum_{i=0}^{n} a_i x^i \in \mathbb{Z}[x]$ 的根, 其中, $a_n \neq 0$, 证明: $c|a_n$ 且 $d|a_0$.

4. 设 $f(x) \in \mathbb{Z}[x]$ 是非常数多项式. 如果 $f(x)$ 在 $\mathbb{Q}[x]$ 中可约则 $f(x)$ 在 $\mathbb{Z}[x]$ 中可约.

5. (爱森斯坦判别法) 设 $f(x)=\sum_{i=0}^{n} a_i x^i \in \mathbb{Z}[x]$. 如果存在素数 p 使得:

(i) $p \nmid a_0$;　　(ii) $p \mid a_i$ 对 $i=1, \cdots, n$;　　(iii) $p^2 \nmid a_0$.

证明: $f(x)$ 在 $\mathbb{Q}[x]$ 中不可约.

6. 下列多项式在 $\mathbb{Q}[x]$ 中是否可约:

(1) x^p+px+1 其中 p 是一个素数. (提示: 做代换 $x=y-1$.)

(2) $x^5+x^3+3x^2-x+1$. (提示: 如果可约, 则在 $\mathbb{Z}[x]$ 中可约且有二次因子 $x^5+x^3+3x^2-x+1=(x^2+ax+1)(x^3+bx^2+cx+1)$.)

7. 设 p 是素数, 则 $x^{p-1}+\cdots+x+1$ 在 $\mathbb{Q}[x]$ 中不可约. (提示: 做代换 $x=y+1$.)

8. 仿照定理 X8.1 的证明完成定理 X8.2 的证明.

X9　完备化简介

为了使得在某种度量之下环 (域) 中 Cauchy 序列总有极限, 可以把环嵌入一个更大的环, 这种思想方法称为**完备化**. 下面介绍这种思想的原始的重要模型: 从有理数构造实数.

从有理数构造实数, 通常有戴德金 (Dedekind) 的分割法和康托尔 (Cantor) 的序列法. 这里简介序列法.

首先注意: 有理数域 $\mathbb{Q}$ 上有 "大小" 顺序关系 "$\leqslant$", $\mathbb{Q}$ 分为正有理数集合 $\mathbb{Q}^{(+)}$、零、负有理数集合 $\mathbb{Q}^{(-)}$ 三部分. $\mathbb{Q}$ 上定义了绝对值函数: $|a|=\begin{cases} a, & 若a \geqslant 0; \\ -a, & 若a<0. \end{cases}$ 绝对值满足下列三条:

(V1) $|a|>0$, $\forall\, 0 \neq a \in \mathbb{Q}$, 且 $|0|=0$;

(V2) $|a+b| \leqslant |a|+|b|, \forall\, a,b \in \mathbb{Q}$ (三角不等式);

(V3) $|ab| = |a|\cdot|b|, \forall\, a,b \in \mathbb{Q}$.

现在开始从有理数构造实数. 记住：现在还没有实数, 只有有理数. 主角是有理数的无限序列及其极限. 无限序列 $a_1, a_2, \cdots$, 以下简称序列, 简记为 $\{a_n\}$.

定义 X9.1 (1) 称一个有理数序列$\{a_n\}$有极限 a, 或说收敛于 a, 记作 $\lim\limits_{n\to\infty} a_n = a$ (或更简单地记作 $a_n \to a$), 如果对任正有理数 ε 存在正整数 N 使得对任 $n > N$ 有 $|a-a_n| < \varepsilon$;

(2) 称一个序列 $\{a_n\}$ 是无穷小序列如果 $\lim\limits_{n\to\infty} a_n = 0$;

(3) 称一个有理数序列 $\{a_n\}$ 是 Cauchy 序列如果对任正有理数 ε 存在正整数 N 使得对任 $m,n > N$ 有 $|a_m - a_n| < \varepsilon$.

第 1 步 在全体有理数 Cauchy 序列的集合

$$\mathcal{R} = \Big\{\ \text{有理数 Cauchy 序列}\ \{a_n\}\ \Big\}$$

中定义关系：如果 “差序列” $\{a_n - b_n\}$ 是无穷小序列, 则记 $\{a_n\} \sim \{b_n\}$.

验证 “$\sim$” 是集合 $\mathcal{R}$ 上的等价关系如下. 自反性与对称性显然成立. 验证传递性时用到三角不等式：

$$|(a_n - c_n)| = |(a_n - b_n) + (b_n - c_n)| \leqslant |(a_n - b_n)| + |(b_n - c_n)|.$$

记 $\{a_n\}$ 所在等价类为 $[a_n]$. 记商集为

$$R := \mathcal{R}/\sim\ =\ \{\ \text{有理数 Cauchy 序列的等价类}\ [a_n]\ \}.$$

以下将引用一些基本知识, 它们都可通过简单的 ε-N 推理予以证明.

- 一个有理序列如果收敛于有理数, 则它一定是 Cauchy 序列. 但有理数 Cauchy 序列在有理数范围不一定有极限.
- 如果序列 $a_n \to a$, 而 $a_n - b_n \to 0$, 则序列 $b_n \to a$. 特别, 若 $b_n \neq 0$, $n = 1,2,\cdots$, 则 $a_n/b_n \to 1$.
- 若 $\{a_n\}$ 是Cauchy序列, 则它的任意子序列 $\{a_{i_n}\}$ 也是Cauchy序列, 且 $\{a_{i_n}\} \sim \{a_n\}$.
- 任何 Cauchy 序列 $\{a_n\}$ 是整体有界的, 即存在有理数 $L < U$ 使得 $L < a_n < U, \forall\, n = 1,2,\cdots$.

引理 X9.1 如果有理数Cauchy序列 $\{a_n\} \nsim \{0\}$, 则存在正有理数 q 和正整数 n_0 使得以下之一且仅一成立：

(1) 所有 $a_{n_0+i} > q$, $i = 0,1,\cdots$;

(2) 所有 $a_{n_0+i} < -q$, $i = 0,1,\cdots$.

约定：若所有 $a_{n_0+i} > q$ 则称 $[a_n]$ 是正类, 记作 $[a_n] > [0]$. 若所有 $a_{n_0+i} < -q$ 则称 $[a_n]$ 是负类, 记作 $[a_n] < [0]$.

证　由于 a_n 不收敛于 0, 故存在有理数 $\varepsilon_0 > 0$ 使得对任正整数 N 都存在 $n > N$ 使得 $|a_n| = |a_n - 0| \geqslant \varepsilon_0$.

由于 $\{a_n\}$ 是 Cauchy 序列, 对于正有理数 $\varepsilon_0/2$ 存在正整数 N_0 使得对任 $m, n > N_0$ 都有 $|a_m - a_n| < \varepsilon_0/2$. 但由上段结论, 对这个 N_0, 存在 $n_0 > N_0$ 使得 $|a_{n_0}| \geqslant \varepsilon_0$.

现在取 $q = \varepsilon_0/2$, 则 $a_{n_0} \geqslant 2q$ 或 $a_{n_0} \leqslant -2q$.

而对任 $n > n_0$ 都有 $|a_n - a_{n_0}| < \varepsilon_0/2 = q$, 即 $a_{n_0} - q < a_n < a_{n_0} + q$.

所以对任 $n > n_0$ 都有：

- 当 $a_{n_0} \geqslant 2q$ 时, $a_n > a_{n_0} - q \geqslant q$;
- 当 $a_{n_0} \leqslant -2q$ 时, $a_n < a_{n_0} + q \leqslant -q$. □

第 2 步　在商集 R 上定义运算使之成为域：

$$[a_n] + [b_n] = [a_n + b_n]; \tag{+}$$

$$[a_n] \cdot [b_n] = [a_n b_n]. \tag{$\cdot$}$$

需验证运算定义与代表元选取无关. 这里验证乘法定义合理：若 $\{a'_n\} \sim \{a_n\}$, $\{b'_n\} \sim \{b_n\}$, 则

$$\begin{aligned}|a'_n b'_n - a_n b_n| &= |a'_n b'_n - a'_n b_n + a'_n b_n - a_n b_n| \\ &\leqslant |a'_n b'_n - a'_n b_n| + |a'_n b_n - a_n b_n| \\ &= |a'_n| \cdot |b'_n - b_n| + |a'_n - a_n| \cdot |b_n|.\end{aligned}$$

论证中用到 (V2)、(V3) 两条. 那么易见 $a'_n b'_n - a_n b_n \to 0$. 所以 $\{a'_n b'_n\} \sim \{a_n b_n\}$.

容易验证加法满足结合律和交换律, 零序列的等价类 [0] (即所有无穷小序列的集合) 是零元, 简记 $0 = [0]$; $[-a_n]$ 是 $[a_n]$ 的负元, 即 $-[a_n] = [-a_n]$.

还易验证乘法满足结合律, 满足对加法的分配律. 序列 $1, 1, 1, \cdots$ 的等价类 $[\underline{1}]$ 是单位元.

最后, 设 $[a_n] \neq [0]$, 由引理 X9.1, 存在有理数 $q > 0$ 和子序列 a_{i_n}, $n = 1, 2, \cdots$ 使得所有 a_{i_n} 同号且 $|a_{i_n}| > q$. 由于 $\{a_{i_n}\} \sim \{a_n\}$, 所以可取代表序列 $\{b_n\}$ 使得 $[b_n] = [a_n]$, 但每 b_n 同号且 $|b_n| > q$. 那么

$$|b_m^{-1} - b_n^{-1}| = \frac{|b_n - b_m|}{|b_n| \cdot |b_m|} < \frac{|b_n - b_m|}{q^2},$$

计算中用到 (V3), 所以 $b_1^{-1}, b_2^{-1}, \cdots$ 也是 Cauchy 序列. 显然 $[b_n^{-1}][b_n] = [b_n^{-1} b_n] = [1]$, 即 $[b_n^{-1}]$ 是 $[b_n] = [a_n]$ 的逆元.

结论　$(R, +, \cdot)$ 是一个域.

第 3 步 在 R 上定义大小关系和绝对值.

在引理 X9.1 后已定义 R 的正类和负类.

对 $[a_n],[b_n]\in R$, 如果 $[a_n]-[b_n]<[0]$, 就记 $[a_n]<[b_n]$.

定义绝对值 $|[a_n]|=\begin{cases}[a_n], & 若[a]\geqslant 0;\\ -[a_n], & 若[a_n]<0.\end{cases}$

那么易验证 $|[a_n]|=[|a_n|]$. 以下三条成立:

(V1) $|[a_n]|>0,\ \forall\ 0\neq[a_n]\in R$, 且 $|[0]|=0$;

(V2) $|[a_n]+[b_n]|\leqslant|[a_n]|+|[b_n]|,\ \forall\ [a_n],[b_n]\in R$ (三角不等式);

(V3) $|[a_n][b_n]|=|[a_n]|\cdot|[b_n]|,\ \forall\ [a_n],[b_n]\in R$.

如 (V2) 验证如下:

$$|[a_n]+[b_n]|=|[a_n+b_n]|=[|a_n+b_n|]\leqslant[|a_n|+|b_n|]=[|a_n|]+[|b_n|]=|[a_n]|+|[b_n]|.$$

第 4 步 把 $\mathbb{Q}$ 嵌入 R, 即构造单同态 $\mathbb{Q}\to R$, 而且保持正负性.

对任 $a\in\mathbb{Q}$, 常值序列 $a,a,\cdots$ 记作 $\{\underline{a}\}$, 是 Cauchy 序列, 为避免混淆记此常值序列等价类为 $[\underline{a}]$, 即 $[\underline{a}]\in R$. 映射 $\mathbb{Q}\to R$, $a\mapsto[\underline{a}]$, 显然是单射, 且保持加法和乘法. 正有理数映射为正类, 负有理数映射为负类, 所以保持大小关系和绝对值.

把有理数 a 等同于常值序列 $\{\underline{a}\}$ 的等价类 $[\underline{a}]$, 以下认为 $\mathbb{Q}\subseteq R$.

定理 X9.1 记号如上. 则

(1) $\mathbb{Q}$ 在 R 中稠密;

(2) $\mathbb{Q}$ 的任何Cauchy序列在 R 中有极限;

(3) R 的任何Cauchy序列在 R 中有极限.

证 (1) 设 $[a_n]\in R$, 设 r 是任意正有理数. 要证明存在有理数 q 满足 $|[\underline{q}]-[a_n]|<[\underline{r}]$, 这里 $[\underline{q}]$ 是常值序列 $q,q,\cdots$ 的等价类, $[\underline{r}]$ 是同样含义. 由于 $a_1,a_2,\cdots$ 是有理 Cauchy 序列, 故存在正整数 N 使得

$$|a_m-a_n|<r,\qquad\forall\ m,n\geqslant N.$$

取 $q=a_N$, 考虑常值序列 $q,q,\cdots$ 的等价类 $[\underline{q}]$. 由上式, 差序列 $q-a_1,\ \cdots,\ q-a_N,\ \cdots$ 的绝对值序列

$$|q-a_1|,\ \cdots,\ |q-a_N|,\ |q-a_{N+1}|,\ \cdots$$

的从第 N 项 $|q-a_N|$ 开始的子序列都满足

$$|q-a_n|<r,\qquad\forall\ n\geqslant N.$$

而序列 $a_1,a_2,\cdots,a_N,a_{N+1},\cdots$ 与其子序列 $a_N,a_{N+1},\cdots$ 等价, 所以 $|[\underline{q}]-[a_n]|<r$.

(2) 设 $a_1, a_2, \cdots$ 是有理数 Cauchy 序列, 证明它在 R 中有极限.

每 a_i 是有理数, 在 R 中就是常值序列 $a_i, a_i, \cdots$ 所在等价类. 同上, 为避免混淆记此常值序列等价类为 $[\underline{a_i}]$, 即有理数 Cauchy 序列 $a_1, a_2, \cdots$ 在 R 中就写为等价类序列 $[\underline{a_1}], [\underline{a_2}], \cdots$.

又, 在 R 中, 为避免混淆, 记序列 $a_1, a_2, \cdots$ 所在等价类为 $[a_1, a_2, \cdots]$.

对任正有理数 ε, 由于 $a_1, a_2, \cdots$ 是 Cauchy 序列, 存在正整数 N 使得

$$|a_m - a_n| < \varepsilon, \qquad \forall\, m, n \geqslant N. \tag{A}$$

那么在 R 中, 对任 $n > N$ 计算 $|[a_1, a_2, \cdots] - [\underline{a_i}]|$ 就是计算差序列的绝对值序列:

$$|a_1 - a_i|,\ |a_2 - a_i|,\ \cdots,\ |a_N - a_i|,\ |a_{N+1} - a_i|,\ \cdots.$$

由式 (A), 这个序列第 N 项以后的子序列每项都小于 ε, 所以作为序列等价类之差有

$$|[a_1, a_2, \cdots] - [\underline{a_i}]| < [\underline{\varepsilon}].$$

按定义, 得 $\lim\limits_{i\to\infty} [\underline{a_i}] = [a_1, a_2, \cdots]$.

(3) 设 $\gamma_1, \gamma_2, \cdots$ 是 R 的 Cauchy 序列. 由 $\mathbb{Q}$ 的稠密性, 对任 γ_n 存在 $a_n \in \mathbb{Q}$ 使得 (下式中 a_n 作为 R 的元素为常值序列等价类 $[a_n]$)

$$|a_n - \gamma_n| < 2^{-n}, \qquad n = 1, 2, \cdots.$$

这样得到有理数序列 $a_1, a_2, \cdots$, 而且 $\lim\limits_{n\to\infty} (a_n - \gamma_n) = 0$.

对任有理数 $\varepsilon > 0$, 有正整数 N_1 使得

$$2^{-n} < \varepsilon/3, \qquad \forall\, n > N_1.$$

由于 $\gamma_1, \gamma_2, \cdots$ 是 Cauchy 序列, 存在正整数 N_2 使得

$$|\gamma_m - \gamma_n| < \varepsilon/3, \qquad \forall\, n > N_2.$$

取 $N = \max(N_1, N_2)$, 那么对任 $m, n > N$ 有

$$\begin{aligned} |a_m - a_n| &\leqslant |a_m - \gamma_m| + |\gamma_m - \gamma_n| + |\gamma_n - a_n| \\ &< 2^{-m} + \varepsilon/3 + 2^{-n} < \varepsilon/3 + \varepsilon/3 + \varepsilon/3 = \varepsilon. \end{aligned}$$

所以, $a_1, a_2, \cdots$ 是 $\mathbb{Q}$ 的 Cauchy 序列. 由 (2), 存在 $\gamma \in R$ 使得 $\lim\limits_{n\to\infty} a_n = \gamma$. 而 $\lim\limits_{n\to\infty} (a_n - \gamma_n) = 0$, 所以, $\lim\limits_{n\to\infty} \gamma_n = \gamma$. □

使得定理 X9.1 的 (3) 成立的域称为完备域, 所以 R 是一个包含 $\mathbb{Q}$ 为稠密子集的完备域, 称为有理数域关于绝对值度量的完备化. 它就是实数域.

X10 四 元 数 系

简单回顾:

- 从自然数开始, 得到整数环.
- 通过分式化 (局部化) 从整数环构造出有理数域.
- 通过完备化从有理数域构造出实数域.
- 通过代数扩张从实数域得到复数域.

作为实二维空间, $\mathbb{C} = \mathbb{R} \oplus \mathbb{R}\mathrm{i}$, 很自然地引入范数 (也就是高斯的复数几何解释). 现在知道, 复数域具有以下性质:

- 从代数性质来说是代数闭域 (任何多项式有根 —— 代数基本定理 4.5.1);
- 从拓扑性质来说是完备域 (任何 Cauchy 序列有极限 —— 定理 X9.1).

复数域似乎是一个完美的终点. 不过历史上人们对数系扩张的追求并非到此结束.

定义 X10.1 设 A 是一个环, 而且从实数域 $\mathbb{R}$ 到其中心 $Z(A)$ 有一个嵌入 $\mathbb{R} \to Z(A)$, 那么称 A 是一个**实代数**. 如果 A 还是除环, 就称 A 为**实可除代数**.

注意: 为方便, 可设 $\mathbb{R} \subseteq Z(A)$. 此时 A 也是一个实向量空间, 纯量乘法为

$$\mathbb{R} \times A \longrightarrow A, \quad (r, a) \longmapsto ra.$$

所以 $\mathbb{C}$ 是一个 2 维实可除代数, 即平常所说 "可做加减乘除", 故也称为**二元数系**. 人们的进一步的追求是: 有没有更多更大的实可除代数, 即**多元数系**?

人们构造出了四元数系.

令 $\mathbb{H}$ 是以 1, i, j, k 为基底的实向量空间

$$\mathbb{H} = \{\, a + b\,\mathrm{i} + c\,\mathrm{j} + d\,\mathrm{k} \mid a, b, c, d \in \mathbb{R} \,\}.$$

定义乘法为按下述规则线性扩张:

$$\mathrm{i}^2 = \mathrm{j}^2 = \mathrm{k}^2 = -1;$$

$$\mathrm{i}\,\mathrm{j} = \mathrm{k}, \qquad \mathrm{j}\,\mathrm{k} = \mathrm{i}, \qquad \mathrm{k}\,\mathrm{i} = \mathrm{j},$$

$$\mathrm{j}\,\mathrm{i} = -\mathrm{k}, \qquad \mathrm{k}\,\mathrm{j} = -\mathrm{i}, \qquad \mathrm{i}\,\mathrm{k} = -\mathrm{j}.$$

易验证 $\mathbb{H}$ 是一个实代数. 而且, 对 $h = a + b\,\mathrm{i} + c\,\mathrm{j} + d\,\mathrm{k}$ 令 $h^* = a - b\,\mathrm{i} - c\,\mathrm{j} - d\,\mathrm{k}$, 则

$$h\,h^* = h^*\,h = a^2 + b^2 + c^2 + d^2.$$

换言之, 实函数 $Q(h) = a^2 + b^2 + c^2 + d^2$, $\forall\, h \in \mathbb{H}$, 是实空间 $\mathbb{H}$ 上的正定二次型, $|h| = Q(h)^{1/2}$ 是 h 的范数. $h \neq 0$ 的逆元就是

$$h^{-1} = \frac{h^*}{h\,h^*}.$$

所以 $\mathbb{H}$ 是一个实可除代数.

历史上对复数的几何实现消除了人们对复数的疑虑. 上述四元数系则可以通过矩阵来实现:

$$\mathbb{H} \cong \mathcal{H} := \left\{ \begin{pmatrix} \alpha & \beta \\ -\bar{\beta} & \bar{\alpha} \end{pmatrix} \middle| \alpha, \beta \in \mathbb{C} \right\},$$

具体对应是

$$1 \mapsto \begin{pmatrix} 1 & 0 \\ 0 & 1 \end{pmatrix}, \quad \mathrm{i} \mapsto \begin{pmatrix} \mathrm{i} & 0 \\ 0 & -\mathrm{i} \end{pmatrix}, \quad \mathrm{j} \mapsto \begin{pmatrix} 0 & 1 \\ -1 & 0 \end{pmatrix}, \quad \mathrm{k} \mapsto \begin{pmatrix} 0 & \mathrm{i} \\ \mathrm{i} & 0 \end{pmatrix},$$

那么

$$h = a + b\,\mathrm{i} + c\,\mathrm{j} + d\,\mathrm{k} \qquad \xrightarrow{\text{对应于}} \qquad \boldsymbol{H} = \begin{pmatrix} a + b\mathrm{i} & c + d\mathrm{i} \\ -c + d\mathrm{i} & a - b\mathrm{i} \end{pmatrix}.$$

而 h^* 对应于 $\boldsymbol{H}^*$ (矩阵 $\boldsymbol{H}$ 的转置共轭).

下述结果真正终止了对数系扩张的追求.

定理 X10.1(Frobenius 定理)　有限维实可除代数只有 $\mathbb{R}$, $\mathbb{C}$, $\mathbb{H}$.

证　设 A 是一个有限维实可除代数, $\mathbb{R} \subseteq Z(A)$. 记 $\mathbb{R}^+ = \{a \in \mathbb{R} \,|\, a \geqslant 0\}$, $\mathbb{R}^- = \{a \in \mathbb{R} \,|\, a \leqslant 0\}$. 令

$$I(A) = \{\, u \in A \mid u^2 \in \mathbb{R}^- \,\}.$$

首先, 证明: **$\boldsymbol{I(A)}$ 是 $\boldsymbol{A}$ 的子空间.**

对任 $u \in I(A)$ 和 $a \in \mathbb{R}$, 显然 $(au)^2 = a^2u^2 \in \mathbb{R}^-$, 即 $au \in I(A)$.

再设 $u, v \in I(A)$ 线性无关, 那么 $a := u^2 \in \mathbb{R}^-$, $b := v^2 \in \mathbb{R}^-$. 这里先证明 1, u, v 线性无关, 再由之推出 $u + v \in I(A)$. 若 1, u, v 线性相关, 则有 $c, d \in \mathbb{R}$ 使得 $1 = cu + dv$, 于是 $dv = 1 - cu$, 得

$$d^2b = 1 - 2cu + c^2a, \quad 即 \quad 2cu = 1 + c^2a - d^2b \in \mathbb{R},$$

但 $u \notin \mathbb{R}$, 所以 $c = 0$, $d^2b = 1$, 这与 $b \in \mathbb{R}^-$ 相矛盾.

那么 $u + v \notin \mathbb{R}$, $u - v \notin \mathbb{R}$, 它们都是 $\mathbb{R}$ 上的二次代数元, 故有 $c, d, e, f \in \mathbb{R}$ 使

$$(u+v)^2 + c(u+v) + d = 0, \qquad 其中\ c^2 - 4d < 0;$$

$$(u-v)^2 + e(u-v) + f = 0, \qquad 其中\ e^2 - 4f < 0.$$

而 $(u \pm v)^2 = u^2 + v^2 \pm (uv + vu) = a + b \pm (uv + vu)$, 得

$$a + b + (uv + vu) + c(u + v) + d = 0,$$

$$a+b-(uv+vu)+e(u-v)+f=0.$$

两式相加得

$$(2a+2b+d+f)+(c+e)u+(c-e)v=0.$$

由于 1, u, v 线性无关, 得 $c+e=0=c-e$, 故 $c=e=0$. 所以

$$(u+v)^2=-d\in\mathbb{R}^-.$$

即 $u+v\in I(A)$. 证得了 $I(A)$ 是 A 的子空间.

然后, 对 $u,v\in I(A)$, 令 $q(u)=-u^2\in\mathbb{R}^+$, 令

$$f(u,v)=\frac{1}{2}\Big(q(u+v)-q(u)-q(v)\Big)=-\frac{1}{2}(uv+vu). \tag{IP}$$

易验证 $f(u,v)$ 是 $I(A)$ 上的正定对称双线性 (内积), 而 $q(u)$ 就是相应的二次型.

现在容易完成证明. 如果 $\dim A=1$, 那么 $A=\mathbb{R}$.

再设 $\dim A>1$. 对任 $z\in A-\mathbb{R}$, z 是 $\mathbb{R}$ 上的二次元 (见习题 4.5 的第 2 题), 即有 $a,b\in\mathbb{R}$ 使得 $z^2+az+b=0$ 且 $a^2-4b<0$, 那么

$$(z+a/2)^2=(a^2-4b)/4<0,$$

故 $z+a/2\in I(A)$, 即 $z\in\mathbb{R}+I(A)$, 得 $A=\mathbb{R}+I(A)$. 显然 $\mathbb{R}\cap I(A)=\{0\}$. 故

$$A=\mathbb{R}\oplus I(A).$$

还可以把内积 (IP) 从 $I(A)$ 扩张到整个 A:

$$f(a+u,\,b+v)=ab-\frac{1}{2}(uv+vu),\qquad \forall\ a+u,\,b+v\in\mathbb{R}\oplus I(A).$$

取 $\mathrm{i}\in I(A)$ 为单位向量: $f(\mathrm{i},\mathrm{i})=1$, 即 $\mathrm{i}^2=-1$.

如果 $\dim I(A)=1$, 那么 $A=\mathbb{R}\oplus\mathbb{R}\,\mathrm{i}=\mathbb{C}$.

否则还有单位向量 j 正交于 i: $f(\mathrm{j},\mathrm{j})=1$, $f(\mathrm{i},\mathrm{j})=0$, 即

$$\mathrm{j}^2=-1,\qquad \mathrm{i\,j}+\mathrm{j\,i}=0.$$

特别有 $\mathrm{i\,j}=-\mathrm{j\,i}$. 令

$$\mathrm{k}=\mathrm{i\,j},\quad 从而\quad \mathrm{j\,i}=-\mathrm{i\,j}=-\mathrm{k}.$$

还易计算:

$$\mathrm{k}^2=\mathrm{i\,j\,i\,j}=-\mathrm{i\,i\,j\,j}=-(-1)(-1)=-1;$$

$$\mathrm{j\,k}=\mathrm{j\,i\,j}=-\mathrm{j\,j\,i}=\mathrm{i},\qquad \mathrm{k\,j}=\mathrm{i\,j\,j}=-\mathrm{i};$$

$$\mathrm{k\,i = i\,j\,i = -i\,i\,j = j}, \qquad \mathrm{i\,k = i\,i\,j = -j}.$$

特别有 $f(\mathrm{k},\mathrm{k}) = 1$ 以及

$$f(\mathrm{k},\,\mathrm{i}) = -\frac{1}{2}(\mathrm{k\,i + i\,k}) = 0,$$

$$f(\mathrm{k},\,\mathrm{j}) = -\frac{1}{2}(\mathrm{k\,j + j\,k}) = 0.$$

所以, i, j, k 构成 $I(A)$ 的标准正交向量组; 以下证明它们构成 $I(A)$ 的标准正交基就可完成全部证明, 因为那样就有

$$A = \mathbb{R} \oplus \mathbb{R}\,\mathrm{i} \oplus \mathbb{R}\,\mathrm{j} \oplus \mathbb{R}\,\mathrm{k},$$

而且 i, j, k 正好满足四元数的运算规则, 即 $A = \mathbb{H}$.

反证法. 若 $\dim I(A) > 3$, 就有单位向量 $\mathrm{m} \in I(A)$ 与 i, j, k 都正交:

$$f(\mathrm{m},\,\mathrm{i}) = -\frac{1}{2}(\mathrm{m\,i + i\,m}) = 0,$$

$$f(\mathrm{m},\,\mathrm{j}) = -\frac{1}{2}(\mathrm{m\,j + j\,m}) = 0,$$

$$f(\mathrm{m},\,\mathrm{k}) = -\frac{1}{2}(\mathrm{m\,k + k\,m}) = 0;$$

但由前两条 (它们是 $\mathrm{m\,i = -i\,m}$ 和 $\mathrm{m\,j = -j\,m}$) 可推出

$$\mathrm{m\,k = m\,i\,j = -i\,m\,j = i\,j\,m = k\,m};$$

代入第三条得 $\mathrm{m\,k} = 0$; 这与 m 与 k 都非零相矛盾. □

X11 模的基本概念

定义 X11.1 设 A 是一个环. 如果 V 是一个加群并有一个映射

$$A \times V \longrightarrow V, \quad (a, v) \longmapsto av \quad (\text{把 } (a, v) \text{ 的象记作 } av),$$

满足以下 4 条:

(M1) $a(v_1 + v_2) = av_1 + av_2$, $\forall\, a \in A$ 和 $v_1, v_2 \in V$;

(M2) $(a_1 + a_2)v = a_1v + a_2v$, $\forall\, a_1, a_2 \in A$ 和 $v \in V$;

(M3) $(a_1a_2)v = a_1(a_2v)$, $\forall\, a_1, a_2 \in A$ 和 $v \in V$;

(M4) $1v = v$, $\forall\, v \in V$, 其中 1 是 A 的单位元;

就称 V 是环 A 上的**左模**, 简称**左 *A*-模**. 上述映射称为 V 的**模运算**或称**纯量乘法**, av 称为系数 a 与 V 的元素 v 的**纯量积**.

当把纯量积的系数写在右边时, 即模运算为

$$V \times A \longrightarrow V, \quad (v,a) \longmapsto va \quad (\text{把 } (v,a) \text{ 的象记作 } va),$$

相应的 4 条满足, 则称 V 是**右 A-模**.

约定：以下不加定语的 A 模指左 A-模.

例 X11.1 回想：域 F 上的向量空间 V 是一个加群并有纯量运算

$$F \times V \longrightarrow V, \quad (a,v) \longmapsto av,$$

使得上述 (M1)~(M4) 满足. 所以域 F 上的向量空间就是 F 上的模, 即 F- 模.

例 X11.2 设 V 是加群. 在公式 2.7.1′ 中定义了整数与 V 的元素的系数乘法

$$\mathbb{Z} \times V \longrightarrow V, \quad (n,v) \longmapsto nv,$$

而且公式 2.7.1′ 就是 (M1)~(M3), 而 (M4) 显然成立. 所以加群 V 是整数环 $\mathbb{Z}$ 上的模, 即 $\mathbb{Z}$-模.

例 X11.3 设 A 是环 B 的子环. 注意 B 有加群结构, 再把 A 的元 a 与 B 的元 b 左乘：

$$A \times B \longrightarrow B, \quad (a,b) \longmapsto ab,$$

易见 (M1)~(M4) 满足. 所以大环 B 可作为子环 A 上的模.

这例子有很大概括性, 下列两例是它的特例.

一个例子：如果 K 是域 F 的扩张域, 即 F 是 K 的子域, 则由例 X11.3, K 是 F- 模. 但由例 X11.1, 域上的模就是向量空间, 即 K 是 F- 向量空间. 这就是 §4.1 中定义 4.1.1 前的引理已说到的情形.

例 X11.4 设 A 是环. 则 A 是 A 的子环. 按例 X11.3, A 是环 A 上的模, 这个 A- 模称为**正则 A- 模**. 如定义 X11.1 后的注解所说, 这是左 A- 模, 所以称左正则模, 记作 ${}_AA$. 还有右正则模, 记作 A_A.

下面给出子模、商模、模同态等概念.

定义 X11.2 设 V 是环 A 上的模. W 称为 V 的 **A-子模**(简称**子模**), 记作 $W \leqslant V$, 如果 W 是加群 $(V,+)$ 的子群且在纯量乘法之下封闭, 即对任 $w \in W$ 和 $a \in A$ 有 $aw \in W$.

域 F 上的向量空间 V 是 F- 模, 其子模 U 就是子空间.

加群 V 是 $\mathbb{Z}$-模, 其子模 W 就是子群.

命题 X11.1 设 V 是环 A 上的模, 则 V 的子集 W 是子模当且仅当 $W \neq \varnothing$ 且对任 $w, w' \in W$ 和 $a \in A$ 有 $w - w' \in W$ 和 $aw \in W$.

证 作为习题. □

例如, 如果 L 是环 A 的左正则模 ${}_AA$ 的子模, 那么 L 也称为环 A 的左理想.

定义 X11.3(从子模定义商模) 设 A 是环. 设 V 是 A- 模, $W \leqslant V$. 首先, W 作为加群 $(V,+)$ 的子群, 有商群 $V/W = \{\bar{v} \mid v \in V\}$, 它的元素 $\bar{v} = v + W$ 是 v 所在加法陪集类, 运算是

$$\bar{v} + \bar{v'} = \overline{v + v'}, \qquad \forall\, \bar{v},\ \bar{v'} \in V/W.$$

再对 $\bar{v} \in V/W$ 和 $a \in A$, 令 $a\bar{v} = \overline{av}$. 需要检验这个定义与代表元选取无关: 若 $\bar{v'} = \bar{v}$, 即存在 $w \in W$ 使 $v' = v + w$, 则 $av' = a(v+w) = av + aw$, 但按子模定义, $aw \in W$, 故 $av' \equiv av \pmod W$, 即 $\overline{av'} = \overline{av}$. 这样就得到合理定义的映射:

$$A \times (V/W), \quad (a, \bar{v}) \longmapsto a\bar{v}, \quad \text{其中} \ \ a\bar{v} := \overline{av}.$$

从 V 的纯量乘法满足定义 X11.1 的四条, 易验证商集 V/W 的运算满足那四条, 所以 $a\bar{v} = \overline{av}$ 是模运算. 故 V/W 成为 A- 模, 称为 V 关于子模 W 的**商模**.

如果 F 是一个域, 则 F- 模 (即向量空间) V 关于子模 (也就是子空间) W 的商模 V/W 就是线性代数所说的**商空间**.

如果 V 是加群 (即 $\mathbb{Z}$- 模), W 是子群 (即 $\mathbb{Z}$- 子模), 则商群 V/W 就是商模.

定义 X11.4 设 A 是环, V 和 V' 是 A- 模. 若映射 $\sigma: V \to V'$ 满足两条:

$$\sigma(v_1 + v_2) = \sigma(v_1) + \sigma(v_2), \qquad \forall\, v_1, v_2 \in V;$$

$$\sigma(av) = a\sigma(v), \qquad \forall\, a \in A, \quad v \in V.$$

就称 σ 是***A*- 模同态**, 或简称 ***A*- 同态**, 或称 ***A*- 线性映射**.

设 $\sigma: V \to V'$ 是 A- 模同态. 以下术语与第 2 章的 §2.6 完全类似:

- $\mathrm{Im}(\sigma) := \{\sigma(v) \mid v \in V\}$ 称为同态 σ 的**象**;
- $\mathrm{Ker}(\sigma) := \{v \in V \mid \sigma(v) = 0\}$ 称为同态 σ 的**核**;
- 如果 σ 是满射 (单射, 双射) 就称 σ 是满同态 (单同态, 同构);
- 如果 σ 是同构, 则称 A- 模 V 与 V' 通过 σ 同构, 记作 $V \overset{\sigma}{\cong} V'$.

以下关于模同态 $\sigma: V \to V'$ 的结论也与第 2 章的命题 2.6.1 完全类似.

- σ 的象 Im 是 V' 的子模, σ 是满同态当且仅当 $\mathrm{Im}(\sigma) = V'$;
- σ 的核 Ker 是 V 的子模, σ 是单同态当且仅当 $\mathrm{Ker}(\sigma) = 0$.

例如, 设 W 是环 A 上的模 V 的子模, 那么从 V 到商模 V/W 的自然映射 $\rho: V \to V/W$, $v \mapsto \bar{v}$, 不仅是群同态, 而且对任 $a \in A$ 和 $v \in V$, 按商模的模运算定义有 $\rho(av) = \overline{av} = a\bar{v} = a\rho(v)$. 也就是说, ρ 是满的模同态, 称为从 A- 模 V 到商模 V/W 的**自然同态**.

关于加群的同态, 同构定理也对模成立. 下面叙述其中重要的三个, 证明都很容易, 因为它们都已对加群成立, 剩下只需验证模运算部分. 证明细节留作习题.

定理 X11.1(同态基本定理) 设 V, V' 是环 A 上的模, 设 $\sigma : V \to V'$ 是模同态, 记 $K := \mathrm{Ker}(\sigma)$. 那么存在唯一模同态 $\overline{\sigma} : V/K \to V'$ 使得 $\sigma = \overline{\sigma}\rho$, 其中 $\rho : V \to V/K$ 是自然同态. 这个 $\overline{\sigma}$ 是单同态, $\overline{\sigma}$ 是满同态只要 σ 是满同态. □

$$\begin{array}{ccc} V & \xrightarrow{\sigma} & V' \\ \rho\downarrow & \nearrow \bar{\sigma} & \\ V/K & & \end{array}$$

定理 X11.2(子模对应定理) 设 V, $\overline{V}$ 是环 A 上的模, 设 $\sigma : V \to \overline{V}$ 是满的模同态, 记 $K := \mathrm{Ker}(\sigma)$, 则

$$\{\, W \mid K \subseteq W \leqslant V \,\} \longrightarrow \{\, \bar{W} \mid \bar{W} \leqslant \bar{V} \,\}, \quad W \longmapsto \sigma(W)$$

是保持包含关系的双射. □

3 个同构定理是它们的推论 (参看定理 2.6.1 的推论和定理 X4.1、定理 X4.2).

定理 X11.3(第一同构定理) 如果 $\sigma : V \to V'$ 是 A- 模同态, 则 $\bar{\sigma} : V/\mathrm{Ker}(\sigma) \cong \mathrm{Im}(\sigma)$. 特别是, 若 σ 是满同态则 $V/\mathrm{Ker}(\sigma) \cong V'$. □

定理 X11.4(第二同构定理) 设 W, W' 是 A- 模 V 的子模, 则有同构映射:

$$W/(W \cap W') \xrightarrow{\cong} (W + W')/W', \qquad w + (W \cap W') \longmapsto w + W'. \qquad \square$$

定理 X11.5(第三同构定理) 设 W, W' 是 A- 模 V 的子模且 $W \subseteq W'$, 则有同构映射:

$$V/W' \xrightarrow{\cong} (V/W)\Big/(W'/W), \qquad v + W' \longmapsto (v + W) + (W'/W). \qquad \square$$

习 题 X11

1. 写出右 R 模的完整定义.

2. 设 V 是域 F 上的向量空间, 设 σ 是 V 的线性变换. 令 $F[\lambda]$ 是不定元 λ 的多项式环. 对 $f(\lambda) \in F[\lambda]$, $f(\sigma)$ 是从 σ 计算出来的线性变换. 定义映射

$$F[\lambda] \times V \longrightarrow V, \quad (f(\lambda),\ v) \longmapsto f(\sigma)(v).$$

证明: 这是一个模运算使得 V 成为 $F[\lambda]$- 模.

3. 证明命题 X11.1.

4. 如果 W_i, $i \in I$, 都是 A- 模 V 的子模, 则 $\bigcap\limits_{i \in I} W_i$ 是 V 的子模.

5. 如果 $W_1 \subseteq W_2 \subseteq \cdots$, 都是 A- 模 V 的子模, 则 $\bigcup\limits_{i=1}^{\infty} W_i$ 是 V 的子模.

6. 设 V 是域 F 上的向量空间. 设 $W \leqslant V$ 是子空间. 证明 $\dim V = \dim W + \dim(V/W)$.

7. 设 V, U 是 A- 模. 映射 $\sigma : V \to U$ 是 A- 模同态当且仅当

$$\sigma(av + a'v') = a\sigma(v) + a'\sigma(v'), \qquad \forall\ a, a' \in A, \quad v, v' \in V.$$

8. 设 V, V' 是 A- 模. 记 $\mathrm{Hom}_A(V,V')=\{$从 V 到 V' 的 A- 同态$\}$. 对 $\sigma_1,\sigma_2\in\mathrm{Hom}_A(V,V')$ 定义 $\sigma_1+\sigma_2$ 为 $(\sigma_1+\sigma_2)(v)=\sigma_1(v)+\sigma_2(v)$. 证明:

(1) $\sigma_1+\sigma_2\in\mathrm{Hom}_A(V,V')$;

(2) $\mathrm{Hom}_A(V,V')$ 是加群.

9. 设 V 是 A- 模. 记 $\mathrm{End}_A(V):=\mathrm{Hom}_A(V,V)$. 在上题加法和变换合成乘法下, $\mathrm{End}_A(V)$ 是一个环.

10. 给出同态基本定理 X11.1 的完整证明.

11. 证明第二同构定理.

X12 模的和与直和

如同向量空间一样, 定义子模的和与直和.

始终设 V 是环 A 上的模. 设 $V_1,\cdots,V_n$ 是 V 的子模. 令

$$\sum_{i=1}^n V_i=V_1+\cdots+V_n:=\{\,v_1+\cdots+v_n\mid v_i\in V_i,\ i=1,\cdots,n\,\};$$

对 $a\in A$, 和 $v_1+\cdots+v_n\in\sum\limits_{i=1}^n V_i$ 及 $v_1'+\cdots+v_n'\in\sum\limits_{i=1}^n V_i$,

$$(v_1+\cdots+v_n)-(v_1'+\cdots+v_n')=(v_1-v_1')+\cdots+(v_n-v_n')\in\sum_{i=1}^n V_i,$$

$$a(v_1+\cdots+v_n)=av_1+\cdots+av_n\in\sum_{i=1}^n V_i.$$

所以, $\sum\limits_{i=1}^n V_i$ 是 V 的子模.

引理 X12.1 $\sum\limits_{i=1}^n V_i$ 是 V 中包含所有 $V_1,\cdots,V_n$ 的最小子模.

证 对任 $v_j\in V_j$, $v_j=0+\cdots+0+v_j+0+\cdots+0\in\sum\limits_{i=1}^n V_i$, 故 $V_j\subseteq\sum\limits_{i=1}^n V_i$. 再设 V 的子模 U 包含所有 $V_1,\cdots,V_n$, 那么对任 $v_i\in V_i$, $i=1,\cdots,n$, 有 $v_1+\cdots+v_n\in U$, 得 $\sum\limits_{i=1}^n V_i\subseteq U$. 所以 $\sum\limits_{i=1}^n V_i$ 是 V 中包含所有 $V_1,\cdots,V_n$ 的最小子模. □

定义 X12.1 (1) $\sum\limits_{i=1}^n V_i$ 称为 V 的子模 $V_1,\cdots,V_n$ 的**和子模**, 简称**和**.

(2) 进而, 如果只要 $v_1+\cdots+v_n=v_1'+\cdots+v_n'$, 其中 $v_i,v_i'\in V_i$, $i=1,\cdots,n$, 则必有 $v_i=v_i'$, $i=1,\cdots,n$, 就称和 $\sum\limits_{i=1}^n V_i$ 为**直和**, 记作 $V_1\oplus\cdots\oplus V_n$.

(3) 如果 $V = V_1 \oplus \cdots \oplus V_n$, 则称 V 是子模 $V_1, \cdots, V_n$ 的内 **直和**.

所以 $V = V_1 \oplus \cdots \oplus V_n$ 的语言描述就是：V 的任意元 v 可以唯一地写成 $v = v_1 + \cdots + v_n$, 其中, $v_i \in V_i$, $i = 1, \cdots, n$.

从已知 n 个 A- 模 $V_1, \cdots, V_n$, 可以构造出一个 A- 模 V 使得这 n 个模可以嵌入 V 成为子模而且 V 就是这 n 个子模的直和. 令

$$V := \{ (v_1, \cdots, v_n) \mid v_i \in V_i,\ i = 1, \cdots, n \}.$$

定义加法运算：对任 $(v_1, \cdots, v_n)$, $(v_1', \cdots, v_n') \in V$,

$$(v_1, \cdots, v_n) + (v_1', \cdots, v_n') = (v_1 + v_1',\ \cdots,\ v_n + v_n'),$$

那么 V 成为加群. 再定义纯量乘法为

$$a(v_1, \cdots, v_n) = (av_1,\ \cdots,\ av_n), \qquad \forall\, a \in A,\ (v_1, \cdots, v_n) \in V.$$

则可简单验证定义 X11.1 的 4 条成立, 所以 V 是 A- 模. 人们称这样造出的 A- 模 V 是 A- 模 $V_1, \cdots, V_n$ 的**外直和**, 仍记作 $V = V_1 \oplus \cdots \oplus V_n$. 再把每个 V_i 嵌入 V：

$$\iota_i \quad V_i \longrightarrow V, \quad v_i \longmapsto (0, \cdots, 0, v_i, 0, \cdots, 0),$$

易验证 v_i 是单的 A- 模同态, 所以 $V_i' := \mathrm{Im}(\iota_i) \cong V_i$.

最后, 对任 $v = (v_1, v_2, \cdots, v_n) \in V$, 显然 v 唯一地写成如下形式：

$$\begin{aligned} v &= (v_1, v_2, \cdots, v_n) \\ &= (v_1, 0, \cdots, 0) + (0, v_2, 0, \cdots, 0) + \cdots + (0, \cdots, 0, v_n) \\ &= v_1' + v_2' + \cdots + v_n', \end{aligned}$$

其中

$$v_i' = (0, \cdots, 0, v_i, 0, \cdots, 0) \in V_i', \qquad i = 1, 2, \cdots, n.$$

所以, $V = V_1' \oplus \cdots \oplus V_n'$ 是内直和.

可见 “内直和” 与 “外直和” 并没有本质的差别, 以后都称直和.

引理 X12.2 设 A- 模 $V = V_1 \oplus \cdots \oplus V_n$ 是子模 $V_1, \cdots, V_n$ 的直和. 设 V' 是 A- 模. 如果 $\sigma_i : V_i \to V'$, $i = 1, \cdots, n$, 都是 A-模同态, 则存在唯一 A-模同态 $\sigma : V \to V'$ 使得 $\sigma|_{V_i} = \sigma_i$, $i = 1, \cdots, n$.

证 存在性. 任 $v \in V$ 唯一地写成 $v = v_1 + \cdots + v_n$, $v_i \in V_i$, 因而可规定 $\sigma(v) = \sigma_1(v_1) + \cdots + \sigma_n(v_n)$, 这就定义了映射 $\sigma : V \to V'$. 易验证它是同态.

唯一性. 如果还有 A- 模同态 $\sigma' : V \to V'$ 使得 $\sigma'|_{V_i} = \sigma_i$, $i = 1, \cdots, n$, 则对任 $v_1 + \cdots + v_n \in V$, 其中 $v_i \in V_i$, 有 $\sigma'(v_1 + \cdots + v_n) = \sigma'(v_1) + \cdots + \sigma'(v_n) = \sigma_1(v_1) + \cdots + \sigma_n(v_n) = \sigma(v)$, 即 $\sigma' = \sigma$. □

命题 X12.1　设 A- 模 $V = V_1 \oplus \cdots \oplus V_n$, 设 $W_i \leqslant V_i$, $i = 1, \cdots, n$, 那么

(1) $W_1 + \cdots + W_n = W_1 \oplus \cdots \oplus W_n \leqslant V_1 \oplus \cdots \oplus V_n = V$;

(2) $(V_1 \oplus \cdots \oplus V_n)/(W_1 \oplus \cdots \oplus W_n) \cong (V_1/W_1) \oplus \cdots \oplus (V_n/W_n)$.

证　(1) 若 $w_1 + \cdots + w_n = w_1' + \cdots + w_n'$, 其中 $w_i, w_i' \in W_i$, $i = 1, \cdots, n$, 那么当然 $w_i, w_i' \in V_i$, $i = 1, \cdots, n$, 所以, $w_i = w_i'$, $i = 1, \cdots, n$. 按定义 X12.1, 子模和 $W_1 + \cdots + W_n$ 是直和, 即 $W_1 \oplus \cdots \oplus W_n$.

(2) 对每 V_i 有自然满同态 $\rho_i : V_i \to V_i/W_i$, $v_i \mapsto \bar{v}_i$, 其中, $\bar{v}_i = v_i + W_i$ 是 v_i 所在陪集类. 那么

$$\begin{aligned} \rho: \ V_1 \oplus \cdots \oplus V_n &\longrightarrow (V_1/W_1) \oplus \cdots \oplus (V_n/W_n), \\ (v_1, \ \cdots, \ v_n) &\longmapsto (\bar{v}_1, \ \cdots, \ \bar{v}_n) \end{aligned}$$

是满同态, 同态核 $\mathrm{Ker}(\rho) = W_1 \oplus \cdots \oplus W_n$. 由同态基本定理, 得同构映射:

$$\begin{aligned} \bar{\rho}: \ (V_1 \oplus \cdots \oplus V_n)/(W_1 \oplus \cdots \oplus W_n) &\xrightarrow{\cong} (V_1/W_1) \oplus \cdots \oplus (V_n/W_n), \\ \overline{(v_1, \ \cdots, \ v_n)} &\longmapsto (\bar{v}_1, \ \cdots, \ \bar{v}_n). \end{aligned}$$

□

这命题说明了直和 $V = V_1 \oplus \cdots \oplus V_n$ 有一类特殊的子模, 它们有特殊的形式 $W_1 \oplus \cdots \oplus W_n$, 其中, $W_i \leqslant V_i$, 而且商模也容易描述. 但需注意, 并非 V 的所有子模具有如此形式.

例如, 二维实向量空间 $V = \mathbb{R} \oplus \mathbb{R}$, 它是 $\mathbb{R}$-模, 而且按现在的知识, 它可以看作两个正则模 $\mathbb{R}$ 的直和: $V = V_1 \oplus V_2$, 其中, $V_1 = \mathbb{R}$ 和 $V_2 = \mathbb{R}$ 都是正则模. $W = \{(a, a) \mid a \in \mathbb{R}\}$ 显然是 V 的一个子空间, 也就是 V 的一个 $\mathbb{R}$- 子模, 但无法找到 V_1 的子空间 W_1 和 V_2 的子空间 W_2 使得 $W = W_1 + W_2$.

直和的其他刻画.

引理　设 V_1, V_2 是 A- 模 V 的子模, 则和 $V_1 + V_2 = V_1 \oplus V_2$ (是直和) 当且仅当 $V_1 \bigcap V_2 = 0$ 是零子模.

证　设 $V_1 \bigcap V_2 = 0$. 如果 $v_1 + v_2 = v_1' + v_2'$, 其中, $v_1, v_1' \in V_1$, $v_2, v_2' \in V_2$, 那么 $v_1 - v_1' = v_2' - v_2$, 这个元素从等式左边看属于 V_1, 从等式右边看属于 V_2, 所以 $v_1 - v_1' = v_2' - v_2 \in V_1 \bigcap V_2 = 0$, 故只能是 $v_1 - v_1' = v_2' - v_2 = 0$, 即 $v_1 = v_1'$ 和 $v_2 = v_2'$. 因此, $V_1 + V_2 = V_1 \oplus V_2$ 是直和.

再设和 $V_1 + V_2 = V_1 \oplus V_2$ 是直和. 设 $v \in V_1 \bigcap V_2$, 那么 $v = v + 0 = 0 + v \in V_1 + V_2$, 其中, $v + 0$ 的第一个 $v \in V_1$ 而第二个 $0 \in V_2$, 但 $0 + v$ 的第一个 $0 \in V_1$ 而第二个 $v \in V_2$. 由直和中元素写法的唯一性, 得 $v = 0$, 所以 $V_1 \bigcap V_2 = 0$.　□

推论　$V = V_1 \oplus V_2$ 当且仅当 $V = V_1 + V_2$ 而且 $V_1 \bigcap V_2 = 0$.

命题 X12.2　设 $V_1, \cdots, V_n$ 是 A- 模 V 的 n 个子模, $n \geqslant 2$. 则和 $V_1 + \cdots + V_n = V_1 \oplus \cdots \oplus V_n$(是直和) 当且仅当 $(V_1 + \cdots + V_{i-1}) \bigcap V_i = 0$, 对 $i = 2, \cdots, n$.

证 $n=2$ 时已证如上引理. 下设 $n>2$. 先证充分性. 设

$$v_1+\cdots+v_{n-1}+v_n=v_1'+\cdots+v_{n-1}'+v_n', \qquad v_i,\ v_i'\in V_i,\ \ i=1,\cdots,n.$$

则 $v_1+\cdots+v_{n-1}$, $v_1'+\cdots+v_{n-1}'\in V_1+\cdots+V_{n-1}$, 而 v_n, $v_n'\in V_n$. 由条件, $(V_1+\cdots+V_{n-1})\bigcap V_n=0$, 所以, $(V_1+\cdots+V_{n-1})+V_n=(V_1+\cdots+V_{n-1})\oplus V_n$ 是直和, 因此

$$v_1+\cdots+v_{n-1}=v_1'+\cdots+v_{n-1}', \qquad v_n=v_n'.$$

再把前一等式作为 $V_1+\cdots+V_{n-1}$ 中元素的表示, 显然条件对 $n-1$ 个子模 V_1, $\cdots$, V_{n-1} 同样成立, 按归纳法, $v_1=v_1'$, $\cdots$, $v_{n-1}=v_{n-1}'$, 得 $V_1+\cdots+V_n=V_1\oplus\cdots\oplus V_n$ 是直和.

必要性. 设 $V_1+\cdots+V_{n-1}+V_n=V_1\oplus\cdots\oplus V_{n-1}\oplus V_n$ 是直和. 那么前 $n-1$ 之和也是直和 $V_1+\cdots+V_{n-1}=V_1\oplus\cdots\oplus V_{n-1}$. 按归纳法, 得 $(V_1+\cdots+V_{i-1})\bigcap V_i=0$, $i=2,\cdots,n-1$. 剩下一个 $(V_1+\cdots+V_{n-1})\bigcap V_n=0$ 需要证明. 这个等式可以从 $(V_1+\cdots+V_{n-1})+V_n=(V_1+\cdots+V_{n-1})\oplus V_n$ 是直和及上述引理得到. □

推论 $V=V_1\oplus\cdots\oplus V_n$ 当且仅当 $V=V_1+\cdots+V_n$ 而且 $(V_1+\cdots+V_{i-1})\bigcap V_i=0$, $i=2,\cdots,n$. □

习 题 X12

1. 设 W_1, W_2 是 A- 模 V 的子模. 证明: 如果并集 $W_1\bigcup W_2$ 是子模, 那么或者 $W_1\subseteq W_2$ 或者 $W_2\subseteq W_1$.

2. 如果 $V=W_1\oplus W_2$, 则 $W_1\cong V/W_2$.

3. 设 p 是一个素数. 证明 $\mathbb{Z}$- 模 (交换群) $\mathbb{Z}_{p^n}$ 不能分解为两个非零子模的直和.

4. 设 p, q 是两个不同的素数. 设 $\mathbb{Z}$-模 $V=V_p\oplus V_q$, 其中 $V_p\cong\mathbb{Z}_{p^m}$, $V_q\cong\mathbb{Z}_{q^n}$. 设 $W\leqslant V$. 证明: $W=(W\bigcap V_p)\oplus(W\bigcap V_q)$.

5. 设正则模 ${}_AA$ 分解为左理想的直和 ${}_AA=L_1\oplus\cdots\oplus L_n$, 则存在 $e_1,\cdots,e_n\in A$ 使得

$$1_A=\sum_{i=1}^{n}e_i \qquad \text{和} \qquad e_je_i=\begin{cases} e_i & \text{若 } i=j, \\ 0 & \text{若 } i\neq j. \end{cases}$$

X13 自 由 模

为便于理解, 本节仅介绍有限生成的自由模. 始终设 A 是一个环.

引理 X13.1 设 V 是环 A 上的模.

(1) 设 $v\in V$. 则 $Av:=\{\,av\mid a\in A\,\}$ 是 V 中包含 v 的最小的子模;

(2) 设 $v_1,\cdots,v_n\in V$, 则 $Av_1+\cdots+Av_n=\{\,a_1v_1+\cdots+a_nv_n\mid a_i\in A\,\}$ 是 V 中包含所有 $v_1,\cdots,v_n$ 的最小的子模.

称 $a_1v_1+\cdots+a_nv_n$ 为 $v_1,\cdots,v_n$ 的一个 ***A*- 线性组合**, 简称 ***A*- 组合**.

证 (1) 首先, $v=1v\in Av$. 然后, 验证 Av 是一个子模: 对任 $av,a'v\in Av$ 和 $b\in A$ 有 $av-a'v=(a-a')v\in Av$ 和 $b(av)=(ba)v\in Av$. 最后, 若 V 的子模 W 包含 v, 则对任 $a\in A$ 有 $av\in W$. 所以 $W\supseteq Av$, 即 Av 是 V 中包含 v 的最小子模.

(2) 首先, 对任 v_i 有 $v_i=1v_i\in Av_i\subseteq Av_1+\cdots+Av_n$. 然后, 由引理 X12.1 及 Av_i 是子模得知 $Av_1+\cdots+Av_n$ 是子模. 最后, 若 V 的子模 W 包含所有 $v_1,\cdots,v_n$, 则由 (1), W 包含所有子模 $Av_1,\cdots,Av_n$, 仍由引理 X12.1, W 包含 $Av_1+\cdots+Av_n$, 即 $Av_1+\cdots+Av_n$ 是 V 中包含所有 $v_1,\cdots,v_n$ 的最小的子模. □

定义 X13.1 (1) 称 $Av_1+\cdots+Av_n$ 为由 $v_1,\cdots,v_n$ **生成的子模**. 称一个元素生成的子模 Av 为由元素 v 生成的**循环子模**.

(2) 如果存在有限个元 $v_1,\cdots,v_n\in V$ 使得 $V=Av_1+\cdots+Av_n$, 则称 V 是**有限生成模**, 称 $v_1,\cdots,v_n$ 是 V 的**生成组**. 如果存在 $v\in V$ 使得 $V=Av$, 则称 V 是**循环模**, 称 v 是 V 的**生成元**.

例如, 有限维实向量空间 V 是有限生成 $\mathbb{R}$-模.

例如, 循环群是循环 $\mathbb{Z}$-模.

引理 X13.2 (1) 正则模 ${}_AA$ 是循环模.

(2) 任何循环模 Av 是正则模的同态象: $Av\cong A/\mathrm{Ann}_A(v)$, 其中, $\mathrm{Ann}_A(v):=\{a\in A\mid av=0\}$ 称为元素 v 的**阶理想**, 或称零化理想.

证 (1) $A=A\cdot 1$, 即正则模 ${}_AA$ 是由元素 1 生成的模.

(2) 从正则模 A 到 Av 有满射 $\rho: A\to Av$, $a\mapsto av$. 对任 $a,a',b\in A$, 有

$$\rho(a+a')=(a+a')v=av+a'v=\rho(a)+\rho(a'),$$

$$\rho(ba)=(ba)v=b(av)=b\rho(a).$$

所以, ρ 是满同态. 同态核

$$\mathrm{Ker}(\rho)=\{a\in A\mid \rho(a)=0\}=\{a\in A\mid av=0\}=\mathrm{Ann}_A(v)$$

是正则模 ${}_AA$ 的子模, 也就是环 A 的左理想. 由同态基本定理, ρ 诱导 A- 同构 $\bar\rho: A/\mathrm{Ann}_A(v)\cong Av$. □

定义 X13.2 设 V 是 A-模. 称 $v_1,\cdots,v_n\in V$ 是 ***A*- 线性相关** 如果存在不全为零的 $a_1,\cdots,a_n\in A$ 使 $a_1v_1+\cdots+a_nv_n=0$. 否则称 $v_1,\cdots,v_n$ 是 ***A*- 线性无关**.

但是一般的模与向量空间很不一样, 如非零元可以是线性相关的. 如 $\mathbb{Z}$- 模 $\mathbb{Z}_6$ (即 6 阶循环群), $[1]\neq 0$, $0\neq 6\in\mathbb{Z}$, 但 $6\,[1]=0$.

与向量空间性质最接近的模是自由模.

定义 X13.3 设 U 是环 A 上的模. 如果存在 $u_1,\cdots,u_n\in U$ 满足以下两条:

(1) $u_1,\cdots,u_n$ 生成 U;

(2) $u_1,\cdots,u_n$ 是 A- 线性无关.

就称 $u_1,\cdots,u_n$ 是 U 的**基底**. 有这种基底的 A- 模称为有限生成**自由 A- 模**.

"$u_1,\cdots,u_n$ 是 U 的基底" 也就是说 "U 的任一元 u 可以唯一地表示为线性组合 $u=a_1u_1+\cdots+a_nu_n$". 因为条件 (1) 就是说这个表示存在; 条件 (2) 则是说这个表示唯一: 若 $a_1u_1+\cdots+a_nu_n=u=a_1'u_1+\cdots+a_n'u_n$, 则 $(a_1-a_1')u_1+\cdots+(a_n-a_n')u_n=0$, 由 (2) 得 $a_1-a_1'=\cdots=a_n-a_n'=0$, 就是 $a_1=a_1'$, $\cdots$, $a_n=a_n'$.

引理 X13.3 设 U 是环 A 上的模, $u_1,\cdots,u_n\in U$. 以下两条等价:

(1) $u_1,\cdots,u_n$ 是 U 的基底;

(2) $U=Au_1\oplus\cdots\oplus Au_n$ 且每循环子模 Au_i 同构于正则模 $A\cong Au_i$, $a\mapsto au_i$.

证明之前一点说明: 所以, 有限生成自由模也就是有限个正则模的直和. 由此马上知道, 正则模 A 是一个元素生成的自由模, 1 就是基底. n 个正则模的直和 $A\oplus\cdots\oplus A$ 是 n 个元生成的自由 A- 模.

证 (1) $\Rightarrow$ (2). 任 $u\in U$ 唯一地写为 $u=a_1u_1+\cdots+a_nu_n$, 而 $a_iu_i\in Au_i$. 按定义 X12.1 得 $U=Au_1\oplus\cdots\oplus Au_n$. 对每 Au_i, u_i 的阶理想 $\mathrm{Ann}_A(u_i)=\{a\in A\mid au_i=0\}$. 但从 $au_i=0$ 即 $0u_1+\cdots+au_i+\cdots+0u_n=0$, 因 $u_1,\cdots,u_n$ 的线性无关, 得 $a=0$. 所以 $\mathrm{Ann}_A(u_i)=0$. 由引理 X13.2 的 (2), $Au_i\cong A$.

(2) $\Rightarrow$ (1). 对任 $u\in U$, 因 $U=Au_1\oplus\cdots\oplus Au_n$, $u=x_1+\cdots+x_n$, 每 $x_i\in Au_i$ 从而 $x_i=a_iu_i$, 即 $u=a_1u_1+\cdots+a_nu_n$. 又, 如果 $a_1u_1+\cdots+a_nu_n=0$, 因 $a_iu_i\in Au_i$, 由直和表示元素的唯一性, $a_iu_i=0$, 而 $A\cong Au_i$, $a\mapsto au_i$ 是同构映射, 所以从 $a_iu_i=0$ 得 $a_i=0$. 这里 $i=1,\cdots,n$. 故 $u_1,\cdots,u_n$ 是 A- 线性无关. 总之, 得 $u_1,\cdots,u_n$ 是 U 的基底. □

下述断言对向量空间来说很熟悉. 它在模论中被称为**自由模的泛性质**.

命题 X13.1 设 U 是环 A 上以 $u_1,\cdots,u_n$ 为基底的自由模. 则对任 A- 模 V 和任意 $v_1,\cdots,v_n\in V$ 存在唯一 A- 同态 $\sigma:U\to V$ 使得 $\sigma(u_i)=v_i$, $i=1,\cdots,n$.

证 存在性. 对任 $u\in U$, 它唯一地写成 $u=a_1u_1+\cdots+a_nu_n$, 所以, $a_1v_1+\cdots+a_nv_n$ 是 V 中由 u 唯一确定的元素. 因而可令 $\sigma(u)=a_1v_1+\cdots+a_nv_n$, 得到映射 $\sigma:U\to V$. 按定义

$$\sigma(u_i)=\sigma(0u_1+\cdots+1u_i+\cdots+0u_n)=0v_1+\cdots+1v_i+\cdots+0v_n=v_i.$$

剩下需证 σ 是 A- 同态. 对 $u=a_1u_1+\cdots+a_nu_n$, $u'=a_1'u_1+\cdots+a_n'u_n$, $a\in A$,

$$\begin{aligned}\sigma(u+u') &= \sigma\big((a_1+a_1')u_1+\cdots+(a_n+a_n')u_n\big)\\ &= (a_1+a_1')v_1+\cdots+(a_n+a_n')v_n\\ &= (a_1v_1+\cdots+a_nv_n)+(a_1'v_1+\cdots+a_n'v_n)\\ &= \sigma(u)+\sigma(u'),\end{aligned}$$

$$\begin{aligned}\sigma(au) &= \sigma\big(a(a_1u_1+\cdots+a_nu_n)\big)=\sigma\big((aa_1)u_1+\cdots+(aa_n)u_n\big)\\ &= (aa_1)v_1+\cdots+(aa_n)v_n=a(a_1v_1+\cdots+a_nv_n)\\ &= a\sigma(u),\end{aligned}$$

所以 σ 是 A- 同态.

唯一性. 如果 A- 同态 $\sigma':U\to V$ 也使得 $\sigma'(u_i)=v_i$, $i=1,\cdots,n$, 则对任 $u=a_1u_1+\cdots+a_nu_n\in U$ 有

$$\sigma'(u)=\sigma'\big(a_1u_1+\cdots+a_nu_n\big)=a_1\sigma'(u_1)+\cdots+a_n\sigma'(u_n)=a_1v_1+\cdots+a_nv_n=\sigma(u),$$

故 $\sigma'=\sigma$. □

推论 设 U 是环 A 上以 $u_1,\cdots,u_n$ 为基底的自由模. 如果 A- 模 V 可由 n 个元 $v_1,\cdots,v_n$ 生成, 则存在满同态 $\sigma:U\to V$. 特别地, $V\cong U/\mathrm{Ker}(\sigma)$.

证 存在 A- 同态 $\sigma:U\to V$ 使得 $\sigma(u_i)=v_i$. 任 $v\in V$ 可写为线性组合 $a_1v_1+\cdots+a_nv_n$. 于是 $\sigma(a_1u_1+\cdots+a_nu_n)=a_1v_1+\cdots+a_nv_n=v$, 即 σ 是满射. 最后, 按同态基本定理, σ 诱导同构映射 $\bar{\sigma}:U/\mathrm{Ker}(\sigma)\cong V$. □

推论中 $n=1$ 时, 就是在引理 X13.2 的 (2) 中已证过的结论.

与域上的向量空间情况不一样, 即使 U 是有限生成自由模, 不同基底含元素个数不一定相同. 后面有例 X13.1.

定义 X13.4 (1) 如果环 A 的任意有限生成自由模的任意两基底含元素个数相等, 则称 A 是**不变维数环**(ring of invariant dimension).

(2) 如果 A 是不变维数环, 那么有限生成自由 A- 模 U 的基底含元素个数称为自由模的**秩**, 记作 $\mathrm{rank}\,U$. 或称自由模 U 的**维数 (dimension)**, 记作 $\dim U$.

好在有以下结果, 它的证明也放在后面.

定理 X13.1 交换环是不变维数环.

例 X13.1(可变维数环的例子) 设 V 是域 F 上的向量空间它具有可数基底 $(v_1,v_2,v_3,\cdots)$. 由线性代数知 $E:=\{V$ 的线性变换$\}$ 是一个环, 单位元 $1=\mathrm{id}_V$ 是恒等变换, 那么正则模 ${}_EE$ 是有限生成自由模, 1 就是 E 的基底. 另一方面可以找到 E 的另一基底由两个元 $\tau_1,\tau_2\in E$ 组成, 其中的 τ_1,τ_2 是这样的线性变换:

$$\tau_1(v_{2i-1})=v_i,\qquad \tau_1(v_{2i})=0,\qquad i=1,2,3,\cdots;$$

$$\tau_2(v_{2i-1}) = 0, \qquad \tau_2(v_{2i}) = v_i, \qquad i = 1, 2, 3, \cdots.$$

特别地, τ_1, τ_2 都是满线性变换但不是单的. 下面证明 τ_1, τ_2 确为正则模 ${}_EE$ 的基底. 对任 $\sigma \in E$, 令 $\sigma_1(v_i) = \sigma(v_{2i-1})$, $\sigma_2(v_i) = \sigma(v_{2i})$, 则对任 v_k, $k = 2i-1$ 或 $k = 2i$, 有

$$(\sigma_1\tau_1 + \sigma_2\tau_2)(v_{2i-1}) = \sigma_1\tau_1(v_{2i-1}) + \sigma_2\tau_2(v_{2i-1}) = \sigma_1(v_i) + \sigma_2(0) = \sigma(v_{2i-1});$$

$$(\sigma_1\tau_1 + \sigma_2\tau_2)(v_{2i}) = \sigma_1\tau_1(v_{2i}) + \sigma_2\tau_2(v_{2i}) = \sigma_1(0) + \sigma_2(v_i) = \sigma(v_{2i}).$$

所以, $\sigma = \sigma_1\tau_1 + \sigma_2\tau_2$. 故 τ_1, τ_2 生成正则模 ${}_EE$. 再证 τ_1, τ_2 是 E- 线性无关. 设 ρ_1, $\rho_2 \in E$ 使得 $\rho_1\tau_1 + \rho_2\tau_2 = 0$. 若 $\rho_1 \neq 0$ 则存在 $v \in V$ 使得 $\rho_1(v) \neq 0$. 但 τ_1 是满线性变换故存在 $\sum a_k v_k \in V$ 使得 $v = \tau_1\left(\sum a_k v_k\right) = \sum a_k \tau_1(v_k)$. 而 $\tau_1(v_{2i}) = 0$, 故 $v = \sum a_{2i-1}\tau_1(v_{2i-1}) = \tau_1\left(\sum a_{2i-1}v_{2i-1}\right)$, 那么

$$\begin{aligned}
0 =& 0\left(\sum a_{2i-1}v_{2i-1}\right) = (\rho_1\tau_1 + \rho_2\tau_2)\left(\sum a_{2i-1}v_{2i-1}\right)\\
=& \rho_1\tau_1\left(\sum a_{2i-1}v_{2i-1}\right) + \rho_2\tau_2\left(\sum a_{2i-1}v_{2i-1}\right)\\
=& \rho_1(v) + \rho_2\left(\sum a_{2i-1}\tau_2(v_{2i-1})\right) = \rho_1(v) + \rho_2(0)\\
=& \rho_1(v) + 0 = \rho_1(v) \neq 0.
\end{aligned}$$

这是矛盾. 所以只能是 $\rho_1 = 0$. 同理证明 $\rho_2 = 0$. 因此 τ_1, τ_2 是 E- 线性无关的, 那么 τ_1, τ_2 也是正则模 ${}_EE$ 的基底.

全线性变换环 E 是非交换环. 上面考虑的是左正则模 ${}_EE$. 有趣的是, 如果考虑右正则模 E_E, 则上述 τ_1, τ_2 不是基底. 有兴趣的读者可构造另外两个线性变换为 E_E 的基底.

为证明定理 X13.1, 先做一些准备, 实际上这些准备也是环与模论的基本知识.

引理 X13.4 任何环 A 的极大理想存在.

证 设 $\mathcal{I}$ 是 A 的所有这样的理想 I 的集合: $1 \notin I$. 显然零理想 $0 \in \mathcal{I}$, 特别地, $\mathcal{I} \neq \varnothing$. 包含关系下 $\mathcal{I}$ 是偏序集. 设 $I_1 \subseteq I_2 \subseteq I_3 \subseteq \cdots$ 是 $\mathcal{I}$ 中的一个升链, 令 $I = \bigcup\limits_{k=1}^{\infty} I_k$, 那么 I 是 A 的理想, 若 $1 \in I$, 按并集的定义存在指标 k 使得 $1 \in I_k$, 这与 $I_k \in \mathcal{I}$ 相矛盾, 所以 $1 \notin I$, 于是 $I \in \mathcal{I}$. 这就是说偏序集 $\mathcal{I}$ 的任意升链在 $\mathcal{I}$ 中有上界. 由选读选讲材料 X1 的左恩引理, $\mathcal{I}$ 有极大成员 I_0. 因 $1 \notin I_0$ 故 $I_0 \neq A$. 设理想 J 满足 $I_0 \subseteq J \subseteq A$, 若 $I_0 \subsetneqq J$, 由于 I_0 是 $\mathcal{I}$ 的极大成员, 故 $J \notin \mathcal{I}$, 按 $\mathcal{I}$ 的定义, $1 \in J$, 因而 $A = A \cdot 1 \subset J$, 即 $J = A$. 所以, I_0 是 A 的极大理想. □

引理 X13.5　设 V 是环 A 上的模, 设 A 的理想 I 满足 $bv=0, \forall\, b\in I$ 和 $v\in V$. 记 $\bar{A}=A/I$ 是商环, 那么

$$\bar{A}\times V \longrightarrow V, \quad (\bar{a},\, v) \longmapsto av$$

是合理定义的模运算, 从而 V 是 $\bar{A}$- 模.

证　如果 $\overline{a'}=\bar{a}$, 即存在 $b\in I$ 使得 $a'=a+b$, 那么

$$a'v=(a+b)v=av+bv=av+0=av.$$

所以, 引理中的映射定义与商环元素 $\bar{a}$ 的代表元选取无关, 因而定义合理. 剩下极易验证定义 X11.1 的 4 条成立, 即 V 是 $\bar{A}$- 模.　□

引理 X13.6　设 A 是环, 设 I 是 A 的非单位理想. 设 V 是 A- 模. 则:

(1)　$IV:=\left\{\sum b_iv_i \mid b_i\in I,\ v_i\in V\right\}$ 是 V 的子模, 其中, $\sum b_iv_i$ 表示有限个形如 b_iv_i 的元素之和;

(2)　V/IV 是商环 A/I 上的模.

证　(1) 对任 $\sum b_iv_i,\ \sum b_i'v_i'\in IV$ 和 $a\in A$, 有

$$\sum b_iv_i-\sum b_i'v_i'\in IV,$$

$$a\sum b_iv_i=\sum ab_iv_i\in IV,$$

故 IV 是子模.

(2) 对 A- 商模 V/IV 的任意元 $\bar{v}=v+IV$ 和任 $b\in I$, 按商模的模运算定义有 $b\,\bar{v}=\overline{b(av)}=\overline{(ba)v}$. 但 $ba\in I$ 从而 $(ba)v\in IV$, 故 $b\,\bar{v}=\overline{(ba)v}=0$. 由上述引理 X13.5, V/IV 是商环 A/I 上的模.　□

如果 $V=Av$ 是循环模, 则易证 $IV=IAv=Iv=\{bv\mid b\in I\}$, 形式简单多了.

定理 X13.1 的证明　设 A 是交换环. 由引理 X13.4, 取 A 的极大理想 I. 由命题 3.3.2, 剩余环 $F:=A/I$ 是域. 设 U 是有限生成自由 A- 模. 设 $u_1,\cdots,u_n$ 和 $u_1',\cdots,u_{n'}'$ 是 U 的两基底, 要证明 $n=n'$. 由引理 X13.3,

$$U=Au_1\oplus\cdots\oplus Au_n\ , \qquad 且\quad A\cong Au_i,\ a\mapsto au_i, \quad i=1,\cdots,n;$$

$$U=Au_1'\oplus\cdots\oplus Au_{n'}', \qquad 且\quad A\cong Au_i',\ a\mapsto au_i', \quad i=1,\cdots,n'.$$

对任 $b\in I$ 和 $a_1u_1+\cdots+a_nu_n\in U$,

$$b(a_1u_1+\cdots+a_nu_n)=(ba_1)u_1+\cdots+(ba_n)u_n\in Iu_1\oplus\cdots\oplus Iu_n,$$

所以, $IU = Iu_1 \oplus \cdots \oplus Iu_n$. 根据命题 X12.1,

$$U/IU = (Au_1 \oplus \cdots \oplus Au_n)/(Iu_1 \oplus \cdots \oplus Iu_n) \cong (Au_1/Iu_1) \oplus \cdots \oplus (Au_n/Iu_n).$$

从前面的引理 X13.5, 它是 $F = A/I$ 上的模, 也就是域 F 上的向量空间. 再把同构 $A \cong Au_i$ 与自然同态 $Au_i \to Au_i/Iu_i$ 合成得同态 $A \to Au_i/Iu_i, a \mapsto \overline{au_i} = au_i + Iu_i$, 易计算得同态核为 I. 由同态基本定理得同构

$$A/I \cong Au_i/Iu_i, \quad \bar{a} \mapsto \overline{au_i}.$$

它把 $F = A/I$ 的单位元 $1 = \bar{1}$ 映射为 $\overline{u_i}$. 特别地, $\overline{u_i} \neq 0$ 是非零元, 且作为 F- 向量空间有 $Au_i/Iu_i = F\overline{u_i}$ 是 1 维空间. 这就是说, 作为 F- 向量空间有

$$U/IU \cong F\overline{u_1} \oplus \cdots \oplus F\overline{u_n}\ , \qquad \text{特别是,} \quad \dim_F(U/IU) = n.$$

同样地处理 $U = Au'_1 \oplus \cdots \oplus Au'_{n'}$ 和 $A \cong Au'_i$, 就得

$$U/IU \cong F\overline{u'_1} \oplus \cdots \oplus F\overline{u'_n}\ , \qquad \text{特别是,} \quad \dim_F(U/IU) = n'.$$

所以, $n = n'$. 这就完成了定理 X13.1 的证明. □

习 题 X13

1. $\mathbb{Z}$- 模 $\mathbb{Z}_2 \oplus \mathbb{Z}_3 \oplus \mathbb{Z}_4 \oplus \mathbb{Z}_5$ 至少要多少个元生成?

2. 证明任何有限加群作为 $\mathbb{Z}$- 模不是自由模.

3. 设 A- 模 $V = Av_1 + \cdots + Av_n$, 设 W 是 A- 模. 设 $\sigma_1, \sigma_2 : V \to W$ 是两个 A- 同态. 如果 $\sigma_1(v_i) = \sigma_2(v_i)$, $i = 1, \cdots, n$, 则 $\sigma_1 = \sigma_2$.

4. 设 $V = \mathbb{R}_n[x]$ 是次数 $< n$ 的实多项式集合在多项式加法和实数乘以多项式运算下构成的向量空间. 令 $D : V \to V$, $f(x) \mapsto Df(x)$ 是微分算子 (即 $Df(x)$ 是导数多项式). 以 $\mathbb{R}[\lambda]$ 记不定元 λ 的实多项式环. 证明:

$$\mathbb{R}[\lambda] \times V \longrightarrow V, \quad (g(\lambda), f(x)) \longmapsto g(D)f(x)$$

使得 V 成为环 $\mathbb{R}[\lambda]$ 上的模, 而且是循环 $\mathbb{R}[\lambda]$- 模.

5. 证明: 元素 $v \in V$ 的阶理想 $\mathrm{Ann}_A(v)$ 一般不是 A 的理想而只是 A 的左理想.

6. 设 V 是 A- 模, $v_1, \cdots, v_n \in V$. 证明:

(1) 一个元 v_1 线性无关当且仅当它的阶理想 $\mathrm{Ann}_A(v_1) = 0$;

(2) 如果 $v_1, \cdots, v_n$ 线性无关, 则 $v_1, \cdots, v_k$ 线性无关, 其中, $1 \leqslant k \leqslant n$.

7. 两个有限生成自由 A- 模同构当且仅当它们有基底含元素个数相等.

8. 设 A 是环. 设 $S = \{s_1, \cdots, s_n\}$ 是含 n 个元的集合. $A^S := \{$从 S 到 A 的映射$\}$. 对 $f, g \in A^S$, 定义 $f + g \in A^S$ 为 $(f+g)(s_i) = f(s_i) + g(s_i)$. 对 $f \in A^S$ 和 $a \in A$, 定义 $af \in A^S$ 为 $(af)(s_i) = af(s_i)$. 证明: A^S 是有限生成自由 A-模.

9. 如果一个加群 V 是有限生成自由 $\mathbb{Z}$-模, 则 V 的任何非零元的阶是无限.

10. (1) 正则模 ${}_AA$ 中一个元素 a 线性无关当且仅当 a 不是右零因子;

(2) 正则模 ${}_AA$ 中一个元素 a 是生成元当且仅当 a 是左可逆元 (即有 $a' \in A$ 使 $a'a = 1$).

11. (自由模的投射性质) 设 U 是有限生成自由 A- 模. 证明: 对任何 A-模满同态 $\rho : V \to W$, 和任 A- 模同态 $\sigma : U \to W$, 存在 A- 模同态 $\tau : U \to V$ 使得 $\sigma = \rho \cdot \tau$.

12. 证明: 两个有限生成自由 A-模的直和仍是有限生成自由 A-模.

13. 证明: 如果 A 是不变维数环则 A 的剩余环也是不变维数环.

14. 设 A 是不变维数环. U_1, U_2 是有限生成自由 A-模. 证明:

(1) $\dim(U_1 \oplus U_2) = \dim U_1 + \dim U_2$;

(2) $U_1 \cong U_2$ 当且仅当 $\dim U_1 = \dim U_2$.

X14 交换环上的矩阵

始终设 A 是交换环. 那么乘法运算交换性和不变维数性质, 使得线性代数的很多概念和结果可以推广到自由 A- 模. 有些事情在基础线性代数课程中已经接触到了, 如整数矩阵、λ- 矩阵等, 就已经不是域上的矩阵而是交换环上的矩阵了.

首先, A 上的**矩阵**是很容易接受的概念: $\boldsymbol{S} = \begin{pmatrix} a_{11} & \cdots & a_{1n} \\ \vdots & & \vdots \\ a_{m1} & \cdots & a_{mn} \end{pmatrix}$, 其中, 所有 $a_{ij} \in A$, 称为 A 上的 $m \times n$- 矩阵. 恒等矩阵 (单位矩阵) 记作 $\boldsymbol{E}$. 所有 A 上的 $m \times n$ 矩阵的集合记作 $\mathrm{M}_{m\times n}(A)$. 简记 $\mathrm{M}_n(A) := \mathrm{M}_{n\times n}(A)$. 按通常线性代数一样的方式定义**矩阵加法**、**矩阵乘法**、元素与矩阵的**纯量乘法** 等, 则所有运算律一样成立. 特别地, $\mathrm{M}_{m\times n}(A)$ 是 A- 模.

而 $\mathrm{M}_n(A)$ 则不仅是 A- 模而且是一个环. 矩阵 $\boldsymbol{S} \in \mathrm{M}_n(A)$ 称为**可逆**就是它作为环的元素是可逆元, 见定义 3.3.2. 也就是说, 若存在 $\boldsymbol{T} \in \mathrm{M}_n(A)$ 使得 $\boldsymbol{ST} = \boldsymbol{TS} = \boldsymbol{E}$ 则称 $\boldsymbol{S}$ 可逆并记 $\boldsymbol{T} = \boldsymbol{S}^{-1}$. $\mathrm{M}_n(A)$ 的可逆元乘群记作 $\mathrm{GL}_n(A) := \mathrm{M}_n(A)^\times$, 称为 A 上的 n 级**一般线性群**.

像基础线性代数一样定义矩阵的**初等变换**:

消法变换 把矩阵的第 i 列 (第 i 行) 的 a 倍加到第 j 列 (第 j 行), 其中,

$$1 \leqslant i \neq j \leqslant n, a \in A;$$

倍法变换 把矩阵的第 i 列 (第 i 行) 乘以 a, 其中, $1 \leqslant i \leqslant n$, $a \in A^\times$, 相应的有初等矩阵 (用 E_{ij} 记 (i,j) 元是 1 其他元全为零的矩阵);

消法初等矩阵 $\boldsymbol{E}_{ij}(a) = \boldsymbol{E} + a\boldsymbol{E}_{ij}$, 其中, $1 \leqslant i \neq j \leqslant n$, $a \in A$;

倍法初等矩阵 $\boldsymbol{E}_i(a) = \boldsymbol{E} + (a-1)\boldsymbol{E}_{ii}$, 其中, $1 \leqslant i \leqslant n$, $a \in A^\times$.

用初等矩阵右乘 $\boldsymbol{S}$ 的结果是对 $\boldsymbol{S}$ 做相应列变换的结果, 左乘 $\boldsymbol{S}$ 的结果是对 $\boldsymbol{S}$ 做相应行变换的结果.

其次, 对方阵 $\boldsymbol{S} = \begin{pmatrix} a_{11} & \cdots & a_{1n} \\ \vdots & & \vdots \\ a_{n1} & \cdots & a_{nn} \end{pmatrix} \in \mathrm{M}_n(A)$, 像定理 2.9.1 后面的第二个注解那样定义**行列式**:

$$\det \boldsymbol{S} := \sum_{\alpha \in S_n} (\operatorname{sign} \alpha) a_{1,\alpha(1)} a_{2,\alpha(2)} \cdots a_{n,\alpha(n)}.$$

行列式的所有性质：多重线性、交错性、展开性质 (包括拉普拉斯展开) 等都成立. 证明也与基础线性代数课程中的证明相同. 但需注意：有的线性代数书中证明行列式的交错性质时用到性质 "$2a = 0$ 则 $a = 0$", 这对一般交换环不成立, 因此这样的证明不适用这里. 另一些线性代数书的证明则完全适用于一般交换环.

行列式乘法定理　$\det(\boldsymbol{ST}) = \det \boldsymbol{S} \cdot \det \boldsymbol{T}$, $\forall\ \boldsymbol{S}, \boldsymbol{T} \in \mathrm{M}_n(A)$.

证　$\begin{pmatrix} \boldsymbol{T} & \boldsymbol{E} \\ \boldsymbol{0} & \boldsymbol{S} \end{pmatrix} \begin{pmatrix} \boldsymbol{E} & \boldsymbol{0} \\ -\boldsymbol{T} & \boldsymbol{E} \end{pmatrix} = \begin{pmatrix} \boldsymbol{0} & \boldsymbol{E} \\ -\boldsymbol{ST} & \boldsymbol{S} \end{pmatrix}$. 这表明通过一系列消法列变换可以把矩阵 $\begin{pmatrix} \boldsymbol{T} & \boldsymbol{E} \\ \boldsymbol{0} & \boldsymbol{S} \end{pmatrix}$ 变为矩阵 $\begin{pmatrix} \boldsymbol{0} & \boldsymbol{E} \\ -\boldsymbol{ST} & \boldsymbol{S} \end{pmatrix}$. 因此

$$\det \begin{pmatrix} \boldsymbol{T} & \boldsymbol{E} \\ \boldsymbol{0} & \boldsymbol{S} \end{pmatrix} = \det \begin{pmatrix} \boldsymbol{0} & \boldsymbol{E} \\ -\boldsymbol{ST} & \boldsymbol{S} \end{pmatrix}.$$

再利用拉普拉斯展开, 可得左边 $= \det \boldsymbol{T} \cdot \det \boldsymbol{S} = \det \boldsymbol{S} \cdot \det \boldsymbol{T}$, 而右边 $= \det(\boldsymbol{ST})$. 所以, $\det(\boldsymbol{ST}) = \det \boldsymbol{S} \cdot \det \boldsymbol{T}$.　□

作为行列式乘法定理的应用, 易得以下命题.

命题 X14.1　交换环 A 上的 n 阶矩阵 $\boldsymbol{S}$ 是可逆矩阵当且仅当它的行列式 $\det \boldsymbol{S}$ 是 A 的可逆元.

证　必要性. 设 $\boldsymbol{T} \in \mathrm{M}_n(A)$ 使得 $\boldsymbol{ST} = \boldsymbol{TS} = \boldsymbol{E}$, 则

$$\det \boldsymbol{S} \cdot \det \boldsymbol{T} = \det(\boldsymbol{ST}) = \det \boldsymbol{E} = 1,$$

所以, $\det \boldsymbol{S} \in A^{\times}$ 是可逆元.

充分性. 用 $\boldsymbol{S}^{\mathrm{adj}}$ 记矩阵 $\boldsymbol{S}$ 的**伴随矩阵**, 即 $\boldsymbol{S}^{\mathrm{adj}}$ 的 (i,j)- 元是 $\boldsymbol{S}$ 的 (j,i)- 代数余子式. 那么从行列式的展开性质得

$$\boldsymbol{S} \cdot \boldsymbol{S}^{\mathrm{adj}} = \boldsymbol{S}^{\mathrm{adj}} \cdot \boldsymbol{S} = (\det \boldsymbol{S}) \cdot \boldsymbol{E}.$$

如果 $\det \boldsymbol{S} \in A^{\times}$, 用 $(\det \boldsymbol{S})^{-1}$ 乘上式两边, 得

$$\boldsymbol{S} \cdot ((\det \boldsymbol{S})^{-1} \boldsymbol{S}^{\mathrm{adj}}) = ((\det \boldsymbol{S})^{-1} \boldsymbol{S}^{\mathrm{adj}}) \cdot \boldsymbol{S} = \boldsymbol{E},$$

即 $\boldsymbol{S}$ 可逆且 $\boldsymbol{S}^{-1}=(\det\boldsymbol{S})^{-1}\boldsymbol{S}^{\mathrm{adj}}$. □

推论 对 $\boldsymbol{S}\in\mathrm{M}_n(A)$ 若有 $\boldsymbol{T}\in\mathrm{M}_n(A)$ 使 $\boldsymbol{ST}=\boldsymbol{E}$, 则 $\boldsymbol{S}$ 可逆且 $\boldsymbol{S}^{-1}=\boldsymbol{T}$.

证 $\det\boldsymbol{S}\cdot\det\boldsymbol{T}=\det(\boldsymbol{ST})=\det\boldsymbol{E}=1$, 所以 $\det\boldsymbol{S}\in A^{\times}$. 因而 $\boldsymbol{S}$ 可逆. 用 $\boldsymbol{S}^{-1}$ 左乘 $\boldsymbol{ST}=\boldsymbol{E}$ 两边, 即得 $\boldsymbol{T}=\boldsymbol{S}^{-1}$. □

再考虑有限生成的自由 A- 模. 因为 A 是交换环, 由定理 X13.1, 有限生成自由 A- 模的基底含向量个数是固定的, 即是它的维数 (见定义 X13.4). 这使得基础线性代数课程的有关基底的内容在这里可以展开.

记 $A^n:=\overbrace{A\oplus\cdots\oplus A}^{n}=\{(a_1,\cdots,a_n)\mid a_i\in A\}$. 由引理 X13.3, A^n 是有限生成自由 A- 模, $\dim A^n=n$.

设 U 是有限生成自由 A- 模. 设 $(u_1,\cdots,u_n)$ 是 U 的基底, 其中, $n=\dim U$. 那么任 $x\in U$ 有唯一 $(a_1,\cdots,a_n)\in A^n$ 使得 $x=a_1u_1+\cdots+a_nu_n$, 用矩阵记法:

$$x=(u_1,\cdots,u_n)\begin{pmatrix}a_1\\ \vdots\\ a_n\end{pmatrix}.$$

这个唯一的 $(a_1,\cdots,a_n)$ 称为 x 在基底 $(u_1,\cdots,u_n)$ 下的**坐标**. 而且把 $x\in U$ 对应为它的坐标 $(a_1,\cdots,a_n)\in A^n$ 的映射是从 U 到 A^n 的同构映射.

那么任元素序列 $x_1,\cdots,x_m\in U$, 对应的坐标是 A^n 的元素序列

$$\begin{matrix}x_1 & \cdots & x_m\\ \downarrow & & \downarrow\\ \begin{pmatrix}a_{11}\\ \vdots\\ a_{n1}\end{pmatrix} & \cdots & \begin{pmatrix}a_{1m}\\ \vdots\\ a_{nm}\end{pmatrix}\end{matrix}$$

以这些 A^n 的元素为列排成矩阵, 用矩阵记法, 就得以下引理.

引理 X14.1 设 $(u_1,\cdots,u_n)$ 是自由 A- 模 U 的基底, 则 U 的任一元素序列 $x_1,\cdots,x_m$ 对应唯一矩阵 $\boldsymbol{S}=(a_{ij})_{n\times m}\in\mathrm{M}_{n\times m}(A)$ 使得

$$(x_1,\cdots,x_m)=(u_1,\cdots,u_n)\boldsymbol{S}=(u_1,\cdots,u_n)\begin{pmatrix}a_{11} & \cdots & a_{1m}\\ \vdots & & \vdots\\ a_{n1} & \cdots & a_{nm}\end{pmatrix}.$$

证 按矩阵乘法规则, 此式等价于 $x_j=a_{1j}u_1+\cdots+a_{nj}u_n$, $j=1,\cdots,m$. 故只需且必须取矩阵 $\boldsymbol{S}$ 使其第 j 列是元素 x_j 的坐标, 即这个矩阵存在且唯一. □

推论 记号如上. 如果 $\boldsymbol{S}=(a_{ij})_{n\times m}$, $\boldsymbol{T}=(b_{ij})_{n\times m}\in \mathrm{M}_{n\times m}(A)$, 使得

$$(u_1,\cdots,u_n)\begin{pmatrix} a_{11} & \cdots & a_{1m} \\ \vdots & & \vdots \\ a_{n1} & \cdots & a_{nm} \end{pmatrix}=(u_1,\cdots,u_n)\begin{pmatrix} b_{11} & \cdots & b_{1m} \\ \vdots & & \vdots \\ b_{n1} & \cdots & b_{nm} \end{pmatrix},$$

则 $\boldsymbol{S}=\boldsymbol{T}$.

证 因为这个等式两边表示 U 中同一个元素序列 $x_1,\cdots,x_m$, 由引理 X14.1 的唯一性, 得 $\boldsymbol{S}=\boldsymbol{T}$. □

记号同引理 X14.1, 如果 $(u_1',\cdots,u_n')$ 也是 U 的基底, 由引理 X14.1, 有唯一矩阵 $\boldsymbol{T}=(b_{ij})_{n\times n}\in \mathrm{M}_n(A)$ 使得 $(u_1',\cdots,u_n')=(u_1,\cdots,u_n)\boldsymbol{T}$. 这个矩阵 $\boldsymbol{T}$ 称为从基底 $(u_1,\cdots,u_n)$ 到基底 $(u_1',\cdots,u_n')$ 的**变换矩阵**.

命题 X14.2 设 $(u_1,\cdots,u_n)$ 是有限生成自由 A- 模 U 的基底. 设 $\boldsymbol{T}=(b_{ij})_{n\times n}\in \mathrm{M}_n(A)$. 则 U 的元素序列 $(u_1,\cdots,u_n)\boldsymbol{T}$ 也是 U 的基底当且仅当 $\boldsymbol{T}\in \mathrm{GL}_n(A)$.

证 记 $(u_1',\cdots,u_n')=(u_1,\cdots,u_n)\boldsymbol{T}$.

必要性. 设 $(u_1',\cdots,u_n')$ 也是基底. 由引理 X14.1, 存在 $\boldsymbol{S}=(a_{ij})_{n\times n}\in \mathrm{M}_n(A)$ 使得 $(u_1,\cdots,u_n)=(u_1',\cdots,u_n')\boldsymbol{S}$. 那么

$$\begin{aligned}(u_1,\cdots,u_n)\boldsymbol{E}&=(u_1,\cdots,u_n)=(u_1',\cdots,u_n')\boldsymbol{S}\\&=\big((u_1,\cdots,u_n)\boldsymbol{T}\big)\boldsymbol{S}=(u_1,\cdots,u_n)(\boldsymbol{T}\boldsymbol{S}).\end{aligned}$$

根据引理 X14.1 的推论, 得 $\boldsymbol{TS}=\boldsymbol{E}$. 再由命题 X14.1 的推论, 得 $\boldsymbol{T}$ 是可逆矩阵.

充分性. 设 $\boldsymbol{T}$ 是可逆矩阵. 从 $(u_1',\cdots,u_n')=(u_1,\cdots,u_n)\boldsymbol{T}$, 得 $(u_1,\cdots,u_n)=(u_1',\cdots,u_n')\boldsymbol{T}^{-1}$. 对任 $x\in U$, 因 $(u_1,\cdots,u_n)$ 是基底, $x=a_1u_1+\cdots+a_nu_n$, 其中, $a_j\in A$. 那么

$$x=(u_1,\cdots,u_n)\begin{pmatrix} a_1 \\ \vdots \\ a_n \end{pmatrix}=(u_1',\cdots,u_n')\ \boldsymbol{T}^{-1}\begin{pmatrix} a_1 \\ \vdots \\ a_n \end{pmatrix}.$$

令 $\begin{pmatrix} a_1' \\ \vdots \\ a_n' \end{pmatrix}:=\boldsymbol{T}^{-1}\begin{pmatrix} a_1 \\ \vdots \\ a_n \end{pmatrix}$, 即得 $x=a_1'u_1'+\cdots+a_n'u_n'$. 所以 $u_1'\cdots,u_n'$ 生成 U.

再设 $c_i\in A$ 使得线性组合 $c_1u_1'+\cdots+c_nu_n'=0$, 则

$$(u_1,\cdots,u_n)\boldsymbol{T}\begin{pmatrix} c_1 \\ \vdots \\ c_n \end{pmatrix}=(u_1',\cdots,u_n')\begin{pmatrix} c_1 \\ \vdots \\ c_n \end{pmatrix}=0=(u_1,\cdots,u_n)\begin{pmatrix} 0 \\ \vdots \\ 0 \end{pmatrix}.$$

由引理 X14.1 的推论得 $\boldsymbol{T}\begin{pmatrix} c_1 \\ \vdots \\ c_n \end{pmatrix}=\begin{pmatrix} 0 \\ \vdots \\ 0 \end{pmatrix}$. 故 $\begin{pmatrix} c_1 \\ \vdots \\ c_n \end{pmatrix}=\boldsymbol{T}^{-1}\begin{pmatrix} 0 \\ \vdots \\ 0 \end{pmatrix}=\begin{pmatrix} 0 \\ \vdots \\ 0 \end{pmatrix}$, 即 $c_1=\cdots=c_n=0$. 所以 $u_1',\cdots,u_n'$ 是 A- 线性无关的. 因此 $(u_1',\cdots,u_n')$ 也是 U 的基底. □

还有很多基础线性代数的知识可推广到交换环 A, 如有限生成自由 A- 模的 A-线性映射 (A-线性变换) 在基底下对应为矩阵、基底变换时有相应矩阵变换公式等. 限于篇幅, 不能一一陈述.

习 题 X14

1. 证明：初等矩阵是可逆矩阵：

$$E_{ij}(a)^{-1}=E_{ij}(-a),\qquad E_i(a)^{-1}=E_i(a^{-1}).$$

初等矩阵的行列式

$$\det E_{ij}(a)=1,\qquad \det E_i(a)=a.$$

2. 证明：$\begin{pmatrix} 1 & 1 & 1 \\ 1 & 2 & 3 \\ 1 & 3 & 6 \end{pmatrix}\in \mathrm{M}_3(\mathbb{Z})$ 是可逆的并求它的逆.

3. 下列矩阵是 $\mathrm{M}_3(\mathbb{Z}_4)$ 中的矩阵. 判断它们是否可逆, 若可逆则求其逆.

(1) $\begin{pmatrix} 1 & 1 & 1 \\ 1 & 3 & 2 \\ 1 & 2 & 3 \end{pmatrix}$;　　(2) $\begin{pmatrix} 0 & 1 & 1 \\ 3 & 3 & 2 \\ 2 & 3 & 3 \end{pmatrix}$.

4. 设 $\boldsymbol{S},\boldsymbol{T}\in \mathrm{M}_n(A)$. 如果 $\boldsymbol{ST}=\boldsymbol{E}$, 则 $\boldsymbol{TS}=\boldsymbol{E}$.

5. 证明：对角矩阵 $\mathrm{diag}(a_1,\cdots,a_n)\in \mathrm{M}_n(A)$ 可逆当且仅当每 a_i 可逆.

6. 证明：$\boldsymbol{S}\in \mathrm{M}_n(A)$ 是中心元 (即 $\boldsymbol{ST}=\boldsymbol{TS}, \forall\, \boldsymbol{T}\in \mathrm{M}_n(A)$) 当且仅当 $\boldsymbol{S}$ 是纯量矩阵 (即 $\boldsymbol{S}=a\boldsymbol{E}$, 对某 $a\in A$).

7. 判断下列 $\mathbb{Z}^3$ 的元素序列是否 $\mathbb{Z}^3$ 的基底：

(1) $(1,1,1)$, $(1,2,3)$, $(1,3,5)$;

(2) $(1,1,1)$, $(1,2,3)$, $(1,3,6)$;

(3) $(1,1,1)$, $(1,2,3)$, $(1,2,6)$.

X15　主理想整环上的矩阵

本节始终设 A 是主理想整环. 本节内容是基础线性代数课程中关于 λ- 矩阵内容的推广, 论证也完全是类似的.

对 $\boldsymbol{S},\boldsymbol{T}\in \mathrm{M}_{m\times n}(A)$, 称 $\boldsymbol{S}$ 与 $\boldsymbol{T}$**等价**, 记作 $\boldsymbol{S}\cong\boldsymbol{T}$, 如果存在 $\boldsymbol{P}\in \mathrm{GL}_m(A)$ 和 $\boldsymbol{Q}\in \mathrm{GL}_n(A)$ 使得 $\boldsymbol{PSQ}=\boldsymbol{T}$.

按此定义, 如果可以通过有限步初等变换把 $\boldsymbol{S}$ 变为 $\boldsymbol{T}$, 则 $\boldsymbol{S}\cong\boldsymbol{T}$. 这是因为行 (列) 初等变换就是左 (右) 乘初等矩阵而初等矩阵是可逆矩阵 (见习题 X14 的 1).

因为 A 是因子分解整环 (定理 X7.2), 所以 A 的任有限个元的最大公因子存在, 且只要有限个元素中有非零元, 它们的最大公因子就非零, 见命题 X7.1. 注意: 零元 $0,\cdots,0$ 的最大公因子是 0.

定义 X15.1 设 $\boldsymbol{S}=(a_{ij})_{m\times n}\in \mathrm{M}_{m\times n}(A)$, $1\leqslant k\leqslant \min\{m,n\}$. 称 $\boldsymbol{S}$ 的所有 k 阶子式的最大公因子为 $\boldsymbol{S}$ 的第 k 个**子式因子**. 矩阵 $\boldsymbol{S}$ 的非零子式因子的最大阶数称为矩阵的**秩**, 记作 $\operatorname{rank}\boldsymbol{S}$.

注 最大公因子是一个相伴类. 对具体的主理想整环, 可以在每个素元相伴类中选定一个代表元 p. 任意元素 a 有标准分解式 (见引理 X7.1 后的注解)

$$a=cp_1^{m_1}\cdots p_\ell^{m_\ell},\quad m_i>0,\ \ c\in A^\times,\ \ p_1,\cdots,p_\ell\ \text{是不同素相伴类的素元代表},$$

这样 a 的相伴类的代表元就是 $p_1^{m_1}\cdots p_r^{m_\ell}$. 可逆元类 $A^\times$ 取 1 做代表, 零类 $\{0\}$ 唯一元 0 是代表. 这样在每个相伴类中都选定了代表元.

例如, 对 $\mathbb{Z}$, 一个相伴类是互为相反的两个整数, 素元类取正素数为代表, 那么任整数相伴类就是正整数做代表. 又如域 F 上一元多项式环 $F[\lambda]$, 通常取首一的素多项式做素元类代表, 任一相伴类也就是首一多项式做代表.

这样, 把 $\boldsymbol{S}$ 的第 k 个子式因子相伴类中那个代表元作为第 k 个子式因子, 记作 Δ_k^S, 它就是一个元素. 基础线性代数中 λ- 矩阵的子式因子就是这样处理的, 它的子式因子是指首一的那个最大公因子. 以后对因子相伴类问题都这样处理.

定理 X15.1 设 $\boldsymbol{S},\boldsymbol{T}\in \mathrm{M}_{m\times n}(A)$. 如果 $\boldsymbol{S}\cong\boldsymbol{T}$ 则 $\Delta_k^{\boldsymbol{S}}=\Delta_k^{\boldsymbol{T}}$.

证 设 $\boldsymbol{S}=(a_{ij})_{m\times n}$. 设 $\boldsymbol{Q}=(q_{ij})_{n\times n}\in \mathrm{GL}_n(A)$. 把矩阵 $\boldsymbol{S}$ 按列分块 $\boldsymbol{S}=(\boldsymbol{S}_1,\cdots,\boldsymbol{S}_n)$, 其中, $\boldsymbol{S}_j$ 是 $\boldsymbol{S}$ 的第 j 个列向量. 那么按矩阵分块乘法得

$$\boldsymbol{SQ}=(\boldsymbol{S}_1,\cdots,\boldsymbol{S}_n)\begin{pmatrix} q_{11} & \cdots & q_{1n}\\ \vdots & & \vdots\\ q_{n1} & \cdots & q_{nn}\end{pmatrix}=\left(\sum_{i=1}^n q_{i1}\boldsymbol{S}_i,\ \ \cdots,\ \ \sum_{i=1}^n q_{in}\boldsymbol{S}_i\right),$$

即 $\boldsymbol{SQ}$ 每列都是 $\boldsymbol{S}$ 的列 $\boldsymbol{S}_1,\cdots,\boldsymbol{S}_n$ 的线性组合. 由行列式的多重线性, $\boldsymbol{SQ}$ 的任一个 k- 阶子式可以写成 $\boldsymbol{S}$ 的一些 k 阶子式的线性组合. 而 $\boldsymbol{S}$ 的任何 k 阶子式被 $\Delta_k^{\boldsymbol{S}}$ 整除, 所以 $\boldsymbol{SQ}$ 的任一个 k- 阶子式被 $\Delta_k^{\boldsymbol{S}}$ 整除. 按子式因子的定义, 得

$$\Delta_k^{\boldsymbol{S}}\ \Big|\ \Delta_k^{\boldsymbol{SQ}}.$$

这整除式对任 $\boldsymbol{S}$ 和 $\boldsymbol{Q}$ 成立, 那么还有 $\Delta_k^{\boldsymbol{SQ}} \mid \Delta_k^{(\boldsymbol{SQ})\boldsymbol{Q}^{-1}}$, 即 $\Delta_k^{\boldsymbol{SQ}} \mid \Delta_k^{\boldsymbol{S}}$. 所以得到 $\Delta_k^{\boldsymbol{S}} \sim \Delta_k^{\boldsymbol{SQ}}$. 按定义 X15.1 后的注解, 这里选择子式因子为相伴类代表元, 故 $\Delta_k^{\boldsymbol{S}} = \Delta_k^{\boldsymbol{SQ}}$.

类似地证明 $\Delta_k^{\boldsymbol{S}} = \Delta_k^{\boldsymbol{PS}}$. 所以 $\Delta_k^{\boldsymbol{S}} = \Delta_k^{\boldsymbol{SQ}} = \Delta_k^{\boldsymbol{P}(\boldsymbol{SQ})} = \Delta_k^{\boldsymbol{PSQ}}$. □

推论 初等变换不改变 A 上矩阵的子式因子, 从而不改变秩.

证 因为初等变换的结果等于乘以初等矩阵, 而初等矩阵是可逆矩阵. □

回想, 矩阵 (不必方阵) 的 (1,1)- 位、(2,2)- 位、(3,3)- 位等称为对角线. 对角线以外全为零的矩阵称为对角矩阵. 对角矩阵简记为 $\operatorname{diag}(a_1, a_2, \cdots)$.

定理 X15.2(等价标准形) 任 $\boldsymbol{S} \in \mathrm{M}_{m\times n}(A)$. 等价于对角矩阵

$$\operatorname{diag}(d_1, \cdots, d_r, 0, \cdots, 0),$$

其中, $r = \operatorname{rank}\boldsymbol{S}$, 而 $d_1, \cdots, d_r$ 都非零而且是相伴类代表元 (见定义 X15.1 后的注解) 且满足

$$d_i \mid d_{i+1}, \qquad i = 1, \cdots, r-1. \tag{IF}$$

而且 (约定 $d_i = 0$ 若 $i > r$)

$$d_1 \cdots d_i = \Delta_i^{\boldsymbol{S}}, \qquad i = 1, \cdots, \min\{m, n\}. \tag{IS}$$

从而 $d_1, \cdots, d_r$ 由 $\boldsymbol{S}$ 唯一确定.

定义 X15.2 称定理中的对角形为 $\boldsymbol{S}$ 的**等价标准形** (本定理称为主理想整环上矩阵等价标准形定理), 称对角线上的 $d_1, \cdots, d_r$ 为 $\boldsymbol{S}$ 的**不变因子组**.

证 设 A 是欧式整环, 设 $\delta: A - \{0\} \to \mathbb{Z}^+$ 是相应的欧氏函数, 见定义 3.3.5. 因为这样可充分利用基础线性代数课的资源, 把那里对 λ- 矩阵的论证平移过来就行, 这使得论证容易理解. 当 A 是主理想整环时, 做一些修改就可以.

设 $\boldsymbol{S} = (a_{ij})_{m\times n}$. 若 $\boldsymbol{S} = 0$ 结论显然成立. 设 $\boldsymbol{S} \neq 0$.

- **操作 1** 若 $\boldsymbol{S} \neq 0$, 通过行对换列对换把 $\boldsymbol{S}$ 的 $\delta(a_{ij})$ 最小的非零元换到 (1,1)- 位置. 可设 $a_{11} \neq 0$ 且 $\delta(a_{11})$ 最小.
- **操作 2** 若存在 a_{1j} 或 a_{i1} 不被 a_{11} 整除, 那么做欧氏除法

$$a_{1j} = a_{11}q + r \quad (\text{或} \quad a_{i1} = a_{11}q + r), \qquad \delta(r) < \delta(a_{11}).$$

所得余数 $r \neq 0$, 用消法变换将 $(1, j)$(或 $(i, 1)$)- 位置变为 r, 回到操作 1.

否则 $(1,1)$ 位置元素非零且整除第 1 行和第 1 列的所有元素, 那么通过行、列消法变换把第 1 行和第 1 列的除 $(1,1)$ 位置外的所有位置变为 0:

$$\begin{pmatrix} a_{11} & 0 & \cdots & 0 \\ 0 & b_{22} & \cdots & b_{2n} \\ \vdots & \vdots & & \vdots \\ 0 & b_{m2} & \cdots & b_{mn} \end{pmatrix}.$$

• **操作 3** 如果存在 b_{ij} 不被 a_{11} 整除, 则把第 i 行加到第 1 行, $(1,j)$ 处的元变为 b_{ij}, 再做操作 2.

由于经过有限步操作后, $(1,1)$ 位置元素的 $\delta(\cdot)$ 值必减小. 而 $\delta(\cdot)$ 是非负整值, 不可能无限减小, 所以经过有限步操作之后必达到形式

$$\begin{pmatrix} d_1 & 0 & \cdots & 0 \\ 0 & b_{22} & \cdots & b_{2n} \\ \vdots & \vdots & & \vdots \\ 0 & b_{m2} & \cdots & b_{mn} \end{pmatrix},$$

其中, d_1 整除所有 b_{ij}. 按子式因子的定义, $d_1 = \Delta_1^{\boldsymbol{S}}$.

对 $\boldsymbol{S}_1 = \begin{pmatrix} b_{22} & \cdots & b_{2n} \\ \vdots & & \vdots \\ b_{m2} & \cdots & b_{mn} \end{pmatrix} \in \mathrm{M}_{(m-1)\times(n-1)}(A)$, 按对矩阵的尺码的归纳法, 有限步初等变换把 $\boldsymbol{S}_1$ 化为对角矩阵 $\operatorname{diag}(d_2,\ \cdots,\ d_r,\ \overbrace{0,\ \cdots,\ 0}^{n-r})$, 其中, $d_2,\cdots,d_r$ 为非零元且为相伴类代表元且满足 $d_2 \,|\, \cdots \,|\, d_r$, 而且 $d_2 = \Delta_1^{\boldsymbol{S}_1}$ 是所有 b_{ij} 的最大公因子, 因而 $d_1 \,|\, d_2$. 那么

$$\boldsymbol{S} \cong \begin{pmatrix} d_1 & \\ & \boldsymbol{S}_1 \end{pmatrix} \cong \operatorname{diag}(d_1,\ d_2,\ \cdots,\ d_r,\ 0,\ \cdots,\ 0),$$

满足 $d_i \,|\, d_{i+1}$, $i = 1,\cdots,r-1$. 对满足这种条件的对角矩阵容易计算它的 k 阶子式因子 (由定理 X15.1, 就是 $\boldsymbol{S}$ 的 k 阶子式因子) 是

$$\Delta_k^{\boldsymbol{S}} = \begin{cases} d_1 \cdots d_k, & 若 1 \leqslant k \leqslant r; \\ 0, & 若 r < k \leqslant n. \end{cases}$$

从而 $d_k = \Delta_k^{\boldsymbol{S}} / \Delta_{k-1}^{\boldsymbol{S}}$ 由 $\boldsymbol{S}$ 唯一确定. □

继续定理 X15.2 的记号. 由定义 X15.1 后的注解, 假设出现在所有非零不变因子 d_i 中的素元代表元为 $p_1,\ \cdots,p_k$, 那么 $\boldsymbol{S}$ 的所有非零不变因子就表写成

$$d_1 = p_1^{m_{11}} p_2^{m_{12}} \cdots p_k^{m_{1k}},$$
$$\cdots\cdots$$
$$d_r = p_1^{m_{r1}} p_2^{m_{r2}} \cdots p_k^{m_{rk}},$$

其中, $p_1,\cdots,p_r$ 是不同素相伴类的素元代表, 且

$$0 \leqslant m_{1j} \leqslant m_{2j} \leqslant \cdots \leqslant m_{rj} \quad 且 \ 0 < m_{rj}, \qquad j = 1,\cdots,k.$$

定义 X15.3 符号如上. 把

$$\begin{cases} p_1^{m_{11}}, & p_2^{m_{12}}, & \cdots, & p_k^{m_{1k}}, \\ \cdots\cdots \\ p_1^{m_{r1}}, & p_2^{m_{r2}}, & \cdots, & p_k^{m_{rk}}, \end{cases}$$

之中的 1 (即指数 $m_{st}=0$ 的那些因子) 去掉后得的因子组称为主理想整环 A 上的矩阵 $\boldsymbol{S}$ 的**初等因子组**.

例如, 在 $\mathrm{M}_3(\mathbb{Z})$ 中, $\boldsymbol{S}=\begin{pmatrix}0&1&1\\6&2&8\\60&2&2\end{pmatrix}\cong\begin{pmatrix}1&&\\&6&\\&&60\end{pmatrix}$, 其中, $1\,|\,6\,|\,60$, 所以 $\boldsymbol{S}$ 的不变因子组是 1, 6, 60. 由于

$$\begin{aligned} 1&=2^0\quad 3^0\quad 5^0, \\ 6&=2^1\quad 3^1\quad 5^0, \\ 60&=2^2\quad 3^1\quad 5^1, \end{aligned}$$

故 $\boldsymbol{S}$ 的初等因子组是 2, 2^2, 3, 3, 5.

注 显然, 知道了 $\boldsymbol{S}$ 的秩和初等因子组可以重构出 $\boldsymbol{S}$ 的不变因子组.

例如, 设 $\boldsymbol{S}\in\mathrm{M}_3(\mathbb{Z})$ 的秩 $=3$, 初等因子组是 2, 2^2, 3, 3, 5. 重构不变因子:

- d_3 只能是所有初等因子中的最高次幂之积: $d_3=2^2\cdot3\cdot5$.
- 把用过的初等因子去掉剩下 2, 3; d_2 只能是这些初等因子中的最高次幂之积, 即 $d_2=2\cdot3$.
- 所有初等因子用完了, 所以 $d_1=1$.

习 题 X15

1. 证明: $\mathrm{M}_n(A)$ 中关系 "$\cong$" 是等价关系.

2. 设 $\boldsymbol{S},\boldsymbol{T}\in\mathrm{M}_n(A)$. 证明: 如果在 $\mathrm{M}_n(A)$ 中 $\boldsymbol{S}\cong\boldsymbol{T}$, 则在 A 中 $\det\boldsymbol{S}\sim\det\boldsymbol{T}$.

3. 求 $\begin{pmatrix}3&0&2&1\\2&0&2&0\\2&2&0&2\\10&0&-2&0\end{pmatrix}\in\mathrm{M}_4(\mathbb{Z})$ 的不变因子组和初等因子组.

4. 已知 $\boldsymbol{S}\in\mathrm{M}_5(\mathbb{Z})$ 的秩 $=4$, 初等因子组是 2, 2^2, 3^2, 3^3, 3^6, 7, 7, 7, 7, 求 $\boldsymbol{S}$ 的不变因子组.

5. 设 A 是主理想整环, 设 $\boldsymbol{S},\boldsymbol{T}\in\mathrm{M}_n(A)$. 证明以下等价:

(1) $\boldsymbol{S}\cong\boldsymbol{T}$;

(2) $\boldsymbol{S}$ 与 $\boldsymbol{T}$ 有相同的子式因子组;

(3) $\boldsymbol{S}$ 与 $\boldsymbol{T}$ 有相同的不变因子组;

(4) $\boldsymbol{S}$ 与 $\boldsymbol{T}$ 有相同的秩和相同的初等因子组.

6. 设 A 是欧氏整环, $\boldsymbol{S}\in \mathrm{GL}_n(A)$. 证明: $\boldsymbol{S}$ 可以写成初等矩阵之积.

X16 主理想整环上的模

本节始终设 A 是主理想整环.

那么任意 A- 模 V 的任元素 $v\in V$ 的阶理想 (见引理 X13.2) $\mathrm{Ann}_A(v)=Aa$ 由一个元素 a 生成, 而且生成元 a 在相伴意义下唯一, 见命题 3.8.1 的 (2).

定义 X16.1 (1) 称 A- 模 V 的元素 v 的阶理想的生成元为元素 v 的**阶**, 记作 $\mathrm{ord}(v)$. 若 $\mathrm{ord}(v)\neq 0$ 则称 v 为**绕元**. 若 $\mathrm{ord}(v)=0$ 则称 v 为**无绕元**.

(2) 如果 V 的元素都是绕元, 则称 V 为绕模. 如果 V 的元素都是无绕元, 则称 V 为无绕模.

阶为 1 的元只有零元 0, 而无绕元 (阶为 0 的元)v 只被 0 零化. 按定义 X13.2, v 是 A- 线性无关, 从而 Av 是维数 1 的自由模. 故无绕元也称**自由元**.

例如, 循环模一定是正则模 A 的商模 A/Aa. 用 $\bar{1}$ 记 A/Aa 中 1 的剩余类 $1+Aa$, 则 $A/Aa=A\cdot\bar{1}$ 以 $\bar{1}$ 为生成元且 $\mathrm{ord}(\bar{1})=a$. 因此, 若 $a\neq 0$, 则称 A/Aa 是阶为 a 的循环绕模. 若 $a=0$ 则 $A/0=A$ 就是正则模. $\mathrm{ord}(1)=0$, 即 1 是自由元.

引理 X16.1 设 Au 是维数 1 的自由 A- 模, $d\in A$. 则 $A(du)\leqslant Au$, 且

(1) $d=0$ 时 $A(du)=0$ 是零子模, 商模 $Au/0\cong A$;

(2) $d\neq 0$ 时 $A(du)$ 也是维数 1 的自由 A- 模, 商模 $Au/A(du)\cong A/Ad$.

证 $Adu=\{adu\mid a\in A\}$. 对 $a,a'\in A$, $adu-a'du=(a-a')du\in Adu$, $a(a'du)=(aa')du\in Adu$. 所以 $Adu\leqslant Au$.

$d=0$ 时, $adu=a0u=0,\ \forall\ a\in A$, 即 $Adu=0$. 任何模对 0 子模的商模都不变, 即 $Au/0=Au\cong A$.

设 $d\neq 0$, 则 Adu 的生成元 du 是 A- 线性无关. 因: 若 $a(du)=0$ 则由于 u 是 A- 线性无关故得 $ad=0$, 但 A 是整环, $d\neq 0$, 所以 $a=0$. 即知 Adu 是维数 1 的自由 A- 模. 最后 $A\to Au$, $a\mapsto au$ 是同构, $Au\to Au/Adu$, $au\mapsto\overline{au}=au+Adu$ 是自然满同态, 同态核 $=Adu$; 而 Adu 在 A 中的原象是 Ad, 所以合成满同态 $A\to Au\to Au/Adu$, $a\mapsto\overline{au}$ 的核是 Ad. 由同态基本定理, $A/Ad\cong Au/Adu$. □

定理 X16.1 设 U 是有限生成自由 A- 模, W 是 U 的非零子模. 则 W 也是有限生成自由 A- 模且 $\dim W\leqslant\dim U$.

证 设 $n=\dim U$, 设 $(u_1,\cdots,u_n)$ 是 U 的基底, 即 $U=Au_1\oplus Au_2\oplus\cdots\oplus Au_n$, 见引理 X13.3. 任 $w\in W$ 写成 $w=b_1^wu_1+\cdots+b_n^wu_n$, 其中, $(b_1^w,\cdots,b_n^w)\in A^n$ 是 w 在基底 $(u_1,\cdots,u_n)$ 的坐标. 令 $I_1^W:=\{b_1^w\mid w\in W\}$. 对 $b_1^w,b_1^{w'}\in I_1^W$ 和 $a\in A$, 因

$w = b_1^w u_1 + \cdots + b_n^w u_n \in W$, $w' = b_1^{w'} u_1 + \cdots + b_n^{w'} u_n \in W$, 故

$$(b_1^w - b_1^{w'})u_1 + \cdots + (b_n^w - b_n^{w'})u_n = w - w' \in W,$$

$$(ab_1^w)u_1 + \cdots + (ab_n^w)u_n = aw \in W.$$

所以, 它们的 u_1 的系数 $b_1^w - b_1^{w'} \in I_1^W$ 和 $ab_1^w \in I_1^W$. 所以 I_1^W 是 A 的理想. 而 A 是主理想整环, 故存在 $a_1 \in A$ 使得 $I_1^W = Aa_1$.

以下对 n 归纳证明定理结论.

设 $n = 1$, 则 $U = Au_1 = \{au_1 \mid a \in A\}$. 此时按 b_1^w 的定义, 就得 $W = I_1^W u_1$. 因 $W \neq 0$ 故 $I_1^W \neq 0$. 而 $I_1^W = Aa_1$, 从而 $a_1 \neq 0$. 令 $w_1 = a_1 u_1 \in W$. 那么 $W = I_1^W u_1 = (Aa_1)u_1 = A(a_1 u_1) = Aw_1$. 由引理 X16.1, 它是以 $w_1 = a_1 u_1$ 为基底的维数 1 的自由 A- 模.

再设 $n > 1$. 记 $U_1 = Au_2 \oplus \cdots \oplus Au_n$, 这是一个维数 $n-1$ 的自由 A- 模. 关于理想 $I_1^W = Aa_1$ 有两种情形.

如果 $a_1 = 0$ 即 $I_1^W = 0$, 则任 $w \in W$ 形如 $w = b_2^w u_2 + \cdots + b_n^w u_n \in U_1$, 即 $W \subseteq U_1$, 所以 W 是维数 $n-1$ 的自由 A- 模 U_1 的子模. 按归纳假设, W 是有限生成自由 A- 模且 $\dim W \leqslant n - 1 < n$.

否则, $a_1 \neq 0$ 即 $I_1^W = Aa_1 \neq 0$. 按 I_1^W 的定义, 存在 $0 \neq w_1 \in W$ 使得 $b_1^{w_1} = a_1$, 即 $w_1 = a_1 u_1 + b_2^{w_1} u_2 + \cdots + b_n^{w_1} u_n$. 对任 $w \in W$ 有 $w = b_1^w u_1 + b_2^w u_2 + \cdots + b_n^w u_n$, 其中, $b_1^w \in I_1^W = Aa_1$ 故 $b_1^w = aa_1$ 对某 $a \in A$.

$$\begin{aligned} w - aw_1 &= b_1^w u_1 + b_2^w u_2 + \cdots + b_n^w u_n - a(a_1 u_1 + b_2^{w_1} u_2 + \cdots + b_n^{w_1} u_n) \\ &= (b_2^w - ab_2^{w_1})u_2 + \cdots + (b_n^w - ab_n^{w_1})u_n \ \in \ U_1, \end{aligned}$$

得 $w - aw_1 \in W \bigcap U_1$, 故 $W \subseteq Aw_1 + (W \bigcap U_1)$. 反过来因 Aw_1, $(W \bigcap U_1) \subseteq W$, 所以, $Aw_1 + (W \bigcap U_1) \subseteq W$. 得 $W = Aw_1 + W \bigcap U_1$.

$W \bigcap U_1$ 是 U_1 的子模, 按归纳法它是维数 $\leqslant n-1$ 的自由 A- 模. 设 $w_2, \cdots, w_k$ 是 $W \bigcap U_1$ 的基底, $k - 1 \leqslant n - 1$ 即 $k \leqslant n$. 则 $W \bigcap U_1 = Aw_2 \oplus \cdots + Aw_k$, 从而

$$W = Aw_1 + Aw_2 + \cdots + Aw_k.$$

如果 $c_1, c_2, \cdots, c_k \in A$ 使得 $c_1 w_1 + c_2 w_2 + \cdots + c_k w_k = 0$, 那么

$$(c_1 a_1)u_1 + (c_1 b_2)^{w_1} u_2 + \cdots + (c_1 b_n^{w_1})u_n = c_1 w_1 = -c_2 w_2 - \cdots - c_k w_k,$$

这个元素从等式右端看它在 $W \bigcap U_1$ 之中, 因此它在基底 $(u_1, \cdots, u_n)$ 的坐标的第一坐标为零. 再从等式左端看, 就得 $c_1 a_1 = 0$. 而 A 是整环, $a_1 \neq 0$, 故 $c_1 = 0$. 于是 $c_2 w_2 + \cdots + c_k w_k = 0$. 而 $w_2, \cdots, w_k$ 是 A- 线性无关, 故 $c_2 = \cdots = c_k = 0$. 总

结得, $w_1, w_2, \cdots, w_k$ 是 A- 线性无关. 所以 $w_1, w_2, \cdots, w_k$ 是 W 的基底. 得 W 是有限生成自由 A- 模且 $\dim W = k \leqslant n$. □

定理 X16.2(主理想整环上有限生成模结构定理) 设 V 是有限生成 A- 模. 则存在非负整数 f, t 和非零不可逆元 $b_1, \cdots, b_t \in A$ 满足 $b_1 \,|\, b_2 \,|\, \cdots \,|\, b_t$, 使得

$$V \;\cong\; (A/Ab_1) \oplus \cdots \oplus (A/Ab_t) \oplus \overbrace{A \oplus \cdots \oplus A}^{f}.$$

而且 f, t 由 V 唯一决定, $b_1, \cdots, b_t$ 在相伴意义下由 V 唯一决定.

证 这里给出存在性证明, 限于篇幅略去较细致的唯一性证明.

设 $V = Av_1 + \cdots + Av_n$. 取自由 A- 模 $U = Au_1 \oplus \cdots \oplus Au_n$. 由命题 X13.1, 存在满同态 $U \longrightarrow V$, $u_i \mapsto v_i$, $i = 1, \cdots, n$. 记同态核为 W, 则 $V \cong U/W$. 由定理 X16.1, W 是有限生成自由 A- 模且 $k := \dim W \leqslant \dim U = n$. 令 $(w_1, \cdots, w_k)$ 是 W 的基底. 由引理 X14.1 有矩阵 $\boldsymbol{S} = (a_{ij})_{n\times k} \in \mathrm{M}_{n\times k}(A)$ 使得

$$(w_1, \cdots, w_k) = (u_1, \cdots u_n)\boldsymbol{S}. \tag{$*$}$$

根据定理 X15.2, 存在可逆矩阵 $\boldsymbol{P} \in \mathrm{GL}_n(A)$, $\boldsymbol{Q} \in \mathrm{GL}_k(A)$ 使得

$$\boldsymbol{PSQ} = \mathrm{diag}\big(d_1, d_2, \cdots, d_r, 0, \cdots, 0\big),$$

其中, $d_1, \cdots, d_r$ 非零且 $d_1 \,|\, d_2 \,|\, \cdots \,|\, d_r$. 从式 $(*)$ 得

$$(w_1, \cdots, w_k)\boldsymbol{Q} = (u_1, \cdots u_n)\boldsymbol{P}^{-1}\boldsymbol{PSQ}. \tag{$**$}$$

令

$$(w'_1, \cdots, w'_k) := (w_1, \cdots, w_k)\boldsymbol{Q}, \qquad (u'_1, \cdots u'_n) := (u_1, \cdots u_n)\boldsymbol{P}^{-1}.$$

由命题 X14.2, $(w'_1, \cdots, w'_k)$ 是 W 的基底, 而 $(u'_1, \cdots u'_n)$ 是 U 的基底. 从式 $(**)$ 得

$$\begin{aligned}(w'_1, \cdots, w'_k) &= (u'_1, \cdots u'_n)\boldsymbol{PSQ} = (u'_1, \cdots u'_n)\cdot \mathrm{diag}\Big(d_1, d_2, \cdots, d_r, 0, \cdots, 0\Big)\\ &= (d_1u'_1,\ \cdots,\ d_ru'_r,\ 0,\ \cdots,\ 0).\end{aligned}$$

因 $(w'_1, \cdots, w'_k)$ 是 W 的基底故线性无关, 故 $k = r$ 且 $w'_i = d_iu'_i$, $i = 1, \cdots, r$. 因此

$$\begin{aligned}U &= Au'_1 \oplus \cdots \oplus Au'_r \oplus Au'_{r+1} \oplus \cdots \oplus Au'_n;\\ W &= Ad_1u'_1 \oplus \cdots \oplus Ad_ru'_r \oplus 0 \oplus \cdots \oplus 0.\end{aligned}$$

按命题 X12.1,

$$\begin{aligned}V \cong \frac{U}{W} &= \frac{Au'_1 \oplus \cdots \oplus Au'_r \oplus Au'_{r+1} \oplus \cdots \oplus Au'_n}{Ad_1u'_1 \oplus \cdots \oplus Ad_ru'_r \oplus 0 \oplus \cdots \oplus 0}\\ &\cong \frac{Au'_1}{Ad_1u'_1} \oplus \cdots \oplus \frac{Au'_r}{Ad_ru'_r} \oplus \frac{Au'_{r+1}}{0} \oplus \cdots \oplus \frac{Au'_n}{0}.\end{aligned}$$

由引理 X16.1, 商模 $Au_i'/Ad_iu_i' \cong A/Ad_i$, 而 $Au_i'/0 \cong A$. 即

$$V \cong (A/Ad_1) \oplus \cdots \oplus (A/Ad_j) \oplus \cdots \oplus (A/Ad_r) \oplus \overbrace{A \oplus \cdots \oplus A}^{f}, \qquad (***)$$

其中, $f = n - r = \dim U - \dim W$. 由于 $d_1 \,|\, d_2 \,|\, \cdots \,|\, d_r$, 存在指标 j, $0 \leqslant j \leqslant r$, 满足 $d_1 = \cdots = d_j = 1$ 而 d_{j+1} 是非零不可逆元. 令 $t = r - j$, 记 $b_1 = d_{j+1}$, $\cdots$, $b_t = d_r$. 那么 $A/Ad_1 = \cdots = A/Ad_j = 0$ 而 $A/Ad_{j+i} = A/Ab_i$ 是阶为 b_i 的循环绕模, $i = 1, \cdots, t$. 从式 $(***)$ 中去掉零直和项 A/Ad_1, $\cdots$, A/Ad_j, 就得到定理要求的循环直和分解. □

有限生成交换群就是有限生成 $\mathbb{Z}$- 模. 所以作为推论马上有如下定理.

定理 X16.3(有限生成交换群结构定理) 设 V 是有限生成加群, 则存在非负整数 f, t 和大于 1 的正整数 $b_1, \cdots, b_t$ 满足 $b_1 \,|\, b_2 \,|\, \cdots \,|\, b_t$, 使得

$$V \cong \mathbb{Z}_{b_1} \oplus \cdots \oplus \mathbb{Z}_{b_t} \oplus \overbrace{\mathbb{Z} \oplus \cdots \oplus \mathbb{Z}}^{f}.$$

而且 f, t 和 $b_1, \cdots, b_t$ 都由 V 唯一决定. □

例如, 取 $A = \mathbb{Z}$, $U = \mathbb{Z} \oplus \mathbb{Z} \oplus \mathbb{Z}$ 是维数 3 的自由 $\mathbb{Z}$-模 (即秩 3 的自由交换群). 记 $u_1 = (1, 0, 0)$, $u_2 = (0, 1, 0)$, $u_3 = (0, 0, 1)$, 则 (u_1, u_2, u_3) 是 U 的基底, $U = \mathbb{Z}u_1 \oplus \mathbb{Z}u_2 \oplus \mathbb{Z}u_3$. 令 $w_1 = (1, 2, 2)$, $w_2 = (1, 8, 2)$, $w_3 = (0, 6, 60)$. 令 $W = \mathbb{Z}w_1 + \mathbb{Z}w_2 + \mathbb{Z}w_3 \leqslant U$. 设 $V = U/W$. 那么

$$(w_1, w_2, w_3) = (u_1, u_2, u_3) \begin{pmatrix} 1 & 1 & 0 \\ 2 & 8 & 6 \\ 2 & 2 & 60 \end{pmatrix}.$$

但

$$\begin{pmatrix} 1 & 1 & 0 \\ 2 & 8 & 6 \\ 2 & 2 & 60 \end{pmatrix} \cong \begin{pmatrix} 1 & & \\ & 6 & \\ & & 60 \end{pmatrix}.$$

所以按定理 X16.3,

$$\begin{aligned} V &\cong (\mathbb{Z}/\mathbb{Z} \cdot 1) \oplus (\mathbb{Z}/\mathbb{Z} \cdot 6) \oplus (\mathbb{Z}/\mathbb{Z} \cdot 60) \\ &= 0 \oplus \mathbb{Z}_6 \oplus \mathbb{Z}_{60} = \mathbb{Z}_6 \oplus \mathbb{Z}_{60} \\ &\cong \mathbb{Z}_2 \oplus \mathbb{Z}_3 \oplus \mathbb{Z}_{2^2} \oplus \mathbb{Z}_3 \oplus \mathbb{Z}_5 \\ &= \mathbb{Z}_2 \oplus \mathbb{Z}_{2^2} \oplus \mathbb{Z}_3 \oplus \mathbb{Z}_3 \oplus \mathbb{Z}_5, \end{aligned}$$

其中, 第三行用到中国剩余定理: $\mathbb{Z}_6 \cong \mathbb{Z}_2 \oplus \mathbb{Z}_3$, $\mathbb{Z}_{60} \cong \mathbb{Z}_{2^2} \oplus \mathbb{Z}_3 \oplus \mathbb{Z}_5$, 最后一行是把阶为相同素数的幂的循环直和项调换到一起.

实际上, 定理 X16.2 和定理 X16.3 也都可以利用中国剩余定理做类似的改写.

习 题 X16

1. 设 V 是有限生成 A- 模. 记 $V_t := \{v \in V \mid \mathrm{ord}(v) \neq 0\}$. 证明:

(1) V_t 是 V 的最大的绕子模;

(2) 如果 V 不是绕模, 则存在有限生成的自由子模 $V_f \leqslant V$ 使得 $V = V_t \oplus V_f$.

(提示: 结构定理 X16.2.)

2. 设 V 是有限生成绕 A- 模. 证明存在 $0 \neq e \in A$ 使得 $ev = 0, \forall\, v \in V$; 但是对 e 的任何真约元 d 都存在 $v \in V$ 使得 $dv \neq 0$. (这个 e 称为有限生成绕模 V 的**幂指数**. 提示: 定理 X16.2 中 $f = 0$, b_t 满足要求.)

名 词 索 引

科学出版社

教师教学服务指南

为了更好服务于广大教师的教学工作，科学出版社打造了“科学EDU”教学服务公众号，教师可通过**扫描下方二维码**，享受**样书**、**课件**、**会议信息**等服务.

样书、电子课件仅为任课教师获得，并保证只能用于教学，不得复制传播用于商业用途. 否则，科学出版社保留诉诸法律的权利.

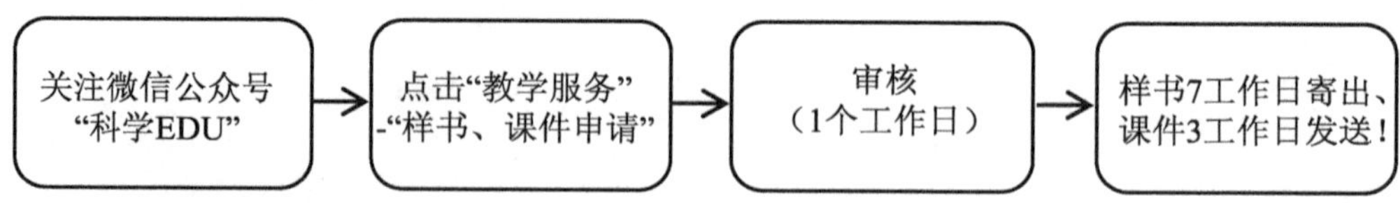

科学EDU

关注科学EDU，获取教学样书、课件资源

面向高校教师，提供优质教学、会议信息

分享行业动态，关注最新教育、科研资讯

学生学习服务指南

为了更好服务于广大学生的学习，科学出版社打造了“学子参考”公众号，学生可通过扫描下方二维码，了解海量**经典教材**、**教辅**、**考研**信息，轻松面对考试.

学子参考

面向高校学子，提供优秀教材、教辅信息

分享热点资讯，解读专业前景、学科现状

为大家提供海量学习指导，轻松面对考试

教师咨询：010-64033787 QQ：2405112526 yuyuanchun@mail.sciencep.com
学生咨询：010-64014701 QQ：2862000482 zhangjianpeng@mail.sciencep.com